Doença de Chagas e evolução

Antonio Teixeira

Doença de Chagas e evolução

Brasília, 2007

Este livro foi aprovado pelo Conselho Editorial da Universidade de Brasília e a edição apoiada pela **Fundação de Empreendimentos Científicos e Tecnológicos – FINATEC**

Equipe editorial

Rejane de Meneses · Supervisão editorial
Sonja Cavalcanti · Acompanhamento editorial
Rejane de Meneses e Yana Palankof · Preparação de originais e revisão
Formatos Design Gráfico · Capa
Fernando Manoel das Neves · Ivanise Oliveira de Brito . Editoração eletrônica
Elmano Rodrigues Pinheiro · Acompanhamento gráfico

Direitos exclusivos para esta edição:

Editora Universidade de Brasília
SCS Q. 2 - Bloco C - nº 78
Ed. OK – 1º andar
70302-907 – Brasília-DF
Tel.: (61) 3035-4211
Fax: (61) 3035-4223
www.editora.unb.br
www.livrariauniversidade.unb.br
e-mail: direcao@editora.unb.br

Finatec – Universidade de Brasília
Campus Universitário Darcy Ribeiro
Ed. Finatec – Asa Norte
70910-900 – Brasília-DF
Tel.: (61) 3348-0400
Fax: (61) 3307-3201
www.finatec.org.br
e-mail: finatec@finatec.org.br

Ficha catalográfica elaborada pela Biblioteca Central da Universidade de Brasília

T266	Teixeira, Antonio
	    Doença de Chagas e evolução / Antonio Teixeira. – Brasília : Editora Universidade de Brasília : Finatec, 2007.
	    310 p.
	
	        ISBN: 85-230-0858-6 Editora Universidade de Brasília
	        ISBN: 85-85862-34-3 Finatec
	
	        1. Clínica médica. 2. Doença de Chagas. 3. *Trypanosoma cruzi*. 4. Genética. 5. Patologia – evolução.

CDU 61

Nota do autor

A vida nunca foi lógica, tampouco parece lógica a via que me conduziu a esta análise do que seria uma possível contribuição à ciência. Entretanto, ao longo de quarenta anos de militância na pesquisa sobre a doença de Chagas foi possível, neste ponto, avaliar como tem sido o percurso da produção do conhecimento que, finalmente, aparece em forma de capítulos deste livro.

O olhar retrospectivo mostra uma periodicidade nesta forma de prestação de contas perante a sociedade que patrocinou a produção científica. Se dissesse ao leitor que não planejei fazê-la, poderia ser reprovável, diante da exigência de alguns fóruns de estringência que admitem que o intuitivo não participe significativamente do processo de construção do conhecimento. Porém, seria recomendável usar uma citação como álibi: "Intuição é o que você não sabe que sabe, mas sabe", frase que li na autobiografia do genial Tostão. Mais além, esta prestação de contas pode evidenciar a idéia de que gostaria de continuar sendo depositário da confiança da sociedade.

Intuitivamente, parei para lançar olhar retrospectivo a cada dez anos. Em 1977, escrevi o capítulo Immunoprophylaxis against Chagas disease, do livro *Immunity to blood parasites of animals and man*, da série *Advances in experimental medicine and biology*, editado por L. H. Miller, J. A. Pino e J. J. McKelvey Jr., Plenun Press, New York. Em 1987, convidado pelo editor E. S. L. Soulsby, escrevi o capítulo The stercorarian trypanosomes para o livro *Immune responses in parasitic infections: immunology, immunopathology and immunoprophylaxis*, CRC Press, Boca Raton, Flórida. Novamente, em 1996, convidado a contribuir para o capítulo "Autoimmunity in Chagas Disease", do livro *Microorganisms and autoimmune diseases*, da série *Infectious Agents and Pathogenesis*, editado por H. Friedman, N. R. Rose, M Benedelli, Plenum Press, London. E, em 2006, convidado para contribuir com o artigo de revisão "Evolution and pathology in Chagas disease", para o conceituado jornal científico *Memórias do Instituto Oswaldo Cruz*, do Rio de Janeiro. Essa freqüência na apresentação de artigos de revisão, que considero parcimoniosa, pode ser explicada no mundo científico, que considera a produção da verdadeira contribuição ao conhecimento novo mais significativa que o papel de sua divulgação.

A percepção desse segundo livro nasceu de negociações com os editores de jornais científicos que cederam o direito sobre os artigos antes publicados na língua inglesa. Esta também foi a gênese do primeiro livro, intitulado *Doença de Chagas e outras doenças por trypanossomos*, publicada pela Editora Universidade de Brasília/CNPq em 1987. No prefácio do livro, o saudoso Professor Phillip Marsden destaca:

> Um dos maiores problemas em biomedicina ainda é a comunicação. Por exemplo, quem no Brasil tem conhecimento dos avanços recentes, neste campo, que se conquistaram na China e na União Soviética? Um fator dominante deste isolamento que atinge muitos povos é a linguagem. Não se prevê o advento de um esperanto científico neste momento. Uma solução parcial é publicar o material de referência útil em mais de uma língua.

Sigo até hoje essa recomendação de Phil Marsden. Dessa forma, o livro foi elaborado para o acesso do leitor curioso, que não necessariamente se limita ao especialista.

Outra constatação que pode ser feita pelo leitor ao seguir para as próximas páginas é que Guimarães Rosa estava certo ao afirmar: "Ciência é mutirão de muitos". A construção coletiva do saber é marca de quatro décadas de experiência descrita aqui. Jamais esta obra teria sido possível se o autor não tivesse tido a felicidade de juntar jovens de diversas origens, tendo como único argumento a força da idéia na investigação de uma doença intrinsecamente presente na vida das famílias. E nada mais pode ser dito, pois jamais foi garantido o que vai acontecer na pesquisa feita no Brasil no ano seguinte. E, finalmente, o melhor de tudo: a vida é algo muito precioso para ser dedicada à segunda coisa que mais se ama. Feita a escolha, chegam as forças necessárias à construção do saber.

Tenho enorme débito com todos que contribuíram direta ou indiretamente com a realização do trabalho apresentado neste livro. Muitos deles, que permanecem no anonimato, tiveram uma participação significativa na organização dos meios para execução do trabalho. Outros, os colaboradores, são reconhecidos pelos nomes na literatura citada na obra. Os agradecimentos estendem-se às fontes de fomento à pesquisa e à pós-graduação: Financiadora de Estudos e Projetos (Finep), Conselho Nacional de Desenvolvimento Científico e Tecnológico (CNPq), Ministério da Ciência e Tecnologia, Coordenação de Aperfeiçoamento de Pessoal de Nível Superior (Capes) Ministério da Educação, Divisão de Ciência e Tecnologia do Ministério da Saúde e Fundação de Empreendimentos Científicos e Tecnológicos (Finatec).

Sou particularmente reconhecido à Universidade de Brasília (UnB), que ao longo desses anos me tem oferecido a ambiência aconchegante essencial para o cumprimento da missão compartilhada na produção e na transmissão de conhecimento novo. O reconhecimento estende-se à Universidade Federal de Minas Gerais, que me acolheu e me concedeu o título de Doutor mediante defesa direta de tese. Agradeço ainda à Cornell Medical College e a outras instituições no exterior que me ajudaram no ritual de passagem em busca de conhecimento.

O livro foi escrito com o cuidado necessário, de forma que cada informação expressa em frase ou parágrafo está sustentada em citações que identificam a origem do conhecimento empregado na elaboração do conceito. Possivelmente, uma intenção do autor foi dar continuidade ao seu papel de instigador da discussão pertinente ao tema. Nesse particular, cuidou-se de fazer um livro não dogmático, provocativo e mesmo polêmico no sentido de que o progresso da ciência requer o embate das idéias expostas com foco no conhecimento e com auxílio da tolerância, prática verdadeiramente religiosa na época em que vivemos.

Brasília
Novembro de 2006

Endereço dos colaboradores

Ana Carolina Bussacos
Antonio Teixeira
Clever Gomes Cardoso
David Neves
Glória Restrepo-Cadavid
Izabela M. Dourado Bastos
Jaime M. Santana
Liana Lauria-Pires
Mariana Machado Hecht
Meire Lima
Nadjar Nitz
Teresa Cristina d'Assumpção
Laboratório Multidisciplinar de Pesquisa em Doença de Chagas
Faculdade de Medicina da Universidade de Brasília
Caixa Postal 04536. CEP 70.919-970
Brasília, Distrito Federal, Brasil.

Christine A. Romaña
Laboratoire de Géographie Physique, Université de Paris V, UMR 8591, CNRS.
1 place Aristide Briand, 92195 Meudon.
Pesquisadora Associada ao Centro de Desenvolvimento Sustentável da Universidade de Brasília (Brasil) e responsável pelo Grupo Intensa do Laboratório de Geografia Física (UMR 8591) do Centro Nacional de Pesquisa Científica (CNRS).

Cleudson Nery de Castro
Núcleo de Medicina Tropical
Faculdade de Medicina da Universidade de Brasília
70.900-910, Brasília, Distrito Federal, Brasil

Liléia Diotaiuti
Centro de Pesquisas René Rachou, Fiocruz.
Av. Augusto de Lima 1715, 30190-002, Belo Horizonte, MG, Brasil.

Nancy R. Sturm
Department of Immunology, Microbiology and Molecular Biology, David Geffen School of Medicine, University of California at Los Angeles, USA

Silene de Paulino Lozzi
Departamento de Genética e Morfologia
Instituto de Biologia, Universidade de Brasília
70.900-910, Brasília, Distrito Federal, Brasil

Sumário

Prefácio

Há várias gerações, os brasileiros vêm pagando pesado tributo em vidas dizimadas pela doença de Chagas. Ela faz parte do obituário nacional desde os pioneiros, que há longo tempo aqui se estabeleceram. Já no século XVIII, a literatura dos jesuítas a registra, quando eram procurados pelos nativos que indagavam se "iriam continuar vivendo" (referência à morte súbita de alguém pelo mal de Chagas), ou afirmavam ter o "coração batendo visível no peito".

A doença de Chagas é a mais letal de todas as moléstias endêmicas de origem infecciosa. Distribuída pelo continente americano, tem efeito devastador na América Latina. A Organização Mundial da Saúde estima em 18 milhões o número de pessoas infectadas com o *Trypanosoma cruzi*, agente causal da enfermidade. Estudos mostram que a mortalidade alcança 0,56% por ano. Isso significa que anualmente cerca de cem mil chagásicos morrem da doença, geralmente entre os 30 e os 45 anos de idade. Um terço desses chagásicos é brasileiro.

O ônus que causa é imenso. A perda econômica decorrente da moléstia supera 6 bilhões de dólares por ano, nas estimativas da Organização Mundial da Saúde e do Banco Mundial. Considerada, no passado, enfermidade dos que viviam em condições precárias no interior, o êxodo rural tornou-a também uma calamidade urbana. Avalia-se que 20 mil novos casos são produzidos a cada ano apenas por transfusão de sangue contaminado. A doença, circunscrita antes aos pobres e aos deserdados, agride agora um espectro social muito mais amplo.

Todo este quadro representa um desafio gigantesco para o Brasil. Foi a própria pesquisa brasileira quem o descobriu. A história é conhecida e teve início quando o médico Carlos Justiniano Ribeiro das Chagas investigava a ocorrência de malária em Lassance, na região do rio São Francisco. Foi naquele povoado, observando insetos hematófagos nas paredes de pau-a-pique, que encontrou um novo parasito, batizado *Trypanosoma cruzi* em homenagem a Oswaldo Cruz.

Tendo verificado os efeitos patogênicos do parasito em animais de laboratório, Carlos Chagas localizou em seguida sua presença em animais domésticos. Como já havia detectado manifestações patológicas inexplicáveis nos habitantes, começou a investigar ligações entre o novo parasito e a condição mórbida da população. A 23 de abril de 1909, Chagas descobriu o parasito no sangue de um ser humano: a menina Berenice, de três anos, em plena fase aguda da doença.

O que tornou possível essa descoberta foi uma poderosa combinação, presente em Carlos Chagas, da apurada sensibilidade clínica do médico e da rigorosa formação científica do pesquisador. Era um dos primeiros exemplos, ao lado dos sucessos da Escola Tropicalista Baiana e daqueles mais recentes de Oswaldo Cruz em Manguinhos, da fecunda articulação entre a medicina tropical e a investigação científica, promovendo uma pesquisa biomédica de fôlego e que se traduziria por atividades científicas brasileiras de grande impacto internacional.

O feito de Chagas é reconhecidamente excepcional na história da medicina: a descoberta do agente patogênico, sua caracterização e a descrição da moléstia por ele provocada – tudo isso conduzido por uma única pessoa. "Nunca até agora, nos domínios das pesquisas biológicas, se tinha feito um descobrimento tão complexo e brilhante e, o que mais, por um só pesquisador," diz Oswaldo Cruz. E Chagas foi ainda o primeiro a perceber o impacto social dessa doença.

A obra seminal de Carlos Chagas inspirou uma longa e fecunda história de investigação da enfermidade. Pesquisadores de diferentes instituições e regiões do país debruçaram-se insistentemente sobre seus vários aspectos e buscaram formas de combatê-la. Assim, ao longo do tempo, e mais recentemente com o surgimento de novos instrumentos conceituais e experimentais, avanços significativos foram obtidos na compreensão da moléstia e de sua propagação.

O problema, contudo, continua opondo resistência tenaz às tentativas de solução. Não apenas a letalidade da moléstia persiste em níveis elevados, como muitos dos seus atributos permanecem desafiando o entendimento. Por isso o surgimento deste livro é auspicioso. Inspirado e organizado pelo professor Antônio Raimundo Lima Cruz Teixeira, ele se inscreve na brilhante tradição de Carlos Chagas e traz contribuição rica e original à abordagem da questão.

Fruto do trabalho de diversos pesquisadores, seus capítulos integram um quadro abrangente, contemplando múltiplas dimensões da doença em sua gênese, seus aspectos clínicos e patológicos, as perspectivas de tratamento e a economia que enquadra esse complexo universo. Mais do que uma nova síntese, trata-se, em realidade, de um olhar novo e instigante, que abre novas perspectivas de compreensão desse flagelo e sinaliza novas trajetórias para sua cura.

Um trabalho desta envergadura é raro. Só se tornou possível, neste caso, porque condensa uma história de pesquisa paciente e rigorosa. Antônio Teixeira vem, há quase quarenta anos, com seus alunos e colaboradores, consistentemente construindo a visão aqui descrita. Ela teve origem na hipótese de que a doença apresenta um componente auto-imune, pelo qual as células de defesa do organismo infectado atacam o próprio corpo alterado pela ação do *Trypanosoma cruzi*.

Essa hipótese foi recentemente confirmada por Teixeira e seus colaboradores da Universidade de Brasília, ao demonstrar a ocorrência de mutação em que parte do DNA do parasito é transferida para o homem, alterando o padrão genético. Essa alteração perturba o sistema imune, que reage atacando o tecido modificado. O desarranjo no material genético, gerado dessa forma, permite compreender os efeitos da doença de Chagas, especialmente no coração.

Essas descobertas têm várias conseqüências importantes. Em primeiro lugar, sugerem uma nova trajetória para o tratamento da doença, por terapia gênica. Para tanto, os pesquisadores propõem a utilização da biotecnologia do RNA para interferir no processo e silenciar as mutações causadoras das reações de rejeição (auto-imunes) do organismo. Abrem, assim, perspectivas de avanços decisivos no controle e no tratamento eficaz da doença.

Mas, além de elucidar a produção dos agravos no corpo do chagásico e propor uma nova terapêutica, essas descobertas têm também implicações para a Teoria da Evolução. Ao descrever uma nova modalidade de herança entre espécies diferentes, apontam um "elo perdido" na evolução das espécies: como o DNA herdado pode ser transmitido aos filhos, o patrimônio hereditário continuaria se modificando, com crescimento do genoma por mutações associadas à doença.

Estamos, portanto, diante de uma obra de riqueza excepcional, que se desdobra em muitas frentes e abre vertentes promissoras para a investigação científica. Mais ainda, combinando o que de mais sofisticado pode hoje oferecer o aparato científico ao ancoramento resoluto na realidade, traz ainda uma lição plena de sabedoria: a de que a excelência científica não implica indiferença para com a realidade que nos cerca. Pelo contrário, é na relevância que o presente trabalho encontra seu horizonte norteador permanente.

Ao mesmo tempo indicador do estágio atual de maturidade do empreendimento científico brasileiro e da preocupação obstinada com a relevância social, o trabalho subjacente a este livro é ainda testemunha das peripécias que se colocam para a ciência dos trópicos quando ascende à ribalta iluminada dos países centrais. O curioso episódio de sua travessia meteórica pelas páginas da revista *Cell* é emblemático das contingências desse tempo.

Ao passar pelos crivos severíssimos da *Cell* e seus muitos revisores, as descobertas contidas neste trabalho receberam sua carta de nobreza. Seguiram nisso a liturgia das revistas de prestígio, que antepõem, compreensivelmente, as exigências mais severas para o acesso à sagração de suas páginas. O que se passou em seguida não foi até agora explicado. Sem nomear razão inteligível, o que contraria os códigos mais elementares da ética da publicação, o texto foi retirado de suas páginas.

O clamor internacional que se levantou das mais respeitadas instituições e as manifestações de cientistas acatados, vazadas em termos de contida indignação, além do protesto de revisores da revista, deixando o abrigo usual do anonimato para revelar sua perplexidade, resgatam parte da credibilidade das publicações de elite. Mas a crise provocada pelo gesto insólito não se extinguiu de todo, nem a lógica da impessoalidade objetiva sai indene dessa estranha escaramuça.

No fundo pouco importa. As razões profundas que conduzem à prática científica residem em outras plagas. Elas se encontram no gesto lúdico de desafiar o desconhecido e viver as vitórias provisórias que renovam o desafio, no fascínio da criação compartilhada, na experiência do limite, no convívio com o mistério, na busca de artefatos que contribuam para aliviar o sofrimento. E, nos nossos países de caminho errante, no sonho de inserir a experiência arriscada do conhecimento nas estratégias necessárias de transformação. É este o significado essencial deste livro que chega agora às nossas mãos.

Evando Mirra de Paula e Silva
Professor Emérito da UFMG

Capítulo 1

A origem dos seres vivos

Nadjar Nitz
Ana Carolina Bussacos
Antonio Teixeira

Como foi que tudo começou? Talvez nem Ele saiba!

Ainda que não saibamos como a vida começou, existem indícios sugestivos de que os seres vivos tenham surgido pela aproximação, pela associação, pela cooperação e pela simbiose de microorganismos primitivos organizados a partir de moléculas de RNA, DNA e proteínas circunscritos, por uma película externa de lipídio e carboidrato. Essa uniformidade bioquímica sugere que todo ser vivo teve origem em ancestral semelhante. Esse processo é extremamente mutável, e os descendentes modificados determinam o passo da evolução, que cria novas formas de vida com enorme diversidade. Nele, vida e morte/doença perpetuam-se pelas mutações essenciais no processo de evolução das espécies mantido por força motriz universal.

Introdução

Ao longo dos tempos, duas perguntas permanecem sem resposta no nosso imaginário: O que é vida? Como e quando os seres vivos surgiram? Não existe uma definição de vida que satisfaça amplamente todos os cientistas. Muitos estudiosos afirmam que os sistemas vivos devem possuir a capacidade de auto-reprodução. Um conceito denominado autopoiese refere-se à continuidade da vida que possui a capacidade de produzir a si mesma. Uma entidade autopoiética metabolizaria continuamente e perpetuar-se-ia por meio da atividade química e do movimento das suas moléculas. A molécula de DNA é inquestionavelmente parte importante da vida na Terra; entretanto, apesar de se replicar, não é autopoiética. Quando uma molécula de DNA produz outra idêntica, nós chamamos esse processo de replicação. Quando um ser estando vivo, como uma célula ou um organismo constituído de muitas células, desenvolve outro similar (com diferenças atribuídas a mutações, recombinações genéticas, aquisição simbiótica, variação do desenvolvimento, entre outras), isso é conhecido como reprodução. Quando se reproduzem, eles alteram a forma e modificam sua descendência, sendo esse processo reconhecido como evolução: mudanças introduzidas numa população de seres vivos ao longo do tempo. Evolução, portanto, significa descendentes com modificações.[1]

Os cientistas compilaram uma lista de atribuições que devem estar presentes em todos os seres vivos:

1) Autoconservação: a principal função de todo ser vivo é a autopreservação ou capacidade de continuar existindo.
2) Auto-reprodução: todo sistema vivo resulta da reprodução de seu semelhante.
3) Armazenamento de informação: cada organismo contém informação genética representada pela molécula de DNA, que é transcrita e traduzida em proteínas, de acordo com um código universal comum a todos os seres.
4) Respiração/fermentação: cada ser vivo possui metabolismo que transforma a matéria retirada do meio ambiente em energia utilizada para a manutenção do indivíduo.
5) Estabilidade: em cada ser vivo, o meio ambiente interno permanece estável diante das perturbações e das modificações do mundo externo.
6) Proteção: cada parte de um organismo contribui para a sobrevivência do todo, garantindo sua conservação e identidade.
7) Evolução: mutações genéticas e seleção natural introduzem modificações genômicas que favorecem a adaptação e a complexidade dos seres vivos. Para muitos, a complexidade da vida é mero produto da evolução.
8) Morte: é a fase final de todo organismo vivo, precipitada por agressões externas ou controlada por genes.

Os seres vivos interconectam-se e integram-se direta ou indiretamente mediante corpos e populações. Para entender a vida, seria necessário conhecer o início de tudo. Como as primeiras formas de vida surgiram na Terra há aproximadamente 4,5 bilhões de anos, é tarefa impossível recriar a vida com o intuito de compreendê-la por inteiro. Como disse certa vez Clarice Lispector, "viver ultrapassa todo entendimento".

A época pré-biótica

> O mais humilde organismo, uma simples bactéria, já é um somatório de grande número de moléculas. Já não se questiona se todas as peças teriam sido formadas independentemente no oceano primitivo para se encontrarem por chance um dia e, repentinamente, se organizarem em um sistema de tal complexidade.[2]

Como foi mesmo que a vida surgiu na Terra?

Acredita-se que a Terra foi formada há mais de 4 bilhões de anos. Paleontólogos identificaram fósseis de microrganismos que datam de bilhões de anos, e a análise química desses fósseis sugeriu a presença de organismos fotossintéticos. Nessa fase, a

Terra primitiva estava submetida a intensa atividade química, representada por grandes tempestades formadas por descargas elétricas e radioativas. A questão de como a vida surgiu na Terra continua sendo um dos grandes enigmas da ciência ainda hoje. O período pré-biótico foi marcado por grandes modificações geológicas e cosmológicas. A Terra sofreu freqüentemente intensos bombardeios de meteoritos em sua superfície, o que por muitas vezes levou à modificação de sua órbita e à extinção de matéria orgânica requerida para o surgimento de vida. Outrossim, aminoácidos e bases nitrogenadas necessárias para a formação da vida podem ter sido trazidos para a Terra por colisões dos inúmeros meteoritos e cometas durante os primeiros bilhões de anos da história do planeta. Alguns cientistas acreditam que a matéria orgânica primordial pode não ter sido originada na superfície da Terra e sim trazida do espaço interestelar. No início do século passado, já se falava que esporos de bactérias se teriam disseminado pelo universo. Teria a vida se iniciado em outro sistema solar e depois migrado para a Terra, como admite a Teoria da Panspermia?[3]

Genericamente, a teoria mais aceita é a que descreve o desenvolvimento da vida na Terra em três estágios:

1) evolução química, na qual simples moléculas reagiram para formar polímeros orgânicos mais complexos;
2) organização dos polímeros para formação de entidades replicativas;
3) evolução biológica até a formação dos organismos complexos da atualidade.

A atmosfera da Terra primitiva era bem diferente da que encontramos hoje. Não havia quantidade significativa de O_2, substância altamente tóxica para os organismos então existentes. Assim, as propriedades químicas das misturas dos gases geravam uma atmosfera redutora (ganha elétrons), e atualmente a Terra possui uma atmosfera oxidante (emite elétrons).

Há aproximadamente um século, surgiu a idéia de que as radiações ultravioletas ou descargas de raios solares transformariam moléculas primordiais em componentes orgânicos simples, como os aminoácidos, as bases dos ácidos nucléicos e os açúcares. Aquela fase de reações pré-bióticas provavelmente teria perdurado por um período de centenas de milhares de anos. Acredita-se que os oceanos da Terra primitiva se teriam transformado em uma verdadeira sopa orgânica, e nesse meio ambiente os componentes orgânicos, após inúmeras reações, teriam se condensado para formar polipeptídios (proteínas) e ácidos nucléicos (DNA e RNA). Isso foi demonstrado experimentalmente simulando os efeitos da atmosfera primitiva em uma reação físico-química com quantidade significante de componentes orgânicos solúveis na água. Posteriormente, descobriu-se uma molécula parecida com o DNA, formada espontaneamente a partir de simples componentes de carbono e sal. Por último, foi sintetizado o ATP (adenosina-trifosfato), universalmente usado para estocar energia.[1-4]

Adenosina, timina, citosina, guanina e uracila, bases nitrogenadas que compõem DNA e RNA, provavelmente foram sintetizadas na fase química pré-biótica. Contudo, ainda existe imensa lacuna desconhecida sobre o aparecimento de moléculas de hidrocarbonetos e polipeptídios, envolvidas por bicamadas lipídicas que se comportam como sistemas metabólicos, que formam células, unidades verdadeiramente autopoiéticas com capacidade autotrófica e auto-reprodutiva. Concluindo, a ciência ainda não sabe como surgiu a vida.

RNA: a supermolécula

A uniformidade bioquímica dos seres vivos demonstra que os organismos existentes foram originalmente formados a partir de ancestrais comuns. A existência dessa via deu origem à vida a partir das moléculas geradas pela evolução química. Mas como a biologia dos seres vivos evoluiu? As hipóteses do "mundo de RNA" e do "mundo de proteínas" foram formuladas para explicar essa questão. Recentemente,[5] propuseram a hipótese de origem da vida a partir da autocatálise de simples peptídios e da ligação dessas moléculas a nucleotídeos, favorecendo a estabilidade da molécula de RNA. Essa ligação poderia ter gerado a primeira RNA-polimerase, então denominada proteoenzima. Nos primeiros tempos, a molécula de RNA acumulava as funções do DNA dentro das células. Assim, ganha consistência a hipótese de que a vida na Terra teria surgido a partir da geração de uma supermolécula capaz de agir ao mesmo tempo como gene e enzima. As células mais primordiais teriam sido formadas por moléculas de RNA, que mais tarde evoluíram para o sistema de DNA.[6,7]

Os genes são moléculas de DNA e para funcionar precisam da transcrição pelo RNA. O DNA e o RNA juntos codificam as proteínas que formam as estruturas celulares e controlam os genes. Aparentemente, a molécula de RNA é mais versátil em sua estrutura bioquímica quando comparada ao DNA. Enquanto o DNA necessita do RNA para codificar as proteínas, o RNA sozinho pode direcionar tanto sua própria replicação quanto a síntese de proteínas. A molécula RNA é auto-replicável em um tubo de ensaio. O mais interessante é que algumas moléculas deste RNA têm capacidade de se replicar mais rapidamente que a original. Essa propriedade do RNA parece-se com vírus, o "RNA vírus". A capacidade auto-replicativa do RNA junta-se a uma propriedade dessa molécula, atuar como uma ribosima, enzima que digere e rearranja a si mesma. O RNA é considerado a primeira molécula iniciadora da vida, atuando como enzima e gene. Por isso, afirma-se que o mundo de DNA dos dias de hoje deve ter evoluído a partir de um mundo de RNA.[6-9]

Os primeiros seres vivos – bactérias

Nem RNA nem DNA sozinhos são capazes de gerar um organismo vivo. O conceito da biogênese sugere que logo após o surgimento dos processos metabólicos e da síntese protéica teriam sido originadas as primeiras membranas. A partir daí a vida tornar-se-ia um fenômeno celular.

Na Terra primitiva, a atmosfera possuía apenas traços de oxigênio. O planeta foi primeiramente habitado pelos microrganismos anaeróbicos, seres que não produziam nem utilizavam oxigênio para seu metabolismo. O oxigênio começou a ser liberado na atmosfera somente quando as bactérias de cor verde evoluíram para um modo de utilização da fonte de energia solar juntamente com moléculas de água. Esse processo, conhecido como fotossíntese, transformou a atmosfera em uma extensão da evolução do metabolismo bacteriano.[1,4]

As bactérias surgiram então como os primeiros sinais de vida primitiva na Terra. Os primeiros fósseis de seres vivos foram encontrados incrustados em rochas ancestrais dispersas em todo o planeta. Em estruturas rochosas conhecidas como estromatólitos, foram encontrados fósseis de cianobactérias, sugerindo que as primeiras formas de vida ocorreram há mais de 3 bilhões de anos.[3]

As arqueabactérias, referindo-se a sua descendência direta dos primeiros habitantes do nosso planeta, são capazes de sobreviver em um ambiente extremamente inóspito, onde podem ser encontradas ainda hoje. As bactérias cresceram pela fermentação; quebravam os componentes orgânicos e os açúcares para sua energia e sustento e excretavam ácidos e álcoois no meio ambiente. Assim, o planeta foi inicialmente povoado por fazedores de metano, amantes de sulfas e outros anaeróbicos, seres que nem produziam nem usavam oxigênio para seu metabolismo. Esses seres, classificados como heterótrofos, necessitam de fontes de carbono e energia externa para fabricar seu alimento, e com o decorrer do tempo essas fontes de energia tornaram-se limitadas e escassas. Diante dessa crise alimentar, alguns fermentadores desenvolveram a capacidade de produzir seu próprio alimento.

A inovação metabólica mais importante na história do planeta foi o desenvolvimento da fotossíntese. Por meio dela, os seres vivos libertaram-se da escassez de energia, constituindo os primeiros seres autótrofos. Na fotossíntese, a energia de um fóton proveniente da luz solar excita um elétron da molécula de clorofila, que transfere o excesso de energia para uma molécula de ATP liberando molécula de O_2. A molécula de ATP garantiu uma importante contribuição para os seres vivos, permitindo que a energia gerada pelos processos metabólicos pudesse ser acumulada. A atmosfera terrestre tornou-se uma extensão da evolução do metabolismo das bactérias.

A partir do surgimento das bactérias fotossintéticas, o oxigênio começou a ser liberado no meio ambiente. As bactérias cianofíceas evoluíram das bactérias verdes fotossintéticas, e os átomos de hidrogênio utilizados no processo eram provenientes das moléculas de água, liberando o gás oxigênio na atmosfera.

O oxigênio é uma molécula altamente reativa com enzimas, proteínas, ácidos nucléicos e lipídios. Além disso, produzem radicais livres capazes de reagir e interferir em vários sistemas metabólicos.[1-9] Dessa forma, com o crescimento das bactérias cianofíceas fotossintéticas, a concentração de oxigênio tornou-se várias vezes maior, correspondendo a aproximadamente 20% da atmosfera. As altas concentrações de oxigênio selecionaram vias metabólicas mais refinadas, que protegiam os microrganismos dos danos oxidativos, evoluindo para a forma mais eficiente de metabolismo energético – o metabolismo oxidativo ou respiração. A partir das bactérias surgia o primeiro reino de seres vivos do planeta – a monera.

Origem dos eucariotes

> Nós não podemos decifrar a complexidade maravilhosa de um ser vivo; mas a hipótese considerada aqui avançou essa complexidade ainda além. Cada criatura deve ser vista como um microcosmo – um pequeno universo, formado por legião de organismos auto-replicativos, inconcebivelmente minúsculos e tão numerosos como os corpos celestes.[10]

Algumas linhagens de bactérias evoluíram para formar os diferentes reinos dos seres vivos, incluindo o nosso. Esses microrganismos constituem os seres com maior transformação metabólica e adaptação ao planeta, podendo usar a fotossíntese como as plantas, fermentar como os fungos e respirar como os animais. Pode se dizer que a Terra primitiva era um local muito promíscuo, onde as espécies tinham crescimento prodigioso e rápida transferência gênica, e, uma a uma, herdaram as transformações, originando os diversos reinos que compõem todos os seres vivos (Figura 1.1).

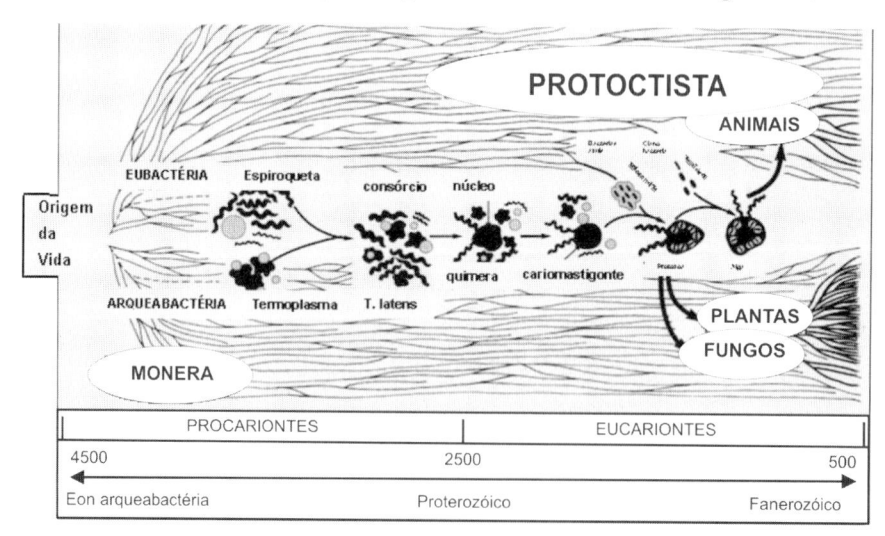

Figura 1.1 Origem bacteriana das céluas nucleadas (modificada de Margulis e Sagan, 2002)

As bactérias são procarióticas, ou seja, não possuem seu material genético em compartimento (núcleo) separado por membrana, facilitando grande freqüência de transferência gênica entre indivíduos. As bactérias evoluíram de uma maneira sexuada de reprodução, na qual há troca de material genético entre dois indivíduos. A aquisição da reprodução sexuada ou conjugação foi muito importante para o surgimento das células com núcleos, gerando seres eucarióticos. Com o intercâmbio de genes e com a aquisição de novas características herdadas, as bactérias expandiram a diversidade genética.[1-4]

Há aproximadamente 2 bilhões de anos, em diferentes partes do planeta, um novo reino de células evoluiu das interações bacterianas por meio de trocas gênicas incontáveis. Essas novas células foram os primeiros eucariontes protistas, iniciando assim a era Proterozóica. Esses novos seres unicelulares posteriormente evoluiriam para a formação dos protistas multicelulares, que por sua vez deram origem aos outros três reinos da vida: Fungi, Plantae e Animalia. Todos os seres eucariontes surgiram a partir dos protoctistas.

Atualmente, as diferenças entre comportamento, genética, organização, metabolismo e especialmente estruturas, entre eucariontes e procariontes, são abissais. Essas diferenças marcam a grande divisão celular: procariontes e eucariontes formam os dois grandes grupos da vida na Terra.[1-4]

Evolução dos eucariontes

Na segunda década do século XX, também surgiu uma idéia de que as bactérias representariam o fator fundamental para a origem das espécies. Essa idéia queria dizer que novas espécies seriam formadas pela aquisição de bactérias simbiontes, e a isso se deu o nome de simbiontecismo. Hoje, muitos pesquisadores concordam que fungos, plantas e animais evoluíram de protistas ancestrais por meio de associações simbiônticas com bactérias. O simbiontecismo foi corroborado pela descoberta das mitocôndrias e dos cloroplastos nas células eucariontes. Combinando metabolismo e genes das duas células, diferentes protistas aeróbicos evoluíram para os fungos e os animais, assim como a partir das algas surgiram as plantas.[1-4]

A idéia de que um indivíduo constituído de células nucleadas evoluiu a partir de uma única célula nucleada parece mesmo muito esquisita. Entretanto, ela deu início ao entendimento da evolução da célula nucleada. Isso teria ocorrido pela simbiose entre diferentes tipos de bactérias que deram origem aos protistas. Estes, por sua vez, também evoluíram por meio da simbiose. O termo simbiose refere-se ao relacionamento ecológico e físico entre dois tipos de organismos, constituindo a mais íntima das associações entre seres vivos. Existem muitos tipos de simbiose, e a associação mais íntima entre seres vivos é conhecida como endossimbiose. Esse é um relacionamento em que um ser vivo vive não apenas próximo a outro, mas dentro de outro ser vivo. Na endossimbiose, os seres orgânicos muitas vezes se fundem, produzindo novos indivíduos.

Muitos exemplos de simbiose existem na natureza. Centenas de espécies de líquens foram originadas a partir de associações simbióticas entre algas e fungos. Entretanto, a simbiose mais importante foi a que deu origem à célula eucariótica. Evidências genéticas indicam que as mitocôndrias e os cloroplastos teriam surgido a partir de seres unicelulares de vida livre. As evidências provaram que tais organelas são resultantes da evolução gradual de certas bactérias. Também se acredita que a propriedade de mobilidade de certas células tenha sido herdada do mais antigo reino da natureza. Postula-se que as bactérias espiroquetas, possuidoras da capacidade de locomoção, mediante associações simbiônticas, teriam sido incorporadas por protistas, dando origem aos primeiros protozoários ciliados móveis; a mobilidade teria sido uma das primeiras aquisições endossimbiônticas. Da mesma maneira, as funções respiratórias e fotossintéticas dos eucariontes teriam sido originadas a partir das associações de seres eucariontes primitivos com bactérias simbiontes. A simbiose íntima foi essencial para a evolução das células.[1-4]

Em algum momento da evolução, esses protistas falharam durante ou após o processo de divisão e separação celular, permitindo a formação de células multinucleadas que interagiam com outros seres formando verdadeiras colônias de células protistas. A origem de uma entidade maior, pluricelular, dependeu de processos interativos de transferências gênicas. Agregadas em colônias, camadas de células eucarióticas eventualmente se combinaram, e dessa forma surgiram os primeiros tecidos. Juntamente com as bactérias, os protistas foram os grandes arquitetos da vida na Terra.

O que é vida?

> – Eu tenho piedade de ti... por causa de tua incontida paixão. O mistério sagrado não poderia, pois, ser libertado esta noite de ti mesmo?
> – Não. Nada, exceto a ciência, poderia libertar-me de mim mesmo. A ciência é a única libertadora do homem.
> – Tu não és intolerante e tu não obrigas alguém a adotar tuas crendices. É por isso que eu comecei a te amar.[11]

A vida é algo extremamente mutável. A associação íntima entre as bactérias durante a era Proterozóica fez surgir seres híbridos, verdadeiras quimeras que representam os seres vivos que observamos na atualidade. Mudanças hereditárias, mutações do DNA e cromossômicas, simbiose, transferências gênicas e fusões sexuais combinadas com a seleção natural significam modificação evolutiva da vida crescente. Dessa maneira autopoiese, simbiose e reprodução cadenciam a evolução dos seres vivos no planeta.

A vida na Terra é um sistema complexo, baseado na fotossíntese e na química, fracionado e arranjado em indivíduos e em diferentes níveis de organização. A natureza não parou conosco, *Homo sapiens*; ela se movimenta inexoravelmente além das sociedades de animais, transcendendo a si própria. Os processos evolutivos que criaram os eucariontes a partir das bactérias e os animais a partir dos protistas são contínuos e permanecem exercendo atividade sobre os seres vivos da atualidade. Cada ser vivo interage de uma maneira íntima e incessante com o meio que o rodeia. Um indivíduo recém-nascido não é necessariamente o mesmo aos 80 anos; nele se acumulam todas as interações simbiônticas com o ecossistema no decorrer de toda a sua existência.

Em nosso corpo podem coabitar centenas de bactérias, fungos, vírus, helmintos, que podem atuar de uma maneira simbiótica e acabam por fazer parte de nós mesmos. A interação continuada com tantos seres vivos, de uma forma tão estreita, representa um potencial evolutivo de grandes proporções. O réptil desprende-se da sua pele, insetos rearranjam suas proteínas no estágio de pulpa para se transformar nas borboletas. A metamorfose dos seres é muito mais comum do que se imagina, e desse ponto de vista é possível afirmar que nenhum ser vivo está completamente acabado. A vida é algo extremamente mutável!

Uma propriedade geral que distingue os seres vivos dos sem vida é a capacidade de co-evolução. Por meio da exportação de desordens ao acaso e da entropia que os circunda, os sistemas vivos aumentam sua complexidade local, inteligência e beleza, construindo o passado e planejando o futuro. Os membros de 30 milhões de espécies que interagem entre si na superfície da Terra continuam a transformar o mundo em que vivemos. Por último, o seqüenciamento do genoma humano revelou a presença de mais de duzentos genes similares àqueles de bactérias. Esses genes teriam sido transferidos horizontalmente das bactérias para o *H. sapiens*, ou eles teriam antes feito um estágio em outro ser vivo precursor? Esse processo, conhecido como transferência gênica horizontal (TGH), continua a inseminação nos dias de hoje? O TGH é uma forma constante de herança?

Quando o ser estando vivo dá origem a outro ser similar, isso é conhecido como reprodução vertical. Nesse modelo mendeliano de reprodução existe a herança paterna e materna transmitida pela divisão meiótica das cromátides durante a divisão dos cromossomos. Nesse processo, as únicas diferenças são atribuídas a mutações, recombinações genéticas, variação do desenvolvimento, etc. Como dito anteriormente, existe um segundo tipo de aquisição de caracteres hereditários, ganhos mediante transferência gênica horizontal, isto é, de uma espécie para outra. Esses dois tipos de herança propiciaram diferenciação e crescimento prodigioso de espécies, além de aumento incessante da diversidade gênica. A associação íntima entre as bactérias há mais de 2 milhões de anos teria permitido o surgimento dos seres vivos da atualidade. A questão que permanecia sem resposta dizia respeito à evolução das espécies. A resposta para essa questão fundamental foi brilhantemente respondida por Charles Darwin (1857). Segundo a teoria de Darwin, reinterpretada por Lynn Margulis e Dorion Sagan (2002), as mutações de DNA e cromossômicas, a simbiose, as transferências gênicas e as fusões sexuais contribuem para a seleção natural, processo contínuo de mudança evolutiva.

Descendência com modificação

O célebre livro de Charles Darwin *A origem das espécies por meio de seleção natural ou a preservação de raças favorecidas na luta pela vida* vendeu 1200 cópias no dia de seu lançamento, em novembro de 1859. Tal feito explica-se porque nesse livro se encontram as provas e a descrição duma nova teoria, que ainda hoje gera grande polêmica. Então, nós antecipamos ao leitor que existe, sim, uma razão forte para introduzir tais conceitos sobre a origem da vida e da evolução das espécies num compêndio dedicado à doença de Chagas. Veremos no próximo capítulo que a doença de Chagas, ou tripanossomíase americana, teria sido introduzida pela circunstância na cadeia da evolução das espécies. Evidências sugerem que a interação dos elementos que compõem essa cadeia da evolução dá origem aos descendentes com modificação. Mas essa sugestão poderia vir a ser uma nova teoria para estudo ao longo de muitas décadas.

Abstract

Although we do not know how life began, there are evidences suggesting that living organisms resulted from close proximity, association, cooperation and symbiosis amongst primitive microorganisms. These microorganisms were formed by RNA, DNA and protein molecules circumscribed by an external membrane with high contents of lipid and carbohydrate. Such biochemical unit suggests that every living organism has had its origin from a similar ancestor. However, this process is extremely unstable and modified descendents have determined a steady pace towards species evolution. This early happening continues its nonstop saga sustained by universal power that associates life and death/disease and which is perpetuated by mutations, essential for the evolution of living species.

Notas bibliográficas

1. MARGULIS, L.; SAGAN, D. *What is life?* University of California Press, 2000.
2. JACOB, F.; MONOD, J. Genetic regulatory mechanisms in the synthesis of proteins. *Journal of Molecular Biology*, 3, p. 318-356, 1961.
3. HAWKING, S. *O universo numa casca de noz.* 2. ed. Editora Mandarim, 2002.
4. MARGULIS, L. Symbiotic planet: a new look at evolution. *Science Marster Series*, 2000.
5. CARNY, O.; GAZIT, E. A model for the role of short self-assembled peptides in the very early stages of the origin of life. *The Faseb Journal*, 19, p. 1051- 1055, 2005.
6. ORGEL, L. E . Some consequences of the RNA world hypothesis. *Origin of Life and Evolution Biosphere*, 33, p. 211-218, 2003.
7. ALTMAN, S. Ribonuclease P: an enzyme with a catalytic RNA. *Advances in enzymology related areas of molecular biology*, 62, p. 1-36, 1989.
8. MARGULIS, L.; SAGAN, D. *Acquiring genomes*: a theory of the origins of species. New York: Basic Books, 2002, 240 p.
9. MULLER, A. V. Thermosynthesis as energy source for the RNA world: a model for the bioenergetics of the origin of life. *Biosystems*, 82, p. 93-102, 2005.
10. DARWIN, C. *The origin of species by means of natural selection of the preservation of favoured races in the strugle for life.* London, 1859.
11. WALTARI, M. *Les amants de Byzance.* Paris: Phebus Libretto, 1990.

Capítulo 2

Os jogos eônicos

Antonio Teixeira

Existem evidências de que os répteis teriam sido os reservatórios primitivos de tripanossomos que se albergaram nos mamíferos. As infecções pelo *Trypanosoma cruzi* são usualmente transmitidas pelos triatomíneos, insetos hematófagos que se adaptaram à antropofilia. Ainda que a enzootia exista há cerca de 90 milhões de anos, a doença de Chagas em humanos foi documentada em múmias de apenas 9 mil anos no deserto de Atacama. A grande endemia recrudesceu nos últimos quinhentos anos, quando os colonizadores europeus e africanos, vivendo em choupanas infestadas com triatomíneos contaminados com *T. cruzi*, prontamente adquiriram as infecções. A doença de Chagas afeta 18 milhões de pessoas e é considerada a doença endêmica mais letal no hemisfério ocidental.

Introdução

A enzootia conhecida como doença de Chagas ou tripanosomíase americana[1,2] é apresentada aqui como um marco dos jogos entre os organismos existentes em vários taxa de enorme complexidade, colocados juntos pela circunstância. Numa escala de tempo geológica ou eônica da história evolucionária, certamente os jogos se iniciaram quando um organismo flagelado (undulipodia) adquiriu um núcleo.[3] Tal aquisição resultou de uma revolução radical e de uma grande descontinuidade entre microrganismos procariontes (anucleados) e eucariontes (nucleados) durante a época Proterozóica, 1.500 milhões de anos atrás.[4] Na ausência de fóssil documentado, a história dos protozoários tem sido escrita principalmente com dados morfológicos e ciclo de vida.

Entretanto, no fim do século passado, a disponibilidade de seqüenciamento automático de DNA tornou possível a dedução das relações evolucionárias das espécies extintas a partir dos genomas de seus parentes existentes.[5,6] A análise de seqüências de DNA possibilitou a construção de um relógio molecular que permitiu calcular o tempo em que uma espécie extinta teria vivido na Terra.[7, 8] Esse relógio avança no tempo de tal forma que as mutações subjacentes à evolução se comportam como num átomo emitindo radiações, animado pelas razões similares: as mudanças tautoméricas nos nucleotídeos de purina e pirimidina, ainda que, sendo processos estocásticos sem precedentes, podem ser prognosticadas com razoável acuracidade em intervalos regulares.[9] Na prática, entretanto, tem sido visto que algumas espécies acumulam mutações mais rapidamente que outras, e, como um relógio de parede antigo, o relógio molecular necessita de calibração com auxílio de dados e informação provenientes das seqüências de DNA obtidas das espécies existentes. Além disso, as modificações que surgiram durante o desenvolvimento da Terra exerceram influência importante na evolução biológica mediante alterações súbitas no clima e no meio ambiente.[10] Assim, a partição de Gonduana (atual América do Sul) da África, além de cataclismas tais como tsunamis, produziu modificações na crosta terrestre, necessitando de ajustamentos no relógio molecular para explicar descontinuidades abruptas na evolução das espécies.[11] Não obstante, outras separações permanecem em decorrência de transferência horizontal (THG) de DNA entre espécies díspares de seres vivos, complicando a reconstrução da árvore universal da vida.[*, 12, 13] Exceto por algumas exceções, as modificações esperadas (mutações) podem ser essencialmente normalizadas, e o DNA acumula substituições em intervalos estáveis. Já que as mutações aparecem em intervalos mais ou menos regulares, o tempo pode ser calculado proporcionalmente,[9, 17] e a acumulação das mutações em paço firme refletindo as substituições de aminoácidos nas proteínas durante a evolução pode ser contabilizada. Aqui, os dados e as informações do relógio molecular serão usados para reconstruir boa parte da nossa história evolucionária (Tabela 2.1) calibrada com dados congruentes de morfologia e ciclo de vida dos organismos existentes.

Os protoctistas (Eukaryota, Excavata, Euglenozoa) ancestrais dos protozoários são datados do Pré-Fanerozóico.[18] Os protozoários pertencentes à classe Zoomastigophorea incluem a mais interessante ordem dos Cinetoplastidas. Aqueles na família Trypanosomatidae são os ancestrais dos tripanossomatídeos de grande importância na medicina humana e veterinária: *Trypanosoma cruzi*, que produz a doença de Chagas

---

* O manuscrito de Nitz et al., publicado no volume de julho de 2004 da *Cell*, foi desautorizado pela editora-chefe em setembro de 2005 (RETRACTION, 2005, MARCUS, 2005[14]). Com isso, o artigo não pode ser baixado da Internet de forma legível. Entretanto, os leitores interessados podem obter cópias não adulteradas do original diretamente do autor correspondente (ateixeir@unb.br). Os autores sustentam o trabalho, as análises dos dados e suas conclusões. Os autores e muitos cientistas que escreveram protestando contra a atitude arrogante da *Cell* (editora-chefe, Emilie Marcus) sabem que o foco da discussão foi o sítio de integração no genoma humano, ou seja, se o kDNA integra em cópias de LINEs presentes na região da β-globina. Nós sabemos que essa discussão é estéril. De um lado, porque só se resolve assunto dessa natureza com novos dados experimentais, sobre os quais nossos detratores se omitiram. Do outro, a discussão é irrelevante porque o eixo principal da interpretação do trabalho de Nitz et al. (2004) é a associação das mutações com a patologia documentada em galinhas, refratárias à infecção pelo *T. cruzi*, e em coelhos permissivas às infecções.[12] Essencialmente, a desautorização conduziu a discussão para um diletantismo vazio ausente de conteúdo, pois a polêmica não pode ser resolvida pelo esforço verbal da editora-chefe da *Cell*. Nós preferimos aceitar o desafio e continuar produzindo dados experimentais conclusivos (SIMÕES-BARBOSA et al., 2006) para a satisfação da comunidade científica.[15, 16]

Tabela 2.1 Primórdios da evolução da vida e doença de Chagas[1]

Eon		Era/época	Tempo antes do presente (mir)	Aparecimentos das formas biológicas
Arquea			4.600	Surgimento da vida
Proterozóico		Pré-Cambriano	2.500	Bactérias eucária e árquea (procariontes)
			1.500	Eucariárquea; undulipodia (eucariontes)
Fanerozóico	**Paleozóico**	Cambriano	570	Peixes, sanguessugas e tripanosomatídeos
		Ordoviciano	480	Anfíbios
		Siluriano	434	Plantas vascularizadas
		Devoniano	360	Insetos alados
		Carbonífero	320	Primeiros répteis
		Permiano	245	Marsupiais
	Mesozóico	Triássico	208	Primeiros pássaros e pequenos mamíferos
		Jurássico	144	Primeiras plantas floridas
		Cretáceo	100	*Trypanosoma cruzi*; *Triatomines*
	Cenozóico	Paleoceno	60	Primeiros grandes mamíferos
		Oligoceno	23,7	*Platyrrhini*: primeiros hominóides
		Plioceno	5,3	*Catarrhini*: primeiros hominídeos
		Holoceno	0,13	*Homo sapiens*
	Último minuto		0,05	Melanésios chegam à América do Sul
			0,009	Múmias do Atacama e doença de Chagas
			0,0005	Europeus e africanos chegam às Américas

[1] Os dados estão de acordo com a escala cronoestratográfica da história da Terra. A escala em anos foi decifrada de fósseis com datas, adaptadas do Calendário da História da Terra.[9] Mir = milhões de anos.

nas Américas, *Trypanosoma brucei*, o agente da doença do sono na África e as espécies de *Leishmania* responsáveis pelas leishmanioses em todos os continentes. Na ausência de uma linha de demarcação separando os tripanossomas Estercoraria (que completa o ciclo de vida no intestino posterior) e Salivaria (que completa o ciclo nas glândulas salivares) de seus similares encontrados em animais vertebrados inferiores, o ancestral candidato pode ser o *Trypanosoma gray*, que parasita o crocodilo.[19] Entretanto, o parente mais próximo desses cinetoplastidas parece ser os bodonidas e os criptobiidas, que parasitam peixes e anfíbios.[20] Análises filogenéticas baseadas na pequena subunidade ribosomal RNA (rRNA 18S) e posições de nucleotídeos na primeira e na segunda posições em códon da proteína de choque térmico (Hsp90) deram sustentação a uma raiz de origem de cinetoplastidas próximo de bodonidas.[21] Esses autores sugerem que os tripanossomatídeos são descendentes de ramo dos bodonidas, e que *Boldo saltans* é o seu parente mais próximo. Uma rede entrelaçada de organização do DNA do cinetoplasto (kDNA) vista nos tripanossomatídeos, portanto, parece ser uma condição derivada de minicírculos de conformação aberta preexistentes no primórdio da evolução dos cinetoplastidas.

A análise molecular dos SSUrRNA usados para determinar as relações filogenéticas entre *Trypanosoma chelodina* de tartarugas (*Emidura signata*, *Elseya latisternum* e *Chelodina longicollis*) e *Trypanosoma binneyi* de ornitorrinco (*Ornithorhyncus anatinus*) excluiu a possibilidade de co-evolução desses tripanossomos com aqueles de hospedeiros vertebrados mamíferos.[22] Entretanto, a aquisição evolucionária inicial pode ter sido obtida, por exemplo, pela exposição de girinos (*Rana catesbiana*) sadios, sem a infecção, a sanguessugas (*Desserdobella picta*) que se tinham alimentado em rãs infectadas com *Trypanosoma pipientis*.[23] Além disso, a presença de tripanossomatídeos no sangue de invertebrados aquáticos (sanguessugas) e vertebrados (peixes) tem sugerido que a evolução dos primeiros dependeu da aquisição secundária de novos hospedeiros e hábitat[24-27] durante o Fanerozóico, há 570 milhões de anos.

Um registro notável de adaptação de um tripanossomo de réptil em um invertebrado foi observado no Quênia, na mosca tsé-tsé (*Glossina pallidipes*).[28] Os padrões eletroforéticos de isoenzimas foram consistentes com aqueles dos tripanossomos infectantes para répteis, crescendo na estação média do trato alimentar do inseto.[29] De interesse, nas margens do Lago Vitória, em área endêmica para doença do sono na Rodésia, foram encontradas lagartixas infectadas com *Trypanosoma brucei*, identificado pelo fechamento do ciclo de vida nas glândulas da mosca tsé-tsé e por amplificação por PCR e hibridização com DNA microssatélite com seqüência aneladora ou *primer* e sonda específica, respectivamente.[30] Foi possível infectar lagartixas sadias com *T. brucei*; os flagelados alcançaram níveis baixos de parasitemia por um período curto sem causar qualquer patologia.[31] Então, viu-se que os répteis podem servir de fonte de tripanossomo salivaria e que eles seriam reservatórios persistentes das infecções humanas nas regiões endêmicas.

A evolução do tripanossoma estercoraria *T. cruzi* teria requerido, igualmente, adaptação gradual aos hospedeiros invertebrado e vertebrado (Figura 2.1). Ainda que uma linha direta de evidência mostrando relação filogenética entre tripanossomatídeos de sanguessugas, peixes e anfíbios e aqueles de mamíferos não possa ser desenhada, considerável atenção deve ser dada à relação de proximidade entre lagartixas e triatomíneos (popularmente conhecidos como "barbeiros") em um ecossistema localizado na Baixa Califórnia, México. Lá, os triatomíneos (*Dipetalogaster maximus*) e lagartixas (*Sauromalis australis*) habitam buracos de rochedos na ausência de mamíferos.

O completo ciclo de vida do *T. cruzi* foi observado em lagartixas que se infectaram após a ingestão de *D. maximus* contaminado com o protozoário. Em seguida, outro *D. maximus* limpo tornou-se contaminado com o *T. cruzi* depois de obter um repasto de sangue daquela lagartixa infectada.[31] Esses achados sugerem que os primeiros reservatórios desses tripanossomos não teriam sido os mamíferos.

A origem dos organismos multicelulares investigada pela topologia do rRNA 18S mostrou que os Annelida-Mollusca são os parentes mais próximos dos artrópodes. Os artrópodes invertebrados na classe Insecta compreendem cerca de 1 milhão de espécies. Usando seqüência de aminoácido e nucleotídeo e relógio molecular mitocondrial

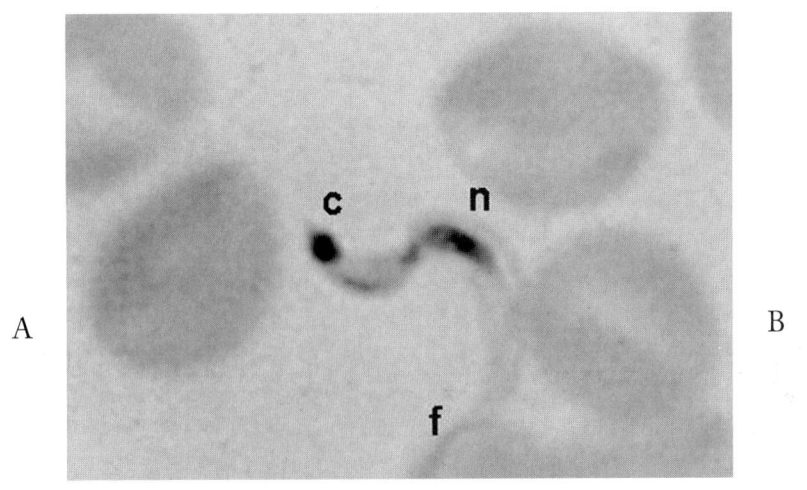

Figura 2.1 Forma tripomastigota do *Trypanosoma cruzi* mostrando o cinetoplasto (**c**) que contém o kDNA, o núcleo (**n**) com o seu nDNA e o flagelo (**f**), que orienta a movimentação do protozoárç (reproduzido de www.wadsworth.org)

calibrado com dados de baratas (*Blattaria*), grilos e vagalumes (*Orthoptera*), besouros verdadeiros (*Hemiptera*), borboletas (*Diptera*) e vespas (*Lepidoptera*), dados congruentes entre si e com aqueles de fósseis de insetos em disponibilidade foram obtidos.[32] Esses dados revelaram que a transição terrestre do artrópode ancestral para o inseto ancestral coincidiu com os primeiros megafósseis de plantas vascularizadas, 434 a 421 milhões de anos atrás. Porém, a emergência de verdadeiros triatomíneos teria ocorrido entre 99,8 a 93,5 milhões de anos atrás (Tabela 2.1). A existência de mamíferos albergando tripanossomos hemoparasitas teria propiciado o nicho intracelular mais adequado para ulterior diferenciação e multiplicação e, desse modo, teriam sido completados o atual ciclo de vida e requerimentos de crescimento do *T. cruzi* (Figura 2.2).

A hematofagia está inserida no ciclo de vida de cerca de 14 mil espécies de insetos que dependem do ferro ionizado [Fe^{++}] ligado à proteína heme no núcleo da molécula de hemoglobina. A hematofagia obrigatória dos triatomíneos representa um fator determinante primário de sua biologia, distribuição e evolução.[33] De fato, o crescimento de *T. cruzi* e de espécies de triatomíneos depende da disponibilidade de [Fe^{++}] na fonte alimentar; a limitação na disponibilidade de heme inibe sua reprodução [34-36] e, portanto, uma adaptação bem-sucedida resultou dessa necessidade bioquímica de ambos os elementos no jogo. Entre os triatomíneos hematófagos pertencentes à família Reduviidae estão os insetos estritamente hematófagos da subfamília Triatominae que se adaptaram nas ecorregiões terrestres limitadas pelos paralelos 42° Norte nos Estados Unidos e 42° Sul na Argentina. A enorme diversidade representada nas tribos de triatomíneos[37] ocorreu dentro dos grandes ecossistemas das Américas,[38] que preencheram as necessidades do ciclo de vida do inseto. Na floresta tropical úmida da América do Sul, vicejam os triatomíneos da tribo Rhodniini, adaptada principalmente nas palmeiras. A grande tribo Triatomini está adaptada ao hábitat de rochas e tocas ou buracos de árvores[39, 40] e vicejam principalmente nos ecossistemas secos-cerrado e caatinga ou savana.

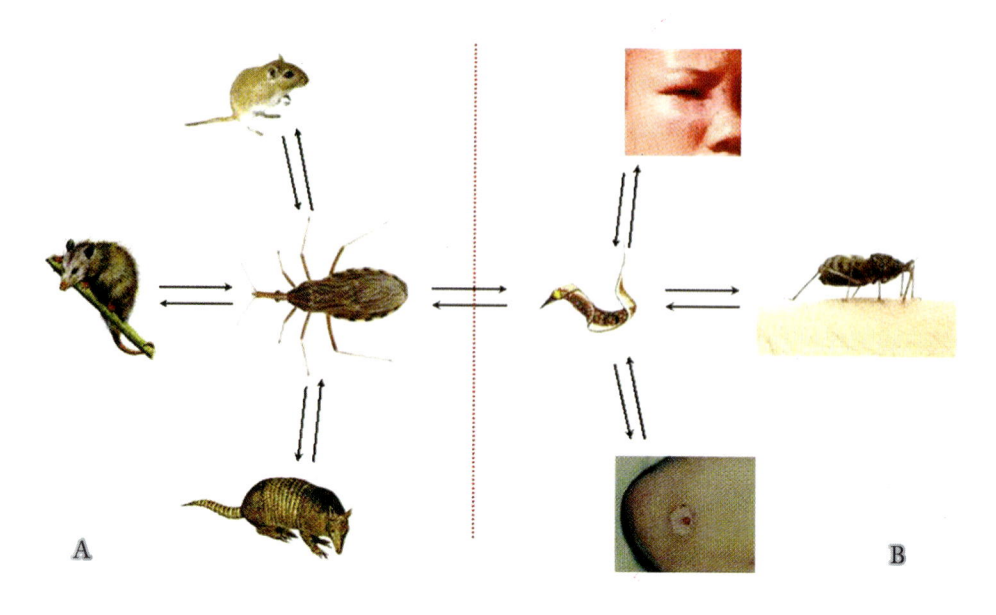

Figura 2.2 Ciclos de vida silvestre e peridomiciliar do *Trypanosoma cruzi* em seus primeiros hospedeiros mamíferos e no homem. A) O inseto hematófago (triatomíneo) contaminado com o parasito pode obter seu repasto de sangue ou ser devorado por gambás, tatus e ratos. B) Alternativamente, o triatomíneo pode alimentar-se de sangue humano para iniciar o ciclo peridomiciliar da doença de Chagas. Note a lesão de porta de entrada (sinal de Romaña no alto; e Chagoma embaixo) do parasito no corpo humano (TEIXEIRA et al., *Memórias do Instituto Oswaldo Cruz*, 2006)

Os triatomíneos que logo se adaptaram a nichos especializados podem ter tido a oportunidade de selecionar tripanossomos em hospedeiros mamíferos durante uma longa história de evolução: nos nichos das palmeiras onde vivem os marsupiais infectados com os tripanossomos definidos como zimodema 1 (Z1/DTU I), enquanto nos buracos das árvores e nas tocas no chão e nos rochedos habitam roedores e edentados (tatus e tamanduás) albergando tripanossomos de zimodema Z2 (DTU II) (Figura 2.3) e Z2 subgrupos de *a* até *e*.[41-43] Análises filogenéticas com base em relógio molecular têm sugerido que os gêneros *Rhodnius* e *Triatoma* se diferenciaram e se separaram há 40 milhões de anos.[40] Naquela época, a contaminação oral era provavelmente a rota mais comum de infecção de mamíferos insetívoros, incluindo os primeiros primatas.

Os jogos continuaram no Quaternário (abaixo de 5 milhões de anos) quando as condições climáticas propiciaram uma enorme alteração ambiental juntando espécies de mamíferos pertencentes a sete ordens diferentes distribuídas em 25 famílias.[47] Essas famílias perfazem aproximadamente 1.150 espécies que vivem nos trópicos,[45]

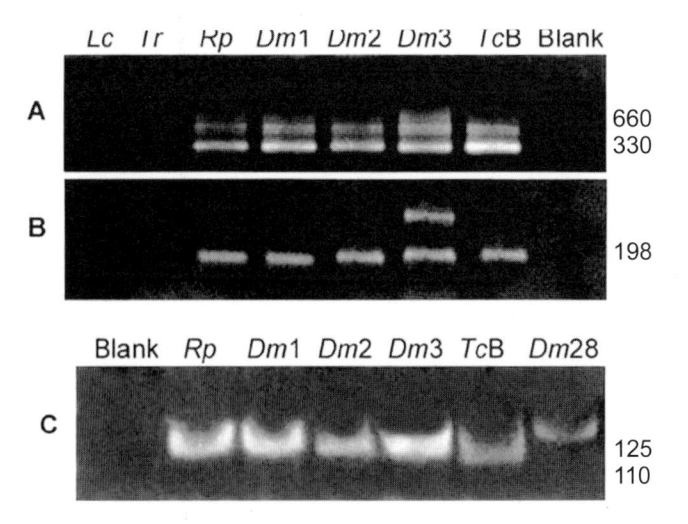

Figura 2.3 Caracterização do genótipo de flagelados silvestres com marcadores moleculares específicos. A) Amplificação por PCR da banda de kDNA de 330 pb e seus catâmeros usando placa molde de DNA de *T. cruzi* do arquétipo Berenice (Tcb) e dos isolados silvestres de *Rhodnius pictipes* (*Rp*) e de *Didelphis marsupialis* (*Dm*1, *Dm*2 e *Dm*3); *Leishmania chagasi* (*Lc*) e *Trypanosoma rangeli* (*Tr*) são os controles negativos. B) Amplificação por PCR com *primers* específicos de nDNA de 198 pb das mesmas placas molde de DNA. C) Amplificação por PCR com *primers* de rDNA de banda de 110 pb de *T. cruzi* zimodema tipo silvestre I (*Rp*, *Dm*1, *Dm*2 e *Dm*3), e banda de 125 pb de zimodema tipo II de placas moldes de DNA *Dm*28 (reproduzido de TEIXEIRA et al., *Emerging infectious diseases*, 2001)

80% das quais estão presentes na Bacia Amazônica. Adicionalmente, 20% da pequena fauna de mamíferos em certas ecorregiões da Amazônia é composta de novas espécies, completamente fora do alcance do homem.[46,47] Na literatura inexiste um só registro de não-permissividade de mamífero às infecções pelo *T. cruzi*. Curiosamente, um velho urso polar (*Ursus maritmus*) de 24 anos de idade morreu de doença de Chagas aguda adquirida no zoológico de Guadalajara, em Jalisco, México.[48] A imensurável diversidade intra-específica dos mamíferos, determinando diferentes susceptibilidades à infecção, adiciona amplo contraste à permissividade e às interações com o *T. cruzi*. Alguns autores[49] acreditam que essas infecções enzoóticas deviam ser altamente prevalentes muito antes da especiação do homem.

No último minuto

O fóssil de *Homo sapiens sapiens* localizado no Mumba Rock Shelter data a presença do homem de 130 mil anos atrás na Tanzânia.[50] Com base na similaridade da composição de DNA, a teoria da radiação estabelece que o *Homo erectus* teve origem na África, de onde migrou para vários continentes.[51] Naquela época, os humanos tinham adquirido uma cultura primitiva e desenvolvimento mental considerável antes de terem alcançado o continente americano. Uma hipótese alternativa afirma que asiáticos pré-históricos teriam alcançado a América do Norte através do istmo de Behring durante glaciações, entre 40 mil e 30 mil anos atrás.[11] Entretanto, um fóssil humano localizado na Toca do Boqueirão, na Serra da Capivara, nordeste do Estado do Piauí, data a chegada do *Homo sapiens sapiens* ao continente americano 48 mil anos atrás.[52, 53] Então, uma hipótese sugere a idéia de que os melanésios chegaram à América do Sul de barco.

O deserto de Atacama abrangendo o norte do Chile e o sul do Peru seria possivelmente o lugar mais seco da terra, ocupado por pescadores, caçadores e mascates ameríndios há 11 mil anos, quando ele foi usado como uma rota da costa para as montanhas.[54] As condições ambientais no deserto[55] favoreceram a conservação de remanescentes orgânicos e de corpos mumificados. Alguns espécimes de múmias dessecadas mostram lesões macroscópicas de doença de Chagas, e o *T. cruzi* foi identificado mediante análise histológica.[56, 57] Os extratos de tecidos testados com *primer* de DNA direcionado para um segmento de DNA de cinetoplasto de *T. cruzi* revelaram um produto de amplificação por PCR que hibridizou com uma sonda específica. A prevalência de doença de Chagas na população ameríndia do Atacama alcançou 41% durante uma época do Holoceno, num intervalo de tempo entre aproximadamente 9 mil anos e a época da conquista espanhola,[58] ou seja, aproximadamente, entre 9 mil anos e 500 anos atrás. A reconstrução do comportamento das populações que habitavam aquela região andina mostrou que camelídeos e roedores já haviam sido domesticados e que o *T. infestans* já se havia adaptado às habitações humanas primitivas.[59] Esses registros sugerem que a infecção pelo *T. cruzi* era altamente prevalente no ciclo Silvestre como pura enzootia, e que a proximidade dos triatomíneos foi o principal fator de risco que aumentou a freqüência de aquisição da infecção secundária pelo homem, muito antes da conquista das Américas por Colombo.

Atualmente, cinco tribos de triatomíneos perfazendo 130 espécies estão amplamente distribuídas desde o norte dos Estados Unidos até a Patagônia, no sul da Argentina.[60] Pelo menos quarenta dessas espécies de triatomíneos já foram encontradas contaminadas com *T. cruzi* e, portanto, elas são transmissoras potenciais das infecções.[49,51] Simpatria e sintopia, que são fatores comumente associados à transmissão dos flagelados para hospedeiros invertebrados e vertebrados, são prontamente observadas na história evolucionária do *T. cruzi* que infecta os mamíferos do continente americano.

No repique do relógio

Concebivelmente, a doença de Chagas foi prontamente adquirida pelos novos colonizadores do continente durante época Pós-Colombo. A doença que então atacava os indivíduos chegados da Europa e da África levava à morte súbita ou a um mal crônico e consumptivo que atacava o coração e os intestinos; um dicionário médico publicado no século XIX registrava "mal de engasgo", disfagia relacionada ao megaesôfago chagásico.[31, 62] Hoje em dia, a doença de Chagas é hiperendêmica naquelas regiões da América Latina onde a população humana vive em proximidade aos triatomíneos contaminados com o *T. cruzi*. Os resultados de inquéritos sorológicos abrangendo parcela representativa da população de países da região (Tabela 2.2) permitiram calcular que 25% de todos os habitantes da América Latina (100 milhões de pessoas) estão sob risco de adquirir a doença, e 18 milhões de pessoas já estão infectadas pelo *T. cruzi*.[44] Com base em estudos de campo conduzidos ao longo de várias décadas, foi estimado que 30% da população humana infectada (5,4 milhões de casos) desenvolverão a doença clinicamente manifesta. Ademais, a letalidade da doença foi calculada em 0,56% e, portanto, 100,8 mil pessoas deverão sucumbir à doença de Chagas a cada ano.[63-65]

O diagnóstico da doença de Chagas estabelece a base para o entendimento de sua importância na saúde pública. A demonstração parasitológica direta do *T. cruzi* no hospedeiro mamífero pode ser feita, usualmente, na fase aguda da infecção. A observação microscópica de esfregaço de sangue fresco de um paciente chagásico agudo mostraria o flagelado móvel entre as células do sangue. As infecções crônicas requerem procedimentos de diagnóstico que dependem de multiplicação do parasito antes de ele ser demonstrado pelo exame microscópico. Essas técnicas, porém, consomem muito tempo. O xenodiagnóstico consiste em colocar triatomíneos limpos para obter seu repasto de sangue de uma pessoa com suspeição de doença de Chagas. O exame da excreta daquele triatomíneo 30 e 60 dias depois pode revelar a presença do parasito. Ao mesmo tempo, diagnóstico pode ser obtido pela inoculação de sangue citratado do paciente em meio de cultura axênica, seguido por demonstração microscópica do parasito em épocas diferentes, semanas ou meses depois. A sensibilidade do método de diagnóstico varia com a habilidade de poucos parasitos multiplicarem-se no meio de cultura. Assim, a detecção imediata da doença de Chagas crônica depende de métodos indiretos de identificação de anticorpos específicos contra o *T. cruzi* no soro do paciente e em teste de ácido nucléico.[66] Testes de alta fidelidade[67] para detecção de anticorpos específicos são hemaglutinação indireta (HI), imunofluorescência indireta (IF) e o ensaio de imuno-absorção enzimática (ELISA). A sensibilidade de cada teste varia de 96,5 a 100%, e a especificidade, de 87% a 98,9%. Entretanto, anticorpos de reação cruzada contra antígenos de *T. cruzi* podem ser encontrados no soro de alguns pacientes com leishmaniose, malária, toxoplasmose, paracoccidioidomicose ou, ainda, com infecção bacteriana do tipo tuberculose, lepra e sífilis e com condições auto-imunes tais como pênfigo, artrite reumatóide, lúpus eritematoso sistêmico, etc. Porém, os títulos desses anticorpos geralmente são bem mais baixos.[68, 69] O diagnóstico diferencial pode ser feito pelo teste *immunoblot*.[70] Ultimamente, o diagnóstico de doença de Chagas pode ser confirmado pelos testes de ácido nucléico (NAT), tal como amplificação por PCR com seqüências aneladoras específicas seguida de hibridização com a sonda interna.[71-73] Em vista de dificuldade diante de caso com resultados falso-positivo e/ou falso-negativo, foi estabelecido consensualmente que há necessidade de pelo menos dois testes com resultados concordantes para confirmar o diagnóstico de doença de Chagas.[67-74]

Tabela 2.2 Prevalência das infecções pelo *Trypanosoma cruzi* na América Latina, antes e depois do desalojamento do *Triatoma infestans* com inseticidas

País	Período 1980-1985			Período 1983-2000		
	% população examinada	% infectada	Total infectado (x 1.000)	Grupos etários (anos)	% infecção 1983	% infecção 2000
Argentina[1]	23	10	2.640	>18	5,8	1,2
Brasil[1]	32	4,2	6.180	0 to 4	5,0	0,28
Bolívia	32	24	1.300	n	n	n
Chile[1]	63	16,9	1.460	0 to 10	5,4	0,38
Colômbia	11	30	900	n	n	n
Costa Rica	45	11,7	130	n	n	n
Equador	41	19,7	30	n	n	n
El Salvador	45	20	900	n	n	n
Guatemala	54	16,6	1.100	n	n	n
Honduras	47	15,2	300	n	n	n
México[2]	Des	13,8	Des	n	n	n
Nicarágua	n	n	n	n	n	n
Panamá	47	17,7	200	n	n	n
Paraguai[1]	31	21,4	397	>18	9,3	3,9
Peru	39	9,8	621	n	n	n
Uruguai[1]	33	3,4	37	6 to 12	2,5	0,06
Venezuela	72	3,0	1.200	n	n	n
EUA[3]	n	n	n	n	n	n
Total			17.395			

* Modificado dos dados nas Tabelas 3 e 4 do Technical Report Series 905.[41]
n = não foi feito; Des = desconhecido.
[1] Iniciativa do Cone Sul para controle da doença de Chagas usando inseticida para eliminar *Triatoma infestans* domiciliado.[58]
[3] Índices de prevalência variando de 3,6% a 24,8%.[82]
[3] Ainda que a doença de Chagas não seja endêmica nos EUA, vetores silvestres contaminados (*T. barbieri, T. lectalana, T. protracta, T. recurva e T. rubides*) têm sido capturados nos estados do sul e do centro do país.[41]

Em inquéritos epidemiológicos, o teste de imunofluorescência (IF) tem sido usado com freqüência para fazer o diagnóstico da prevalência da doença de Chagas. Os dados apresentados na Tabela 2 mostram claramente os benefícios resultantes do programa de combate à transmissão da infecção pelo *T. cruzi* mediante uso de inseticida,[61] cujos resultados são inquestionáveis. Como se sabe, *T. infestans* é o vetor primário do *T. cruzi* nos ecossistemas de clima seco, cerrado e caatinga. Os benefícios do programa serão apreciados na forma de diminuição da taxa de mortalidade, em não menos que três décadas após o desalojamento dos triatomíneos domiciliados. O progresso alcançado provê uma janela de oportunidade que necessita ser muito bem aproveitada antes que os triatomíneos desenvolvam resistência aos inseticidas piretróides.[75,76] Portanto, mais medidas para combate efetivo a essa grande endemia precisam ser desenvolvidas[77-80] para que seja alcançada uma redução sustentável da prevalência da doença de Chagas nos outros ecossistemas da América Latina. Todavia, fica bastante claro que o controle efetivo dessa endemia pode ser alcançado, inquestionavelmente, mediante desenvolvimento social e melhoramento das condições de vida das populações. Particularmente, as intervenções para evitar aquisição das infecções do *T. cruzi* e melhorar a saúde das crianças requerem urgente melhoramento das habitações, já que as crianças passam a maior parte do dia no domicílio e no peridomicílio.[81] Tendo em vista que apenas três casos autóctones de doença de Chagas humana ocorreram nos Estados Unidos,[44] podemos ser otimistas quanto a um verdadeiro controle efetivo da endemia chagásica.

Entrementes, dado o grande número de hospedeiros primários dessa enzootia, um controle absoluto da transmissão do *T. cruzi* pelo inseto-vetor parece ser algo fora de alcance. A demografia da população na América Latina sofreu mudanças significativas nas últimas quatro décadas. Por exemplo, nos anos 1960, 75% da população humana habitava áreas rurais do Brasil. Agora, 81% das populações estão vivendo nas metrópoles. Em conseqüência desse êxodo rural, em 1980, já 550 mil chagásicos viviam nas grandes cidades brasileiras: São Paulo, Rio de Janeiro e Belo Horizonte.[82] Ademais, a doença de Chagas urbana esteve diretamente associada com um óbito em cada dez na população entre as idades de 25 e 64 anos.[83]

O êxodo rural parece relacionado à mobilidade demográfica dos chagásicos, que migram em busca de oportunidades e de educação; a doença espalhou-se nas classes sociais de melhor renda. Essa distribuição mais ampla da doença de Chagas nas diversas classes sociais, todavia, precisa ser analisada separadamente dos dados e das informações que mostram a transmissão ativa do *T. cruzi* pelo inseto-vetor.[84-90] De fato, a literatura registra muitos episódios de transmissão ativa do *T. cruzi* dos triatomíneos para as populações que vivem nas periferias das grandes cidades da América Latina. Muitas microepidemias de doença de Chagas aguda que se têm documentado em várias regiões do continente sul-americano têm sido associadas com a via oral de transmissão da infecção.[91-95]

As infecções pelo *T. cruzi* podem ser transmitidas por transfusão de sangue.[91, 96, 97] A migração de pessoas infectadas pelo *T. cruzi* representa uma ameaça para aqueles países onde não existe o inseto-vetor e a doença não ocorre. Assim, a doença de Chagas tornou-se um problema potencial relacionado à migração de pessoas das regiões endêmicas para os Estados Unidos, o Canadá, a Europa Ocidental, a Austrália e o Japão.[97] A seleção adequada de doadores de sangue com emprego de testes de triagem submetidos a sistema criterioso de controle de qualidade é necessária para manutenção de suprimento de sangue com segurança, periodicamente monitorado pelo sistema de saúde, para a população da maioria dos países da América Latina.[98] Um foro internacional concluiu que a prevenção da transmissão de infecções por protozoários mediante transfusão de sangue depende principalmente da seleção dos doadores.[99] Adicionalmente, o uso de testes cada vez mais eficazes tem reduzido consideravelmente o risco de aquisição da doença de Chagas por transfusão de sangue.[100]

Casos de transmissão congênita das infecções pelo *T. cruzi* têm sido encontrados em países das diversas regiões da América Latina onde a doença de Chagas é altamente prevalente em grupos de mulheres em idade fértil. O risco de transmissão foi calculado em 2,5% no Nordeste do Brasil[101] e 9,5% na Bolívia.[102] Além do mais, as infecções pelo *T. cruzi* podem ser transmitidas por órgãos transplantados e por acidente em laboratórios e hospitais em todo o mundo.

A profilaxia efetiva da aquisição das infecções do *T. cruzi* ou daquelas infecções já instaladas nos hospedeiros mamíferos é altamente recomendável. Ela poderia ser obtida mediante vacina ou com droga antitripanossoma. Essas tarefas formidáveis representam um desafio ainda não decifrado pela ciência. A imunoprofilaxia contra a infecção intracelular tem sido considerada fora do alcance da ciência, pelo menos nos dias de hoje. Isso porque o estado sólido de imunidade específica que estabelece barreira evidente contra o parasito circulante no sangue não elimina as formas do parasito escondidas nas células musculares não fagocíticas. Sendo assim, o flagelado persiste no corpo de seu hospedeiro ao longo da vida.[31] Essa observação tem sugerido que a vacinação contra a doença de Chagas com o conhecimento biotecnológico agora existente não é factível.[44, 75] A quimioterapia específica contra o *T. cruzi* tem sido altamente recomendada porque ela diminuiria a carga parasitária dos reservatórios-hospedeiros. Tal diminuição evitaria a contaminação dos triatomíneos-vetores que disseminam a infecção no peridomicílio. Os nitroderivados antitripanossoma, que suprimem o parasito no sangue, têm alta toxicidade e requerem prescrição com parcimônia.[103-110] Por esse motivo, os nitroderivados com atividade antitripanossômica não eliminam o parasito do corpo do hospedeiro mamífero e, por isso, são considerados insatisfatórios.[66, 74, 111, 112] As infecções pelo *T. cruzi* ocorrem em uma região circunscrita do mundo que representa um mercado relativamente pequeno. Por isso, as companhias farmacêuticas têm sido parcimoniosas nos investimentos para o desenvolvimento de drogas para o tratamento efetivo da doença de Chagas.

Neste capítulo foram trazidas ao conhecimento do leitor diversas modalidades de relacionamento entre os seres vivos que se associaram na natureza em épocas eônicas. Ao estabelecer diversas formas de associação e cooperação, variando de simbiose a comensalismo e a parasitismo, sem possibilidade de separação de limites de permissividade entre esses relacionamentos, houve a possibilidade de aquisição parcial ou total de genomas e evolução das espécies. Então, foi apresentado ao leitor o cenário onde diversas espécies pertencentes a muitas classes de seres do reino animal entrelaçaram seus ciclos de vida. A árvore da vida foi construída com informação de fósseis e de análises biológicas moleculares. Nesta árvore encontram-se datados os seres vivos e os diferentes contextos nos quais a convivência entre as espécies criou vantagens evolutivas ou, eventualmente, aparecimento de patologia conhecida, pelo menos em alguns partícipes desta cadeia.

Abstract

Chagas disease affects over 1150 wild animal species inhabiting the American Continent. There is evidence showing that reptiles used to be the primitive reservoirs of trypanosomes that later got adapted to mammals. *Trypanosoma cruzi* infections are usually transmitted by triatomines, hematophagous insects that feed upon human blood. The enzootic exists for around 90 million years but human Chagas disease was documented in mummies found at Atacama Desert, which date 9 thousands years ago. Recrudescence of endemic Chagas disease took place in the last 500 years, after arrival of European and African settlers, who by living in huts infested with triatomines contaminated with *T. cruzi*, readily acquired the infections. Chagas disease affects 18 million people in Latin America and is nowadays considered the most lethal endemic disease in the Western Hemisphere.

Notas bibliográficas

1. CHAGAS, C. Nova tripanossomíase. Morfologia e ciclo de vida do *Schyzotrypanum cruzi*, agente de uma nova doença humana. *Memórias do Instituto Oswaldo Cruz,* 1, p. 159–218, 1909.
2. CHAGAS, C. Uma nova doença humana. Sumário de estudos etiológicos e clínicos. *Memórias do Instituto Oswaldo Cruz,* 3, p. 219–275, 1911.
3. LAKE, J. A.; RIVERA, M. C. Was the nucleus the first endosymbiont? *Proceedings of the National Academy of Sciences USA,* 91, p. 2880-2881, 1994.
4. MARGULIS, L. e SAGAN, D. *Acquiring genomes:* a theory of the origins of species, chapter 2. New York: Basic Books, p. 25–50, 2002.
5. LAKE, J. A.; DE LA CRUZ, V. F.; FERREIRA, P. C.; MOREL, C.; SIMPSON, L. Evolution of parasitism: kinetoplastid protozoan history reconstructed from mitochondrial rRNA gene sequences. *Proceedings of the National Academy of Sciences USA,* 85, p. 4779-4783, 1988.
6. STEVENS, J. R.; NOYES, H. A.; SCHOFIELD, C. J.; GIBSON, W. The molecular evolution of Trypanosomatidae. *Advances in Parasitology,* 48, p. 1-56, 2001.
7. DOUZERY, E. J.; DELSUC, F.; STANHOPE, M. J.; HUCHON, D. Local molecular clocks in three nuclear genes: divergence times for rodents and other mammals and incompatibility among fossil calibrations. *Journal of Molecular Evolution,* 57, p. 201-213, 2003.
8. DELSUC, F.; VIZCAINO, S. F.; DOUZERY, E. J. Influence of Tertiary paleoenvironmental changes on the diversification of South American mammals: a relaxed molecular clock study within xenarthrans. *BMC Evolution Biology,* 28, p. 4-11, 2004.
9. KLEIN, J.; TAKAHATA, N. *Where do we come from? The molecular evidence for human descent,* chapter 4, New York: Springer-Verlag, p. 67-93, 2002.

10. KRAUSE, D. W.; BONAPARTE, J. F. Superfamily Gondwanatherioidea: a previously unrecognized radiation of multituberculate mammals in South America. *Proceedings of the National Academy of Sciences USA*, 90, p. 9379-8383, 1993.

11. SALGADO-LABORIEAU, M. L. *História ecológica da Terra*. 2. ed. São Paulo: Editora Edgard Blucher Ltda., 2001.

12. NITZ, N.; GOMES, C.; ROSA. A. C.; D'SOUZA-AULT, M. R.; MORENO, F.; LAURIA-PIRES, L.; NASCIMENTO, R. J.; TEIXEIRA, A. R. L. Heritable integration of kDNA minicircle sequences from *Trypanosoma cruzi* into the avian genome: insights into human Chagas disease. *Cell*, 118, p. 175-186, 2004.

13. MARCUS, E. Retraction controversy. *Cell*, 123, p. 173-175, 2005.

14. SIMÕES-BARBOSA, A.; ARGAÑARAZ, E. R.; BARROS, A. M.; ROSA, A. C.; ALVES, N. P.; LOUVANDINI, P.; D'SOUZA-AULT, M. R.; NITZ, N.; STURM, N. R.; NASCIMENTO, R. J.; TEIXEIRA, A. R. L. Hitchhiking *Trypanosoma cruzi* minicircle DNA affects gene expression in human host cells via LINE-1 retrotransposon. *Memórias do Inst. Oswaldo Cruz* (no prelo), 2006.

15. TEIXEIRA, A.; NASCIMENTO, R. J.; STURM, N. R. Evolution and pathology in Chagas disease. *Memórias do Instituto Oswaldo Cruz*, 107, p. 463-491, 2006.

16. SIMONSON, A. B.; SERVIN, J. A.; SKOPHAMMER, R. G.; HERBOLD, C. W.; RIVERA, M. C.; LAKE, J. A. Decoding the genomic tree of life. *Proceedings of the National Academy of Sciences USA*, 102, p. 6608-6613, 2005.

17. PODLIPAEV, S. A.; STURM, N. R.; FIALA, I.; FERNANDES, O.; WESTENBERGER, S. J.; DOLLET, M.; CAMPBELL, D. A.; LUKES, J. Diversity of insect trypanosomatids assessed from the spliced leader RNA and 5S rRNA genes and intergenic regions. *The Journal of Eukaryotic Microbiology*, 51, p. 283-290, 2004.

18. MARGULIS, L.; SAGAN, D. *What is life?* Berkeley: University of California Press, 2000.

19. HOARE, C. A. *The trypanosomes of mammals*: a zoological monograph. Chapter VI. Evolution. Oxford: Blackwell Scientific Publications, 1972. p. 81-106.

20. DONELSON, J. E.; GARDNER, M. J.; EL-SAYED, N. M. More surprises from Kinetoplastida. *Proceedings of the National Academy of Sciences USA*, 96, p. 2579-2581, 1999.

21. SIMPSON, A. G. B.; LUKES, J.; ROGER, A. W. The evolutionary history of kinetoplastids and their kinetoplasts. *Molecular Biology of Evolution*, 19, p. 2071-2076, 2002.

22. JAKES, K. A.; O'DONOGHUE, P. J.; ADLARD, R. D. Phylogenetic relationships of *Trypanosoma chelodina* and *Trypanosoma binneyi* from Australian tortoises and platypuses inferred from small subunit rRNA analyses. *Parasitology*, 123, p. 483-487, 2001.

23. SIDDALL, M. E.; DESSER, S. S. Alternative leech vectors for frog and turtle trypanosomes. *Journal of Parasitology*, 78, p. 562-563, 1992.

24. KHAIBULAEV, K. K.; GUSEINOV, M. A. Development of the trypanosomes (Trypanosoma) and cryptobians (Cryptobia) of carp and tench in the leech Piscicola geometra. *Parazitologiia*, 19, p. 75-77, 1985.

25. MASLOV, D. A.; LUKES, J.; JIRKU, M.; SIMPSON, L. Phylogeny of trypanosomes as inferred from the small and large subunit rRNAs: implications for the evolution of parasitism in the trypanosomatid protozoa. *Molecular and Biochemical Parasitology*, 75, p. 197-205, 1996.

26. DAVIES, A. J.; JOHNSTON, M. R. The biology of some intraerythrocytic parasites of fishes, amphibia and reptiles. *Advances in Parasitology*, 45, p. 1-107, 2000.

27. HAMILTON, P. B.; STEVENS, J. R.; GIDLEY, J.; HOLZ, P.; GIBSON, W. C. A new lineage of trypanosomes from Australian vertebrates and terrestrial bloodsucking leeches (Haemadipsidae). *International Journal of Parasitology*, 35, p. 431-443, 2005.

28. MINTER-GOEDBLOED, E.; PUDNEY, M.; KILGOUR, V.; EVANS, D. A. First record of a reptile trypanosome isolated from *Glossina pallidipes* in Kenya. *Zeitschrift für Parasitenkunde*, 69, p. 17-26, 1983.

29. LEFRANCOIS, T.; SOLANO, P.; DE LA ROCQUE, S.; BENGALY, Z.; REIFENBERG, J. M.; KABORE, I.; CUISANCE, D. New epidemiological features on animal trypanosomiasis by molecular analysis in the pastoral zone of Sideradougou, Burkina Faso. *Molecular Ecology*, 7, p. 897-904, 1998.

30. NJAGU, Z.; MIHOK, S.; KOKWARO, E.; VERLOO, D. Isolation of *Trypanosoma brucei* from the monitor lizard (*Varanus niloticus*) in an endemic focus of Rhodesian sleeping sickness in Kenya. *Acta Tropica*, 72, p. 137-148, 1999.

31. TEIXEIRA, A. The stercorarian trypanosomes. In: SOULSBY, E. S. L. (Ed.). *Immune responses in parasitic infections:* immunology, immunopathology, immunoprophylaxis. Boca Ratton, FL: CRC Press, LLC, 1987. p. 125-145.

32. GAUNT, M. W.; MILES, M. A. An insect molecular clock dates the origin of the insects and accords with palaeontological and biogeographic landmarks. *Molecular Biology and Evolution*, 19, p. 748-761, 2002.

33. LENT, H.; WYGODZINSKY, P. Revision of the Triatominae (Hemiptera, Reduviidae) and their significance as vectors of Chagas´disease. *Bulletin of the American Museum of Natural History*, 163, p. 125-520, 1979.

34. BRAZ, G. R.; MOREIRA, M. F.; MASUDA, H.; OLIVEIRA, P. L. Rhodnius heme-binding protein (RHBP) is a heme source for embryonic development in the blood-sucking bug *Rhodnius prolixus* (Hemiptera, Reduviidae). *Insect Biochemistry and Molecular Biology*, 32, p. 361-367, 2002.

35. PAIVA-SILVA, G. O.; SORGINE, M. H.; BENEDETTI, C. E.; MENEGHINI, R.; ALMEIDA, I. C.; MACHADO, E. A.; DANSA-PETRETSKI, M.; YEPIZ-PLASCENCIA, G.; LAW, J. H.; OLIVEIRA, P. L.; MASUDA, H. On the biosynthesis of *Rhodnius prolixus* heme-binding protein. *Insect Biochemistry and Molecular Biology*, 32, p. 1533-1541, 2002.

36. MAYA-MONTEIRO, C. M.; ALVES, L. R.; PINHAL, N.; ABDALLA, D. S.; OLIVEIRA, P. L. HeLp, a heme-transporting lipoprotein with an antioxidant role. *Insect Biochemistry and Molecular Biology*, 34, p. 81-88, 2004.

37. CARCAVALLO, R. U.; JURBERG, J.; GALINDEZ GIRON, I.; LENT, H. *Atlas of Chagas' Disease Vectors in the Americas*. Editora Fiocruz, 1997.

38. DINERSTEIN, E.; OLSON, D. M.; GRAHAM, D. J.; WEBSTER, A. L.; PRIMM, S. A.; BOOKBINDER, M. P.; LEDEC, G. *A conservation assessment of the terrestrial ecoregions of Latin America and the Caribbean*. World Wildlife Fund, The World Bank, Washington, D.C., 1995.

39. LYMAN, D. F.; MONTEIRO, F. A.; ESCALANTE, A. A.; CORDON-ROSALES, C.; WESSON, D. M.; DUJARDIN, J. P.; BEARD, C. B. Mitochondrial DNA sequence variation among triatomine vectors of Chagas disease. *The American Journal of Tropical Medicine and Hygiene*, 60, p. 377-386, 1999.

40. GAUNT, M.; MILES, M. The ecotopes and evolution of triatomine bugs (Triatominae) and their associated trypanosomes. *Memórias do Instituto Oswaldo Cruz*, 95, p. 557-565, 2000.

41. BRIONES, M. R.; SOUTO, R. P.; STOLF, B. S.; ZINGALES, B. The evolution of two *Trypanosoma cruzi* subgroups inferred from rRNA genes can be correlated with the interchange of American mammalian faunas in the Cenozoic and has implications to pathogenicity and host specific. *Molecular Biochemical Parasitology*, 104, p. 219-232, 1999.

42. YEO, M.; ACOSTA, N.; LLEWELLYN, M.; SANCHEZ, H.; ADAMSON, S.; MILES, G. A.; LOPEZ, E.; GONZALEZ, N.; PATTERSON, J. S.; GAUNT, M. W.; DE ARIAS, A. R.; MILES, M. A. Origins of Changes disease, Didelphis species are natural hosts of *Trypanosoma cruzi* I and armadillos hosts of *Trypanosoma cruzi* II, including hybrids. *Parasitology*, 35, p. 225-233, 2005.

43. ELIAS, M. C.; VARGAS, N.; TOMAZI, L.; PEDROSO, A.; ZINGALES, B.; SCHENKMAN, S.; BRIONES, M. R. Comparative analysis of genomic sequences suggests that *Trypanosoma cruzi* CL Brener contains two sets of non-intercalated repeats of satellite DNA that correspond to *T. cruzi* I and *T. cruzi* II types. *Molecular and Biochemical Parasitology*, 140, p. 221-227, 2005.

44. WORLD HEALTH ORGANIZATION. Control of Chagas disease: Second report of a WHO Expert Committee. *World Health Organization Technical Report Series*, 905, p. 1-109, 2002.

45. PATTERSON, B. D. Accumulating Knowledge on the Dimensions of Biodiversity: Systematic Perspectives on Neotropical Mammals. *Biodiversity Letters*, 2, p. 79-86, 1994.

46. PATTON, J. L.; SILVA, M. N. F. A review of the spiny mouse genus Scolomys (Rodentia:Sigmodontinae) with the desdription of a new species from

the western Amazon Brazil. *Proceedings Biological Society Washington*, 108, p. 319-337, 1984.

47. SILVA, M. N.; PATTON, J. L. Molecular phylogeography and the evolution and conservation of Amazonian mammals. *Molecular Ecology*, 7, p. 475-486, 1998.

48. JAIME-ANDRADE, J. G.; AVILA-FIGUEROA, D.; LOZANO-KASTEN, F. J.; HERNÁNDEZ-GUTIÉRREZ, R. J.; MAGALLÓN-GASTÉLUM, E.; KASTEN-MONGES, M. J.; LOPES, E. R. Acute Chagas' cardiopathy in a polar bear (*Ursus maritimus*) in Guadalajara, Mexico. *Revista da Sociedade Brasileira de Medicina Tropical*, 30, p. 337-340, 1997.

49. ZELEDÓN, R.; RABINOVICH, J. E. Chagas disease: an ecological appraisal with special emphasis on its insect vectors. *Annual Review of Entomology*, 26, p. 101-133, 1981.

50. BRAUER, G.; MEHLMAN, M. J. Hominid molars from a Middle Stone Age level at the Mumba Rock Shelter, Tanzania. *American Journal of Physical Anthropology*, 75, p. 69-76, 1988.

51. FUTUYMA, D. J. Evolutionary Biology. 3d ed. Sunderland, MA: Sinauer, 1998.

52. GUIDON, N.; DELIBRAS, G. Carbon-14 dates point to man in the Americas 32,000 years ago. *Nature*, 321, p. 769-771, 1986.

53. BAHN, P. G. Archaeology. 50,000-year-old Americans of Pedra Furada. *Nature*, 362, p. 114-115, 1993.

54. NEVES, W. A.; BARROS, A. M.; COSTA, M. A. Incidence and distribution of postcranial fractures in the prehistoric population of San Pedro de Atacama, Northern Chile. *American Journal of Physical Anthropology*, 109, p. 253-258, 1999.

55. BERENGUER, J.; DEZA, A.; ROMÁN, A.; LLAGOSTERA, A. La secuencia de Mirian Tarragó para San Pedro de Atacama: un test por luminiscencia. *Revista Chilena de Antropologia*, 5, p. 17-54, 1985.

56. ROTHHAMMER, F.; ALLISON, M. J.; NUÑEZ, L.; STADEN, V.; ARRIZA, B. Chagas disease in pre-Columbian South America. *American Journal of Physical Anthropology*, 68, p. 495-498, 1985.

57. FORNACIARI, G.; CASTAGNA, M.; VIACAVA, P.; TOGNETI, A.; BEVILACQUA, G.; SEGURA, E. L. Chagas disease in Peruvian Incan mummy. *Lancet*, 339, p. 128-129, 1992.

58. AUFDERHEIDE, A. C.; SALO, W.; MADDEN, M.; STREITZ, J.; BUIKSTRA, J.; GUHL, F.; ARRIAZA, B.; RENIER, C.; WITTMERS, LEJr.; FORNACIARI, G.; ALLISON, M. A 9,000-year record of Chagas disease. *Proceedings of the National Academy of Sciences USA*, 101, p. 2034-2039, 2004.

59. GUHL, F.; JARAMILLO, C.; VALLEJO, G. A.; CARDENAS, A.; ARROYO, F.; AUFDERHEIDE, A. Chagas disease and human migration. *Memórias do Instituto Oswaldo Cruz*, 95, p. 553-555, 2000.

60. CARVALLO, R. U. Climatic factors related to Chagas disease transmission. *Memórias do Instituto Oswaldo Cruz*, 94, p. 367-369, 1999.

61. SILVEIRA, A. C.; ARIAS, A. R.; SEGURA, E.; GUILLEN, G.; RUSSO-MANDO, G.; SCHENONE, H.; DIAS, J. C. P.; PADILLA, J. V.; LORCA, M.; SALVATELA, R. *El control de la enfermedad de Chagas en los países del cono sur de América*: história de una iniciativa internacional (1991-2001). Faculdade de Medicina do Triangulo Mineiro, Uberaba, Brazil, 2002.

62. MILES, M. A. The discovery of Chagas disease: progress and prejudice. *Infectious Diseases Clinics North America*, 18, p. 247-260, 2004.

63. PRATA, A. Natural history of chagasic cardiomyopathy. In America Trypanosomiasis research. *Pan America Health Organization Scientific Publication*, 318, p. 191-193, 1975.

64. COURA, J. R. Evolutive pattern in Chagas disease and life span of *Trypanosoma cruzi* in human infection. In America Trypanosomiasis Research. *Pan America Health Organization Scientific Publication*, 318, p. 378-386, 1975.

65. DIAS, J. C. History and Findings of Bambui Project. In America Trypanosomiasis Research. *Pan America Health Organization Scientific Publication*, 318, p. 338-339, 1975.

66. BRAGA, M. S.; LAURIA-PIRES, L.; ARGANARAZ, E. R.; NASCIMENTO, R. J.; TEIXEIRA, A. R. Persistent infections in chronic Chagas disease patients treated with anti-*Trypanosoma cruzi* nitroderivatives. *Revista do Instituto de Medicina Tropical de São Paulo*, 42, p. 157-161, 2000.

67. PIRARD, M.; IIHOSHI, N.; BOELAERT, M.; BASANTA, P.; LOPEZ, F.; VAN DER STUYFT, P. The validity of serologic tests for *Trypanosoma cruzi* and the effectiveness of transfusional screening strategies in a hyperendemic region. *Transfusion*, 45, p. 554-561, 2005.

68. VEXENAT, A. C.; SANTANA, J. M.; TEIXEIRA, A. R. Cross-reactivity of antibodies in human infections by the kinetoplastid protozoa *Trypanosoma cruzi, Leishmania chagasi* and *Leishmania (viannia) braziliensis. Revista da Sociedade Brasileira de Medicina Tropical*, 38, p. 177-185, 1996.

69. TEIXEIRA, A. R.; VEXENAT, A. C. The true significance of serological exams in the diagnosis of endemic diseases. *Revista da Sociedade Brasileira de Medicina Tropical*, 29, p. 379-382, 1996.

70. TINOCO, D. L.; GARCIA, M. P.; LAURIA-PIRES, L.; SANTANA, J. M.; TEIXEIRA, A. R. The use of 4 immunological exams for the determination of Chagas disease prevalence in streetsweepers of the City Sanitation Service in the Federal District. *Revista da Sociedade Brasileira de Medicina Tropical*, 29, p. 33-40, 1996.

71. AVILA, H. A.; SIGMAN, D. S.; COHEN, L. M.; MILLIKAN, R. C.; SIMPSON, L. Polymerase chain reaction amplification of *Trypanosoma cruzi* kinetoplast minicircle DNA isolated from whole blood lysates: diagnosis of chronic Chagas disease. *Molecular and Biochemical Parasitology*, 48, p. 211-221, 1991.

72. MOSER, D. R.; KIRCHHOFF, L. V.; DONELSON, J. E. Detection of *Trypanosoma cruzi* by DNA amplification using the polymerase chain reaction. *Journal of Clinical Microbiology*, 27, p. 1477–1482, 1989.

73. REQUENA, J. M.; JIMENEZ-RUIZ, A.; SOTO, R. M.; LOPEZ, M. C.; ALONSO, C. Characterization of a highly repeated interspersed DNA sequence of *Trypanosoma cruzi*: its potential use in diagnosis and strain classification. *Molecular and Biochemical Parasitology*, 51, p. 271–280, 1992.

74. LAURIA-PIRES, L.; BRAGA, M. S.; VEXENAT, A. C.; NITZ, N.; SIMOES-BARBOSa, A.; TINOCO, D. L.; TEIXEIRA, A. R. Progressive chronic Chagas heart disease ten years after treatment with anti-Trypanosoma cruzi nitroderivatives. *American Journal of Tropical Medicine and Hygiene*, 63, p. 111-118, 2000.

75. EBRAHIM, G. J. Eradication of American trypanosomiasis (Chagas disease): an achievable goal? *Journal of Tropical Pediatrics*, 50, p. 320-321, 2004.

76. NOIREAU, F.; CORTEZ, M. G.; MONTEIRO, F. A.; JANSEN, A. M.; TORRICO, F. Can wild *Triatoma infestans* foci in Bolivia jeopardize Chagas disease control efforts? *Trends in Parasitology*, 21, p. 10, 2005.

77. HEWITT, P. E.; BARBARA, J. A.; CNTRERAS, M. Donor selection and microbial screening. *Vox sanguinis*, 67, p. 14-19, 1994.

78. AULT, S. K. Environmental management: a re-emerging vector control strategy. *The American Journal of Tropical Medicine and Hygiene*, 50, p. 35-49, 1994.

79. COHEN, J. E.; GURTLER, R. E. Modeling household transmission of American trypanosomiasis. *Science*, 293, p. 94-698, 2001.

80. TEIXEIRA, A. R.; MONTEIRO, P. S.; REBELO, J. M.; ARGANARAZ, E. R.; VIEIRA, D.; LAURIA-PIRES, L.; NASCIMENTO, R. J.; VEXENAT, C. A.; SILVA, A. R.; AULT, S. K.; COSTA, J. M. Emerging Chagas Disease: Trophic Network and Cycle of Transmission of *Trypanosoma cruzi* from Palm Trees in the Amazon. *Emerging Infectious Diseases*, 7, p. 100-112, 2001.

81. CHAUDHURI, N. Interventions to improve children's health by improving the housing environment. *Reviews Environmental Health*, 19, p. 197-222, 2004.

82. SHIKANAI-YASUDA, M. A.; MARCONDES, C. B.; GUEDES, L. A.; SIQUIERA, G. S.; BARONE, A. A.; DIAS, J. C.; AMATO-NETO, V.; TOLEZANO, J. E.; PERES, B. A.; ARRUDA JUNIOR, E. R. Possible oral transmission of acute Chagas disease in Brazil. *Revista do Instituto de Medicina Tropical de São Paulo*, 33, p. 351-357, 1991.

83. PEREIRA, M. G. Characteristics of urban mortality from Chagas disease in Brazil's Federal District. *Bulletin Pan American Health Organization*, 18, p. 1-9, 1984.

84. CEDILLOS, R. A. Chagas disease in El Salvador. *Bulletin of the Pan American Health Organization*, 9, p. 135-141, 1975.

85. MATURANA, R.; CONTRERAS, M. C.; SALINAS, P.; SANDOVAL, L.; FERNANDEZ, E.; RIVERA, F.; ARAYA, G.; VARGAS, L.; HENINGS, M. P.; MENDOZA, J.; BERTOGLIA, J.; ROZAS, H.; CANO, G.; JOFRÉ, A.; COLVIN, A.; ÑANCUVILU, M. E.; RODRÍGUEZ, A.; LEIVA, H.; HIROSSE, A.; SCHENONE, H. Chagas disease in Chile. Urban sectors XV. Prevalence of Chagas infection in school children of primary

level in the first 7 regions of the country, 1983-1985. *Boletín Chileno de Parasitología*, 40, p. 88-91, 1985.

86. CORTES-JIMENEZ, M.; NOGUEDA-TORRES, B.; ALEJANDRE-AGUILAR, R.; ISITA-TORNELL, L.; RAMIREZ-MORENO, E. Frequency of triatomines infected with *Trypanosoma cruzi* collected in Cuernavaca city, Morelos, Mexico. *Revista Latinoamericana de Microbiolologia*, 38, p. 115-119, 1996.

87. VALLVE, S. L.; ROJO, H.; WISNIVESKY-COLLI, C. Urban ecology of *Triatoma infestans* in San Juan, Argentina. *Memórias do Instituto Oswaldo Cruz*, 91, p. 405-408, 1996.

88. AGUILAR, V. H. M.; ABAD-FRANCH, F.; RACINES, V. J.; PAUCAR, C. A. Epidemiology of Chagas disease in Ecuador. A brief review. *Memórias do Instituto Oswaldo Cruz*, 94, p. 387-393, 1999.

89. RANGEL-FLORES, H.; SANCHEZ, B.; MENDOZA-DUARTE, J.; BARNABE, C.; BRENIERE, F. S.; RAMOS, C.; ESPINOZA, B. Serologic and parasitologic demonstration of *Trypanosoma cruzi* infections in an urban area of central Mexico: correlation with electrocardiographic alterations. *American Journal of Tropical Medicine and Hygiene*, 65, p. 887-895, 2001.

90. BECERRIL-FLORES, M. A.; VALLE-DE LA CRUZ, A. Description of chagas disease in the Valle de Iguala, Guerrero state, Mexico- Marco. *Gaceta Médica de Mexico*, 139, p. 539-544, 2003.

91. SHIKANAI-YASUDA, M. A.; LOPES, M. H.; TOLEZANO, J. E.; UMEZAWA, E.; AMATO-NETO, V.; BARRETO, A. C.; HIGAKI, Y.; MOREIRA, A. A.; FUNAYAMA, G.; BARONE, A. A.; DUARTE, A.; ODONE, V.; CERRI, G. C.; SATO, M.; POSSI, D.; SHIROMA, M. Acute Chagas disease: transmission routes, clinical aspects and response to specific therapy in diagnosed cases in an urban center. *Revista do Instituto de Medicina Tropical de São Paulo*, 32, p. 16-27, 1990.

92. COURA, J. R. Mecanismo de transmissão da infecção chagásica ao homem por via oral. *Revista do Instituto de Medicina Tropical de São Paulo*, 44, p. 159-165, 1997.

93. NAIFF, M. F.; NAIFF, R. D.; BARRETT, T. V. Wild vectors of Chagas disease in an urban area of Manaus (AM): flying activity during dry and rainy seasons. *Revista da Sociedade Brasileira de Medicina Tropical*, 31, p. 103-105, 1998.

94. VALENTE, A. S.; VALENTE, V. C.; FRAIHA NETO, A. Considerations on the epidemiology and transmission of Chagas disease in the Brazilian Amazon. *Memórias do Instituto Oswaldo Cruz*, 94, p. 395-398, 1999.

95. PINTO, A. Y.; VALENTE, A. S.; VALENTE, V. C. Emerging acute Chagas disease in Amazonian Brazil: case reports with serious cardiac involvement. *Brazilian Journal of Infectious Diseases*, 8, p. 454-460, 2004.

96. DIAS, J. C.; SILVEIRA, A. C.; SCHOFIELD, C. J. The impact of Chagas disease control in Latin America: a review. *Memórias do Instituto Oswaldo Cruz,* 97, p. 603-612, 2002.

97. SCHMUNIS, G. A. Risk of Chagas disease through transfusions in the Americans. *Medicina* (Buenos Aires), 59, p. 125-134, 1999.

98. SCHMUNIS, G. A.; CRUZ, J. R. *Safety of the blood supply in Latin America. Clinical Microbiology Reviews,* 18, p. 12-29, 2005.

99. REESINK, H. W. European strategies against the parasite transfusion risk. *Transfusion Clinique et Biologique,* 12, p. 1-4, 2005.

100. DODD, R. Y. Current safety of the blood supply in the United States. *International Journal of Hematology,* 80, p. 301-305, 2004.

101. BITTENCOURT, A. L. Possible risk factors for vertical transmission of Chagas disease. *Revista do Instituto de Medicina Tropical de São Paulo,* 34, p. 403-408, 1992.

102. AZOGUE, E. Women and congenital Chagas disease in Santa Cruz, Bolivia: epidemiological and sociocultural aspects. *Social Science & Medicine,* 37, p. 503-511, 1993.

103. COHEN, S. M.; ERTURK, E.; VON ESCH, A. M.; CROVETTI, A. J.; BRYAN, G. T. Carcinogenicity of 5-nitrofurans, 5-nitroimidazoles, 4-nitrobenzenes, and related compounds. *Journal of the National Cancer Institute,* 51, p. 403-417, 1973.

104. HEADLEY, D. B.; KLOPP, R. G.; MICHIE, P. M.; ERTURK, E.; BRYAN, G. T. Temporal comparisons of immune status and target organ histology in mice fed carcinogenic 5-nitrofurans and their nornitro analogs. *Cancer Research,* 41, p. 1397-1401, 1981.

105. MORENO, E. A.; RIVERA, J. M.; MORENO, S. C.; ALARCON, M. E.; LUGO-YARBUH, A. Vertical transmission of *Trypanosoma cruzi* in Wistar rats during the acute phase of infection. *Investigaciones Clínicas,* 44, p. 241-254, 2003.

106. TEIXEIRA, A. R.; SILVA, R.; CUNHA NETO, E.; SANTANA, J. M.; RIZZO, L. V. Malignant, non-Hodgkin's lymphomas in *Trypanosoma cruzi*-infected rabbits treated with nitroarenes. *Journal of Comparative Pathology,* 103, p. 37-48, 1990b.

107. TEIXEIRA, A. R.; CORDOBA, J. C.; SOUTO MAIOR, I.; SOLORZANO, E. Chagas disease: lymphoma growth in rabbits treated with Benznidazole. *American Journal of Tropical Medicine and Hygiene,* 43, p. 146-158, 1990a.

108. TEIXEIRA, A. R.; CALIXTO, M. A.; TEIXEIRA, M. L. Chagas disease: carcinogenic activity of the antitrypanosomal nitroarenes in mice. *Mutation Research,* 305, p. 189-196, 1994.

109. FLORES-VIEIRA, C. L.; ANTUNES BARREIRA, A. Experimental benznidazole encephalopathy: I. Clinical-neurological alterations. *Journal of the Neurological Sciences,* 150, p. 3-11, 1997.

110. FLORES-VIEIRA, C. L.; CHIMELLI, L.; FRANCA FERNANDES, R. M.; ANTUNES BARREIRA, A. Experimental benznidazole encephalopathy:

II. Electroencephalographic and morphological alterations. *Journal of the Neurological Sciences*, 150, p. 13-25, 1997.

111. COURA, J. R.; DE ABREU, L. L.; WILLCOX, H. P.; PETANA, W. Comparative controlled study on the use of benznidazole, nifurtimox and placebo, in the chronic form of Chagas disease, in a field area with interrupted transmission. I. Preliminary evaluation. *Revista da Sociedade Brasileira de Medicina Tropical*, 30, p. 139-144, 1997.

112. URBINA, J. A.; DOCAMPO, R. Specific chemotherapy of Chagas disease: controversies and advances. *Trends in Parasitology*, 19, p. 495-501, 2003.

Capítulo 3

O agente infeccioso e o hospedeiro

Antonio Teixeira
Mariana M. Hecht

Ao entrar no corpo do hospedeiro mamífero, o *Trypanosoma cruzi* alcança seu habitat intracelular, onde ele se multiplica e se perpetua ao longo de várias décadas. A persistência do parasito no corpo do hospedeiro depende de vários fatores ou de habilidades desenvolvidas pelo protozoário, visando a garantir abrigo e proteção contra fatores imunes que tendem a eliminá-lo. Ao esconder-se dentro da célula, o *T. cruzi* fica inacessível aos mecanismos imunes, podendo, então, desenvolver estratégias interessantes para seu crescimento. Um exemplo foi sua saída do ambiente hostil e ácido do vacúolo digestivo parasitóforo para viver livre no citoplasma da célula hospedeira, onde se multiplica. Tanto a célula hospedeira como o *T. cruzi* são eucariontes que possuem vias metabólicas comuns e, assim, o crescimento do parasito depende de mecanismos da respiração oxidativa, do consumo de energia, da fosforilação de proteínas e de outras vias de sinalização da célula hospedeira que se associam na proliferação e na diferenciação celulares. Então, de certa forma, esse parece ser um exemplo de adaptação simbiótica, pelo menos na maioria dos casos em que o agente infeccioso se adapta e sobrevive ao longo de toda uma vida humana, só causando prejuízos ocasionais.

Introdução

O *Trypanosoma cruzi*, pertencente à ordem Cinetoplastida, é um organismo eucarionte altamente diversificado e especializado. As infecções pelo *T. cruzi* são freqüentemente transmitidas pelos barbeiros ou triatomíneos vetores da doença de Chagas. O inseto insere seu estilete através da pele de sua presa e suga o sangue de que necessita em menos de dez minutos. Enquanto o barbeiro se alimenta, seu abdômen se transforma de achatado em globular, e o inseto deposita seu excremento contaminado com formas infectantes (tripomastigotas metacíclicas) do *T. cruzi* próximo do local da picada na pele. A coceira leva as fezes contaminadas para a abrasão da picada na pele (chagoma), ou para a mucosa da boca ou da conjuntiva dos olhos (sinal de Romaña). O protozoário inicia a infecção invadindo as células fagocíticas no local de entrada no corpo do indivíduo. Ali, alguns dos flagelados invasores podem ser destruídos, mas muitos conseguem se internalizar e se multiplicar no citoplasma da célula do hospedeiro e completar seu ciclo de vida; muitas formas do flagelado deixam seu local de reprodução e invadem outras células em diferentes tecidos. A localização do flagelo no protozoário é uma característica-chave para identificação das diferentes formas do parasito: as amastigotas, que conseguem multiplicar-se dentro de macrófagos do vertebrado, e os tripomastigotas metacíclicos, que não se dividem, mas penetram em outras células do corpo, exceto nos neurônios. As formas amastigotas intracelulares podem persistir em hibernação no corpo do hospedeiro por décadas, escondidas em células musculares sem causar dano significante no tecido (Figura 3.1).

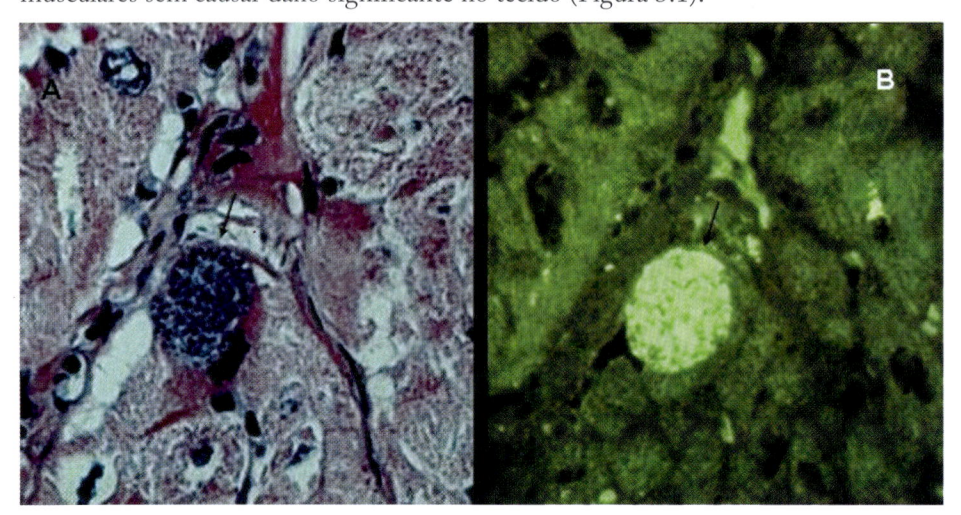

Figura 3.1: Formas amastigotas do *Trypanosoma cruzi* persistem adormecidas dentro das fibras musculares do coração. A) Um ninho de amastigotas (seta) em uma região do coração sadio. Coloração pela hematoxilina e pela eosina (*H-E*, 400X). B) Hibridização *in situ* mostrando as formas amastigotas do *T. cruzi* (seta) identificadas pela fluorescência verde-maçã do DNA do parasito (reproduzido de E. Barbosa, tese, Universidade de Brasília, 2005)

Resistência ao ataque

A invasão da célula do hospedeiro envolve o recrutamento de lisossomas mediante atividade de microtúbulos e fusão no sítio de ligação do parasito invasor à membrana da célula do corpo.[1-3] Em seguida à internalização, o ambiente acídico que se forma no sítio de fusão ativa proteínas formadoras de poro, promovendo o escape do flagelado do vacúolo fagocítico e sua diferenciação e divisão em amastigotas, que persistem livres no citoplasma até se transformarem em tripomastigotas.[4] O destino da infecção depende da habilidade de as formas tripomastigotas virulentas escaparem do ataque das enzimas digestivas no fagolisossoma.[5] As amastigotas livres no citoplasma diferenciam-se em muitas novas formas tripomastigotas, que deixam aquele ambiente para iniciar outro ciclo de infecção em uma nova célula. Com replicação em intervalo médio de 15 h, um ciclo intracelular completo requer cerca de quatro dias.[6] As células que abrigam uma alta densidade de formas amastigotas do *T. cruzi* rompem-se e liberam as formas flageladas, que iniciam mais um ciclo de infecção. Mecanismos de defesa do hospedeiro são capazes de controlar superinfecções, quando quantidade moderada ou de baixa densidade de flagelados invadem células fagocíticas (monócitos, histiócitos e macrófagos) do sistema de defesa do indivíduo.[7]

A energia produzida beneficia ambos?

Os tripanossomos mostram algumas diferenças no que concerne à habilidade de formas amastigotas resistirem ao ataque dentro do ambiente lisossomal ou digestivo do macrófago.[8-10] Os monócitos e os macrófagos de animais vertebrados são altamente eficientes na eliminação de infecções microbianas. Entretanto, alguns protozoários cinetoplastidas evoluíram para sobreviver nas células fagocíticas possuindo enzimas NADPH oxidases ativas, mediante contribuições de espécies reativas de oxigênio, derivadas do reforço ou do incremento respiratório (O_2^-, H_2O_2). Outras vezes, isso acontece mediante o concurso de metabólitos intermediários de nitrogênio, induzíveis pela enzima sintase (NO) de óxido nítrico.[11] Tais mediadores químicos são considerados verdadeiros mecanismos inatos de proteção. A geração de NO parece ser regulada por metabólitos da ciclo-oxigenase, cujos níveis são mais elevados em indivíduos resistentes à infecção.[12] Contando com esses mecanismos, uma infecção bem-sucedida em macrófagos dependeria de uma variedade de situações que tornassem possível a curta existência do flagelado cinetoplastida no ambiente inóspito de uma célula fagocítica.[13] Vias conservadas de tradução de sinais relacionadas com ativação do metabolismo de glicose consomem energia, fosforilam proteínas e reforçam mecanismos oxidativos, portanto desempenham papel importante nas relações do parasito com seu hospedeiro. A perturbação de várias proteínas ligadas na membrana de tripanossomos por âncoras de glicosilfosfatidilinositol ativa a fosforilação de resíduo 15 de tirosina-proteína (PTK), e de proteína quinase C (PKC, em resíduos de serina 63 e 73, e de resíduos 63 e 73 em treonina) mediante moléculas de inositolglicana e diacilglicerol na membrana plasmática da célula.[14] O pré-tratamento de macrófagos com agonista de acetato miristato de forbol (PMA) resulta em depleção de PKC, alteração da microviscosidade da membrana, drástica redução da geração de anion superóxido e aumento da internalização e da multiplicação do parasito.[15] O estímulo-resposta mediado por PKC pode estar deficiente nos mononucleares fagocíticos, refletindo talvez atenuação da translocação da enzima para uma fração particulada da célula infectada.[16] A capacidade de os flagelados evitarem a ação de proteína-quinases (MAPK)-, NF-κB e das quinases reguladas por estímulos extracelulares (ERK)1/2 que produzem ativação de macrófagos mediante unidade de fator de virulência específica de lipofosfoglicana parece ser parte da estratégia montada pelo protozoário para desvencilhar-se da resposta imune inata do hospedeiro. Modificação significativa do estado de fosforilação de proteína-tirosina quinases em resposta ao estresse do calor sugere que fosforilação e desfosforilação têm papel importante nas vias de tradução de sinais que regulam a entrada do parasito e sua diferenciação no interior da célula do hospedeiro mamífero.[17, 18]

Vias metabólicas comuns

Vários eventos de tradução de sinais são desencadeados durante a invasão do *T. cruzi*, os quais parecem ser regulados pela fosfatidilinositol quinase-3 (PI3K) e pela proteína-quinase B (PKB/Akt). Forte atividade de PI3K e PKB/Akt pode ser detectada quando macrófagos foram encubados com tripomastigotas ou com frações isoladas do protozoário; conseqüentemente, um sinal precoce de invasão foi correlacionado com a internalização bem-sucedida do parasito.[19-21] Também foi observado que o ciclo de vida intracelular do *T. cruzi* parece ser regulado por uma fosfolipase C ligada ao fosfatidilinositol C (PI-PLC). Observou-se[22] ainda que o ciclo de vida intracelular do protozoário estaria regulado pela PI-PLC e pela proteína-tirosina quinase (PTP1B). Em conjunto, múltiplos mecanismos de defesa associam uma rede de fosforilação de proteínas com papel importante no controle do crescimento e da diferenciação do *T. cruzi*.[23] Um balanço entre esses eventos de tradução de sinais implica uma conversa cruzada (*cross-talk*) sobre mecanismos reguladores da defesa e do crescimento do parasito. Isolados virulentos de *T. cruzi* expressam na membrana uma família incomum de glicoinositolfosfolipídeos (GIPLs), proximamente relacionada com as âncoras de glicosilfosfatidil (GPI).[24-27] Essas moléculas dependem da substituição do terceiro resíduo de manosil na seqüência conservada glicana Man_4- (AEP)-GleN-InsP0$_4$ pela etanolamina fosfato ou β-galactofuranose.[28] Os papéis dessas moléculas na patogenicidade ou na sobrevivência do parasito no ambiente intracelular permanecem sem elucidação.

Abstract

Upon entry in the human body *Trypanosoma cruzi* trypomastigotes find their intracellular habitat, where they multiply and perpetuate throughout the host's entire lifecycle. The persisting parasitic forms in the human body have developed several biochemical skills aiming at their housing and protection from the host's hostile innate and acquired immune factors. The parasite hiding away within the host cell renders it inaccessible to those factors and, therefore, it can develop highly interesting strategies to secure its growth. In this regard, its major success has been considered its escape from the digestive, acidic parasitophorous vacuole to live freely in the host cell cytoplasm, where it multiplies. It is remarkable that a hibernating, slow dividing mode 'symbiont' *T. cruzi* possesses eukaryotic metabolic pathways similar to those of its host cell. It appears therefore, that the parasite growth in the host cell can be controlled and benefit from common mechanisms such as oxidative respiratory burst, energy consumption, protein phosphorylation and other signaling pathways leading to cell growth and differentiation. At least to some extent, instead of strict parasitism this appears to be a well succeeded example of symbiotic adaptation of an infectious agent, which survives in the host's body occasionally producing some harm.

Notas bibliográficas

1. TARDIEUX, I.; WEBSTER, P.; RAVESLOOT, J.; BORON, W.; LUNN, J. A.; HEUSER, J. E.; ANDREWS, N. W. Lysosome recruitment and fusion are early events required for trypanosome invasion of mammalian cells. *Cell*, 71, p. 1117-1130, 1992.
2. ANDRADE, L. O.; ANDREWS, N. W. Lysosomal fusion is essential for the retention of *Trypanosoma cruzi* inside host cells. *Journal of Experimental Medicine*, 200, p. 1135-1143, 2004.
3. CHAKRABARTI, S.; ANDRADE, L. O.; ANDREWS, N. W. *Trypanosoma cruzi* invades synaptotagmin VII-deficient cells by a PI-3 kinase independent pathway. *Molecular and Biochemical Parasitology*, 141, p. 125-128, 2005.
4. ANDREWS, N. W. Lysosomes and the plasma membrane: trypanosomes reveal a secret relationship. *Journal of Cell Biology*, 158, p. 389-394, 2002.
5. RAO, S. K.; HUYNH, C.; PROUX-GILLARDEAUX, V.; GALLI, T.; ANDREWS, N. W. Identification of SNAREs involved in synaptotagmin VII-regulated lysosomal exocytosis. *Journal of Biological Chemistry*, 279, p. 20471-20479, 2004.
6. ENGEL, J. C.; DOYLE, P. S.; DVORAK, J. A. *Trypanosoma cruzi*: biological characterization of clones derived from chronic chagasic patients. II. Quantitative analysis of the intracellular cycle. *The Journal of Protozoology*, 32, p. 80-83, 1985.
7. TEIXEIRA, A. The Stercorarian trypanosomes. In: SOULSBY, E. S. L. (Ed.). *Immune responses in parasitic infections:* immunology, immunopathology, immunoprophylaxis. Boca Ratton, FL: CRC Press, LLC, 1987. p. 125-145.
8. SPATH, G. F.; EPSTEIN, L.; LEADER, B.; SINGER, S. M.; AVILA, H. A.; TURCO, S. J.; BEVERLEY, S. M. Lipophosphoglycan is a virulence factor distinct from related glycoconjugates in the protozoan parasite *Leishmania major*. *Proceedings of the National Academy of Sciences USA*, 97, p. 9258-9263, 2000.
9. SIBLEY, L. D.; ANDREWS, N. W. Cell invasion by un-palatable parasites. *Traffic*, 1, p. 100-106, 2000.
10. ANDREWS, N. W. Membrane resealing: synaptotagmin VII keeps running the show. *Science's STKE [electronic resource]: signal transduction knowledge environment*, 282, p. 19, 2005.

11. MURRAY, H. W.; NATHAN, C. F. Macrophage microbicidal mechanisms in vivo: reactive nitrogen versus oxygen intermediates in the killing of intracellular visceral *Leishmania donovani*. *The Journal of Experimental Medicine*, 189, p. 741-746, 1999.

12. CARDONI, R. L.; ANTUNEZ, M. I. Outcome of Trypanosoma cruzi infection in pregnant BALB/c mice. *Annales Tropical Medicine Parasitology*, 98, p. 883-887, 2004.

13. MOORE, K. J.; LABRECQUE, S.; MATLASHEWSKI, G. Alteration of *Leishmania donovani* infection levels by selective impairment of macrophage signal transduction. *The Journal of Immunology*, 150, p. 4457-4465, 1993.

14. CHANG, L.; KARIN, M. Mammalian MAP kinase signalling cascades. *Nature*, 410, p. 37-40, 2001.

15. CHAKRABORTY, P.; GHOSH, D.; BASU, M. K. Macrophage protein kinase C: Its role in modulating membrane microviscosity and superoxide in leishmanial infection. *Journal of Biochemistry*, 127, p. 185-190, 2000.

16. OLIVIER, M.; BROWNSEY, R. W.; REINER, N. E. Defective stimulus-response coupling in human monocytes infected with *Leishmania donovani* is associated with altered activation and translocation of protein kinase C. *Proceedings of the National Academy of Sciences USA*, 89, p. 7481-7485, 1992.

17. SALOTRA, P.; RALHAN, R.; SREENIVAS, G. Heat-stress induced modulation of protein phosphorylation in virulent promastigotes of *Leishmania donovani*. *The International Journal of Biochemistry e Cell Biology*, 32, p. 309-316, 2000.

18. DA CUNHA, J. P.; NAKAYASU, E. S.; ELIAS, M. C.; PIMENTA, D. C.; TELLEZ-INON, M. T.; ROJAS, F.; MUNOZ, M. J.; ALMEIDA, I. C.; SCHENKMAN, S. *Trypanosoma cruzi* histone H1 is phosphorylated in a typical cyclin dependent kinase site accordingly to the cell cycle. *Molecular and Biochemical Parasitology*, 140, p. 75-86, 2005.

19. WILKOWSKY, S. E.; BARBIERI, M. A.; STAHL, P.; ISOLA, E. L. *Trypanosoma cruzi*: phosphatidylinositol 3-kinase and protein kinase B activation is associated with parasite invasion. *Experimental Cell Research*, 264, p. 211-218, 2001.

20. CHAKRABARTI, S.; ANDRADE, L. O.; ANDREWS, N. W. *Trypanosoma cruzi* invades synaptotagmin VII-deficient cells by a PI-3 kinase independent pathway. *Molecular and Biochemical Parasitology*, 141, p. 125-128, 2005.

21. TODOROV, A. G.; EINICKER-LAMAS, M.; DE CASTRO, S. L.; OLIVEIRA, M. M.; GUILHERME, A. Activation of host cell phosphatidylinositol 3-kinases by *Trypanosoma cruzi* infection. *The Journal of Biological Chemistry*, 275, p. 32182-32186, 2000.

22. MORTARA, R. A.; MINELLI, L. M. S.; VANDERKERCKHOVE, F.; NUSSENZWEIG, V.; RAMALHO-PINTO, F. J. Phosphatidylinositol-specific phospholipase C (PI-PLC) cleavage of GPI-anchored surface molecules of *Trypanosoma cruzi* triggers in vitro morphological reorganization of trypomastigotes. *The Journal of Eukaryotic Microbiology*, 48, p. 27-37, 2001.

23. BAKALARA, N.; SEYFANG, A.; BALTZ, T.; DAVIS, C. *Trypanosoma brucei* and *Trypanosoma cruzi*: Life-cycle-regulated protein tyrosine phosphatase activity. *Experimental Parasitology*, 81, p. 302-312, 1995.

24. PREVIATO, J. O.; JONES, C.; XAVIER, M. T.; WAIT, R.; TRAVASSOS, L. R.; PARODI, A. J.; MENDONÇA-PREVIATO, L. Structural characterization of the major glycosylphosphatidylinositol membrane-anchored glycoprotein from epimastigote forms of *Trypanosoma cruzi* Y-strain. *The Journal of Biological Chemistry*, 270, p. 7241-7250, 1995.

25. LEDERKREMER, R. M.; LIMA, C.; RAMIREZ, M. I.; FERGUSON, M. A.; HOMANS, S. W.; THOMAS-OATES, J. Complete structure of the glycan of lipopeptidophosphoglycan from Trypanosoma cruzi Epimastigotes. *Journal of Biological Chemistry*, 266, p. 23670-23675, 1991.

26. ALMEIDA, I. C.; CAMARGO, M. M.; PROCÓPIO, D. O.; SILVA, L. S.; MEHLERT, A.; TRAVASSOS, L. R.; GAZZINELLI, R. T.; FERGUSON, M. A. Highly purified glycosylphosphatidylinositols from *Trypanosoma cruzi* are potent proinflammatory agents. *The EMBO Journal*, 19, p. 1476-1485, 2000.

27. PREVIATO, J. O.; GORIN, P. A.; MAZUREK, M.; XAVIER, M. T.; FOURNET, B.; WIERUSZESK, J. M.; MENDONÇA-PREVIATO, L. Primary structure of the oligosaccharide chain of lipopeptidophosphoglycan of epimastigote forms of *Trypanosoma cruzi*. *The Journal of Biological Chemistry*, 265, p. 2518-2526, 1990.

28. PREVIATO, J. O.; WAIT, R.; JONES, C.; DOSREIS, G. A.; TODESCHINI, A. R.; HEISE, N.; PREVIATO, M. L. Glycoinositolphospholipid from *Trypanosoma cruzi*: Structure, Biosynthesis and Immunobiology. *Advances in Parasitology*, 56, p. 1-41, 2005.

Capítulo 4

Redes entrelaçadas

Nancy R. Sturm
Antonio Teixeira

Resumo

O *Trypanosoma cruzi* pertencente à ordem Cinetoplastida tem uma mitocôndria de origem bacteriana acumulando quantidade apreciável de DNA extranuclear conhecido como kDNA. A organização do kDNA lembra uma rede de pescar; a corda de puxar a rede chama-se maxicírculo, e cada mecha fina da rede (10 mil cópias entrelaçadas ou catenadas) chama-se minicírculo. Os maxicírculos contêm os genes codificadores de enzimas do ciclo da respiração oxidativa. Os minicírculos transcrevem um tipo de RNA que guia os genes no maxicírculo, além de gerar grande diversidade genética. Por último, os minicírculos passaram a ter uma importância adicional, à medida que eles parecem estar envolvidos na patogênese da doença de Chagas.

Introdução

Cada protozoário flagelado é uma célula contendo uma única mitocôndria com uma rede de DNA condensada numa estrutura em forma de disco. O disco fica posicionado numa região especializada da matriz da mitocôndria adjacente ao corpo basal do flagelo (Figura 4.1).

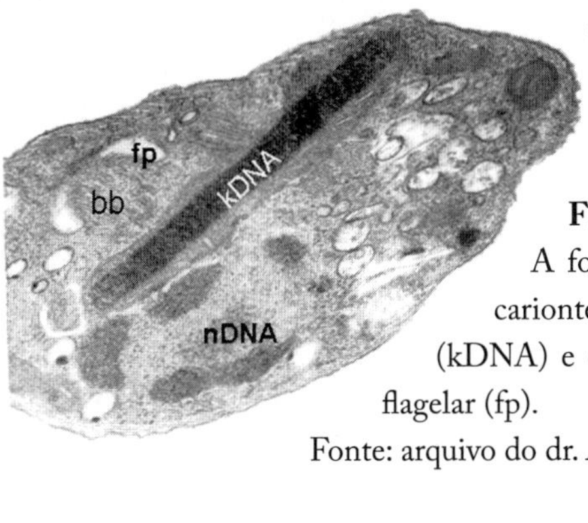

Figura 4.1 Ultra-estrutura do *Trypanosoma cruzi*. A foto mostra os componentes de uma célula eucarionte realçando o núcleo (nDNA), o cinetoplasto (kDNA) e o corpo basal do flagelo (bb) ao lado do saco flagelar (fp).
Fonte: arquivo do dr. Antonio Teixeira

A mitocôndria do *T. cruzi* contém uma grande quantidade de material genético extranuclear como jamais vista em qualquer eucarionte. Esta mitocôndria é caracterizada pela presença de maxicírculos e minicírculos de fitas duplas topologicamente entrelaçados. Os minicírculos seriam os pequenos crivos entrelaçados de uma rede de pescar; os maxicírculos seriam as fitas duplas de amarração externa, como se fossem uma corda que serve para puxar a rede. O DNA do cinetoplasto (kDNA) contém uma dúzia de maxicírculos (23 kb) e milhares de minicírculos (1.4 kb) catenados em uma rede complexa (Figura 4.2A e B), totalizando 10% a 15% do DNA total da célula.[1]

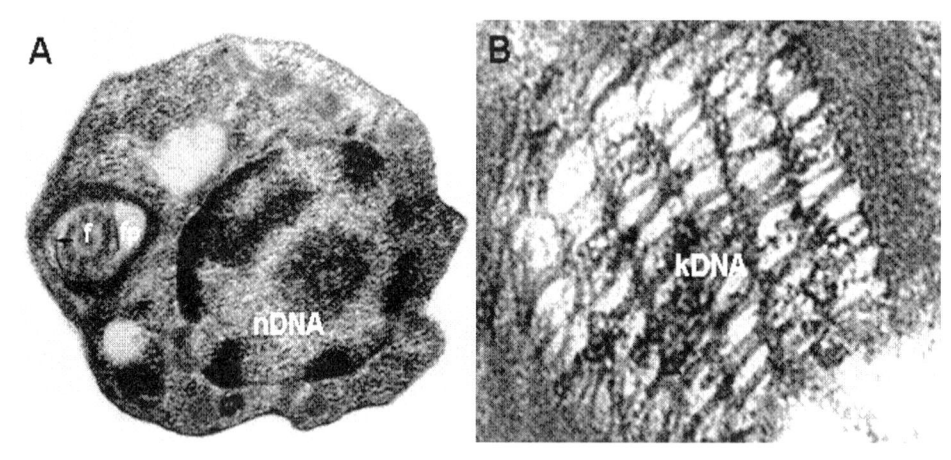

Figura 4.2 Ultra-estrutura do *Trypanosoma cruzi* mostrando o DNA contido em organelas. A) Secção transversal de uma forma tripomastigota mostrando o núcleo (nDNA) e o flagelo (f) dentro do saco flagelar (fp). B) Secção transversal do kDNA mostrando sua rede típica. Fonte: Teixeira et al., *Mem. Inst. Oswaldo Cruz*, 2006[2]

Funções dos elementos da rede

Maxicírculos codificam os genes estruturais associados com respiração anaeróbica necessários à função da mitocôndria e à replicação de pequenos RNAs usados no processamento pós-transcricional de um subgrupo de mRNAs de maxicírculos, designado como editoramento de RNA; esses RNAs especiais também são codificados pelos componentes de minicírculos de kDNA.[3, 4, 5] Os pequenos transcritos foram designados de RNAs guias (gRNAs) por causa da habilidade de indicar a posição e o número de uridinas que deve ser acrescentado ou deletado dos transcritos de maxicírculos.[6] A complexidade da população de minicírculos pode ser correlacionada diretamente com a proporção de editoramento encontrada em cada espécie. Além disso, a interação de gRNA-mRNA fica grandemente tolerante a transições sem que haja perda da informação funcional de editoração, ficando a heterogeneidade dos minicírculos ampliada. Em *T. cruzi*, cada minicírculo contém quatro regiões conservadas igualmente espaçadas, nas quais se encontram origens de replicação; em cada uma das quatro regiões variáveis intervenientes se identifica a função de codificação de cada gRNA individual.[5]

O kDNA tem sido usado para identificação de subgrupos de populações de *T. cruzi*.[4] Porém, a estrutura complexa do kDNA não é completamente conhecida, e sua forma intricada de replicação não foi elucidada. A replicação do kDNA envolve a duplicação do número de minicírculos e maxicírculos e a distribuição das duas redes progênies em células filhas idênticas a seu progenitor.[7] Antes da sua replicação, minicírculos são liberados individualmente da rede na zona cinetoflagelar situada entre o disco de kDNA e o corpo basal do flagelo.[8] Perda de uma seqüência em uma classe de minicírculos é minimizada por monitoração do kDNA, que assegura a natureza multicópia dos genes. As proteínas que iniciam a replicação do minicírculo, incluindo a proteína universal de ligação ao minicírculo (UMSBP), primase e polimerase, ficam localizadas dentro da zona flagelar do cinetoplasto.[9,10,11]

Diversidade de minicírculos tem relação com patologia?

A revelação de que minicírculos podem transferir-se para o genoma do hospedeiro e a correlação desse fato com a patologia da doença de Chagas[12-14] renovaram o interesse pelo entendimento dessa estrutura de DNA circular e pela sua composição nos subgrupos conhecidos de *T. cruzi*. As integrações de minicírculos de kDNA comportam-se como vetores de mutações no hospedeiro. As relações entre distintas populações do parasito que foram caracterizadas com o auxílio principalmente de marcadores de DNA nuclear revelaram seis tipos discretos de unidades (DTUs).[15-18] Em vista da heterogeneidade do DNA do cinetoplasto, podendo variar de isolado para isolado, a caracterização dessas DTUs (Figura 4.3) pode permitir abordagem sistematizada para a análise de vários isolados do *T. cruzi*, com possibilidade de detecção de uma possível relação direta dos minicírculos com a patogenicidade da doença de Chagas.

O conhecimento mais recente sobre a doença de Chagas tem sugerido uma abordagem que busca correlacionar filogênese com aspectos de patologia.[19] Marcadores nucleares definem seis grupos inter-relacionados de unidades filogenéticas discretas,[15,18,20-22] subdividindo dois grupos maiores de *T. cruzi*;[22] marcadores de maxicírculos identificam três clades.[15,24] Minicírculos, uma população fluida em conseqüência da flexibilidade funcional de RNAs guias, têm-se revelado como marcadores úteis nos estudos epidemiológicos.[25] A interação com o genótipo do patógeno, sendo um componente da infecção pelo *T. cruzi*, pode revelar-se na freqüência do evento de integração do minicírculo característica para cada subgrupo ou população do parasito. A composição relativa da população heterogênea de minicírculos também poderá ter um papel importante na determinação da capacidade mutagênica de cada subgrupo.

Abstract

The protozoan *Trypanosoma cruzi* is a member of the Order kinetoplastida and has a single mitochondion of bacterial origin, storing a large amount of extranuclear

Tempo

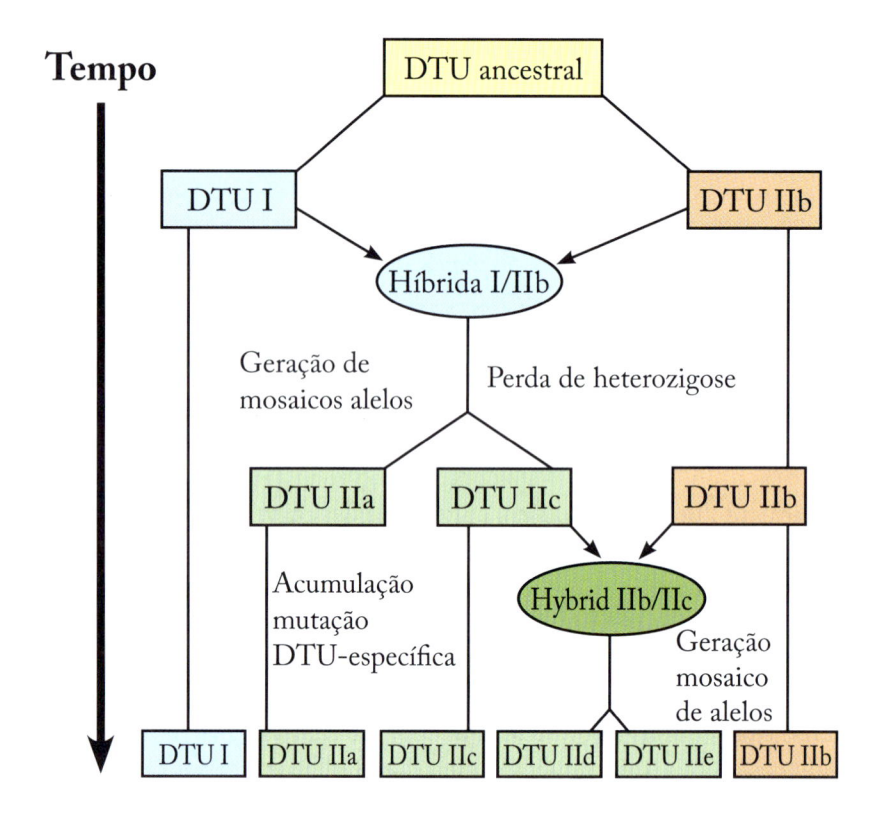

Figura 4.3 Representação esquemática da evolução dos grupos de *Trypanosoma cruzi*. As caixas representam grupos existentes e seus progenitores ancestrais. As linhas que conectam as caixas representam períodos de reprodução clonal. As setas mostram contribuições de várias DTUs (unidades tipo-discretas) para formar novos híbridos (WESTENBERGER et al., 2005). A partir de um genótipo ancestral, universal, nasceram dois genótipos que se acham presentes hoje como DTUs I e IIb. Descendentes com esses genótipos hibridizaram subseqüentemente para produzir DTUs IIa e IIc. Uma segunda hibridização entre essas populações com DTUs IIb e IIc produziram DTUs IId e IIe. As cores referem-se à genealogia de maxicírculos onde clade A é azul, clade B é verde e clade C é laranja; a clade de maxicírculos de híbrido I/IIb foi extrapolada da topologia da árvore.[24] O ancestral DTU que aparece em amarelo é desconhecido (TEIXEIRA et al., *Mem Inst. Oswaldo Cruz*, 2006)

DNA, known as kDNA. The kDNA resembles fishing net; the outer cable for pulling the net being the maxicircle, and each of its fine mesh (10 thousand catenated copies) is named minicircle. Maxicircles possess genes for coding enzymes acting at the oxidative respiratory cycle. Minicircles transcribe a type of guide RNA acting upon maxicircle genes and thus promoting an enormous genetic diversity. Lately, minicircles have been suspected to bear additional importance because they appear to be involved in the mutation events associated with the pathogenesis of Chagas disease.

Notas bibliográficas

1. LUKES, J.; GUILBRIDE, D. L.; VOTYPKA, J.; ZIKOVA, A.; BENNE, R.; ENGLUND, P. T. Kinetoplast DNA network: evolution of an improbable structure. *Eukaryotic Cell*, 1, p. 495-502, 2002.
2. TEIXEIRA, A. R. L.; NASCIMENTO, R. J.; STURM, N. R. Evolution and pathology in Chagas disease. *Mem. Inst. Oswaldo Cruz*, Rio de Janeiro, 101, p. 463-491, 2006.
3. SIMPSON, L.; SHAW, J. R. N. A editing and the mitochondrial cryptogenes of kinetoplastid protozoa. *Cell*, 57, p. 355-366, 1989.
4. STURM, N. R.; DEGRAVE, W.; MOREL, C.; SIMPSON, L. Sensitive detection and schizodeme classification of *Trypanosoma cruzi* cells by amplification of kinetoplast minicircle DNA sequences: use in diagnosis of Chagas disease. *Molecular and Biochemical Parasitology*, 33, p. 205-214, 1989.
5. ÁVILA, H. A.; SIMPSON, L. Organization and complexity of minicircle-encoded guide RNAs in *Trypanosoma cruzi*. *RNA*, 1, p. 939-947, 1995.
6. BLUM, B.; STURM, N. R.; SIMPSON, A. M.; SIMPSON, L. Chimeric gRNA-mRNA molecules with oligo(U) tails covalently linked at sites of RNA editing suggest that U addition occurs by transesterification. *Cell*, 65, p. 543-550, 1991.
7. LIU, B.; LIU, Y.; MOTYKA, S. A.; AGBO, E. E.; ENGLUND, P. T. Fellowship of the rings: the replication of kinetoplast DNA. *Trends in Parasitology*, 21, p. 363-369, 2005.
8. FERGUSON, M.; TORRI, A. F.; WARD, D. C.; ENGLUND, P. T. In situ hybridization to the *Crithidia fasciculata* kinetoplast reveals two antipodal sites involved in kinetoplast DNA replication. *Cell*, 70, p. 621-629, 1992.
9. LI, C.; ENGLUND, P. T. A mitochondrial DNA primase from the trypanosomatid *Crithidia fasciculata*. *The Journal of Biological Chemistry*, 272, p. 20787-20792, 1997.
10. ABU-ELNEEL, K.; ROBINSON, D. R.; DREW, M. E.; ENGLUND, P. T.; SHLOMAI, J. Intramitochondrial localization of universal minicircle sequence-binding protein, a trypanosomatid protein that binds kinetoplast minicircle replication origins. *The Journal of Cell Biology*, 153, p. 725-734, 2001.
11. DAS, B.B.; SEN, N.; GANGULY, A.; MAJUMDER, H. K. Reconstitution and functional characterization of the unusual bi-subunit type I DNA topoisomerase from *Leishmania donovani*. *FEBS Letters*, 565, p. 81-88, 2004.
12. NITZ, N.; GOMES, C.; ROSA, A. C.; D'SOUZA-AULT, M.R.; MORENO, F.; LAURIA-PIRES, L.; NASCIMENTO, R.J.; TEIXEIRA, A. R. L. Heritable integration of kDNA minicircle sequences from *Trypanosoma cruzi* into the avian genome: Insights into human Chagas disease. *Cell*, 118, p. 175-186, 2004.
13. TEIXEIRA, A. R.; LACAVA, Z.; SANTANA, J. M.; LUNA, H. Insertion of *Trypanosoma cruzi* DNA in the genome of mammal host cell through infection. *Revista da Sociedade Brasileira de Medicina Tropical*, 24, p. 55-58, 1991.

14. SIMÕES-BARBOSA, A.; BARROS, A. M.; NITZ, N.; ARGANARAZ, E. R.; TEIXEIRA, A. R. L. *Integration of Trypanosoma cruzi* kDNA minicircle sequence in the host genome may be associated with autoimmune serum factors in Chagas disease patients. *Memórias do Instituto Oswaldo Cruz*, 94 (Suppl. 1), p. 249-252, 1999.

15. BRISSE, S.; HENRIKSSON, J.; BARNABE, C.; DOUZERY, E. J.; BERKVENS, D.; SERRANO, M.; DE CARVALHO, M. R.; BUCK, G.A.; DUJARDIN, J. C.; TIBAYRENC, M. Evidence for genetic exchange and hybridization in *Trypanosoma cruzi* based on nucleotide sequences and molecular karyotype. *Infection, Genetics and Evolution*, 2, p. 173-183, 2003.

16. STURM, N. R.; VARGAS, N. S.; WESTENBERGER, S. J.; ZINGALES, B.; CAMPBELL, D. A. Evidence for multiple hybrid groups in *Trypanosoma cruzi*. *International Journal of Parasitology*, 33, p. 269-279, 2003.

17. TIBAYRENC, M. Genetic subdivisions within *Trypanosoma cruzi* (Discrete Typing Units) and their relevance for molecular epidemiology and experimental evolution. *Kinetoplastid Biology and Disease*, 2, p. 12, 2003.

18. WESTENBERGER, S. J.; BARNABÉ, C.; CAMPBELL, D. A.; STURM, N. R. Two hybridization events define the population structure of *Trypanosoma cruzi*. *Genetics*, 171, p. 527-543, 2005.

19. CAMPBELL, D. A.; WESTENBERGER, S. J.; STURM, N. R. The determinants of Chagas disease: connecting parasite and host genetics. *Curr. Mol. Med.*, 4, p. 549-562, 2004.

20. BRISSE, S.; BARNABÉ, C.; TIBAYRENC, M. Identification of six *Trypanosoma cruzi* phylogenetic lineages by random amplified polymorphic DNA and multilocus enzyme electrophoresis. *Int. J. Parasitol.*, 30, p. 35-44, 2000.

21. BRISSE, S.; DUJARDIN, J.C.; TIBAYRENC, M. Identification of six *Trypanosoma cruzi* lineages by sequence-characterised amplified region markers. *Mol. Biochem. Parasitol.*, 111, p. 95-105, 2000.

22. WESTENBERGER, S. J.; CERQUEIRA, G. C.; EL-SAYED, N. M.; ZINGALES, B.; CAMPBELL, D. A.; STURM, N. R. *Trypanosoma cruzi* mitochondrial maxicircles display species-and strain-specific variation and possess a conserved element in the non-coding region. *BMC Genomics*, 7, p. 60, 2006.

23. Anonymous. Recommendations from a satellite meeting. *Mem. Inst. Oswaldo Cruz*, 94, p. 429-432, 1999.

24. MACHADO, C. A.; AYALA, F. J. Nucleotide sequences provide evidence of genetic exchange among distantly related lineages of *Trypanosoma cruzi*. *Proc. Natl. Acad. Sci. USA*, 98, p. 7396-7401, 2001.

25. JUNQUEIRA, A. C.; DEGRAVE, W.; BRANDÃO, A. Minicircle organization and diversity in *Trypanosoma cruzi* populations. *Trends in Parasitol.*, 216, p. 270-272, 2005.

CAPÍTULO 5

Diversidade e trocas genéticas

Antonio Teixeira

Nancy R. Sturm

Assim, parece necessário, pelo menos intermitentemente…, essa coisa chamada sexo. Pois, certamente, você e eu sabemos que assim deve ser. Do contrário, seguramente em certas ocasiões, nós mamíferos e libélulas teríamos de fazer alguma coisa mais elegante.[1]

D. Quammen, *Is sex necessary?*

Resumo

Ao longo de várias décadas, a ciência procurou identificar marcadores fisiológicos e bioquímicos estáveis que pudessem caracterizar populações selvagens do *Trypanosoma cruzi*. Esses estudos sugeriram grande diversidade genética dessas populações, cujo comportamento se assemelha de certa forma àquele descrito para bactérias que têm capacidade de transpor sua própria linhagem. Tal característica presente nos isolados selvagens ou nos estoques de *T. cruzi* mantidos em laboratório é consistente com a hipótese de que o protozoário efetua trocas genéticas pela reprodução sexuada. Finalmente, a pesquisa científica comprovou a reprodução sexuada no *T. cruzi*. A descoberta deu consistência aos dados prévios mostrando que a patologia na doença de Chagas tem mais relação com diversidade genética que com qualquer aspecto comportamental do parasito mantido no laboratório. A plasticidade genética encontrada em clones do parasito foi explicada pela sua reprodução sexuada.

Sexo é necessário?

O ciclo de vida sexuado pode refletir a história da programação e da adaptação das espécies numa biosfera que contém oxigênio. O sexo é uma capacidade ancestral nas células eucariontes. Sendo uma verdadeira necessidade, o sexo possivelmente originou-se na vantagem nutricional de uma união simbiótica de duas bactérias com estratégias metabólicas complementares.[2] Muitos organismos que eram considerados estritamente assexuados freqüentemente se reproduzem sexuadamente.[3,4] Um refinamento continuado dessa magnífica obra de bioengenharia gerou uma situação que continua sem resposta completa, ou seja, como se fez a evolução para as formas conhecidas de fertilização sexual da atualidade.[5] Verificou-se uma contribuição de membranas e genomas a-cariontes (sem núcleo) na evolução de dois pro-cariontes para um eu-carionte,[6] cada gameta compartilhando caracteres com seus descendentes extintos em dois domínios principais de micróbios monoméricos: oocito de eu-bactéria (considerando que eucariontes têm membrana de eubactérias) e o esperma de arqueabactéria.[6] Resulta compreensível que o processo de reprodução sexuada em pró-cariontes ancestrais tenha sido um pré-requisito para grande avanço da evolução mediante ciclos de fusão celular e segregação de cromossomos, possivelmente favorecendo vantagens recombinatórias seletivas para a espécie em nível molecular.

A reprodução sexuada no *Trypanosoma cruzi*

A compatibilidade de caracteres em marcadores moleculares usados para identificar reprodução sexuada e assexuada resultou na aquisição de importante ferramenta de investigação científica.[7] Ferramentas complementares para o estudo de marcadores dominantes de alta variabilidade são conhecidas como fragmentos polimórficos de DNA amplificado randomicamente (RAPDs), de restrição do comprimento de fragmentos (RFLPs) e de amplificação de fragmentos polimórficos (AFPs) de DNAs, as quais têm sido empregadas nas análises genéticas de tripanossomatídeos. O uso dessas ferramentas levou ao conhecimento de que trocas genéticas ocorrem freqüentemente durante o ciclo de vida de muitos protozoários parasitos, inclusive tripanossomos. Entre os tripanossomos africanos, cruzamentos de indivíduos *T. brucei* resultaram na geração de híbridos por ocasião da transmissão do parasito pela mosca tsé-tsé. Os híbridos formados eram principalmente diplóides, mas vários caracteres apareceram em alguns cromossomos que teriam sido herdados por um processo não mendeliano.[8] Por exemplo, observou-se que dois tripanossomos isolados na África Oriental e Ocidental exibiam homozigose em dois *loci* de isoenzima, que foi co-transmitida pela mosca tsé-tsé. Nesse caso, as populações de tripanossomos resultantes foram analisadas quanto à presença de cariótipo não parental. Foram encontrados cinco genótipos recombinantes pelas análises de polimorfismos de DNA nuclear e de kDNA. Os híbridos compartilharam muitas características de ambos os parentais, mas seus genótipos mostraram que houve segregação e reagrupamento de alelos parentais. Vários híbridos apresentavam polimorfismos de DNA únicos, com os tipos diferentes de kDNA sugerindo que eles provavelmente tinham tido origem em um parental que aportava ambos os tipos de kDNA.[9] Buscando esclarecer o mecanismo pelo qual *T. brucei* faz troca genética em mosca tsé-tsé, pensou-se num método para visualizar a produção de híbridos com marcadores de tetraciclina (Tet) em sistema de expressão induzida. Nesse estudo, um tripanossomo parental foi transfectado com o gene da proteína fluorescente verde (GFP) sob controle do repressor Tet em condição favorável pela introdução de genes de resistência à higromicina e à bleomicina. A progênie resultante dos cruzamentos com um segundo parental modificado apenas com o gene de resistência à geneticina produziu híbridos fluorescentes (por causa do GFP) que eram resistentes a ambas as drogas. Os híbridos GFP foram encontrados nas glândulas salivares da mosca. Portanto, os tripanossomos fluorescentes tinham genótipos recombinantes e, assim, eram produtos de meiose ou reprodução sexuada.[10] Esses resultados explicam a diversidade genética encontrada em populações de *T. brucei rhodesiense* isoladas na Tanzânia.[11]

Diversidade genética e patologia

Polimorfismos em populações de *T. cruzi* isoladas de pacientes com doença de Chagas também foram observados. Um estudo feito com dois isolados do parasito, separadamente, gerou populações subclonais, as quais foram caracterizadas por isoenzimas em 12 *loci* e por análises de restrição de sítios polimórficos de genes glicolíticos e em volta deles. Essas análises mostraram homozigotas e heterozigotas compatíveis com caracteres diplóides nesses genes conservados.[12] Outras análises de isoenzimas e RAPD de isolados de *T. cruzi* na América Central e do Sul mostraram dois fenótipos homozigotas e seus heterozigotas correspondentes, que foram condizentes com ocorrência de trocas genéticas.[13] Similarmente, dois estoques de *T. cruzi* que foram transfectados com marcadores de resistência a drogas foram juntados e submetidos à passagem ao longo do ciclo de vida completo. Seis tipos de tripanossomos duplamente resistentes a drogas (higromicina e neomicina) foram recuperados no estágio do ciclo de vida no mamífero, mostrando fusão dos genótipos parentais, perda de alelos, recombinação homóloga e herança uniparental do kDNA do maxicírculo. Esses resultados são consistentes com genótipos híbridos e ocorrem nas populações naturais daqueles isolados de *T. cruzi*, as quais mostravam aneuploidia e recombinação em regiões de apreciáveis distâncias genéticas. Esses aspectos são característicos de duplicação genômica não mendeliana.[14]

Polimorfismo e nomenclatura

A demonstração de recombinação que resulta em polimorfismos complexos requer o uso de nomenclatura apropriada. Aqui, em decorrência desse novo conhecimento, o termo estoque será usado para designar as populações derivadas de isolados selvagens de *T. cruzi*. Essa nomenclatura fica de acordo com o conhecimento de que estoques de *T. cruzi* mantidos no laboratório certamente não manterão marcadores fisiológicos e bioquímicos estáveis após passagens seriadas *in vitro* e *in vivo*. Desde que essas populações de *T. cruzi* mostrem grande plasticidade, que é definida aqui como a capacidade do parasito de transpor sua linhagem, a palavra clone também não será usada para designar a progênie derivada de um único indivíduo *T. cruzi*, porque ao longo do tempo cópia de alta fidelidade de seu ancestral supostamente perderá sua identidade original.

Os polimorfismos de populações de *T. cruzi* isoladas do paciente *h*SLU239 com a doença de Chagas do coração e suas subpopulações derivadas *h*1 e *h*2 ou do paciente *m*SLU142 com megacolon chagásico e suas subpopulações derivadas *m*1, *m*2, *m*3 e *m*4 foram subseqüentemente estudadas. Mostrou-se que as subpopulações *h1* e *h2* diferiram daquelas outras subpopulações derivadas *m*1-a-*m*4 em alguns dos 14 *loci* das enzimas analisadas. As análises RFLP mostraram polimorfismos das enzimas glicolíticas piruvato quinase (PIK), frutose bifosfato aldolase (ALD), glucose fosfato isomerase (GPI), e gliceraldeído-3-fosfato dehidrogenase (GAPDH), e separou os estoques de *T. cruzi* e suas subpopulações isoladas em três grupos: I) formado pelo estoque *h*SLU239 e isolado *m*4, que foram classificados como homozigotos (alelos CC e BB) para os genes ALD e GPI, respectivamente, e alelos AA para os genes PIK e GAPDH, respectivamente; II) composto pelo estoque *m*SLU142 e os isolados *h*1 e *h*2, que foram classificados como heterozigotos para o gene ALD; III) incluindo os isolados *m*1, *m*2 e *m*3 classificados como homozigotos AA para ALD e GPI, CC para PIK e BB para GAPDH. Esses achados mostram que as infecções pelo *T. cruzi* em cada paciente chagásico são produzidas por populações geneticamente diversas e altamente polimórficas.[15] Além disso, os aspectos particulares de cinética de crescimento, tempo de duplicação da população e diferenciação em cultura axênica de cada um dos estoques parentais e de suas subpopulações derivadas revelaram uma pletora de parâmetros comportamentais, configurando a ampla diversidade genética.[16] Essas observações são consistentes com muitos outros estudos[17, 18] que mostraram significantes diferenças inter e intragrupo relacionadas com taxas de crescimento, variação da quantidade de DNA total/subpopulação do parasito e com acentuada heterogeneidade dessas mesmas populações no que concerne ao ciclo intracelular do *T. cruzi*. Ainda foi mostrado que virulência e patogenicidade parecem associar-se com diversidade dos estoques e seus isolados. Tampouco a cinética de crescimento, o tempo de duplicação, a diferenciação em cultura axênica, zimodemas ou restrição de fragmentos polimórficos de DNA mostraram correlações com parasitemias e patogenicidade em camundongos, e, portanto, manifestações clínicas e patológicas da doença não podiam ser associadas com aqueles caracteres intrínsecos das populações de *T. cruzi*.[19] Ademais, para determinar o papel de superinfecções com aquelas subpopulações de *T. cruzi* no prognóstico da doença de Chagas, grupos de camundongos BALB/c foram primo-infectados com isolados de baixa virulência *h*1 e *h*2 e desafiados com isolados de alta virulência *m*3 e *m*4. Todos os camundongos injetados com os isolados *m*3 e *m*4 sucumbiram até os 16 dias pós-infecção. Em contraste, todos os camundongos injetados com os isolados *h*1 e *h*2 sobreviveram à primo-infecção e foram superinfectados com os parasitos *m*3 e *m*4. Baixos níveis de parasitemias foram observados em camundongos após desafio com os parasitos virulentos, e as lesões histopatológicas e as taxas de mortalidade foram semelhantes àquelas vistas nos camundongos que receberam apenas uma inoculação de *T. cruzi*. Esses dados sugerem que morbidade e mortalidade nos camundongos BALB/c infectados com subpopulações de *T. cruzi* não se associam com a freqüência com que os animais receberam as cargas parasitárias.[20] Também o efeito protetor da infecção primária com população de *T. cruzi* não virulento foi determinado em grupos de camundongos BALB/c. Baixos níveis de parasitemias foram observados em camundongos desafiados com subpopulações altamente virulentas, e as taxas de sobrevivência não foram diferentes daquelas observadas em camundongos que receberam apenas uma injeção de *T. cruzi* não virulento.[21] Esses experimentos mostraram que não obstante toda a diversidade genética intragrupo uma infecção com o protozoário não virulento evitou parasitemia alta em camundongo subseqüentemente desafiado com o *T. cruzi* de alta virulência.

Abstract

For several decades, scientists have sought to identify stable physiologic and biochemical markers to warranty proper characterization of wild *Trypanosoma cruzi* populations. Their studies have suggested a broad genetic diversity of these populations whose main features resemble those that have been described for the bacterium having an enormous capability to transpose its lineage. Such features present in *T. cruzi* wild isolates or in laboratory stocks appear to be consistent with the hypothesis that the protozoan undergoes genetic exchange by means of sexual reproduction. In the last decade, scientific research has shown *T. cruzi* sexual reproduction. This finding supports previous data showing that the pathology of Chagas disease appears to be related to genetic diversity rather than to unstable behavior of parasite populations under laboratory conditions. The genetic plasticity displayed by clones of *T. cruzi* is therefore explained by its sexual reproduction.

Notas bibliográficas

1. QUAMMEN, D. Is sex necessary? *Natural acts: a sidelong view of science and nature.* New York: Avon Books, 1985. p. 174.
2. MARGULIS, L.; DOLAN, M. F.; GUERRERO, R. The chimeric eukaryote: origin of the nucleus from the karyomastigonts in amitochondriate protists. *Proceedings of the National Academy of Sciences,* 97, p. 6954-6959, 2000.
3. MAYNARD SMITH, J. *The evolution of sex.* Cambridge: Cambridge University Press, 1978.
4. MAYNARD SMITH, J. The units of selection. *Novartis Foundation Symposium,* 213, p. 203-211, 1998.
5. REDFIELD, R. J. The problem of the evolution of sex. *The Biological Bulletin,* 196, p. 404-407, 1999.

6. MARGULIS, L. *Symbiosies in cell evolution: microbial communities in the archean and proterozoic eons.* 2. ed. W. H. Freeman & Co., 1995.

7. MES, T. H. M. Character compatibility of molecular markers to distinguish asexual and sexual reproduction. *Molecular Ecology,* 7, p. 1719-1727, 1998.

8. WALLIKER, D. Implications of genetic exchange in the study of protozoan infections. *Parasitology,* 99, p. S49-58, 1989.

9. GIBSON, W. C. Analysis of a genetic cross between *Trypanosoma brucei rhodesiense* and *T. b. brucei. Parasitology,* 99, p. 391-402, 1989.

10. BINGLE, L. E.; EASTLAKE, J. L.; BAILEY, M.; GIBSON, W. C. A novel GFP approach for the analysis of genetic exchange in trypanosomes allowing the in situ detection of mating events. *Microbiology,* 147, p. 3231-3240, 2001.

11. KOMBA, E. K.; KIBONA, S. N.; AMBWENE, A. K.; STEVENS, J. R.; GIBSON, W. C. Genetic diversity among *Trypanosoma brucei rhodesiense* isolates from Tanzania. *Parasitology,* 115, p. 571-579, 1997.

12. BOGLIOLO, A. R.; LAURIA-PIRES, L.; GIBSON, W. C. Polymorphisms in *Trypanosoma cruzi:* evidence of genetic recombination. *Acta Tropica,* 61, p. 31-40, 1996.

13. CARRASCO, H. J.; FRAME, I. A.; VALENTE, A. S.; MILES, M. A. Genetic exchange as a possible source of genomic diversity in sylvatic populations of *Trypanosoma cruzi. The American Journal of Tropical Medicine and Hygiene,* 54, p. 418-424, 1996.

14. GAUNT, M. W.; YEO, M.; FRAME, I. A.; STOTHARD, J. R.; CARRASCO, H. J.; TAYLOR, M. C.; MENA, S. S.; VEAZEY, P.; MILES, G. A.; ACOSTA, N.; DE ARIAS, A. R.; MILES, M. A. Mechanism of genetic exchange in American trypanosomes. *Nature,* 421, p. 936-939, 2003.

15. LAURIA-PIRES, L.; BOGLIOLO, A. R.; TEIXEIRA, A. R. Diversity of *Trypanosoma cruzi* stocks and clones derived from Chagas disease patients. II. Isozyme and RFLP characterizations. *Experimental Parasitology,* 82, p. 182-190, 1996.

16. LAURIA-PIRES, L.; TEIXEIRA, A. R. Superinfections with genetically characterized *Trypanosoma cruzi* clones did not aggravate morbidity and mortality in BALB/c mice. *Journal of Parasitology,* 83, p. 819-824, 1997.

17. ENGEL, J. C.; DVORAK, J. A.; SEGURA, E. L.; CRANE, M. S. *Trypanosoma cruzi:* biological characterization of 19 clones derived from two chronic chagasic patients. I. Growth kinetics in liquid medium. *The Journal of Protozoology,* 29, p. 555-560, 1982.

18. ENGEL, J. C.; DOYLE, P. S.; DVORAK, J. A. *Trypanosoma cruzi:* biological characterization of clones derived from chronic chagasic patients. II. Quantitative analysis of the intracellular cycle. *The Journal of Protozoology,* 32, p. 80-83, 1985.

19. LAURIA-PIRES, L.; TEIXEIRA, A. R. Virulence and pathogenicity associated with diversity of *Trypanosoma cruzi* stocks and clones derived from Chagas disease patients. *The American Journal of Tropical Medicine and Hygiene,* 55, p. 304-310, 1996.

20. LAURIA-PIRES, L.; TEIXEIRA, A. R. Superinfections with genetically characterized *Trypanosoma cruzi* clones did not aggravate morbidity and mortality in BALB/c mice. *Journal of Parasitology*, 83, p. 819-824, 1997.

21. LAURIA-PIRES, L.; SANTANA, J. M.; TAVARES, F. S.; TEIXEIRA, A. R. Diversity of *Trypanosoma cruzi* stocks and clones derived from Chagas disease patients: I) Behavioral characterization in vitro. *Revista da Sociedade Brasileira de Medicina Tropical*, 30, p. 187-192, 1997.

CAPÍTULO 6

Imunidade adquirida contra infecções pelo *Trypanosoma cruzi*

Antonio Teixeira
Nadjar Nitz

Resumo

A infecção aguda pelo *Trypanosoma cruzi* usualmente acomete jovens abaixo de 15 anos de idade. Nesta fase, a imunidade inata não previne a colonização do corpo pelo parasito e a infecção expande-se até alcançar níveis elevados de parasitismo. Na fase crônica da infecção, as reações imunes adquiridas, inicialmente anticorpos da classe IgM e, em seguida, subclasses de IgG_1 e IgG_2, associam-se às reações de imunidade mediadas por células para um combate mais efetivo ao parasitismo. Os linfócitos agem nos macrófagos, ativando-os para fazê-los mais eficientes na destruição das formas intracelulares do parasito. As reações imunes destroem muitos parasitos, exceto aqueles que persistem escondidos em células musculares e em outras no corpo. Ao longo de décadas, tem-se confirmado que essas reações que controlam a infecção não são diferentes daquelas que associam células do sistema imune às lesões típicas da doença de Chagas, e, assim, o envolvimento das respostas imunes na patologia da doença de Chagas dificulta a tarefa de produzir uma vacina contra a infecção.

Imunidade adquirida

A base da imunidade adquirida contra as infecções pelo *T. cruzi* tem sido extensivamente analisada em várias publicações prévias. Portanto, o leitor pode ser conduzido prontamente para revisar a literatura mostrando aspectos da imunidade protetora contra as infecções pelo *T. cruzi* em hospedeiros mamíferos.[1, 2, 3] Essa imunidade protetora apresenta aspectos semelhantes àqueles que têm sido descritos para outras doenças infecciosas crônicas causadas por micróbios intracelulares, tais como leishmaniose, tuberculose e lepra. Em todos esses casos, a infecção inicia-se de maneira imperceptível na grande maioria dos casos; geralmente os casos de infecção aguda plenamente instalada são vistos em crianças e em pacientes imunossuprimidos. Qualquer que tenha sido o modo de iniciar a invasão do organismo hospedeiro, a infecção persiste no corpo ao longo da vida, mesmo que a carga parasitária diminua continuadamente. À medida que a infecção segue para a cronicidade, há tendência de ela se tornar críptica, e a demonstração do agente infeccioso torna-se progressivamente mais difícil, ainda que sua presença possa ser usualmente confirmada pelos métodos imunológicos e pelos marcadores moleculares. Nesse caso, o processo biológico em atividade segue um curso que favorece a sobrevivência da espécie na grande maioria dos casos; uma relação parasito–hospedeiro tende a alcançar um equilíbrio estável na ausência de manifestação de doença, e usualmente os indivíduos infectados morrem de causas não relacionadas à doença de Chagas. O papel das reações imunes humoral e celular é crucial na definição da doença. Considerando que os detalhes desses mecanismos de imunidade já estão disponíveis na literatura citada, é preferível discutir aqui somente aqueles aspectos da resistência do hospedeiro contra a infecção pelo *T. cruzi*, os quais ainda não foram abordados em publicações prévias. A justificativa para tomar esse caminho é que o assunto poderia tornar-se muito longo, redundante e cansativo para o leitor, sem oferecer uma alternativa para a questão central da sobrevivência do parasito no hospedeiro plenamente imunizado.

Fatores imunes inespecíficos

Os mecanismos pelos quais as respostas imunes adquiridas aos antígenos específicos ou não relacionados são regulados no curso das infecções pelo *T. cruzi*, ainda que sejam muito estudados, continuam pouco compreendidos. As infecções agudas do *T. cruzi* em camundongos geram uma proliferação policlonal de linfócitos B produtores de anticorpos de especificidade múltipla, aparentemente sem função.[4,5] Uma auto-reatividade de linfócitos T contra os linfócitos B singênicos tem sido descrita na doença de Chagas crônica experimental. Na ausência de qualquer estímulo exógeno, linfócitos T CD4+ de camundongos chagásicos induzem os linfócitos B a iniciar alta produção de imunoglobulinas IgM, IgG1, AgG2a, IgG2b e IgG3, comparativamente com a resposta obtida com linfócitos T controles de doadores não infectados. Reatividade auxiliar aumentada de produção de imunoglobulinas por linfócitos B singênicos fica sob controle do complexo de histocompatibilidade (MHC), dependente de estímulo de linfócito T CD4+ responsivo aos antígenos de *T. cruzi*. Portanto, acredita-se que os linfócitos T tenham papel importante na produção policlonal de auto-anticorpos na doença de Chagas crônica.[6] Os linfócitos T sob ativação policlonal apresentam fenótipos CD4$\alpha\beta$, CD3$\alpha\beta$ e CD8$\gamma\delta$. Paralelamente com a ativação policlonal ocorre supressão imune com inibição de receptores IL-2 e diminuição da expressão de receptores CD3, CD4 e CD8 na membrana plasmática.[7] A depleção de células com fenótipos T$\gamma\delta$ CD4-, CD8-, em camundongos infectados pelo *T. cruzi*, mantendo o repertório LT$\alpha\beta$ intacto, resulta em parasitemias em níveis similares àquelas vistas em camundongos com fenótipo $\gamma\delta$ completo.

Imunoproteção

Linfócitos Th 1 CD4+ são os principais orquestrantes de indução parcial de imunidade protetora contra infecções pelo *T. cruzi.*[8] Adicionalmente, vários estudos mostraram que linfócitos T CD8+, interferon-gama (IFN) e macrófagos são elementos importantes no controle da multiplicação do parasito durante a fase aguda da infecção. No estágio crônico da doença, anticorpos específicos contra o parasito, que fixam complemento e lisam as formas tripomastigotas do *T. cruzi*, são reconhecidos como principais moléculas efetoras determinantes da latência da infecção. Os linfócitos T tipo Th 1 que secretam IL-2 e γ-interferon parecem estar envolvidos na estimulação de outras células T, macrófagos e células produtoras de IgG2. Os linfócitos T do tipo Th 2 secretam IL-4, IL-5 e IL-10 e parecem estar envolvidos com a resposta imune humoral e a inibição dos linfócitos T tipo Th 1 e macrófagos.[9] A depleção de linfócitos T CD8+ antes da inoculação de *T. cruzi* resulta em parasitemia e mortalidade elevadas em camundongos. O silenciamento de certos genes de linfócitos CD4 e CD8 aumenta a resposta inflamatória e a liberação de parasitos nos tecidos lesados. Os infiltrados inflamatórios de linfócitos CD4- e CD8- estão implicados no controle e na exacerbação da parasitemia.[10] Além disso, a inoculação de *T. cruzi* em camundongo susceptível mostrou que os linfócitos T são críticos na determinação de aspectos importantes das respostas imunes protetoras. A resposta de linfócito T tipo Th1 foi associada com resistência mediada por linfócitos Tc e interferon (INF-γ) estimulador de via metabólica de L-arginina e produção de radicais livres por macrófagos. Os linfócitos Tc foram associados com a eliminação de células infectadas com *T. cruzi* e com as lesões inflamatórias no coração de camundongos chagásicos.[11] Vigorosas respostas antiparasito têm sido descritas em camundongos chagásicos por parte de linfócitos T CD4+ e CD8+.[12] Observou-se que camundongos com células citotóxicas naturais (NKT), particularmente sua subpopulação variante (vNKT), produziam forte infiltrado inflamatório que também incluía as células dendríticas, linfócitos B e T. Essas células inflamatórias produzem alta concentração de interferon-gama, fator de necrose tumoral alfa e óxido nítrico (NO), mas a resposta de anticorpo humoral fica diminuída, e o camundongo chagásico geralmente morre. Uma subpopulação de célula NKT não-variante (iNKT) que diminui a resposta inflamatória se associa com a sobrevivência do camundongo chagásico. O papel central da interleucina IL-12, do interferon-gama e do iNOS (inibidor da sintase do óxido nítrico) no controle da parasitemia e da inflamação reflete-se na resistência do hospedeiro. Esse efeito é antagonizado pela IL-4.[13] Linfócitos T citotóxicos (NKT) desempenham papel na regulação das respostas imunes durante infecções e doenças auto-imunes.[14]

Imunoproteção e imunopatologia

Na doença de Chagas humana que afeta o coração, há uma predominância de linfócitos T CD8+ que se mostram muitas vezes mais freqüentes que os linfócitos

T CD4+.[15] Na forma gastrintestinal da doença de Chagas, entretanto, observou-se diminuição significante no número absoluto de linfócitos CD3+ e de linfócitos B CD19+ e inversão da taxa de CD4/CD8.[15] Todavia, essa taxa não se achava alterada em pacientes com a doença chagásica no coração, tendo como base a taxa observada em indivíduos sadios, controles.[16] De interesse, as células T de fenótipo CD62L, que se associa com fenótipo de célula efetora de memória, sofrem regulação negativa. Caracterização de expressão gênica na doença de Chagas tem mostrado regulação positiva de respostas imunes, metabolismo lipídeo, fosforilação oxidativa mitocondrial e de alguns genes seletivos. Acha-se que a regulação positiva da via de sinalização do interferon-gama pode ser associada com hipertrofia do coração.[17]

Resultados de experimentos na literatura revelam que há carência de informação precisa sobre vários mecanismos de regulação das respostas imunes parcialmente protetoras contra a infecção chagásica em camundongos e em humanos naturalmente infectados com o *T. cruzi*.[18] Talvez essa carência seja maior no que concerne ao efeito dessas respostas imunes protetoras que se associam nos infiltrados inflamatórios severos gerando patologias no coração e no tubo digestivo dos chagásicos. Em vista disso, essas linhas de investigação sugerem dificuldades ainda não resolvidas, visando à perspectiva de proteção contra a doença de Chagas, não obstante opiniões entusiastas de autores que alardeiam o desenvolvimento de vacina contra as infecções pelo *T. cruzi*.[19-21]

Antonio Teixeira • Nadjar Nitz

76

Abstract

Acute infections by *Trypanosoma cruzi* usually affect young people below 15 years of age, a period associated with low-efficiency reactions. Innate immune responses in the acute phase do not prevent *T. cruzi* from colonizing the body, parasitic infections spread in the host's body and high parasitemias are detected by direct examination of blood smears. During the chronic phase acquired immune reactions initially IgM antibodies and thereafter IgG_1 and IgG_2 subclasses associate with cell-mediated immune reactions securing a partially effective control of *T. cruzi* infections. Lymphocytes acting in concert with macrophages activate the phagocyte that becomes highly efficient in killing the intracellular forms of the parasite. Many parasitic forms can be destroyed by the immune reactions, except for those hiding in muscle cells and other non-phagocytic cells in the body. Unfortunately, scientists have shown that immune reactions controlling *T. cruzi* infections are not different from those associating immune-system cells with typical Chagas disease lesions. Therefore, the involvement of specific immune responses in the pathogenesis of Chagas disease appears to preclude the formidable task of producing a vaccine for the control of *T. cruzi* infections.

Notas bibliográficas

1. TEIXEIRA, A. The stercorarian trypanosomes. In: SOULSBY, E. S. L. (Ed.). *Immune responses in parasitic infections:* immunology, immunopathology, immunoprophylaxis. Boca Ratton, FL: CRC Press, LLC, 1987. p. 125-145.

2. CUNHA NETO, E.; SANTANA, J.; TEIXEIRA, A. R. L. The immunology of Chagas disease: natural history of interactions between two eukaryote genomes. In: TOSTA, C.E. (Ed.). *Immunology of the infections.* Uberaba: Foundation for Teaching and Research, 1992.

3. BRENER, Z.; GAZZINELLI, R. T. Immunological control of *Trypanosoma cruzi* infection and pathogenesis of Chagas disease. *International Archives of Allergy and Immunology,* 114, p. 103-110, 1997.

4. MINOPRIO, P. Chagas disease: CD5 B-cell-dependent Th2 pathology? *Research Immunology,* 142, p. 137-140, 1991a.

5. MINOPRIO, P.; COUTINHO, A.; SPINELLA, S.; HONTEBEYRIE-JOSKOWICZ, M. Xid immunodeficiency imparts increased parasite clearance and resistance to pathology in experimental Chagas disease. *International Immunology,* 3, p. 427-433, 1991b.

6. FREIRE-DE-LIMA, C.; PEÇANHA, L. M.; DOS REIS, G. A. Chronic experimental Chagas disease: functional syngeneic T-B-cell cooperation in vitro in the absence of an exogenous stimulus. *Infection and Immunity,* 64, p. 2861-2866, 1996.

7. SUN, J.; TARLETON, R. L. Predominance of CD8+ T lymphocytes in the inflammatory lesions of mice with acute *Trypanosoma cruzi* infection. *The American Journal of Tropical Medicine and Hygiene,* 48, p. 161-169, 1993.

8. HOFT, D. F.; SCHNAPP, A. R.; EICKHOFF, C. S.; ROODMAN, S. T. Involvement of CD4(+) Th1 cells in systemic immunity protective against primary and secondary challenges with *Trypanosoma cruzi. Infection and Immunity,* 68, p. 197-204, 2000.

9. CELENTANO, A. M.; GONZALEZ CAPPA, S. M. In vivo macrophage function in experimental infection with *Trypanosoma cruzi* subpopulations. *Acta Tropica,* 55, p. 171-180, 1993.

10. TARLETON, R. L. The role of T cells in *Trypanosoma cruzi* infections. *Parasitology Today,* 11, p. 7-9, 1995.

11. LAUCELLA, S. A.; ROTTENBERG, M. E.; DE TITTO, E. H. Role of cytokines in resistance and pathology in *Trypanosoma cruzi* infection. *Revista Argentina de Microbiología,* 28, p. 99-109, 1996.

12. MARTIN, D. L.; TARLETON, R. L. Antigen-specific T cells maintain an effector memory phenotype during persistent *Trypanosoma cruzi* infection. *Journal of Immunology,* 174, p. 1594-1601, 2005.

13. MICHAILOWSKY, V.; SILVA, N. M.; ROCHA, C. D.; VIEIRA, L. Q.; LANNES-VIEIRA, J.; GAZZINELLI, R. T. Pivotal role of interleukin-12 and interferon-gamma axis in controlling tissue parasitism and inflammation in

the heart and central nervous system during *Trypanosoma cruzi* infection. *American Journal of Pathology*, 159, p. 1723-1733, 2001.

14. DUTHIE, M. S.; KAHN, S. J. NK cell activation and protection occur independently of natural killer T cells during *Trypanosoma cruzi* infection. *International Immunology*, 17, p. 607-613, 2005.

15. REIS, D. D.; JONES, E. M.; TOSTES, S. Jr.; LOPES, E. R.; GAZZINELLI, G.; COLLEY, D. G.; MCCURLEY, T. L. Characterization of inflammatory infiltrates in chronic chagasic myocardial lesions: presence of tumor necrosis factor-alpha+ cells and dominance of granzyme A+, CD8+ lymphocytes. *American Journal of Tropical Medicine Hygiene*, 48, p. 637-644, 1993.

16. LEMOS, E. M.; REIS D.; ADAD, S. J.; SILVA, G. C.; CREMA, E.; CORREA-OLIVEIRA, R. Decreased CD4(+) circulating T lymphocytes in patients with gastrointestinal Chagas disease. *Clinical Immunology Immunopathology*, 88, p. 150-155, 1998.

17. CUNHA-NETO, E.; DZAU, V. J.; ALLEN, P. D.; STAMATIOU, D.; BENVENUTTI, L.; HIGUCHI, M. L.; KOYAMA, N. S.; SILVA, J. S.; KALIL, J.; LIEW, C. C. Cardiac Gene Expression Profiling Provides Evidence for Cytokinopathy as a Molecular Mechanism in Chagas disease Cardiomyopathy. *American Journal of Pathology*, 67, p. 305-313, 2005.

18. MARINO, A. P.; SILVA, A. A.; SANTOS, P. V.; PINTO, L. M.; GAZINELLI, R. T.; TEIXEIRA, M.M.; LANNES-VIEIRA, J. CC-chemokine receptors: a potential therapeutic target for *Trypanosoma cruzi*-elicited myocarditis. *Memórias do Instituto Oswaldo Cruz*, 100, Suppl., 1, p. 93-96, 2005.

19. KIERSZENBAUM, F. Chagas disease and the autoimmunity hypothesis. *Clinical Microbiology Reviews*, 12, p. 2210-2223, 1999.

20. O'GARRA, A.; MURPHY, K. T-cell subsets in autoimmunity. *Current Opinion in Immunology*, 5, p. 880-886, 1993.

21. REIS, D. D.; JONES, E. M.; TOSTES, S. Jr.; LOPES, E. R.; GAZZINELLI, G.; COLLEY, D. G.; MCCURLEY, T. L. Characterization of inflammatory infiltrates in chronic chagasic myocardial lesions: presence of tumor necrosis factor-alpha+ cells and dominance of granzyme A+, CD8+ lymphocytes. *American Journal of Tropical Medicine Hygiene*, 48, p. 637-644, 1993.

CapÍtulo 7

Apresentações clínicas da doença de Chagas

Antonio Teixeira

O que primeiro vem à mente do leitor curioso é saber o que acontece com uma pessoa que adquiriu a infecção pelo *Trypanosoma cruzi*. A resposta a essa pergunta é essencial para a formulação das idéias ao longo da leitura, pois dois terços dos indivíduos que adquiriram a infecção jamais terão qualquer manifestação clínica reconhecida como doença de Chagas. Somente 5% ou menos dos indivíduos com a infecção aguda apresentarão sintomas de doença febril, com dores generalizadas nas articulações e na musculatura, mal-estar, cefaléia e outros sintomas que podem ser confundidos com um resfriado. Os demais 95% dos indivíduos são assintomáticos ou não se referem a sintomas que permitam ao profissional de saúde sugerir e confirmar o diagnóstico da fase aguda da doença de Chagas. Depois de três a seis meses, os indivíduos passam à fase indeterminada da infecção crônica, na ausência de sinais e sintomas da doença. Entretanto, três ou mais décadas depois, um terço dos indivíduos infectados pode apresentar sintomas da doença de Chagas crônica. Sabe-se que 95,5% dos chagásicos crônicos terão manifestações da doença no coração, e os restantes 4,5% apresentarão a doença no esôfago (megaesôfago) ou no intestino grosso (megacólon).

Introdução

Um processo biológico infeccioso contínuo pode ser dividido em muitos segmentos para facilitar medidas paliativas de tratamento de sinais e sintomas. Portanto, as infecções pelo *T. cruzi* em hospedeiros mamíferos foram divididas em estágios agudo e crônico sucessivos.

Doença de Chagas aguda

A maioria das infecções agudas pelo *T. cruzi* é transmitida pelos triatomíneos, conhecidos popularmente como "barbeiros". Estes são os insetos-vetores do protozoário que contamina a ferida produzida na pele pela probóscide (estilete, ou ferrão) do inseto enquanto ele suga o sangue de sua presa humana. Uma lesão cutânea endurecida de hipersensibilidade tardia pode surgir no local de entrada dos flagelados no hospedeiro imunocompetente. Esse tipo de reação não aparece no hospedeiro imunocomprometido, na ausência de resposta imune mediada por linfócitos T.[1-3] No indivíduo imunocomprometido, a infecção aguda geralmente passa despercebida; o paciente não relata ao médico aqueles sinais de febre, mal-estar, cefaléia, dores musculares e articulares que caracterizam o processo infeccioso agudo. Na ausência de sinais e sintomas, a fase inicial da infecção pelo *T. cruzi* não é reconhecida. Em um estudo de campo feito numa região onde os domicílios tinham índices altos de infestação de triatomíneos, implicando alta pressão de transmissão do *T. cruzi*, aproximadamente 75% de todos os casos de infecção aguda foram vistos em crianças com idade igual ou inferior a 10 anos.[4]

A fase aguda que segue a entrada do *T. cruzi* no corpo humano requer um período de encubação de 72 horas para que o parasito passe por ciclos de multiplicação na célula hospedeira antes que o sistema imune desencadeie reações inflamatórias na pele (chagoma) ou na conjuntiva dos olhos (lesão endurecida unilateral, bipalpebral conhecida como sinal de Romaña). Essas lesões são vistas numa minoria (menos de 5%) dos indivíduos infectados. Mesmo na ausência de uma reação na porta de entrada, as formas amastigotas intracelulares do *T. cruzi* passam por múltiplos ciclos de divisão liberando tripomastigotas infectantes nos espaços intercelulares, de onde eles alcançam vasos sangüíneos e circulam pelo corpo. Mal-estar, febre, cefaléia, dores musculares e articulares, anorexia, vômito, diarréia, sonolência, apatia, linfadenopatia, hepatosplenomegalia, edema e convulsão são sintomas e sinais que prenunciam envolvimento do coração e do sistema nervoso. Durante esse período, a infecção aguda pode ser detectada pelo exame microscópico direto do parasito em esfregaço de sangue corado pelo método de Giemsa. Número elevado de formas do parasito no sangue usualmente dura entre seis e oito semanas. Na ausência de demonstração parasitológica, as infecções agudas podem ser detectadas pela presença de anticorpos específicos IgM contra antígenos de *T. cruzi*. Em seguida, a infecção aparente desaparece gradualmente, juntamente com a hepatomegalia, a esplenomegalia e a linfadenopatia, e os indivíduos infectados com o *T. cruzi* apresentam-se sadios e, curiosamente, sem que seja possível detectar clinicamente a infecção em curso, exceto quando testes sorológicos ou de DNA evidenciam a infecção.

Morte de pacientes com a doença de Chagas aguda (possivelmente um caso em 2.500 infectados agudamente) é usualmente relacionada à insuficiência cardíaca e/ou à meningite e à encefalite. Taquicardia sinusal, bloqueio AV (átrio-ventricular) de primeiro grau, baixa voltagem de onda QRS e alterações primárias de onda T podem ser registrados no eletrocardiograma. Raios X de tórax nesses casos mostram aumento da silhueta cardíaca em graus variados. Não obstante, todos os sintomas e sinais que se correlacionam com envolvimento aparentemente irrevogável de diferentes órgãos cedem espontaneamente sem deixar seqüela aparente.[5]

Fase indeterminada

Os indivíduos cronicamente infectados permanecem como fonte do parasito ao longo da vida, como um reservatório de fase indeterminada. Aproximadamente um terço de todos os indivíduos portadores do tipo de infecção indeterminada do *T. cruzi* desenvolverá a doença de Chagas crônica. A fase indeterminada das infecções pelo *T. cruzi* tem sido definida com base em critérios: i) teste sorológico positivo com anticorpo IgG-específico, ou demonstração parasitológica do agente da infecção; ii) ausência de sintomas e sinais da doença de Chagas; iii) ausência de anormalidades eletrocardiográficas; iv) coração de tamanho normal e esôfago e cólon sem alterações no exame de raios X. Por meio desses critérios, independentemente da área geográfica onde o estudo de campo foi conduzido, foi visto que dois terços dos indivíduos infectados com o *T. cruzi* permanecerão nessa condição indeterminada durante sua vida economicamente produtiva. Isso significa dizer que a maioria dos pacientes com a forma indeterminada da infecção é encontrada nos grupos etários entre 20 e 50 anos de idade, totalizando aproximadamente 12 milhões de pessoas com testes imunológicos positivos para a infecção pelo *T. cruzi*. A vida média dessas pessoas é similar àquela observada na população não chagásica que habita a mesma região.[6,7] Usualmente, essa fase indeterminada nos indivíduos infectados pelo *T. cruzi* é identificada durante a admissão em emprego ou durante a triagem de doadores de sangue. A recusa de oportunidade de trabalho para os chagásicos na fase indeterminada é considerada injustificada.

Ainda que o teste ergométrico que mede a capacidade física mostre valores comparáveis entre os chagásicos indeterminados e os controles sadios pareados por sexo e idade, tem sido observado que os chagásicos mostram alguma dificuldade em aumentar a pressão sistólica e a freqüência cardíaca durante o exercício.[7,8] Também se verificou que o reflexo profundo no tendão de Aquiles se encontra diminuído em pacientes com a forma indeterminada da infecção.[9] Vários estudos da função autonômica do sistema nervoso simpático e do parassimpático têm mostrado alterações na freqüência e na pressão cardíaca, contratilidade da vesícula biliar, condutância da pele e pressão interna no esôfago e no estômago.[7] Talvez métodos clínicos específicos e sensíveis pudessem descobrir alterações discretas em diferentes órgãos de alguns pacientes com a forma indeterminada da doença de Chagas. Em um estudo, a avaliação autonômica do coração mostrou um excesso de disfunção cardiovagal no grupo de chagásicos indeterminados (soro-positivos) quando comparado ao grupo controle de indivíduos soro-negativos.[10]

Morte súbita refere-se àquele tipo de morte que ocorre abruptamente e inesperadamente, sem trauma ou outra causa evidentes.[11] A morte súbita que ocorre freqüentemente durante o exercício é um desafio à cardiologia contemporânea; esse tipo de morte tem sido associado à arritmia cardíaca e à freqüência de turbulência (HRT) do coração na fase indeterminada da infecção chagásica crônica.[12] HRT tem sido definida como uma aceleração inicial e subseqüente desaceleração do ritmo sinusal em seguida a batimento ventricular ectópico com pausa compensatória. Esse tipo de HRT é considerado alteração vagal mediada pela resposta do barorreflexo ao baixo volume sistólico, o qual pode ser abolido por atropina, sendo insensível a betabloqueadores. Valores anormais de HRT têm sido registrados em pacientes com doença de Chagas cardíaca.[13] O substrato patológico das alterações funcionais discretas no coração foi analisado mediante biópsias do ventrículo direito de vinte pacientes com a forma indeterminada. Foram encontradas lesões inflamatórias mínimas no coração.[14] Além disso, os chagásicos na fase indeterminada que falecem em acidentes mostraram lesões inflamatórias localizadas aleatoriamente no coração.[15] Portanto, lesões clínico-patológicas progressivas presentes nas populações de chagásicos cronicamente infectados classificam a doença de acordo com o órgão afetado do corpo. Duas formas clínicas de doença de Chagas crônica são descritas.

Doença crônica do coração

A cardiomiopatia associada às infecções crônicas pelo *T. cruzi* faz a doença de Chagas a doença infecciosa endêmica mais letal no mundo ocidental.[16] O estudo de uma população urbana randomizada mostrou que a prevalência da doença de Chagas alcançava, no Distrito Federal, 18% dos garis da cidade de Brasília.[17] Entre os 245 garis chagásicos, somente dois sabiam que tinham tido uma fase aguda da doença com sinal de porta de entrada. Essa informação está de acordo com o conhecimento epidemiológico, e estabelece que para cada chagásico com fase aguda conhecida existiam mais 125 casos para os quais uma fase inicial da infecção jamais foi registrada. Não obstante, os estudos clínicos têm mostrado níveis significativamente elevados de alterações eletrocardiográficas nos pacientes com testes sorológicos positivos para a infecção pelo *T. cruzi*, quando comparados com o grupo controle da população não chagásica. As principais manifestações que representam perigo de vida para o chagásico com a doença cardíaca são insuficiências do órgão, arritmias e tromboembolismo. As anormalidades eletrocardiográficas são cumulativas ao longo do tempo e tornam-se mais freqüentemente documentadas vinte anos depois da infecção aguda. Em uma série de pacientes, verificou-se que as infecções crônicas pelo *T. cruzi* levaram a um aumento do número de alterações eletrocardiográficas quando elas foram registradas em duas ocasiões com intervalo de dez anos. Contrações ventriculares prematuras, bloqueio do ramo direito do feixe de His, bloqueios combinados de ramo, distúrbio de condução intraventricular e alterações de repolarização ventricular foram mais freqüentemente registradas à medida que a idade do paciente aumentava (p < 0,001). Em particular, a evolução progressiva dos bloqueios de ramo foi mais freqüentemente registrada do que as demais alterações eletrocardiográficas nos pacientes chagásicos.

A ecocardiografia revelou hipocinesia da parede do ventrículo e trombos intraventriculares. O aumento do tamanho do coração em pacientes chagásicos é um sinal indicativo de prognóstico ruim.[17] Uma palavra de cautela faz-se necessária aqui porque os pacientes chagásicos com coração severamente comprometido podem morrer durante eletrocardiografia do tipo Holter de 24 horas para monitoração de arritmias e outros distúrbios cardíacos. Enfim, pacientes chagásicos que têm aparentemente alterações eletrocardiográficas estáveis podem ter exacerbações repentinas de mecanismos fisiopatológicos subjacentes, levando à falência da função cardíaca. Um aspecto marcante no curso da doença de Chagas crônica é a variabilidade de suas manifestações clínicas e eletrocardiográficas. Alguns pacientes que mostram alterações cumulativas em sucessivos registros eletrocardiográficos podem interromper essa escala evolutiva de, por exemplo, arritmias ameaçadoras e levar uma vida normal.

Manifestações clínicas da doença freqüentemente se associam às lesões do sistema nervoso periférico. O envolvimento do sistema nervoso parassimpático com arritmias ventriculares e cardiomiopatia chagásica dilatada tem sido descrito.[18] Reflexos tendinosos inadequados têm sido detectados nas extremidades inferiores. Anormalidades sensitivas, parestesias e hipoestesias e perda de sensibilidade a estímulo localizado são registradas. Todas essas alterações e mais aquelas referentes à perda de sensibilidade vibratória e postural são detectadas em pacientes com a doença de Chagas crônica. Outras alterações dizem respeito à relação da doença com prejuízo da inervação de unidades motoras tênar, hipotênar, soleus e extensor digitorum brevis. No conjunto, a velocidade condutiva nos nervos periféricos do paciente chagásico é menor do que a velocidade mais baixa registrada na população controle de indivíduos não infectados.[5] Fraqueza muscular pode ser observada, mas em geral essa alteração não é relatada pelos pacientes porque ela se situa numa fronteira entre o alterado e o normal na maioria dos indivíduos. Em série de pacientes, entretanto, as características estruturais e metabólicas de músculos periféricos de pacientes com a doença de Chagas crônica avançada mostraram diferenças importantes.[5] Os pesquisadores observaram a função glicolítica aumentada e a capacidade oxidativa diminuída dos músculos periféricos desses pacientes, alterações não registradas nos controles, os não chagásicos. Os dados mostraram ainda aumento na proporção de fibras do tipo II com baixa atividade de diaforase dinucleotídica nicotinamida adenina, alta proporção de fibras densamente coradas com alfaglicerolfosfato e níveis baixos de citrato sintase em chagásicos em relação aos controles sadios

Um dos primeiros estudos prospectivos em área endêmica mostrou que, na população com as infecções crônicas, 57% das mortes estavam diretamente relacionadas com a doença de Chagas. Entre estas, 58% ocorreram por insuficiência cardíaca e 37,5% ocorreram subitamente.[19] As mortes restantes foram relacionadas com as formas digestivas da doença de Chagas crônica. O tempo médio decorrido entre a infecção aguda e o desenvolvimento tardio das manifestações clínicas severas da doença de Chagas crônica foi calculado em 28 ± 7 anos.[20] Entretanto, a cardiomiopatia chagásica evolui rapidamente para a morte em uma faixa média de tempo de sete meses a dois anos após a manifestação da insuficiência cardíaca. Um achado macroscópico freqüente em paciente no qual a morte foi resultante de insuficiência cardíaca é infarto cerebral em conseqüência de trombo deslocado do ventrículo esquerdo.[21] Recentemente, a morbidade e a letalidade da doença de Chagas têm sido consideradas em queda, comparativamente àqueles percentuais registrados anteriormente. Porém, na falta de dados *bona fide*, seria prudente considerar que uma relação parasita–hospedeiro que se estabeleceu ao longo da vida do paciente talvez não possa ser modificada em curto intervalo de apenas duas décadas. Não obstante, os efeitos benéficos do desalojamento dos triatomíneos das choupanas das populações que habitam em alguns ecossistemas poderão ser detectados em três décadas ou mais.

Forma digestiva da doença de Chagas

Distúrbios gastrintestinais são registrados entre as manifestações mais comuns da doença de Chagas crônica. Um estudo clínico que avaliou a função autonômica de pacientes chagásicos mostrou que as alterações esofágicas ocorrem, em geral, precocemente no curso das infecções crônicas pelo *T. cruzi* quando comparadas às demais anormalidades do coração.[7] A doença de Chagas que afeta o esôfago do paciente pode dificultar a deglutição, ocorrendo regurgitação do alimento ingerido, e tais sintomas clínicos estão relacionados com megaesôfago. Alternativamente, alguns pacientes que se queixam de constipação podem reter o bolo fecal na ampola retal em casos de megacólon. Megaesôfago e megacólon são freqüentemente encontrados em áreas endêmicas de doença de Chagas; pacientes que mostram essas condições têm anticorpos específicos contra *T. cruzi*, e, consistentemente, os testes NAT são positivos. Essas condições "mega" podem afetar o paciente independentemente, em associação entre si ou em associação com a doença cardíaca. Esses distúrbios gastrintestinais podem ser documentados com exames de raios X contrastado com bário, mostrando facilmente as dilatações do lúmen das vísceras. Antes da dilatação, observou-se que os pacientes com a doença de Chagas crônica podem apresentar alterações da mobilidade intestinal basal. Em um estudo, a mobilidade basal do cólon sigmóide e reto foi avaliada monometricamente em pacientes chagásicos crônicos com e sem megacólon. Ambos os grupos de chagásicos tiveram índices mais baixos de mobilidade e freqüência de ondas do que os indivíduos sadios do grupo controle. Essas anormalidades têm sido atribuídas à denervação intramural do tubo digestivo. Ondas de longa duração e hipercontração das fibras musculares que foram observadas freqüentemente em pacientes com megacólon não foram detectadas nos sujeitos controles.[22] Dilatação de segmentos do intestino delgado e da vesícula biliar tem sido associada a distúrbios gastrintestinais e também à dilatação da bexiga urinária.[23]

De fato, anormalidades do cólon distal, tais como alteração da resposta de relaxamento do esfíncter interno do reto e distensão, têm sido descritas em pacientes chagásicos.[24] A acetilcolina medeia a atividade entre neurônios motores e seus receptores muscarínicos (mAChRs) nas sinapses pós-juncionais.[25] Assim, a resposta motora do cólon distal ao estímulo colinérgico foi encontrada alterada, e essa alteração foi considerada importante na síndrome do mega.[26] A mobilidade do cólon dependente de neurônios motores conectados às fibras parassimpáticas excitatórias pareceu alterada em pacientes com a doença de Chagas crônica quando comparada com aquela de indivíduos controles, os não chagásicos.[27]

O megaesôfago pode se apresentar clinicamente em chagásicos desde os 2 anos de idade até os 70 anos de idade ou mais, ainda que na maioria dos casos eles sejam encontrados entre os 20 e os 40 anos de idade. A manifestação clínica de megaesôfago pode antecipar a doença no coração de muitos pacientes. O megaesôfago manifesta-se por disfagia, epigastralgia, soluços, regurgitação do alimento e salivação aumentada. Os pacientes mostram as glândulas salivares hipertrofiadas. As glândulas parótida, submandibular e sublingual e muitas outras pequenas glândulas salivares produzem maior quantidade de saliva, uma condição clínica conhecida como sialorréia ou ptialismo. O paciente reconhece o problema como um excesso de saliva mucosa, mas não entende sua origem. Esse quadro clínico do megaesôfago chagásico associa-se à caquexia resultante da dificuldade de ingerir o alimento.[28] Os raios X do esôfago mostram vários distúrbios: i) diâmetro normal, mas dificuldade de esvaziamento do contraste de bário ingerido; ii) dilatação moderada do diâmetro e retenção do contraste de bário; iii) grande dilatação, hipotonia e contratilidade mínima; iv) imensa dilatação e alongamento caindo sobre o diafragma. A doença parece evoluir durante períodos de disfagia seguidos por longos períodos em que os sintomas desaparecem.[29]

O megacólon forma-se consideravelmente mais tarde no curso da doença de Chagas comparativamente com o megaesôfago. O principal sintoma que anuncia um megacólon de etiologia chagásica é a constipação. A retenção progressiva do bolo fecal endurecido leva à dilatação e ao espessamento da parede do cólon, comprometendo usualmente o cólon sigmóide e o reto. A dificuldade de passar o bolo leva à dilatação da parte restante do intestino, aumentando os movimentos das alças, causando dor e desconforto físico constantes. O uso continuado de laxativos pode causar ulcerações da superfície mucosa da víscera, ruptura da parede do intestino, peritonite e septicemia. Os raios X permitem a classificação dos megacólons: I) com eliminação espontânea do bolo fecal; II) sem eliminação espontânea do bolo; III) obstrução completa e impossibilidade de eliminação do bolo após estímulo farmacológico. As complicações mais freqüentes do megacólon são obstrução e ruptura da víscera.[30, 31]

Abstract

A curious reader wants immediately to know how the health of a person with a freshly acquired *Trypanosoma cruzi* infection can be aggravated. An answer to this question is fundamental for organizing ideas to reach further steps in the narrative; two thirds of acutely infected individuals will never show any clinic manifestation recognized as Chagas disease. Usually, only 5% or less of the acutely infected population will present signs of illness, showing generalized aches affecting joints and muscles, malaise, headache and other symptoms that could be taken as a common cold, and recover spontaneously. However, the acute infection can be life-threatening in a minority of symptomatic patients showing signs of heart and central nervous system involvement. The remaining 95% of the people showing acute infections can be asymptomatic, or they do not refer to symptoms that could be suggestive of the infection thus allowing clinic diagnostics. Three to six months thereafter, individuals evolve to the chronic indeterminate phase of *T. cruzi* infections, in the absence of symptoms and signs of Chagas disease. However, after three or more decades, one third of the chronically infected individuals may present symptoms of chronic Chagas disease. 94.5% of chronic chagasic patients will develop clinic manifestations of Chagas heart disease, and the remaining 4.5% will develop disease manifestations in the esophagous (megaesophagous) and/or in the large intestine (megacolon).

Notas bibliográficas

1. TEIXEIRA, A. R.; TEIXEIRA, G.; MACEDO, V.; PRATA, A. Acquired cell-mediated immunodepression in acute Chagas disease. *Journal of Clinical Investigation*, 62, p. 1132-1141, 1978.
2. TEIXEIRA, A. R. Delayed hypersensitivity to *Trypanosoma cruzi* antigen. I - Experimental study in rabbits. *Revista da Sociedade Brasileira de Medicina Tropical*, 28, p. 249-257, 1995.
3. TEIXEIRA, A. R.; TEIXEIRA, M. G. Delayed hypersensitivity to *Trypanosoma cruzi* antigen. III. Sensitivity of the skin test with T12E antigen in the diagnosis of Chagas disease in hospitalized patients. *Revista da Sociedade Brasileira de Medicina Tropical*, 28, p. 267-271, 1995.
4. TEIXEIRA, A. The Stercorarian trypanosomes. In: SOULSBY, E. S. L. (Ed.). *Immune responses in parasitic infections:* immunology, immunopathology, immunoprophylaxis. Boca Ratton, FL: CRC Press, LLC, 1987. p. 125-145.
5. World Health Organization. Control of Chagas disease: Second report of a WHO Expert Committee. *World Health Organization Technical Report Series*, 905, p. 1-109, 2002.
6. RASSI, A. Jr.; RASSI, S. G.; RASSI, A. Sudden death in Chagas disease. *Arquivos Brasileiros de Cardiologia*, 76, p. 75-96, 2001.
7. MACEDO, V. Indeterminate form of Chagas disease. *Memórias do Instituto Oswaldo Cruz*, 94 Suppl., 1, p. 311-316, 1999.
8. PEREIRA, J. B.; WILCOX, H. P.; COURA, J. R. The evolution of chronic chagasic cardiopathy. I-The influence of parasitemia. *Revista da Sociedade Brasileira de Medicina Tropical*, 25, p. 101-108, 1992.
9. FORTES-REGO, J.; MACEDO, V. O.; PRATA, A. R. Alterações neurológicas na doença de Chagas crônica. *Arquivo de Neuropsiquiatria*, 38, p. 45-52, 1980.
10. VILLAR, J. C.; LEON, H.; MORILLO, C. A. Cardiovascular autonomic function testing in asymptomatic *T. cruzi* carriers: a sensitive method to identify subclinical Chagas disease. *International Journal of Cardiology*, 93, p. 189-195, 2004.

11. RAMOS, S. G.; MATTURRI, L.; ROSSI, L.; ROSSI, M. A. Sudden cardiac death in the indeterminate phase of Chagas disease associated with acute infarction of the right carotid body. *International Journal of Cardiology*, 52, p. 265-268, 1995.

12. WATANABE, M. A.; SCHMIDT, G. Heart rate turbulence: a 5-year review. *Heart Rhythm*, 1, p. 732-738, 2004.

13. FRANCIS, J.; SANKAR, V.; NAIR, V. K.; PRIORI, S. G. Catecholaminergic polymorphic ventricular tachycardia. *Heart Rhythm*, 2, p. 550-554, 2005.

14. MADY, C.; DE MORAES, A. V.; GALIANO, N.; DECOURT, L. V. Hemodynamic study of the indeterminate form of Chagas disease. *Arquivos Brasileiros de Cardiologia*, 38, p. 271-275, 1982.

15. LOPES, E. R.; MORAES, C. A.; CHAPADEIRO, E.; MINEO, J. R.; LEITE, L. C.; GUIMARÃES, A. H.; ROCHA, A.; GAVA, M. Sudden death and Chagas disease – analysis of predisposing factors of sudden death in chronic Chagas' patients. *Memórias do Instituto Oswaldo Cruz*, 77, p. 255-262, 1982.

16. CUBILLOS-GARZON, L. A.; CASAS, J. P.; MORILLO, C. A.; BAUTISTA, L. E. Congestive heart failure in Latin America: the next epidemic. *American Heart Journal*, 147, p. 412-417, 2004.

17. LAURIA-PIRES, L.; BRAGA, M. S.; VEXENAT, A. C.; NITZ, N.; SIMÕES-BARBOSA, A.; TINOCO, D. L.; TEIXEIRA, A. R. Progressive chronic Chagas heart disease ten years after treatment with anti-*Trypanosoma cruzi* nitroderivatives. *The American Journal of Tropical Medicine and Hygiene*, 63, p. 111-118, 2000.

18. FERREIRA, R. C.; IANNI, B. M.; ABEL, L. C.; BUCK, P.; MADY, C.; KALIL, J.; CUNHA-NETO, E. Increased plasma levels of tumor necrosis factor-alpha in asymptomatic/ "indeterminate" and Chagas disease cardiomyopathy patients. *Memórias do Instituto Oswaldo Cruz*, 98, p. 407-411, 2003.

19. PRATA, A. Evolution of the clinical and epidemiological knowledge about Chagas disease 90 years after its discovery. *Memórias do Instituto Oswaldo Cruz*, 94, Suppl., 1, p. 81-88, 1999.

20. PRATA, A. Clinical and epidemiological aspects of Chagas disease. *Lancet Infectious Diseases*, 1, p. 92-100, 2001.

21. ARAS, R.; DA MATTA, J. A.; MOTA, G.; GOMES, I.; MELO, A. Cerebral infarction in autopsies of chagasic patients with heart failure. *Arquivo Brasileiro de Cardiologia*, 81, p. 414-416, 2003.

22. MENEGHELLI, U. G.; DE GODOY, R. A.; MACEDO, J. F.; DE OLIVEIRA, R. B.; TRONCON, L. E.; DANTAS, R. O. Basal motility of dilated and non-dilated sigmoid colon and rectum in Chagas disease. *Arquivos de Gastroenterologia*, 19, p. 127-132, 1982.

23. CASTRO, C.; MACEDO, V.; REZENDE, J. M.; PRATA, A. Longitudinal radiologic study of the esophagus, in an endemic area of Chagas disease, in a period of 13 years. *Revista da Sociedade Brasileira de Medicina Tropical*, 27, p. 227-233, 1994.

24. MATHIAS, C. J. Autonomic disorders and their recognition. *New England Journal of Medicine*, 336, p. 721-724, 1997.

25. GALLIGAN, J. J.; LEPARD, K. J.; SCHNEIDER, D. A.; ZHOU, X. Multiple mechanisms of fast excitatory synaptic transmission in the enteric nervous system. *Journal of Autonomic Nervous System*, 81, p. 97-103, 2000.

26. MENEGHELLI, U. G.; GODOY, R. A.; OLIVEIRA, R. B.; SANTOS, J. C. JR.; DANTAS, R. O.; TRONCON, L. E. Effect of pentagastrin on the motor activity of the dilated and nondilated sigmoid and rectum in Chagas disease. *Digestion*, 27, p. 152-158, 1983.

27. STERIN-BORDA, L.; GOIN, J. C.; BILDER, C. R.; IANTORNO, G.; HERNANDO, A. C.; BORDA, E. Interaction of human chagasic IgG with human colon muscarinic acetylcholine receptor: molecular and functional evidence. *Gut*, 49, p. 699-705, 2001.

28. BOYCE, H. W.; BAKHEET, M. R. Sialorrhea: a review of a vexing, often unrecognized sign of oropharyngeal and esophageal disease. *Journal of Clinical Gastroenterology*, 39, p. 89-97, 2005.

29. BITTENCOURT, A. L.; VIEIRA, G. O.; TAVARES, H. C.; MOTA, E.; MAGUIRE, J. Esophageal involvement in congenital Chagas disease. Report of a case with megaesophagus. *American Journal of Tropical Medicine Hygiene*, 33, p. 30-33, 1984.

30. ROCHA, A.; MINEO, J. R.; LOPES, E. R.; BESSA, J. C.; FERREIRA, A. P.; SEGADAES FILHO, A. J.; DE MENEZES, T. G.; COSTA, M. C. ELISA immunoenzymatic assay in the pericardial fluid: a new method for the postmortem diagnosis of Chagas disease. *Revista da Sociedade Brasileira de Medicina Tropical*, 20, p. 213-216, 1987.

31. PRATA, A. Chagas disease. *Infectious Diseases Clinics North America*, 8, p. 61-76, 1994.

CAPÍTULO 8

Patologia da doença de Chagas humana

Antonio Teixeira

Caracteriza a patologia da doença de Chagas na fase aguda a presença de ninhos de formas amastigotas do *Trypanosoma cruzi* nos tecidos, particularmente nas células musculares estriadas do coração e dos músculos esqueléticos e lisos do corpo humano. Entretanto, o elemento mais importante na formação das lesões graves nos tecidos do coração e do tubo digestivo é o infiltrado de linfócitos e macrófagos do sistema imune, acarretando a destruição da musculatura do coração, do intestino e dos gânglios do sistema nervoso periférico. O aspecto da destruição das células alvo não parasitadas pelos linfócitos e pelos macrófagos efetores do sistema imune é particularmente evidente na fase crônica da infecção chagásica. A inflamação severa enfraquece os órgãos, dilatando-os e tornando-os insuficientes. A morte celular implica substituição por cicatrizes fibrosas, que são apenas seqüelas do processo de rejeição do próprio tecido do corpo.

Introdução

Os achados patológicos macroscópicos e microscópicos na doença de Chagas aguda descritos em seguida são provenientes de duas crianças.[1] O acesso às lâminas com secções dos tecidos desses dois casos foi generosamente permitido pelo prof. dr. Moysés Sadigursky do Hospital da Universidade Federal da Bahia. Os dados sobre a doença de Chagas crônica são oriundos dos arquivos do dr. Antonio Teixeira referentes a vinte casos submetidos ao estudo *post-mortem* que realizou pessoalmente no Hospital da Universidade Federal da Bahia e no Hospital da Universidade de Brasília. As análises microscópicas desses casos forneceram os dados e as fotografias apresentados aqui. Observe que as fotografias mostram lesões destrutivas que ilustram os casos mais severos da doença encontrada em um terço dos pacientes portadores das infecções pelo *T. cruzi* que morrem de doença de Chagas. Na ausência de lesões severas, os restantes dois terços das pessoas infectadas não morrem de doença de Chagas.

Doença de Chagas aguda

O chagoma e o sinal de Romaña que aparecem em alguns indivíduos uma semana depois da contaminação da abrasão deixada na pele pelo parasito se caracterizam por lesão endurecida no local e ingurgitamento dos linfonodos satélites. Essa lesão de porta de entrada é uma reação típica de hipersensibilidade tardia aos antígenos do *T. cruzi*. Biópsia da pele mostra infiltrados de células mononucleares no tecido conjuntivo subepidérmico e reação granulomatosa no tecido dérmico profundo, onde macrófagos linfócitos e células gigantes multinucleadas são circunscritos por fibroblastos (Figura 8.1). Os linfonodos que drenam as lesões mostram hiperplasia e células blásticas; nos nódulos, muitos macrófagos albergam formas amastigotas do *T. cruzi*. A pele que cobre a lesão fica hiperpigmentada, e a queratina descama da superfície em conseqüência da coceira. A lesão desaparece em aproximadamente um mês e não deixa marca no local. Alguns achados da hipersensibilidade tardia como enduração e infiltração de células mononucleares podem ser obtidos pela injeção de 20 µg de antígeno subcelular do *T. cruzi* na pele do paciente chagásico.[2]

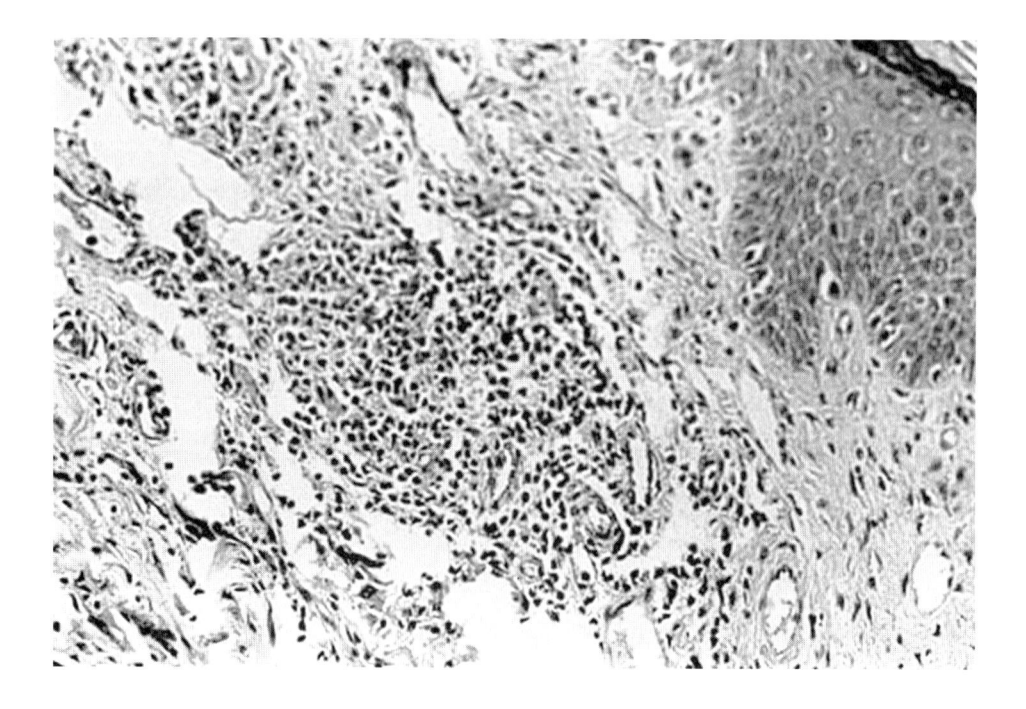

Figura 8.1 Chagoma de inoculação três semanas depois da picada do triatomíneo e inoculação do *Trypanosoma cruzi* na pele do braço de uma jovem. Note o infiltrado inflamatório crônico na epiderme, com granuloma e células gigantes caracterizando reação de hipersensibilidade tipo retardada
Fonte: arquivo do dr. Antonio Teixeira

No corpo humano, o *T. cruzi* pode parasitar qualquer tecido derivado do meso-derma, do endoderma e do neuroectoderma embrionários. Entretanto, a intensidade das infecções pelo *T. cruzi* no corpo parece variar de caso para caso, provavelmente dependendo da genética do hospedeiro e do parasito. Tecido conjuntivo, músculos liso e estriado, medula óssea, sistema fagocítico mononuclear e células gonadais podem ser intensamente parasitados. Achados histopatológicos de um menino de 18 meses de idade e de uma menina de 4 meses de idade que sucumbiram à doença de Chagas aguda[1] revelaram ninhos de formas amastigotas de *T. cruzi* dentro de células de go-niablastos de tubos seminíferos dos testículos (Figura 8.2A) e de células da teca dos ovários. O aparelho reprodutivo não tem sido cuidadosamente estudado no curso das infecções pelo *T. cruzi* nos humanos. As estruturas dos tecidos endodérmicos podem eventualmente ser parasitadas pelas amastigotas de *T. cruzi*; as células no fígado, nos rins, na tireóide, no pâncreas e em outras glândulas podem ser parasitadas. As células

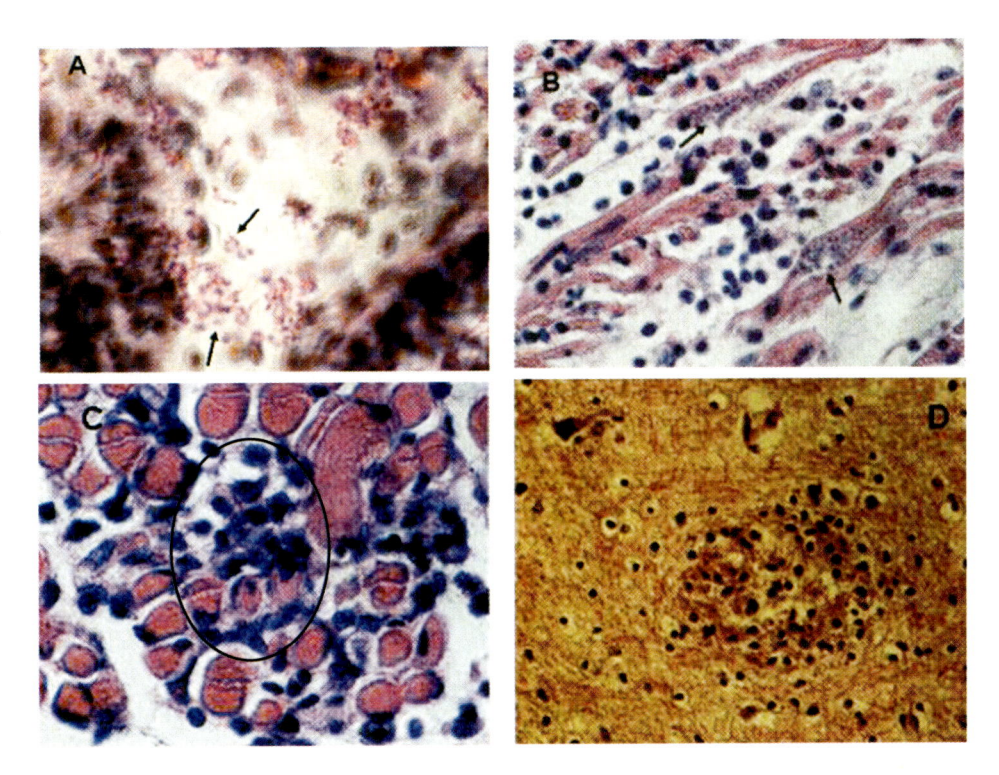

Figura 8.2 Lesões teciduais na doença de Chagas aguda humana. A) Tubo seminífero de um menino de 18 meses de idade com amastigotas no citoplasma de espermatoblastos e no lúmen (seta) (*H-E*, 1000X). B) Secção do coração mostrando ninho de amastigotas (setas) e infiltrado de células mononucleares associadas com lise de fibras musculares não parasitadas (*H-E*, 400X). C) Músculo esquelético com infiltrados de células mononucleares e destruição da célula-alvo. Uma "unidade mínima de rejeição" está envolvida pelo círculo. D) Lesão nodular inflamatória na substância cinzenta do cérebro (*H-E*, 200X)

Fonte: arquivo do dr. Antonio Teixeira

do neuroectoderma são menos freqüentemente parasitadas do que células derivadas de outros folhetos embrionários; se a infecção atinge o sistema nervoso central, as células da glia, usualmente os astrócitos, são parasitadas.

Alguns isolados de *T. cruzi* concentram a infecção no sistema fagocítico mononuclear, enquanto outros se distribuem randomicamente em células musculares não fagocíticas, aparentemente buscando evadir-se do sistema imune do hospedeiro. Nos músculos estriados do coração e do aparelho locomotor, formas amastigotas em multiplicação formam ninhos ou pseudocistos (cavidade sem parede limitante) na ausência de inflamação. Entretanto, aspectos degenerativos de células musculares não parasitadas podem ser associados com infiltrados inflamatórios. Aspectos similares podem ser encontrados em músculo liso ao longo do tubo digestivo, do aparelho reprodutor e da parede de vasos. Os achados microscópicos nas lesões inflamatórias dessas estruturas são semelhantes àqueles do tubo digestivo e do coração, onde células mononucleares do sistema imune invadem as estruturas musculares e os gânglios parassimpáticos situados entre as camadas internas e externas (plexo de Auerbach) e na camada submucosa interna (plexo de Meissner). As formas amastigotas do *T. cruzi* podem ser encontradas nas células musculares, nos fibroblastos, nas células de Schwan e da microglia, mas não em neurônios. Entretanto, a lise de neurônio ocorre em associação com a aderência de células mononucleares do sistema imunitário, produzindo despopulação dos neurônios. Análises ao microscópio eletrônico mostram infiltrados inflamatórios associados com células da glia e dos neurônios, comprometendo secundariamente os neurônios não parasitados.

Tipicamente, o coração dos pacientes que faleceram com a doença de Chagas aguda fica aumentado de tamanho, dilatado, amolecido e congesto. Os linfonodos situados entre a aorta e a artéria pulmonar aparecem ingurgitados. A superfície epicárdica mostra vasos coronarianos amplamente patentes, acompanhados de vasos linfáticos com grânulos parecidos com pequenas pérolas. Esses achados morfológicos pressagiam os infiltrados inflamatórios de grande intensidade drenando através da parede dos ventrículos do coração. Microscopicamente, muitas fibras musculares e ocasionalmente histiócitos intersticiais mostram ninhos de formas amastigotas de *T. cruzi* em divisão. As células mononucleares, principalmente pequenos e grandes linfócitos, com processos citoplasmáticos expandidos infiltram o miocárdio e aderem na membrana das fibras cardíacas. Vários aspectos característicos da severa destruição das fibras do coração podem ser observados (Figura 8.2B). Algumas fibras parasitadas podem ser encontradas nas lesões, onde aparecem infiltrados inflamatórios destrutivos. Nas lesões, entretanto, as células cardíacas não parasitadas são rejeitadas ou destruídas pelas células efetoras mononucleares do sistema imune. A Figura 8.2C mostra uma típica unidade mínima de rejeição da fibra muscular. A confluência de múltiplas unidades de rejeição gera o quadro microscópico característico da miocardite na doença de Chagas aguda. A extensão dos infiltrados inflamatórios no sistema de condução do coração associa-se com as alterações eletrocardiográficas e com o retardo da condução do estímulo elétrico. Os infiltrados inflamatórios invadem os gânglios cardíacos parassimpáticos, onde as células da glia e de Schwan podem ser parasitadas, mas os neurônios sempre são poupados. Curiosamente, a aderência de células inflamatórias mononucleares aos neurônios leva à lise e à perda de várias dessas unidades na fase aguda da doença. Adicionalmente, a inflamação estende-se para os nervos simpáticos no epicárdio e nas estruturas intramurais do coração. O componente inflamatório é denominador comum da patologia, altamente conspícuo na fase aguda da doença.

O envolvimento de estruturas do sistema nervoso central na fase aguda da doença deveria ser freqüente se fosse levado em consideração que o *T. cruzi* pode ser recuperado do fluido cérebro-espinhal em 72,7% dos pacientes com a infecção aguda.[3] Entretanto, em metade desses casos há ausência de alteração de componentes do líquor e de lesão neurológica. Nos casos agudos com manifestação clínica de envolvimento neurológico, as lesões são relacionadas com meningite e meningoencefalite. Sobretudo, o cérebro pode exibir congestão dos vasos sangüíneos e edema da substância cerebral. O tecido cerebral pode estar esparsamente lesado pela inflamação em volta dos pequenos vasos sangüíneos, micro-hemorragias vasculares e proliferação nodular de células da glia na substância cinzenta (Figura 8.2D). Usualmente, as células inflamatórias invadem os folhetos meníngeos acompanhando os vasos sangüíneos inseridos profundamente no cérebro. Ninhos de formas amastigotas de *T. cruzi* podem ser vistos nos astrócitos do cérebro.

Fase indeterminada

A fase indeterminada das infecções pelo *T. cruzi* significa que o paciente não tem evidência clínica de doença no coração ou no tubo digestivo.[4,5] Nessa etapa, não há lesão macroscópica significativa nesses órgãos. Entretanto, a fase indeterminada pode ser reconhecida pela demonstração parasitológica direta ou pelos marcadores imunológicos e genéticos da infecção críptica. O substrato patológico microscópico das alterações funcionais súbitas foi descrito em biópsia tirada do ventrículo direito de vinte chagásicos e consistia em lesões inflamatórias discretas no coração.[6] Usualmente, os infiltrados inflamatórios no coração são focais, pequenos (Figura 8.3A). A biópsia de músculo esquelético mostrou inflamação pontual, lise de célula-alvo e degeneração.[7,8]

A morte acidental de indivíduos portadores da forma indeterminada tem propiciado análise do substrato patológico da doença; as lesões inflamatórias no coração, no tubo digestivo e no músculo esquelético são similares àquelas vistas em pacientes com a forma clinicamente manifesta da doença de Chagas crônica, porém em intensidade muito menor. Paliçadas de células do infiltrado inflamatório em volta das fibras musculares assemelham-se ao que foi descrito para a unidade mínima de rejeição da célula-alvo (Figura 8.3B). Em alguns casos, múltiplas unidades mínimas de rejeição comprometem um feixe de fibras em um só músculo. Qualquer nervo ou gânglio simpático naquela região pode ser afetado pelos infiltrados inflamatórios.

No tubo digestivo, as lesões alcançam os gânglios parassimpáticos e produzem depopulação de neurônios.[9] As lesões clínico-patológicas presentes nos chagásicos com as infecções crônicas classificam a doença de acordo com o órgão atingido no corpo. São conhecidas duas formas clínicas principais da doença crônica.

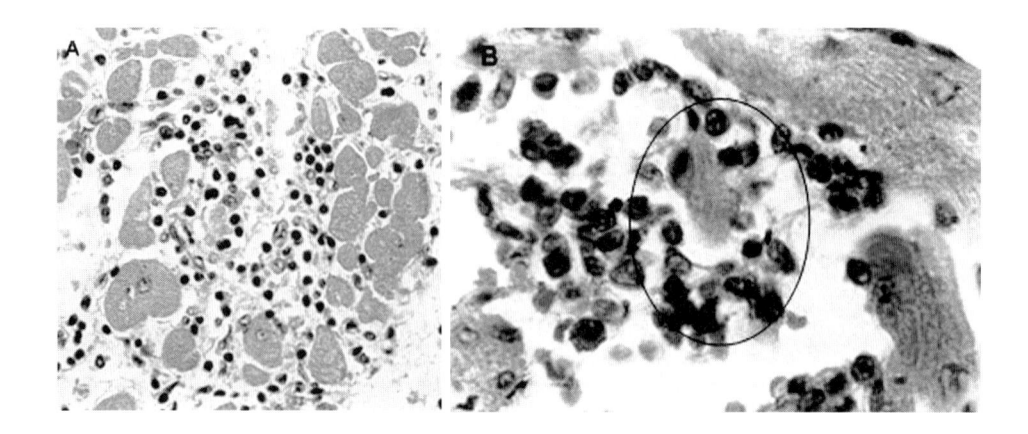

Figura 8.3 Lesão microscópica no coração humano com a forma crônica indeterminada da infecção. A) O infiltrado de células inflamatórias (redondas e escuras) associa-se à destruição das fibras-alvo do miocárdio (*H-E,* 400X). B) "Unidade mínima de rejeição": as células inflamatórias mononucleares do sistema imune do chagásico (círculo) lisam as miofibras-alvo do seu coração Fonte: cortesia do dr. Edison Reis Lopes, Faculdade de Medicina do Triângulo Mineiro, Uberaba, Minas Gerais)

94

Doença de Chagas crônica do coração

A doença de Chagas crônica afeta igualmente o coração de indivíduos de ambos os sexos, usualmente entre 30 e 45 anos de idade. No grupo de pacientes que mostram alterações eletrocardiográficas progressivas, a morte ocorre inesperadamente em 37,5% dos casos.[10-12] Mais de 58% desses pacientes desenvolvem sinais ominosos de insuficiência cardíaca e morrem freqüentemente entre sete meses e dois anos depois,[13] Insuficiência congestiva que envolve as câmaras direita e esquerda do coração afeta a pequena e a grande circulação. O coração aumenta de tamanho e ocupa a base da cavidade do tórax, projetando-se contra o peito. Em pacientes que morrem de insuficiência cardíaca congestiva, o peso médio do coração alcança 540 ± 90 g (Figura 8.4A), enquanto naqueles que sofrem morte súbita o peso do coração alcança 390 ± 50 g. Na superfície do endocárdio, as câmaras dilatadas do coração tornam-se espessadas. Um achado macroscópico típico da doença é o afinamento da ponta do ventrículo esquerdo, com dilatação aneurismática. A presença de trombo em diferentes estádios de organização é vista freqüentemente no ápice do ventrículo esquerdo e na aurícula direita. A formação de trombo nessas localizações das câmaras cardíacas pode ser associada com fenômeno trombo-embólico nos pulmões, no cérebro, no baço e nos rins. O fenômeno trombo-embólico no cérebro e nos pulmões está associado, freqüentemente, com a causa desencadeante da morte na doença de Chagas crônica. A superfície epicárdica do coração mostra os vasos coronarianos dilatados acompanhados pelos vasos linfáticos com pequenos grânulos periódicos esbranquiçados indicativos do sistema de drenagem do processo inflamatório no miocárdio subjacente; os linfonodos sentinelas da drenagem, aumentados de tamanho, são encontrados entre a aorta e a artéria pulmonar.

Os principais achados microscópicos no coração de um paciente que sucumbe à doença de Chagas são associados com os infiltrados inflamatórios encontrados em

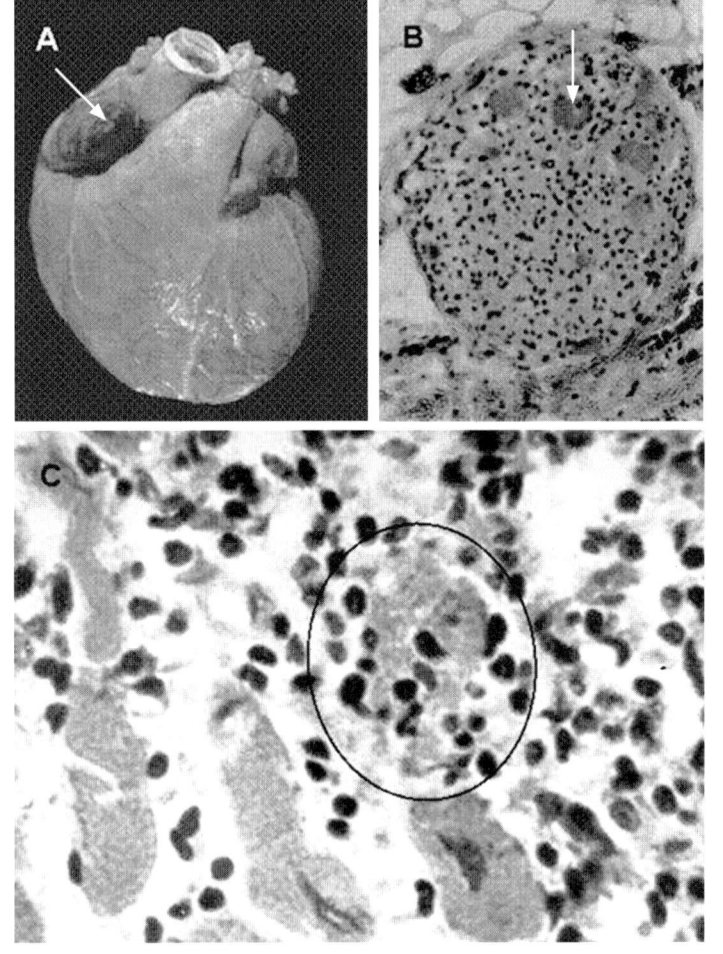

Figura 8.4 A patologia da doença de Chagas crônica no coração humano. A) Cardiomegalia em paciente adulto com aumento dos ventrículos, proeminência do cone da artéria pulmonar, ingurgitamento de vasos linfáticos e placa esbranquiçada no epicárdio. Um trombo está presente no átrio direito (seta). B) Gânglio parassimpático com ganglionite e neuronólise (seta) (*H-E*, 100X). C) Lesão histopatológica consistindo em infiltrado severo e difuso de células mononucleares e lise das miofibras do coração. Uma "unidade mínima de rejeição" está indicada pelo círculo (*H-E*, 400X)
Fonte: arquivo do dr. Antonio Teixeira

todos os casos. Os infiltrados inflamatórios de macrófagos, pequenos e grandes linfócitos provenientes dos vasos linfáticos, atravessam o tecido conjuntivo para formar as paliçadas em volta das fibras musculares. Nos focos inflamatórios, outros tipos de células podem ser encontrados em proporções variáveis, incluindo os plasmócitos, os neutrófilos, os eosinófilos e os mastócitos. As células inflamatórias invadem as fibras do coração e causam lise da célula não parasitada (Figura 8.4B). A presença de células parasitadas no coração pode ser detectada microscopicamente em um pequeno número de casos (10% a 20%), consistente com os achados dos testes NAT mostrando nDNA do parasito remanescente nos tecidos afetados em todos os casos.[14, 15] A presença de ninhos do parasito é vista mais comumente em áreas sadias do miocárdio, livres dos infiltrados inflamatórios. Nos sítios das lesões, paliçadas de linfócitos aderem na membrana citoplasmática das células não parasitadas, invadem o citoplasma e induzem lise da fibra muscular; lesão típica de unidade mínima de rejeição da célula-alvo, como está indicada pelo círculo da Figura 8.4C. A confluência de numerosas unidades de rejeição induz a miocardite difusa, que determina as severas alterações na estrutura do coração. As fibras musculares destruídas são substituídas pelo tecido fibroso na presença de infiltrado inflamatório evanescente. As células inflamatórias infiltram as miofibras especializadas do sistema de condução do coração da mesma maneira que elas infiltram o miocárdio contráctil. A intensidade desse processo inflamatório autodestrutivo varia de um sítio para outro do miocárdio; enquanto algumas lesões são iniciadas, outras são intermediárias ou encontram-se esmaecidas. Então, verifica-se que algumas áreas do coração podem ser poupadas enquanto outras podem ser duramente lesadas pela inflamação. A intensidade do processo jamais atinge simultaneamente todo o coração, porque isso não seria compatível com a sobrevivência. No nível de ultra-estrutura, além da associação dos infiltrados mononucleares com as células-alvo que sofrem lise, as miofibras mostram aspectos de hipertrofia, intumescimento de mitocôndria, necrose, degeneração hialina, ruptura e perda de miofibrilas.[16] À medida que as lesões envelhecem, o tecido conjuntivo frouxo é substituído por cicatrizes fibrosas densas que podem ser vistas esparsas nas paredes das câmaras do coração.[17]

Os gânglios simpáticos estrelados paravertebrais e os gânglios parassimpáticos intracardíacos podem ser lesados severamente na doença de Chagas.[18] O estudo das terminações dos nervos simpáticos e parassimpáticos, em pacientes que sucumbiram à doença de Chagas no coração, feito com técnica histoquímica, revelou atividades de catecolaminas e de acetilcolinesterase. Ambos os tipos de terminações nervosas estavam em quantidade reduzida. Esse achado mostrou denervação autonômica progressiva naqueles pacientes com a doença de Chagas.[18] As lesões no sistema nervoso autônomo intracardíaco acham-se presentes em todo caso de doença de Chagas no coração, com vários graus de intensidade.[19, 20] O processo inflamatório acha-se evidente nos gânglios parassimpáticos e nos nervos simpáticos e em suas terminações no miocárdio. Nessas lesões a periganglionite mostra aspectos típicos de infiltrados mononucleares e proliferação focal de células da glia no tecido nervoso, com alteração da disposição na arquitetura normal em volta de neurônios; tanto fibroblastos do perigânglio como as células de Schwann do intragânglio podem ser eventualmente parasitadas pelas formas amastigotas de *T. cruzi*, mas os neurônios são poupados. Entretanto, as células do infiltrado inflamatório que cercam os neurônios se associam freqüentemente à lise da unidade-alvo. Portanto, ganglionite com degeneração e depopulação de neurônios são achados patológicos típicos da doença de Chagas no coração.

Os vasos coronarianos na doença de Chagas no coração ficam amplamente patentes. Os ramos de pequena arteríola no miocárdio podem mostrar envolvimento ocasional no processo inflamatório quando usualmente os macrófagos, os linfócitos e os plasmócitos os circundam como um manguito. Em área de substituição fibrosa do miocárdio, a arteríola pode ficar sepultada dentro de uma escara. O endotélio de pequenos vasos sanguíneos no miocárdio pode exibir alteração proliferativa pontual e espessamento da membrana basal associadas com o processo inflamatório.[20,21] Entretanto, usualmente não se encontra lesão oclusiva de caráter específico em arteríola que possa prejudicar o fluxo de sangue no coração. Pelo contrário, as lesões endoteliais nos pequenos vasos sangüíneos do coração de pacientes que sucumbem à doença de Chagas podem ser consideradas secundárias àquelas resultantes de lesões primárias de inflamação, insuficiência cardíaca, suprimento sangüíneo deficiente e anoxia.

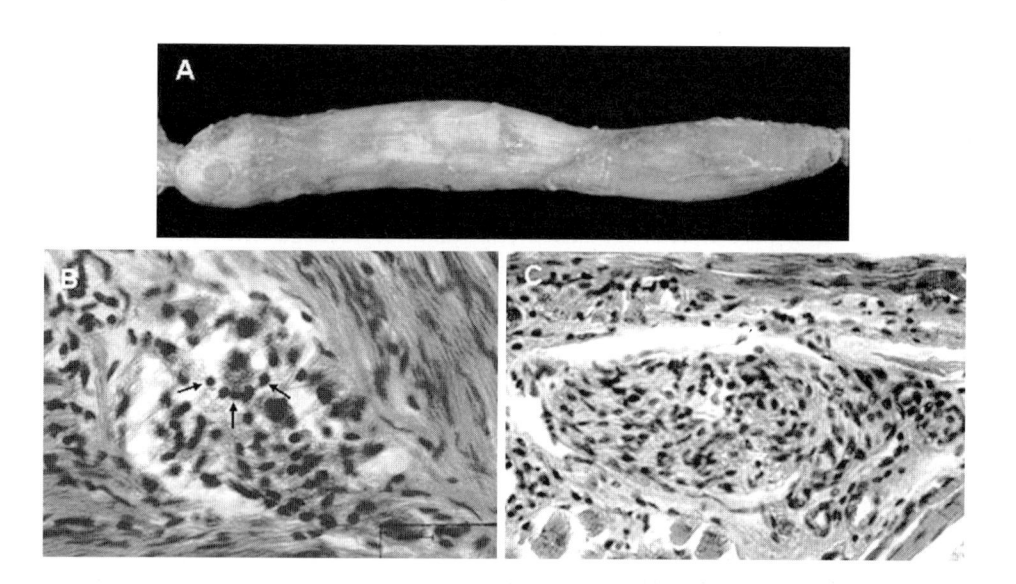

Figura 8.5 A patologia do megaesôfago na doença de Chagas crônica humana. A) Vista macroscópica do esôfago dilatado. B) Ganglionite parassimpática e neuronólise associadas com infiltrados de células mononucleares do sistema imune do paciente (*H-E*, 200X). Uma "unidade mínima de rejeição" está indicada pelas setas que apontam para os linfócitos em volta do neurônio, em típico processo de lise da célula-alvo. C) Seqüela fibrosa de um gânglio parassimpático do esôfago mostrando ausência de neurônios (*H-E*, 100X)

Fonte: arquivo do dr. Antonio Teixeira

As síndromes dos megas

A patologia do esôfago e a do cólon como síndromes associadas à doença de Chagas crônica dependem essencialmente da perda de coordenação e da alteração do controle da mobilidade das paredes da víscera oca.[22] Essas alterações resultam de lesões inflamatórias sobre as fibras musculares lisas da parede da víscera no tubo digestivo, afetando particularmente os neurônios parassimpáticos intramurais. As lesões são distribuídas randomicamente no esôfago, no estômago e nos intestinos delgado e grosso, mas suas implicações fisiopatológicas são evidentes no esôfago e no cólon. Isso porque esses segmentos são precedidos por esfíncteres que permitem acumulação de uma massa sólida que impinge a dilatação da víscera (Figura 8.5A). Casos de megassíndromes que afetam estômago, duodeno, vesícula biliar, bexiga e brônquios também têm sido descritos.[23, 24] Para cada uma dessas condições, a patologia exibe um denominador comum que tem sido descrito nos casos de megaesôfago e megacólon proeminentes.[25] As lesões inflamatórias nos gânglios parassimpáticos, situadas entre as camadas de músculos lisos (plexo de Auerbach) e na submucosa (plexo de Meissner) da víscera oca, levam à ganglionite e à depopulação dos neurônios da mesma maneira descrita para os gânglios intracardíacos. Usualmente, as manifestações nas síndromes de mega ocorrem quando a perda (depopulação) de neurônios ultrapassa 55% das unidades do parassimpático intramural. Os dados quantitativos sobre a depopulação dos neurônios são obtidos por técnica morfométrica padrão,[26, 27] reproduzível em muitas séries de casos.[28, 29] Em alguns pacientes portadores de megacólon e/ou megaesôfago chagásico, a depopulação de neurônios pode alcançar até 76,5% da média daquelas células encontradas na população controle.[24] O uso dos testes NAT tem mostrado presença de nDNA remanescente nos tecidos, indicando a persistência das infecções crônicas pelo *T. cruzi* em pacientes portadores de megassíndromes.[30, 31] Ainda que a literatura tenha documentado a presença de ninhos do parasito em fibroblasto periganglionar ou em célula da glia intraganglionar, não se tem conhecimento de que o neurônio seja parasitado pelo *T. cruzi*.[28, 32] Tampouco foi obtida evidência experimental de uma toxina hipotética que seria secretada pelo parasito,[33] e, portanto, destruição de neurônios e depopulação neuronal não se associam diretamente com o parasitismo. Pelo contrário, a morte de neurônios está claramente associada com aderência de células mononucleares do sistema imune e lise da célula-alvo do tecido nervoso (Figura 8.5B). Uma ganglionite ativa deixa a marca de sua passagem pela depopulação neuronal e pela seqüela de tecido fibroso (Figura 8.5C). Em resumo, a lesão mais conspícua na síndrome de mega de etiologia chagásica tem relação direta com aquela do coração e associa o infiltrado inflamatório de células mononucleares com a unidade mínima de rejeição. Este é o denominador comum da patologia na doença de Chagas humana.

Abstract

The pathology of acute Chagas disease is characterized by the presence of *Trypanosoma cruzi* amastigote nests in tissue cells. This finding affects mainly striated muscle cells of the heart and of skeletal muscles, and of smooth muscles of the human body. However, a key element in the production of severe lesions in body tissues, mainly in the heart and digestive tube, is the inflammatory infiltrate by the patient's immune system mononuclear cells; lymphocyte-macrophage are effector's cells carrying out destruction of self-tissues in Chagas disease. Severe inflammatory lesions lead to weakened target tissues and organs, thus producing dilation, contractile failure and insufficiency. Target cell death implies substitution by fibrous tissue, which is a late stage sequel resulting from the auto-immune rejection of self tissue by the host immune system.

Notas bibliográficas

1. TEIXEIRA, A. R. L.; ROTERS, F.; MOTT, K. E. Acute Chagas disease. *Gazeta Médica da Bahia*, 70, p. 176-186, 1970.
2. TEIXEIRA, A. R. Delayed hypersensitivity to *Trypanosoma cruzi* antigen. I - Experimental study in rabbits. *Revista da Sociedade Brasileira de Medicina Tropical*, 28, p. 249-257, 1995a.
3. HOFF, R.; TODD, C. W.; MAGUIRE, J. H.; PIESMAN, J.; MOTT, K. E.; MOTA, E. E.; SLEIGH, A.; SHERLOCK, I. A.; WELLER, T. H. Serologic surveillance of Chagas - disease. *Annalles Societé Belgique Medicine Tropicale*, 65, p. 187-196, 1985.
4. LOPES, E. R.; MORAES, C. A.; CHAPADEIRO, E.; MINEO, J. R.; LEITE, L. C.; GUIMARÃES, A. H.; ROCHA, A.; GAVA, M. Sudden death and Chagas disease–analysis of predisposing factors of sudden death in chronic Chagas' patients. *Memórias do Instituto Oswaldo Cruz*, 77, p. 255-262, 1982.
5. JUNQUEIRA, L. F. Jr.; SOARES, J. D. Impaired autonomic control of heart interval changes to Valsalva manoeuvre in Chagas disease without overt manifestation. *Autonomic Neurosciences*, 18, p. 97, 59-67, 2002.
6. MADY, C.; DE MORAES, A. V.; GALIANO, N.; DECOURT, L. V. Hemodynamic study of the indeterminate form of Chagas disease. *Arquivos Brasileiros de Cardiologia*, 38, p. 271-275, 1982.
7. LAGUENS, R. P.; COSSIO, P. M.; DIEZ, C.; SEGAL, A.; VASQUEZ, C.; KREUTZER, E.; KHOURY, E.; ARANA, R. M. Immunopathologic and morphologic studies of skeletal muscle in Chagas disease. *American Journal of Pathology*, 80, p. 153-162, 1975.
8. SICA, R. E.; GONZALEZ CAPPA, S. M.; SANZ, O. P.; MIRKIN, G. Peripheral nervous system involvement in human and experimental chronic American trypanosomiasis. *Bulletin Societé Pathologie Exotique*, 88, p. 156-163, 1995.
9. PINHEIRO, S.W.; RUA, A. M.; ETCHEBEHERE, R. M.; CANÇADO, C. G.; CHICA, J. E.; LOPES, E. R.; ADAD, S. J. Morphometric study of the fibrosis and mast cell count in the circular colon musculature of chronic

Chagas patients with and without megacolon. *Revista da Sociedade Brasileira de Medicina Tropical,* 36, p. 461-466, 2003.

10. PRATA, A.; LOPES, E. R.; CHAPADEIRO, E. Characteristics of unexpected sudden death in Chagas disease. *Revista da Sociedade Brasileira de Medicina Tropical,* 19, p. 9-12, 1986.

11. LOPES, E. R. Sudden death in patients with Chagas disease. *Memórias do Instituto Oswaldo Cruz,* Suppl., 1, p. 321-324, 1999.

12. RASSI, A. Jr.; RASSI, S. G.; RASSI, A. Sudden death in Chagas disease. *Arquivos Brasileiros de Cardiologia,* 76, p. 75-96, 2001.

13. DIAS, J. C. Epidemiological surveillance of Chagas disease. *Cadernos Saúde Pública,* 16, p. 43-59, 2000.

14. BRAGA, M. S.; LAURIA-PIRES, L.; ARGANARAZ, E. R.; NASCIMENTO, R. J.; TEIXEIRA, A. R. Persistent infections in chronic Chagas disease patients treated with anti-*Trypanosoma cruzi* nitroderivatives. *Revista do Instituto de Medicina Tropical de São Paulo,* 42, p. 157-161, 2000.

15. LAURIA-PIRES, L.; BRAGA, M. S.; VEXENAT, A. C.; NITZ, N.; SIMÕES-BARBOSA, A.; TINOCO, D. L.; TEIXEIRA, A. R. Progressive chronic Chagas heart disease ten years after treatment with anti-*Trypanosoma cruzi* nitroderivatives. *The American Journal of Tropical Medicine and Hygiene,* 63, p. 111-118, 2000.

16. TAFURI, W. L.; MARIA, T. A.; LOPES, E. R.; CHAPADEIRO, E. Electron microscopy of the myocardium in human *Trypanosomiasis cruzi. Revista do Instituto de Medicina Tropical de São Paulo,* 15, p. 347-370, 1973.

17. ROSSI, M. A. Connective tissue skeleton in the normal left ventricle and in hypertensive left ventricular hypertrophy and chronic chagasic myocarditis. *Medical Science Monitoring,* 7, p. 820-832, 2001.

18. MACHADO, C. R.; CAMARGOS, E. R.; GUERRA, L. B.; MOREIRA, M. C. Cardiac autonomic denervation in congestive heart failure: comparison of Chagas' heart disease with other dilated cardiomyopathy. *Human Pathology,* 31, p. 3-10, 2000.

19. OLIVEIRA, J. S. A natural human model of intrinsic heart nervous system denervation: Chagas' cardiopathy. *American Heart Journal,* 110, p. 1092-1098, 1985.

20. ROSSI, M. A. Microvascular changes as a cause of chronic cardiomyopathy in Chagas disease. *American Heart Journal,* 120, p. 233-236, 1990.

21. TORRES, S. H.; FINOL, H. J.; MONTES DE OCA, M.; VASQUEZ, F.; PUIGBO, J. J.; LOYO, J. G. Capillary damage in skeletal muscle in advanced Chagas disease patients. *Parasitology Research,* 93, p. 364-368, 2004.

22. ADAD, S. J.; ANDRADE, D. C.; LOPES, E. R.; CHAPADEIRO, E. Pathological anatomy of chagasic megaesophagus. *Revista do Instituto de Medicina Tropical de São Paulo,* 33, p. 443-450, 1991.

23. ADAD, S. J.; ETCHEBEHERE, R. M.; ARAÚJO, J. R.; MADUREIRA, A. B.; LIMA, V. G.; SILVA, A. A.; EDUARDO, C. Association of chagasic me-

gacolon and cancer of the colon: case report and review of the literature. *Revista da Sociedade Brasileira de Medicina Tropical,* 35, p. 63-68, 2002.

24. ADAD, S. J.; CANÇADO, C. G.; ETCHEBEHERE, R. M.; TEIXEIRA, V. P.; GOMES, U. A.; CHAPADEIRO, E.; LOPES, E. R. Neuron count re-evaluation in the myenteric plexus of chagasic megacolon after morphometric neuron analysis. *Virchows Archives,* 438, p. 254-258, 2001.

25. HAGGER, R.; FINLAYSON, C.; KAHN, F.; DE OLIVEIRA, R.; CHIMELLI, L.; KUMAR, D. A deficiency of interstitial cells of Cajal in Chagasic megacolon. *Journal of Autonomic Nervous System,* 80, p. 108-111, 2000.

26. KOEBERLE, F. Etiologia e patogenia do megaesôfago no Brasil. *Revista Goiana de Medicina,* 9, p. 79-116, 1963.

27. KOEBERLE, F. The causation and importance of nervous lesions in American trypanosomiasis. *Bull. World Health Organization,* 42, p. 739-743, 1970.

28. TAFURI, W. L. Light and electron microscope studies of the autonomic nervous system in experimental and human American trypanosomiasis. *Virchows Archives of Anatomic Pathology and Anatomic Histology,* 354, p. 136-349, 1971.

29. TAFURI, L.; MARIA, T. A.; LOPES, E. R. Pathogenesis of lesions of the autonomic nervous system of the mouse in experimental acute Chagas disease. Light and electron microscope studies. *American Journal of Tropical Medicine and Hygiene,* 19, p. 405-417, 1970.

30. LAGES-SILVA, E.; CREMA, E.; RAMIREZ, L. E.; MACEDO, A. M.; PENA, S. D.; CHIARI, E. Relationship between *Trypanosoma cruzi* and human chagasic megaesophagus: blood and tissue parasitism. *American Journal of Tropical Medicine and Hygiene,* 65, p. 435-441, 2001.

31. VAGO, A. R.; SILVA, D. M.; ADAD, S. J.; CORREA-OLIVEIRA, R.; D'AVILA REIS, D. Chronic Chagas disease: presence of parasite DNA in the oesophagus of patients without megaoesophagus. *Trans Royal Society for Tropical Medicine and Hygiene,* 97, p. 308-309, 2003.

32. DA MATA, J. R.; CAMARGOS, E. R. S.; CHIARI, E.; MACHADO, C. R. S. *Trypanosoma cruzi* infection and the rat central nervous system: proliferation of parasites in astrocytes and the brain reaction to parasitism. *Brain Research Bulletin,* 53, p. 153-162, 2000.

33. ANDRADE, S. G.; ANDRADE, Z. A. Chagas disease and neuronal alterations at the Auerbach's plexus. *Revista do Instituto de Medicina Tropical de São Paulo,* 8, p. 219-224, 1966.

CAPÍTULO 9

Patologia comparada da doença de Chagas

Antonio Teixeira

No Capítulo 1, falou-se sobre a unidade bioquímica de elementos formadores dos seres vivos unicelulares. Desde então, naturalmente, vias metabólicas comuns estão atuando nas células que compõem os diversos órgãos e sistemas dos seres multicelulares. Outro aspecto interessante aponta para mecanismos comuns de defesa e de geração de patologia, presentes no processo inflamatório, denominador comum acompanhando importantes reações do sistema imune dos mamíferos. De fato, a análise comparada da patologia, no curso da infecção pelo *Trypanosoma cruzi*, em mamíferos pertencentes a cinco ordens diferentes, é indistinguível daquela que foi descrita no capítulo anterior a propósito da doença de Chagas humana. Caracteriza essa patologia a associação de linfócitos e macrófagos do sistema imune com as células-alvo do corpo, sem que haja a presença do parasito nas proximidades da lesão. Essa lesão é definida como "unidade mínima de rejeição", considerada aqui denominador comum da patologia na doença de Chagas.

Introdução

Numa certa época, invertebrados sugadores de sangue (sanguessugas) que se alimentaram em peixe, anfíbios e répteis adquiriram tripanossomos dos vertebrados e, subseqüentemente, passaram-nos para os pássaros e os mamíferos terrestres. As infecções de vertebrados aquáticos por tripanossomos poderiam ajudar nosso entendimento sobre as relações parasito–hospedeiro se houvessem registros disponíveis.[1,2] Esse estudo seria chave, pois a ausência de sistema imune completamente desenvolvido em vertebrados aquáticos poderia correlacionar até certo ponto com algumas lesões ou com a ausência completa delas. Essa área de estudo requer atenção, pois poderia levar ao conhecimento da ontogenia dos mecanismos inatos de resistência e/ou susceptibilidade de hospedeiros vertebrados aos tripanossomos.

Pássaros

As aves são refratárias à infecção pelo *T. cruzi*. Em seguida à injeção intravenosa ou intramuscular, o *T. cruzi* desaparece imediatamente do local de inoculação[3] e não pode ser recuperado do sangue de aves a despeito de qualquer boa técnica empregada. Entretanto, inoculação de formas tripc astigotas infectantes de *T. cruzi* na câmara de ar de ovos férteis de galinha resulta em crescimento intracelular de amastigotas do parasito em células embrionárias até o décimo dia pós-fertilização. Dali em diante, a infecção é eliminada por mecanismos de imunidade inata do embrião.[4]

Tripanossomo hospedeiro-específico pode produzir infecção severa em aves.[5-7] O *Trypanosoma bouffardi* específico de pássaro produz patologia grave no canário. O aumento do baço coincide com o pico de parasitemia na ausência de outras lesões macroscópicas. O exame histopatológico revela hiperplasia do tecido linfóide e miocardite focal.[8] Em um caso isolado, um canário que havia ficado cego morreu com uma doença sistêmica e foi submetido a exame histopatológico (dr. Teixeira recebeu as lâminas como cortesia de Gene Hubbard, patologista veterinário da Southwest Foundation for Biomedical Research, San Antonio, Texas): o coração e os músculos esqueléticos mostravam infiltrados inflamatórios e lise das células-alvo. No globo ocular havia inflamação severa com a presença de ninhos de formas amastigotas de um protozoário cinetoplastida nos músculos ciliares. A patologia presente, induzida naturalmente por tripanossomo específico de pássaro, guarda relação próxima com aquela encontrada em mamíferos infectados com *T. cruzi*.

Marsupialia

Os metatérias (Marsupialia: Didelphidae) e eutéria (Edentata: Dasypodidae; Rodentia: Muridae) são considerados os primeiros mamíferos a se envolver no ciclo enzoótico do *T. cruzi*. Didelphidae e Dasypodidae, famílias de gambás e tatus, respectivamente, são importantes reservatórios silvestres do protozoário.[9-15] A ecoepidemiologia da doença de Chagas enzoótica na América do Norte parece largamente dependente das relações dos vetores triatomíneos com os gambás e os tatus.[16-19] Os estudos mostraram que a prevalência de infecções por *T. cruzi* variou de 37,5%[20] a 57,1% entre os gambás.[21]

Marsupiais silvestres foram submetidos à cariotipagem, exames parasitológicos e patológicos.[22] O cariótipo confirmou que os animais eram da espécie *Didelphis marsupialis*. Nove dos 12 marsupiais capturados tinham protozoários flagelados no sangue e foram isolados pelo xenodiagnóstico e/ou por hemocultura (Tabela 9.1). As formas metacíclicas que foram recuperadas pelo xenodiagnóstico foram inoculadas nos camundongos. Duas semanas após a inoculação, formas tripomastigotas do protozoário morfologicamente indistinguível do *T. cruzi* foram detectadas no sangue murino. Caracterização molecular fenotípica e genotípica revelou que esses isolados eram verdadeiramente *T. cruzi*, pois formaram as bandas dos tamanhos esperados pela amplificação do DNA molde com os pares de aneladores (*primers*) específicos, quando comparados com o estoque *T. cruzi* Berenice, considerado padrão de *T. cruzi* virulento. Além disso, PCR com *primers* TC/TC1/TC2 de miniexon intergênico[23] e com *primers* D71/72 de rDNA[24, 25] revelaram amplificação de bandas específicas, usando DNA molde de *T. cruzi* isolado de marsupiais e do *T. cruzi* Berenice isolado de um paciente humano com a doença de Chagas aguda. Esses marcadores moleculares (Figura 2.3, Capítulo 2) permitiram a classificação dos isolados selvagens como *T. cruzi* do grupo filogenético tipo I, enquanto o padrão de referência *T. cruzi* Dmc caracterizou o tipo II. Esses resultados foram ainda confirmados pela hibridização *in situ* (Figura 9.1A e B) de *T. cruzi* selvagem com a seqüência biotinilada de 195 pares de base, derivada de nDNA molde Berenice amplificado com *primers* específicos Tcz1/2.[22, 26] A patologia evidente nas secções de coração dos marsupiais infectados naturalmente com *T. cruzi* do tipo I mostrou miocardite, caracterizada pelos infiltrados inflamatórios de células mononucleares e lise das fibras musculares. Além do coração, os infiltrados inflamatórios foram encontrados nos músculos esqueléticos e nos músculos lisos do esôfago e dos intestinos delgado e grosso (Tabela 9.1). O estudo histopatológico de secções representativas de cada um dos três gambás do grupo controle, sem infecção, mostrou

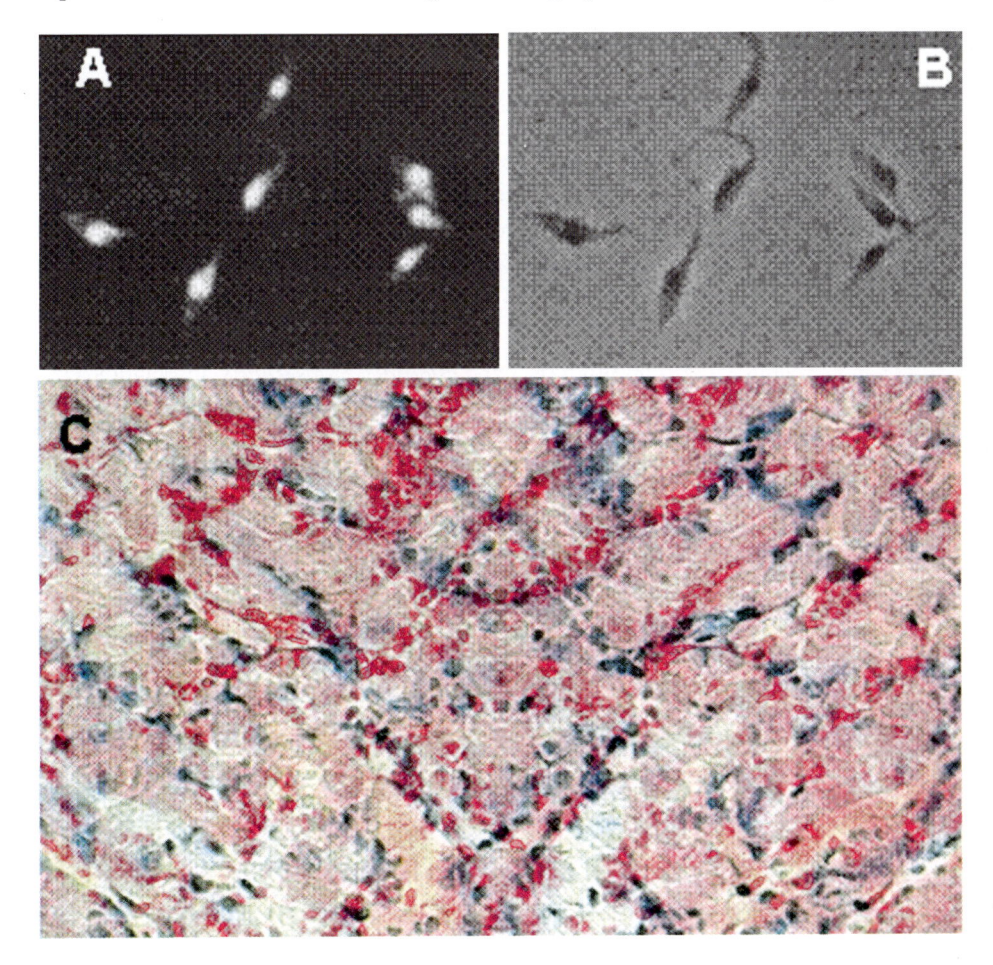

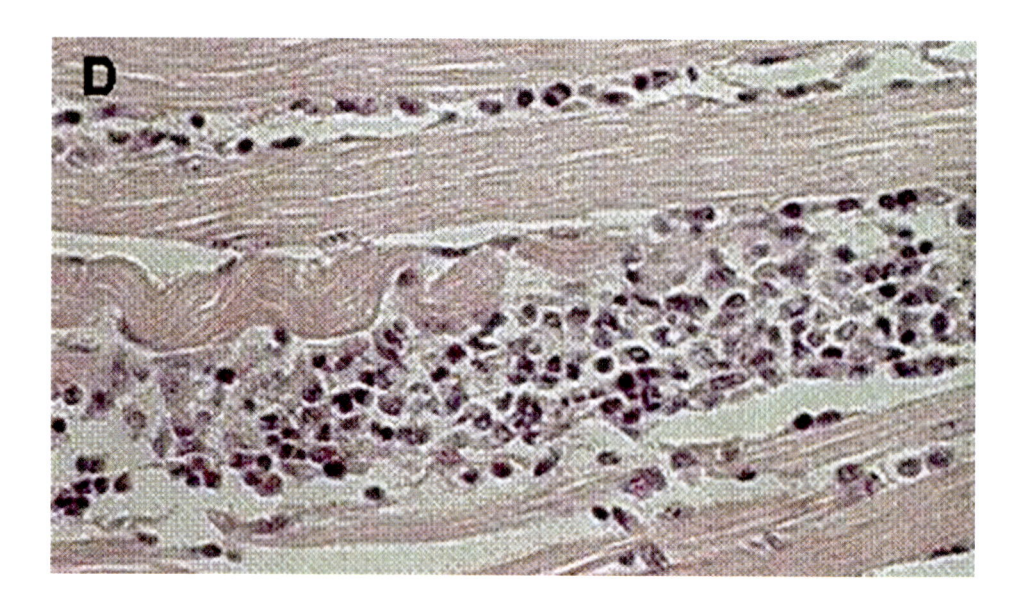

Figura 9.1 Patologia da doença de Chagas em *Didelphis marsupialis*. A) Hybridização *in situ* de flagelados com sonda de *Trypanosoma cruzi* Berenice. A sonda específica de DNA biotinilado identifica os flagelados pela fluorescência e confirma que o protozoário isolado de *Rhodnius pictipes* compartilhava o nicho ecológico (babaçu: *Attalea speciosa*) com o *Didelphis marsupialis* (Teixeira et al., *EID*, 2001). B) Foto em contraste de fase mostrando as formas de cultivo do isolado silvestre de *T. cruzi*. C) Miocardite crônica em *D. marsupialis* infectado com *T. cruzi*. Note paliçada de células mononucleares infiltrando o músculo do coração (*H-E*, 200X). D). Lesão no músculo esquelético de *D. marsupialis* infectado com *T. cruzi*. O intenso infiltrado inflamatório associa-se com lise de fibras musculares, formando "unidade mínima de rejeição" (*H-E*, 200X) Fonte: Teixeira et al., *Mem. Inst. Oswaldo Cruz*, 2006

Tabela 9.1 Achados histopatológicos em *Didelphis marsupialis* infectados com *Trypanosoma cruzi*

Casos* Detecção do parasito (xeno, hemo e NAT)		Histopatologia[†]		
		Coração	Músculos	Tubo digestivo
1 a 9	Positivo	+ a ++	+ a +++	+ a ++
10 a 12	Negativo	Negativo	Negativo	Negativo

**Infecções pelo *T. cruzi* detectadas por xenodiagnóstico, hemocultura e teste de ácidos nucléicos (NAT).

[†] +++, intensa infiltração de células mononucleares e lise da célula-alvo; ++, moderada infiltração e lise da célula-alvo; + raros infiltrados focais de linfócitos e ausência de lise.

ausência das lesões nos tecidos.[22] Em outro estudo, encontraram ninhos de amastigotas de *T. cruzi* nas glândulas de cheiro, coração e tubo digestivo de dez *D. marsupialis* naturalmente infectados.[27] Infiltrado inflamatório de moderada intensidade estava presente, também, em músculo liso e estriado e no coração (Figura 9.1C e D).

A despeito da presença de lesões teciduais em marsupiais, tatus e roedores, naturalmente infectados pelo *T. cruzi* silvestre, alguns pesquisadores acham que esses animais provavelmente "aprenderam a viver em harmonia" com o *T. cruzi* e, portanto, eles não exibem doença aparente.[13] Entretanto, não existem estudos prospectivos que mostrem as taxas de morbidade, mortalidade e sobrevivência média de reservatórios mamíferos às infecções pelas populações silvestres de *T. cruzi*.

Rodentia

Infecções naturais de animais roedores silvestres pelo *T. cruzi* (Rodentia: Echimyidae; Rodentia: Cricetidae; e Rodentia: Muridae), capturados em vários ecossistemas do continente americano, têm sido registradas. Em um estudo, a prevalência da infecção alcançou 9,1% dos roedores capturados.[9] Alguns desses roedores, como o *Calomys callosus* (Rodentia: Cricetidae) são resistentes às infecções pelo *T. cruzi*, sobrevivendo à inoculação de carga parasitária que normalmente mata camundongos de laboratório.[28] As análises histopatológicas de secções de tecidos de animais infectados pelo *T. cruzi* mostraram parasitismo nas células do fígado e de músculos estriados.[29] De interesse, os infiltrados inflamatórios no coração e em músculos esqueléticos eram moderados ou ausentes.[30, 31] A resistência às infecções crônicas teve correlação com os níveis séricos de interferon-gama e de liberação de peróxido de hidrogênio (H_2O_2) pelos macrófagos do peritônio. Os pesquisadores concluíram que *C. callosus* desenvolve mecanismos de imunidade associados com sobrevivência e adaptação, como um verdadeiro reservatório das infecções pelo *T. cruzi*.[32] A interação do *T. cruzi* com os roedores da espécie *Trichomys apereoides* (Rodentia: Echimyidae) revelaram aspectos sugestivos de uma adaptação ancestral às infecções pelo *T. cruzi*. As infecções crônicas produzidas pelo *T. cruzi* em *T. apereoides* permaneceram crípticas por cinco meses sem causar manifestação patológica, ainda que a persistência da infecção fosse detectada pela PCR.[33]

As infecções silvestres de ocorrência natural do *T. cruzi* em *Rattus rattus* e *Ratus novergicus* (Rodentia: Muridae) também foram descritas.[34] Alguns ratos silvestres infectados pelo *T. cruzi* mostraram parasitemia e numerosos ninhos de amastigotas em músculos esquelético e cardíaco e em músculos lisos do tubo digestivo. Em adição à miocardite e à miosite, os infiltrados inflamatórios podiam ser vistos ocasionalmente na proximidade de ninhos de amastigotas. Também foi mostrado que 9% dos recém-nascidos tinham as infecções pelo *T. cruzi* transmitidas pelas mães infectadas pela via placentária.[35] Várias cepas de ratos de laboratórios têm sido infectadas experimentalmente com diferentes isolados de *T. cruzi* para avaliação da capacidade de produzir miocardite e outras alterações histopatológicas em órgãos de diferentes sistemas e, particularmente, denervação no sistema nervoso autônomo.[36] Uma miosite foi acompanhada de regeneração de fibras musculares envolvendo ativação de células-satélites que expressavam MyoD, um fator de transcrição músculo-específico.[37] Uma timectomia neonatal agravou as lesões no miocárdio em ratos cronicamente infectados pelo *T. cruzi*, mostrando diminuição de linfócitos T CD4+ e aumento de CD8+ nos linfonodos e no baço.[38] Uma inversão da taxa CD4/CD8 acompanhou as infecções crônicas, mas foi revertida pela administração de interferon-gama.[39] As lesões importantes no coração de ratos com a infecção aguda pelo *T. cruzi* eram acompanhadas pela destruição de terminações nervosas nor adrenérgicas, mas estas foram consideradas independentes de ação do sistema do complemento.[40] As propriedades cinéticas de hidrólise de ATP e síntese pela F_oF_1-ATPase de mitocôndria no coração foram avaliadas durante a infecção aguda pelo *T. cruzi*; foi observada diminuição da eficiência de fosforilação de ADP pela mitocôndria, principalmente durante a fase mais tardia da infecção aguda.[41] Nas infecções crônicas de ratos pelo *T. cruzi*, observaram-se ganglionites destrutivas intracardíacas; o inventário de macrófagos tipos ED1 e ED2 e outras células imunocompetentes infiltrando os gânglios foi consistente com o conhecimento de que uma abundância de células apresentadoras de antígeno se correlaciona com a permeabilidade da barreira sangue–cérebro e lesões teciduais.[42]

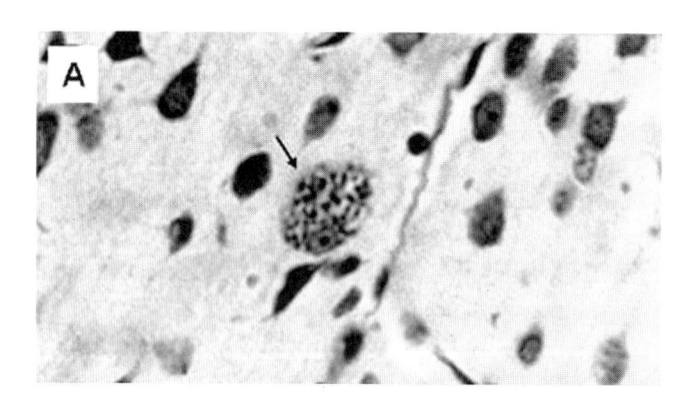

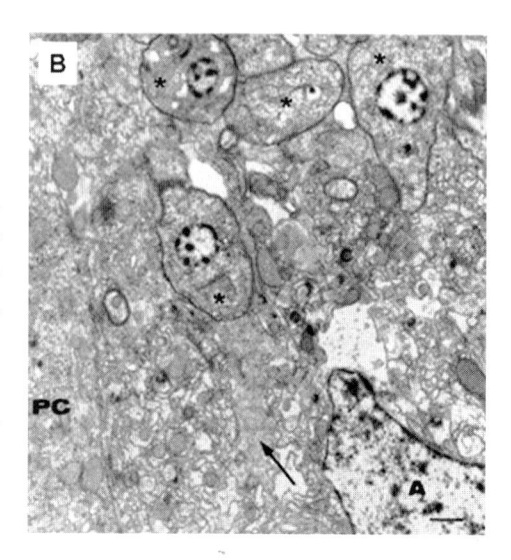

Figura 9.2 Parasitismo no cérebro de um rato infectado com formas virulentas de *Trypanosoma cruzi*. A) Ninho de amastigotas (seta) em célula da glia na substância branca. B) Formas amastigotas (asteriscos) no citoplasma de um astrócito circunscrito por prolongamento do corpo do neurônio ou célula de Purkinje (PC)

Fonte: Machado et al., *Brain Research Bulletin*, 2000

O rato tem sido considerado um modelo animal adequado para estudo das lesões do sistema nervoso na doença de Chagas. A infecção pelo *T. cruzi* provoca invasão do cérebro pelos macrófagos ED1+ derivados do sangue, enquanto os macrófagos ED2+ infiltram as meninges e as estruturas perivasculares. Além desses fenótipos de macrófagos, linfócitos, CD8+ e NKR+ aparecem nos infiltrados inflamatórios.[43] Depleção de macrófagos periféricos reduz o parasitismo no tecido nervoso central, as lesões nodulares e o dano cerebral durante a infecção pelo *T. cruzi* em ratos no período da amamentação (Figura 9.2A). Células mononucleares do sangue periférico, principalmente os macrófagos, parecem facilitar a entrada do *T. cruzi* no sistema nervoso central de ratos recém-nascidos, vencendo a barreira sangue–cérebro que restringe o acesso do parasito ao cérebro; a adesão de moléculas ICAM-1 tem papel importante na migração de linfócitos para o cérebro.[44, 45] Dentro de astrócitos no cérebro (Figura 9.2B) ocorre a proliferação do *T. cruzi*.[46, 47] Periganglionite e ganglionite foram encontradas em 62,5% dos gânglios nervosos simpáticos cervicais, paravertebral, de ratos infectados pelo *T. cruzi*.[48] Em nível de ultra-estrutura, as fibras pré-ganglionares na medular da adrenal e nos gânglios simpáticos cervicais mostraram corpos densos, grumos de vesículas sinápticas e de filamentos, rarefação de organelas, vacuolização e irregularidades nos contornos das células.[49] Análises morfológicas qualitativas e quantitativas sugerem que infecções de ratos Wistar pelo *T. cruzi* causaram dano à mielina, intumescimento axonal de fibras mielinizadas do nervo vago.[50] Além disso, ratos Holtzman infectados pelo *T. cruzi* exibiram grânulos secretores e agregados densos de material filamentoso sugerindo maturação acinar acelerada nas glândulas submandibulares. A redução dos níveis de adrenalina e noradrenalina nas fibras varicosas dos nervos pareceu consistente com denervação do sistema nervoso simpático durante a infecção.[51-53]

Os pequenos roedores (Rodentia: Muridae) são bastante utilizados como animais de laboratório nos estudos planejados para revelar aspectos de imunologia e patologia associados na doença de Chagas. Camundongos brancos Swiss (*Mus musculus*) têm sido os animais mais comumente usados no estudo das relações parasito–hospedeiro no curso de infecções experimentais por diferentes populações de *T. cruzi*. Esses estudos foram extensivamente revistos por vários autores[54, 55] e, portanto, não serão repetidos aqui, pois aquelas revisões na literatura permitem o acesso ao conhecimento específico, facilitando a escolha desse animal de laboratório de baixo custo, vida média curta ($\approx$2 anos), de fácil manuseio e manutenção, além da disponibilidade de numerosas linhagens isogênicas com mapas genéticos conhecidos. Assim, as linhagens isogênicas de camundongos com diferenças no *locus* H-2 do complexo de histocompatibilidade favoreceram as investigações[56-60] que sugeriram modulação multigênica das infecções pelo *T. cruzi*. Em resumo, o controle genético das respostas imunes em camundongos tem sido estudado extensivamente, e este conhecimento é útil para o entendimento dos mecanismos de resistência e de susceptibilidade às infecções pelo *T. cruzi*. Também cepas de camundongos engenheirados, com exclusão de genes, são importantes quando se busca determinar o papel de um gene específico na regulação das respostas imunes adquiridas no curso da infecção.[55]

Aqui, trataremos daqueles aspectos da patologia da doença de Chagas que foram descritos em raças de camundongos mantidos nos laboratórios. De forma breve, miocardite, miosite, ganglionites simpática e parassimpática e infiltrações de células inflamatórias no sistema nervoso central foram amplamente descritas.[61-63] Nas lesões de tecidos-alvo, a maioria das células nos infiltrados mononucleares exibem marcadores que caracterizam fenótipos de linfócitos CD8+.[64] Outros autores[65] consideram que ambos os fenótipos de linfócitos T CD4+ e CD8+ participam do processo. Também foi descrita resposta aberrante de linfócitos T na doença de Chagas murina, que talvez seja necessária para iniciar a inflamação que lesa o coração.[66]

Aspectos interessantes da patologia são aqueles que envolvem alterações de permeabilidade de membrana de fibras musculares no ponto de contato com células inflamatórias mononucleares antes da morte da célula-alvo. A ultra-estrutura também evidencia alterações na matriz intersticial e microangiopatia em camundongos infectados pelo *T. cruzi*.[63,67,68] Especificamente, as lesões do sistema nervoso simpático e parassimpático foram amplamente estudadas.[69-71] Nos níveis de microscopia óptica e eletrônica, as células de Schwann e da glia na estrutura do nervo foram encontradas parasitadas no curso de infecções agudas severas, mas os neurônios foram poupados. As análises de ultra-estruturas mostraram periganglionite, ganglionite e neuronólise; a destruição dos neurônios foi associada com as células mononucleares infiltradas no tecido lesado. Também a secreção hipotética de neurotoxina pelas formas parasíticas do *T. cruzi* e que supostamente mataria os neurônios[72] foi descartada em animais superinfectados agudamente; os camundongos que receberam dose alta do imunossupressor hidrocortisona tiveram aumento do parasitismo tecidual, com formas amastigotas do *T. cruzi* em células de Schwann e da glia, mas, de grande interesse, os neurônios não foram atingidos. Em acentuado contraste, viu-se que na ausência de imunossupressão os camundongos agudamente infectados tinham intensa periganglionite e ganglionite, e a lise de neurônios apareceu associada com a infiltração de células inflamatórias no sistema nervoso autônomo.[73]

A vantagem do uso de numerosas linhagens isogênicas de camundongos para

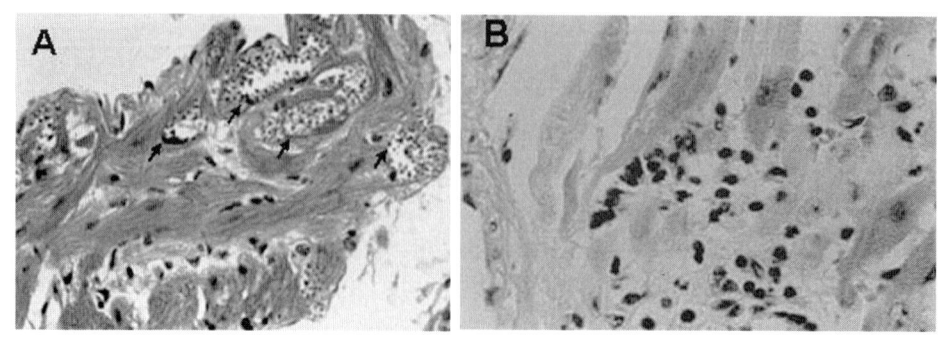

Figura 9.3 Aspectos das infecções pelo *Trypanosoma cruzi* no camundongo. A) Parasitismo intenso de fibras do coração (setas) e ausência do infiltrado inflamatório na infecção aguda. B) Infiltrado inflamatório crônico e lise de fibras musculares não parasitadas
Fonte: Teixeira et al., *Mem. Inst. Oswaldo Cruz*, 2006

reproduzir aspectos da patologia da doença de Chagas, como aquelas que se descrevem em humanos, todavia, parece não ser completamente eficaz porque não se definiram os marcadores fisiológicos e bioquímicos estáveis para caracterização de isolados e estoques de *T. cruzi* mantidos em laboratório.[3] Além disso, os eventos de trocas genéticas durante a multiplicação de formas de *T. cruzi*[74] colocam em discussão a estabilidade e o controle dos fatores genéticos por parte do parasito. Portanto, a reprodutibilidade de alguns aspectos da infecção pode ficar prejudicada, a despeito do uso de linhagens isogênicas de camundongos. Esses aspectos não devem ser considerados como óbice ao uso de camundongos nos estudos experimentais sobre doença de Chagas: na natureza só existem populações polimórficas do parasito, e, assim, a diversidade genética é o denominador comum associando manifestação de doença.

Não obstante as dificuldades apontadas anteriormente, o padrão de infecção pelo *T. cruzi* em camundongos de laboratório, ainda que mostrasse alguma variabilidade, é caracterizado por uma fase aguda fulminante em que a grande maioria dos animais, se não todos, morrem dentro de poucas semanas após a inoculação do parasito. Os camundongos infectados exibem níveis altos de parasitemia, e formas amastigotas de *T. cruzi* podem ser facilmente achadas ao exame microscópico das secções dos tecidos. Ainda quando o parasitismo é intenso, os tecidos afetados podem não mostrar infiltrados inflamatórios e destruição das células-alvo. Os estoques Berenice e Tulahuén de *T. cruzi*, ao produzirem intenso parasitismo no coração (Figura 9.3A), nos músculos esquelético e liso, e nas células do sistema fagócito mononuclear, respectivamente, matam os camundongos em duas a três semanas. A causa de morte dos camundongos infectados pelo *T. cruzi* parecem ser devidas à necrose do baço em conseqüência das altas parasitemias. Um percentual variável dos animais com a infecção aguda pode sobreviver à infecção e, então, entrar num estágio crônico (Figura 9.3B). Alguns pesquisadores consideram o camundongo um modelo animal adequado para estudo da doença de Chagas crônica.[59, 75, 76] Dessa forma, a utilidade desse modelo animal não deve ser subestimada; inquestionavelmente, o camundongo é adequado para triagem inicial, pré-clínica para determinação da toxidade de droga com atividade antitripanossoma e candidata a uso como agente terapêutico.[77]

Lagomorpha

A utilidade do modelo de coelho (Lagomorpha: Leporidae) foi reconhecida desde os estudos experimentais pioneiros sobre a doença de Chagas.[78] O coelho (*Oryctolagus cuniculus*), sendo um animal silvestre que habita em buracos no chão ou nos rochedos, pode co-habitar com triatomíneos. O coelho tem sido incluído no ciclo de transmissão e, particularmente, tem assumido uma posição de destaque no ciclo enzoótico, sendo considerado importante, principalmente como reservatório e hospedeiro das infecções pelo *T. cruzi* em algumas regiões da América do Sul onde eles são domesticados.[79] Não obstante, o coelho tem sido pouco usado como animal de laboratório nos estudos experimentais sobre doença de Chagas, provavelmente porque é caro mantê-lo em gaiolas individualizadas e por sua vida média ser três vezes maior que a do camundongo.[3] Entretanto, como o coelho é altamente resistente à infecção pelo *T. cruzi*, ele usualmente não morre na fase aguda da doença, mas só tardiamente (20 ± 8 meses) de doença de Chagas crônica.[80-82] Recentemente, esses aspectos vantajosos do modelo coelho de infecção pelo *T. cruzi* têm sido reconhecidos por vários pesquisadores.[83-89] Em um estudo, 34 coelhos brancos, Nova Zelândia, de um mês de idade, receberam infecções de *T. cruzi* (10^6 tripomastigotas por kg de peso corporal) por via intradérmica, ou intravenosa ou, ainda, pela instilação de gotas da suspensão do parasito na conjuntiva ocular.[83] Independentemente da via de infecção usada, os coelhos tiveram parasitemia latente detectada pelo xenodiagnóstico até o quarto mês pós-infecção. Em seguida,

112

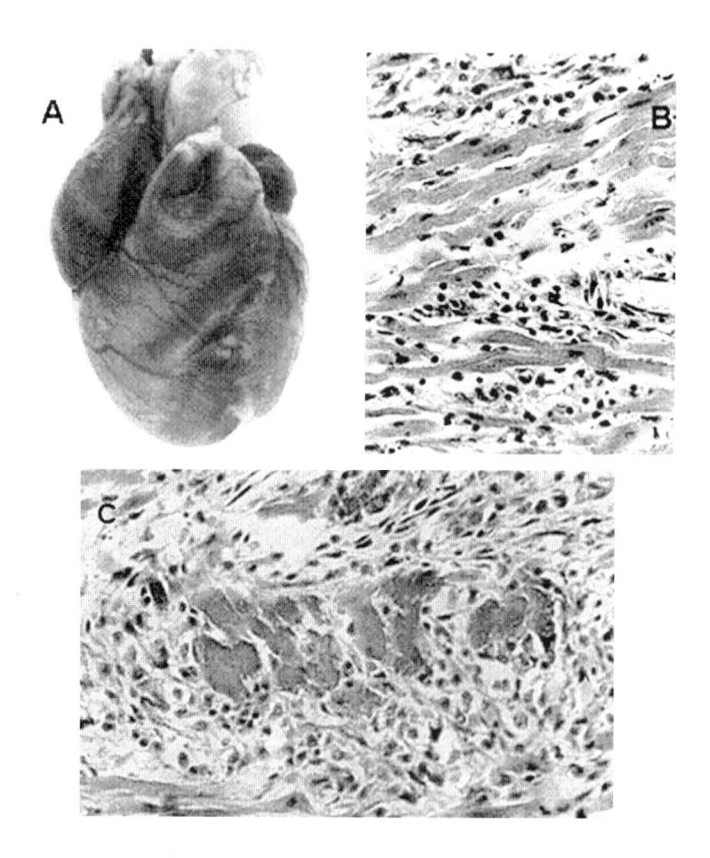

Figura 9.4 Patologia da doença de Chagas crônica no coelho. A) Cardiomegalia em coelho chagásico adulto infectado com *Trypanosoma cruzi,* mostrando aumento dos ventrículos e proeminência do cone da artéria pulmonar. Os vasos linfáticos estão engurgitados e placas brancas de fibrose são vistas na superfície epicárdia. Um trombo está presente na aurícula direita. B) Miocardite severa e difusa com infiltração de células mononucleares do sistema imune e lise de miofibras. C) Intensa miocardite em um coelho chagásico tratado com nitroderivado antitripanossoma. Células imunes efetoras circunscrevem feixes de fibras cardíacas formando uma típica "unidade mínima de rejeição"

Fonte: Teixeira et al., *Mem. Inst. Oswaldo Cruz,* 2006

foi observado que os xenodiagnósticos negativaram. Sinais típicos de chagoma foram desenvolvidos em dois coelhos uma semana após inoculação do parasito na pele, ainda que a fase aguda da infecção tivesse apresentado curso assintomático. Na ausência de demonstração direta do parasito, as infecções crípticas persistentes foram detectadas pelos testes sorológicos e pelas reações cutâneas típicas de hipersensibilidade tardia a antígenos do *T. cruzi*. Entretanto, alterações eletrocardiográficas consistentes com aumento e sobrecarga das câmaras do coração, alterações de repolarização ventricular, alterações de S-T e bloqueios de ramos do feixe do sistema de condução do coração foram freqüentemente registradas na fase crônica tardia da doença. As manifestações dessas alterações do eletrocardiograma foram confirmadas na autópsia dos coelhos chagásicos que faleceram em decorrência de lesões típicas da doença (Figura 9.4A); insuficiência cardíaca congestiva e tromboembolismo pulmonar se correlacionavam com miocardite crônica e foram causas freqüentes de óbito. Megacólon foi encontrado em dois coelhos chagásicos. Nesse modelo, foi marcante a duração relativamente limitada de parasitemia detectada, a falta de correlação entre níveis de parasitemia e a severidade das manifestações clínico-patológicas. Além disso, os coelhos chagásicos tinham miocardite, miosite, ganglionite, lesões inflamatórias destrutivas evidentes e caracterizadas pelos infiltrados mononucleares, associadas com lise das células-alvo, aspectos típicos de associação de células mononucleares do sistema imune com neurônios de gânglios do plexo simpático celíaco de coelho chagásico e neuronólise. Esses aspectos da patologia associada com o sistema nervoso simpático do plexo celíaco de coelhos chagásicos estão ilustrados na Figura 9.5A e B.

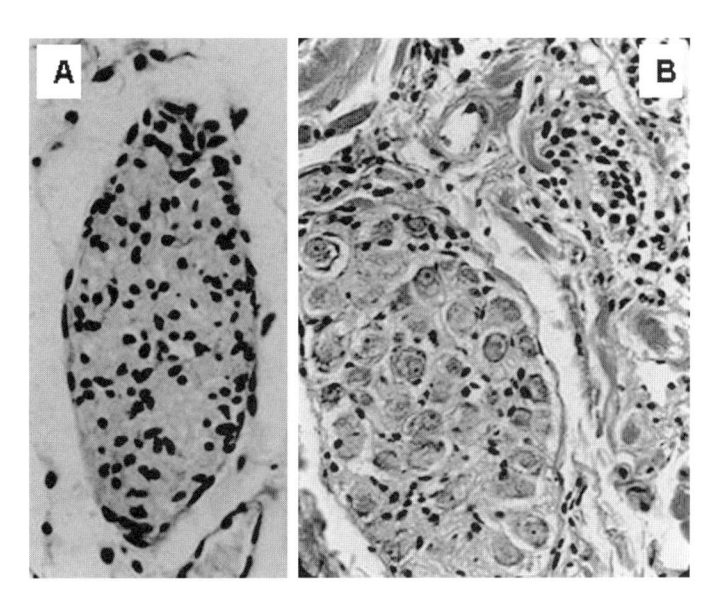

Figura 9.5 Histopatologia em gânglio simpático celíaco no coelho chagásico crônico. A) Inflamação crônica do gânglio simpático com ausência de neurônios. B) Aspectos do infiltrado inflamatório crônico em proximidade com neurônios de gânglio simpático com aparência normal
Fonte: arquivo do dr. Antonio Teixeira

Todas essas observações são notáveis nesse modelo animal da doença de Chagas humana.[82] Ademais, alterações similares àquelas descritas em humanos infectados com *T. cruzi* foram produzidas em coelhos isogênicos III/J; os infiltrados inflamatórios invadiam o nódulo atrioventricular do sistema de condução do coração, onde as células imunes efetoras aderiam às miofibras especializadas. Alterações eletrocardiográficas foram registradas em coelhos chagásicos, e os raios X de tórax mostraram aumento da silhueta cardíaca durante a fase crônica da doença.[83] Evidência direta de citotoxidade de linfócitos efetores do sistema imune contra as células cardíacas isogênicas foi obtida em experimentos *in vitro*; observou-se que 73,5% das colônias de fibras cardíacas que pulsavam na cultura cessaram completamente de pulsar após a incubação com as células efetoras imunes. Nos experimentos controle, as células cardíacas não cessaram a pulsação após incubação com linfócitos não imunes. Essa demonstração de citotoxidade mediada por células tem implicação direta na fisiopatologia das arritmias e da morte súbita, freqüentemente observada em pacientes chagásicos.[82]

> Então, eu ainda teria uma consolação – alegria e dor sem alívio – pois eu não neguei as palavras...

A disponibilidade do modelo coelho da doença de Chagas humana permitiu aos pesquisadores conduzir a investigação para avaliação dos benefícios do tratamento dos animais chagásicos com drogas nitroderivadas antitripanossoma. A dose de 8

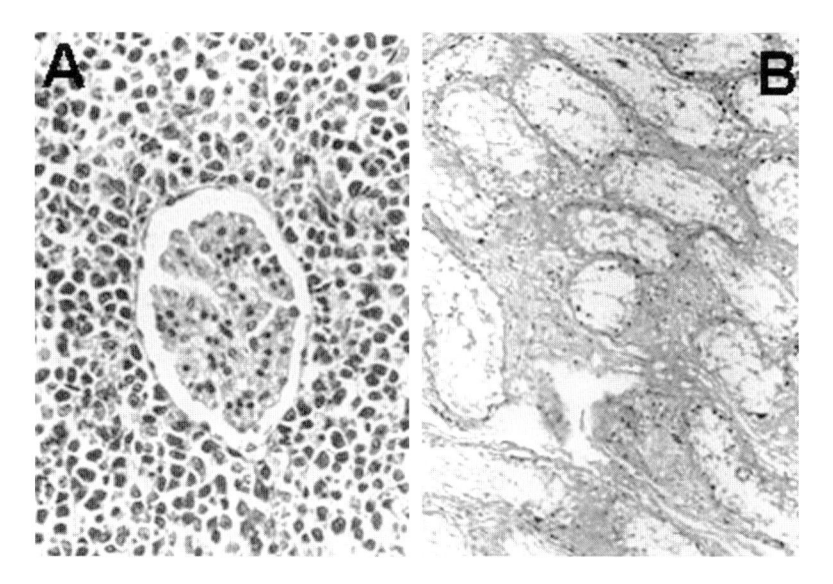

Figura 9.6 Lesões histopatológicas em coelho chagásico tratado com o nitroderivado benzonidazol antitripanossoma. A) Linfoma maligno não Hodgkin invadindo o rim (*H-E*, 200X). B) Atrofia testicular caracterizada pelo espessamento fibroso intersticial e escassez de células germinativas nos tubos seminíferos do testículo (*H-E*, 100)
Fonte: Lauria-Pires et al., *Rev. do Inst. de Med. Trop. de São Paulo*, 2001

mg/kg/dia durante sessenta dias de cada nitroderivado foi injetada via intraperitônio em coelhos infectados com *T. cruzi*. As infecções crônicas produziram miocardite (+ a +++) nos coelhos chagásicos, a despeito do tratamento ministrado. Os testes de PCR com pares de *primers* específicos para o nDNA de *T. cruzi* mostraram amplificação de seqüências esperadas a partir dos moldes de DNA dos coelhos chagásicos, não obstante o tratamento usado.[90] Essa observação mostrou que o tratamento de coelhos infectados com *T. cruzi* com drogas nitroderivadas nem diminuiu as lesões chagásicas do coração nem prolongou a sobrevivência dos animais tratados,[91] que morreram num lapso de tempo comparável àquele dos animais infectados, porém não tratados.

Desafortunadamente, linfomas malignos foram documentados (Figura 9.6A) em 33,3% dos coelhos tratados com o nifurtimox, e em 38,4% dos coelhos tratados com o benzonidazol.[92] Além disso, documentou-se espessamento fibroso do interstício e atrofia dos tubos seminíferos dos testículos (Figura 9.6B), com escassez de células germinativas nos coelhos tratados com benzonidazol.[93] Neoplasia maligna e atrofia dos testículos não foram vistas em coelhos infectados pelo *T. cruzi* nem em coelhos controle, não infectados. Os resultados desses experimentos mostram que o tratamento de coelhos infectados pelo *T. cruzi* com os nitroderivados nem diminuiu as lesões chagásicas no coração nem prolongou a sobrevivência dos animais. Coelhos infectados com *T. cruzi* sobreviveram 765 ± 619 dias pós-infecção, enquanto coelhos tratados com nifurtimox ou com benzonidazol sobreviveram 693 ± 434 e 552 ± 714 dias, respectivamente. Os índices de sobrevivência não foram estatisticamente diferentes entre coelhos não infectados e tratados com nifurtimox ou com benzonidazol que sobreviveram 723 ± 414 e 878 ± 457 dias, respectivamente. Todos esses índices de sobrevivência são significativamente diferentes daqueles (1496 ± 353 dias) do grupo controle de coelhos sem tratamento ($p < 0,05$). A miocardite em grupos de coelhos infectados e tratados foi tão intensa quanto em coelhos apenas infectados. A intensidade da miocardite nesses grupos de animais variou de focal a difusa (+ a +++), com distribuição e aspectos similares nos coelhos de ambos os grupos. A sobrevivência dos coelhos tratados pode ter sido encurtada pela miocardite e pelo aparecimento de linfomas em um terço dos coelhos tratados.[93] Foi observado que coelhos que receberam a droga nitroderivada, infectados ou não com *T. cruzi*, desenvolveram linfomas malignos não-Hodgkin e morreram.[77,91-93] A toxidade crônica de nitroderivados deveria ser medida em estudos em escala epidemiológica tendo em vista que nifurtimox e benzonidazol administrados em coelhos produziram linfomas e atrofia testicular.

Carnívora

O cão (Carnivora: Canidae) é reconhecido como importante hospedeiro animal inserido no ciclo de vida peridoméstico do *T. cruzi* em áreas endêmicas de doença de Chagas. A literatura corrente cita alta mortalidade de cães (*Canis domesticus*) em ecótopos naturais onde os triatomíneos impõem alta pressão de transmissão da infecção pelo protozoário, até porque isso seria facilitado pelo hábito de os cães devorarem os triatomíneos contaminados com *T. cruzi*. Esse é um problema em medicina clínica veterinária reconhecido em várias regiões do continente americano. Cães infectados naturalmente com *T. cruzi* têm sido identificados no Texas, em Louisiana e em Oklahoma.[94-96] Por último, verificou-se que 27,7% dos cães de vilarejos de áreas rurais na Costa Rica tinham anticorpos específicos da infecção pelo *T. cruzi*. Os cães positivos foram submetidos aos raios X de tórax e eletrocardiogramas, revelando cardiomegalia e alterações eletrocardiográficas consistentes com doença de Chagas.[97] As lesões patológicas nas infecções pelo *T. cruzi* nesse modelo animal da doença de Chagas experimental foram estudadas.[98] A escassez de publicações nesse modelo animal pode ser explicada provavelmente pela vida média longa (em média 15 anos) e pelo alto custo de manutenção. Observou-se que cães jovens inoculados com *T. cruzi* apresentam infecção de curso severo, e o animal usualmente morre de doença de Chagas aguda. Alterações eletrocardiográficas registradas nas duas ou nas quatro primeiras semanas pós-infecção consistem de anormalidades de ondas T e ST. Exames histopatológicos revelam infiltrados inflamatórios mononucleares com as células imunes efetoras aderentes à membrana das fibras do coração, resultando em lise e subseqüente degeneração das células-alvo não parasitadas.[99] As células imunes efetoras parecem ter papel importante na patogênese do dano da fibra cardíaca e na microangiopatia na doença de Chagas aguda.[100] Miocardite severa e difusa com grande número de pseudocistos contendo as formas amastigotas do parasito em divisão foi descrita no coração de cães inoculados com isolados do *T. cruzi* de reservatórios silvestres capturados nos Estados Unidos.[101] Além disso, encefalite focal, miosite e parasitismo dos músculos estriados e lisos já foram descritos.

Usualmente os cães que sobrevivem à infecção aguda pelo *T. cruzi* tornam-se assintomáticos. Exame histopatológico mostra infiltrado inflamatório discreto no coração.[102] A escassez de lesão na fase indeterminada parece explicar a possível inexistência de doença de Chagas crônica clinicamente caracterizada. Não obstante, em um caso de doença de Chagas crônica plenamente desenvolvida, as lesões no cão foram similares àquelas descritas nos humanos. Os infiltrados inflamatórios no nódulo atrioventricular do sistema de condução do coração estavam associados com as lesões que se correlacionam com alterações eletrocardiográficas.[103, 104] Alterações relacionadas com doença de Chagas foram identificadas em cães, independentemente do número de superinfecções impostas nos animais experimentais, e consistiam de discretos focos de miocardite compatível com forma indeterminada da doença.[105] Os infiltrados inflamatórios correlacionaram-se com ganglionite intracardíaca e despopulação de neurônios parassimpáticos e simpáticos em cães cronicamente infectados.[106] Um aspecto interessante da infecção pelo *T. cruzi* em cães é a ausência de megas síndromes.[107]

Primata

Os pequenos macacos Platyrrhini do Novo Mundo (Anthropoidea: Cercopitechoidae) têm sido encontrados naturalmente infectados com *T. cruzi*, e, portanto, podem ter papel importante na epizootiologia do ciclo silvestre da infecção. De um total de 148 sagüis (*Saguinus geoffroyi*) capturados na Zona do Canal do Panamá, 40% albergavam *T. cruzi*.[108] Os sagüis (Primata: Callitrichidae) que habitam nas florestas tropicais úmidas da costa do Atlântico têm sido encontrados naturalmente infectados por populações de *T. cruzi* pertencentes aos zimodemas I e II.[109] Os micos-leões-dourados em vias de extinção (*Leontopithecus rosalia*) também foram implicados na conservação de ciclo silvestre ativo nas florestas brasileiras. Exames de sangue de primatas silvestres de uma colônia, pertencentes a 18 espécies diferentes, e de seus descendentes nascidos em cativeiro, revelaram anticorpos específicos anti-*T. cruzi* em 26,5% dos casos. Populações de *T. cruzi* foram isoladas de nove espécies de primatas de dois gêneros (*Saguinus bicolor* e *L. rosalia*). Assim, a colônia de primatas localizada na floresta próxima de habitações humanas necessitou de cuidados especiais de vigilância para prevenir a disseminação das infecções.[110] Os primatas do Novo Mundo (*Callitrix penicilata, Cebus apella* e *Saimiri sciureus*) têm sido amplamente testados como modelos animais das infecções pelo *T. cruzi*.[111] Entretanto, na maioria desses estudos esses primatas são referidos como reservatórios.[112] Em um estudo um ano após a infecção pelo *T. cruzi*, um terço dos primatas mostraram aumento do coração e afinamento da ponta do ventrículo esquerdo.[113]

Os primatas Catarrhini do Velho Mundo foram longamente estudados como modelos animais da doença de Chagas. A infecção experimental pelo *T. cruzi* em macacos Rhesus (*Macaca mullata*) foi particularmente estudada. A instilação de tripo mastigotas metacíclicas de *T. cruzi* na conjuntiva produziu sinal de Romaña típico nesses primatas de grande porte.[114, 115] Chagomas também foram produzidos no sítio de inoculação do *T. cruzi* em macacos Rhesus; alterações eletrocardiográficas discretas e transitórias foram registradas, e a miocardite foi encontrada somente na fase aguda da infecção.[112] Entretanto, alterações electrocardiográficas e ecocardiográficas foram registradas em macacos infectados pelo *T. cruzi*, as quais foram sugestivas de cardiomiopatia chagásica crônica.[116]

As infecções pelo *T. cruzi* e doença de Chagas foram detectadas em babuínos mantidos em cativeiro (*Papio hamadryas*) na Southwest Foundation for Biomedical Research, em San Antonio, Texas. A colônia originada de babuínos importados da Arábia Saudita foi expandida em grandes currais ao ar livre. Os exames sorológicos detectaram as infecções pelo *T. cruzi* em 9,4% dos babuínos entre 2 e 3 anos de idade, 14% dos primatas entre 7 e 10 anos de idade, e 22,5% dos babuínos de 15 anos de idade ou mais. O vetor primário envolvido na transmissão do *T. cruzi* nessa colônia de babuínos foi presumivelmente os reduvídeos que ocasionalmente foram vistos à noite nas proximidades dos alojamentos.[117,118] Os vetores candidatos seriam o *Triatoma rubrofasciata* e o *T. sanguessuga* que já foram também implicados num surto de doença de Chagas aguda numa colônia de macacos *Rhesus* na base aérea de Brooks, também em San Antonio.[119]

Alterações eletrocardiográficas e ecocardiográficas revelaram doença cardíaca do coração em 24% dos babuínos com as infecções adquiridas naturalmente no local.[120, 121] Os flagelados recuperados pela hemocultura de três babuínos chagásicos foram genotipados pela hibridização *in situ*, tendo sido verificado que se tratava de *T. cruzi* virulento.[117, 118] A patologia macroscópica de dois babuínos chagásicos submetidos a exames *post-mortem* revelaram coração flácido em dois casos com a doença de Chagas aguda e aumento do tamanho do coração em cinco casos que morreram de doença de Chagas crônica. Megacólon foi visto em dois casos e megaesôfago em um primata chagásico. Nos dois casos agudos, as lesões histopatológicas consistiram de lise de fibras cardíacas não parasitadas, enquanto ninhos de formas do parasito eram vistos nas fibras circunvizinhas (Figura 9.7A, B e C).

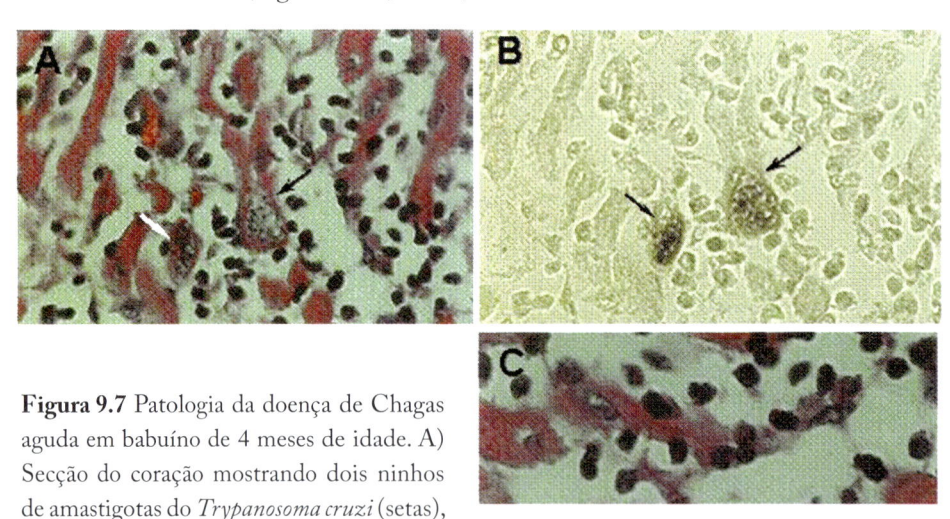

Figura 9.7 Patologia da doença de Chagas aguda em babuíno de 4 meses de idade. A) Secção do coração mostrando dois ninhos de amastigotas do *Trypanosoma cruzi* (setas), e miocardite intensa, onde muitos linfócitos se associam com lise de fibra cardíaca (*H-E*, 200X). B) Ninhos de amastigotas são identificados por anticorpos específicos anti-*T. cruzi*, mediante teste de imunoperoxidase (*H-E*, 200X). C) Uma típica "unidade mínima de rejeição" mostrando as células mononucleares do sistema imune atacando uma fibra cardíaca não parasitada
Fonte: Teixeira et al., *Mem. Inst. Oswaldo Cruz*, 2006

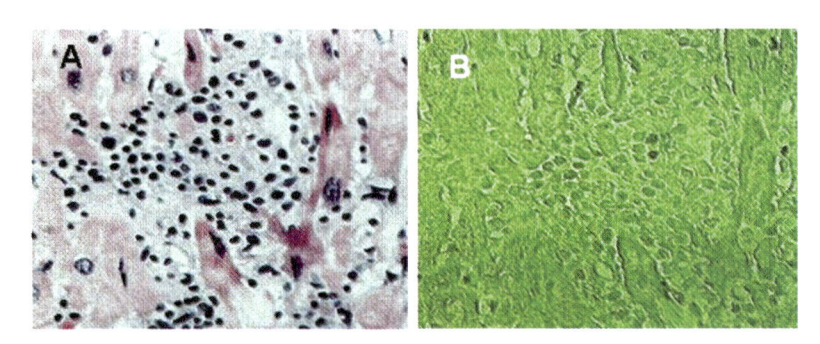

Figura 9.8 Patologia da doença de Chagas crônica no coração de babuíno adulto. A) Miocardite difusa com infiltrado de células mononucleares e "unidades mínimas de rejeição" confluente. B) A mesma secção do coração mostrando ausência de *T. cruzi* pelo teste com sonda de DNA do parasito, conjugado com estreptavidina e revelado pelo anticorpo antiestreptavidina fluoresceinada (*H-E*, 200X)
Fonte: Teixeira et al., *Mem. Inst. Oswaldo Cruz*, 2006

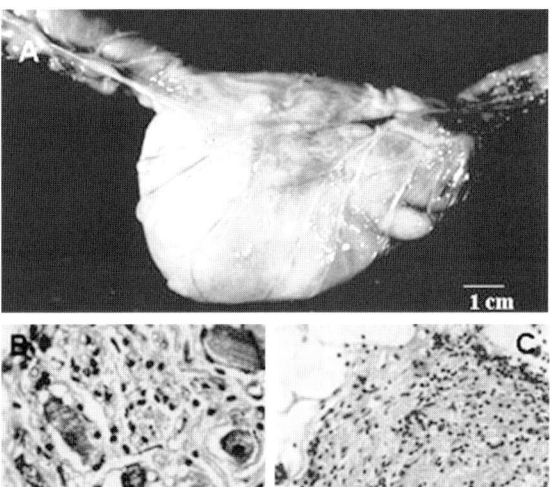
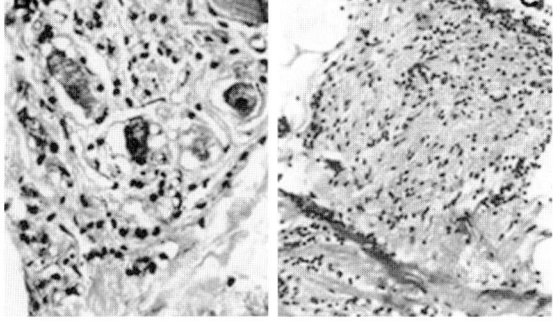

Figura 9.9 Patologia do megacólon na doença de Chagas crônica do babuíno. A) Grande dilatação e espessamento das paredes de segmento do cólon sigmóide e do reto. (cortesia de Gene Hubbard, Southwest Foundation for Biomedical Research, San Antonio, TX) (*H-E*, 100X). B) Ganglionite parassimpática e neuronite com perda de neurônios. C) Secção de um nervo simpático na serosa do cólon mostrando peri e intraneuritis (*H-E*, 60X)
Fonte: Teixeira et al., *Mem. Inst. Oswaldo Cruz*, 2006

Nos corações dos babuínos que morreram de doença de Chagas crônica havia miocardite com infiltrados inflamatórios de células mononucleares e lise das fibras musculares (Figura 9.8A e B).

Entretanto, os exames de DNA nuclear não puderam detectar antígenos do parasito pela hibridização *in situ* com uma sonda específica naquela região do miocárdio destruída pelas células mononucleares do sistema imune. O sistema nervoso central mostrou lesões nodulares típicas de proliferação de células da glia, com infiltrados de células mononucleares nas meninges. Os gânglios parassimpáticos no esôfago e no cólon revelaram achados típicos de neurite, ganglionite e lise de neurônios (Figura 9.9A, B e C) na ausência de parasitismo das células-alvo (SOUSA; RAMOS; HUBBARD; ARGAÑARAZ; VANDEBERG; TEIXEIRA, dados não publicados).

Abstract

In Chapter I, it was shown there was a biochemical unity constituted by elements forming living beings. Hence, naturally, common metabolic pathways play important roles in the growth and differentiation of cells composing mammals' different organs and systems. Interesting features related to the body common defense mechanisms and to the generation of pathology are present in inflammatory processes dependent on the host important immune responses. Comparative pathology analysis in the course of *Trypanosoma cruzi* infections of mammals belonging to five different orders reveal features undistinguishable from those described in the previous chapter the pathology of human Chagas disease. The main pathology feature in all those orders is immune system lymphocytes and macrophages infiltrating and destroying parasite-free target cells in the host's body, without parasite nests in the proximity of the lesion site. This typical lesion defined as "*minimal rejection unit*" is considered herein a common denominator of pathology in Chagas disease.

Notas bibliográficas

1. COX, B. C.; MOORE, P. D. *Biogeography:* an ecological and evolutionary approach. Oxford: Blackwell Science, 2000.
2. HAMILTON, P. B.; STEVENS, J. R.; GIDLEY, J.; HOLZ, P.; GIBSON, W. C. A new lineage of trypanosomes from Australian vertebrates and terrestrial bloodsucking leeches (Haemadipsidae). *International Journal of Parasitology*, 35, p. 431-443, 2005.
3. TEIXEIRA, A. The Stercorarian trypanosomes. In: SOULSBY, E. S. L. (Ed.). *Immune responses in parasitic infections:* immunology, immunopathology, immunoprophylaxis. Boca Ratton, FL: CRC Press, LLC, 1987. p. 125-145.
4. NITZ, N.; GOMES, C.; ROSA, A. C.; D'SOUZA-AULT, M. R.; MORENO, F.; LAURIA-PIRES, L.; NASCIMENTO, R. J.; TEIXEIRA, A. R. L. Heritable integration of kDNA minicircle sequences from *Trypanosoma cruzi* into the avian genome: Insights into human Chagas disease. *Cell*, 118, p. 175-186, 2004.
5. CHANDENIER, J.; LANDAU, I.; BACCAM, D. Trypanosomes of Estrildidae birds. II. Biological studies. *Annales Parasitologie Humaine Comparé*, 63, p. 243-252, 1988.
6. BENNETT, G. F.; EARLE, R. A.; SQUIRES-PARSONS, D. Trypanosomes of some sub-Saharan birds. *Onderstepoort Journal of Veterinary Research*, 61, p. 263-271, 1994.
7. SEHGAL, R. N.; JONES, H. I.; SMITH, T. B. Host specificity and incidence of Trypanosoma in some African rainforest birds: a molecular approach. *Molecular Ecology*, 10, p. 2319-2327, 2001.
8. MOLYNEUX, D. H.; COOPER, J. E.; SMITH, W. J. Studies on the pathology of an avian trypanosome (T. bouffardi) infection in experimentally infected canaries. *Parasitology*, 87, p. 49-54, 1983.
9. RACCURT, C. P. *Trypanosoma cruzi* in French Guinea: review of accumulated data since 1940. *Medicine Tropicale*, 56, p. 79-87, 1996.

10. JANSEN, A. M.; MADEIRA, F.; CARREIRA, J. C.; MEDINA-ACOSTA, E.; DEANE, M. P. *Trypanosoma cruzi* in the opossum *Didelphis marsupialis*: a study of the correlations and kinetics of the systemic and scent gland infections in naturally and experimentally infected animals. *Experimental Pathology*, 86, p. 37-44, 1997.

11. GRISARD, E. C.; CARVALHO-PINTO, C. J.; SCHOLZ, A. F.; TOMA, H. K.; SCHEMPLER, B. R. JR.; STEINDEL, M. *Trypanosoma cruzi* infection in *Didelphis marsupialis* in Santa Catarina and Arvoredo Islands, southern Brazil. *Memórias do Instituto Oswaldo Cruz*, 95, p. 795-800, 2000.

12. RAMIREZ, L. E.; LAGES-SILVA, E.; ALVARENGA-FRANCO, F.; MATOS, A.; VARGAS, N.; FERNANDES, O.; ZINGALES, B. High prevalence of *Trypanosoma rangeli* and *Trypanosoma cruzi* in opossums and triatomids in a formerly-endemic area of Chagas disease in Southeast Brazil. *Acta Tropica*, 84, p. 189-198, 2002.

13. LEGEY, A. P.; PINHO, A. P.; XAVIER, S. C.; MARCHEVSKY, R.; CARREIRA, J. C.; LEON, L. L.; JANSEN, A. M. *Trypanosoma cruzi* in marsupial didelphids (Philander frenata and Didelhis marsupialis): differences in the humoral immune response in natural and experimental infections. *Revista da Sociedade Brasileira de Medicina Tropical*, 36, p. 241-248, 2003.

14. GURGEL-GONÇALVES, R.; RAMALHO, E. D.; DUARTE, M. A.; PALMA, A. R. T.; ABAD-FRANCH, F.; CARRANZA, J. C.; CUBA CUBA, C. A. Enzootic transmission of *Trypanosoma cruzi* and *T. rangeli* in the Federal District of Brazil . *Revista do Instituto de Medicina Tropical de São Paulo*, 46, p. 23-330, 2004.

15. YEO, M.; ACOSTA, N.; LLEWELLYN, M.; SANCHEZ, H.; ADAMSON, S.; MILES, G. A.; LOPEZ, E.; GONZALEZ, N.; PATTERSON, . J. S.; GAUNT, M. W.; DE ARIAS, A. R.; MILES, M. A. Origins of Changes disease, Didelphis species are natural hosts of *Trypanosoma cruzi* I and armadillos hosts of *Trypanosoma cruzi* II, including hybrids. *Parasitology*, 35, p. 25-233, 2005.

16. YAEGER, R. G. The prevalence of Trypanosoma cruzi infection in armadillos collected at a site near New Orleans, Louisiana. *American Journal of Tropical Medicine and Hygiene*, 38, p. 23-326, 1988.

17. KARSTEN, V.; DAVIS, C.; KUHN, R. *Trypanosoma cruzi* in wild raccoons and opossums in North Carolina. *Journal of Parasitology*, 78, p. 547-549, 1992.

18. PAIGE, C. F.; SCHOLL, D. T.; TRUMAN, R. W. Prevalence and incidence density of Mycobacterium leprae and *Trypanosoma cruzi* infections within a populatin of wild nine-banded armadillos. *American Journal of Tropical Medicine and Hygiene*, 67, p. 528-532, 2002.

19. PUNG, O. J.; BANKS, C. W.; JONES, D. N.; KRISSINGER, M. W. *Trypanosoma cruzi* in wild raccoons, opossums, and triatomine bugs in southeast Georgia, U.S.A. *Journal of Parasitology*, 81, p. 324-326, 1995.

20. BARR, S. C.; BROWN, C. C.; DENNIS, V. A.; KLEI, T. R. The lesions and prevalence of *Trypanosoma cruzi* in opossums and armadillos from southern Louisiana. *Journal of Parasitology*, 77, p. 624-627, 1991.

21. RUIZ-PINA, H. A.; CRUZ-REYES, A. The opossum *Didelphis virginiana* as a synanthropic reservoir of *Trypanosoma cruzi* in Dzidzilche, Yucatan, Mexico. *Memórias do Instituto Oswaldo Cruz,* 97, p. 613-620, 2002.

22. TEIXEIRA, A. R.; MONTEIRO, P. S.; REBELO, J. M.; ARGANARAZ, E. R.; VIEIRA, D.; LAURIA-PIRES, L.; NASCIMENTO, R. J.; VEXENAT, C. A.; SILVA, A. R.; AULT, S. K.; COSTA, J. M. Emerging Chagas Disease: Trophic Network and Cycle of Transmission of *Trypanosoma cruzi* from Palm Trees in the Amazon. *Emerging Infectious Diseases,* 7, p. 100-112, 2001.

23. FERNANDES, O.; STURM, N. R.; CAMPBELL, D. The mini-exon gene: a genetic marker for zymodeme III of *Trypanosoma cruzi. Molecular Biochemical Parasitology* 95, p. 129-133, 1998.

24. BRIONES, M. R.; SOUTO, R. P.; STOLF, B. S.; ZINGALES, B. The evolution of two *Trypanosoma cruzi* subgroups inferred from rRNA genes can be correlated with the interchange of American mammalian faunas in the Cenozoic and has implications to pathogenicity and host specific. *Molecular Biochemical Parasitology,* 104, p. 219-232, 1999.

25. SOUTO, R. P.; BARGAS, N.; ZINGALES, B. Sensitivity detection and strain classification of *Trypanosoma cruzi* by amplification of a ribosomal RNA sequence. *Molecular Biochemical Parasitology,* 63, p. 45-52, 1999.

26. MOSER, D. R.; KIRCHHOFF, L. V.; DONELSON, J. E. Detection of *Trypanosoma cruzi* by DNA amplification using the polymerase chain reaction. *Journal of Clinical Microbiology,* 27, p. 1477–1482, 1989.

27. ARAUJO CARREIRA, J. C.; JANSEN, A. M.; DEANE, M. P.; LENZI, H. L. Histopathological study of experimental and natural infections by *Trypanosoma cruzi* in *Didelphis marsupialis. Memórias do Instituto Oswaldo Cruz,* 91, p. 609-618, 1996.

28. BORGES, M. M.; MELLO, D. A.; TEIXEIRA, M. L.; DA SILVA, J. D. Experimental study of *Zygodontomys lasiurus* (Rodentia-Cricetidae) with strains of *Trypanosoma cruzi. Revista Saúde Pública,* 17, p. 387-393, 1983.

29. BORGES, M. M.; ANDRADE, S. G.; PILATTI, C. G.; PRADO JUNIOR, J. C.; KLOETZEL, J. K. Macrophage activation and histopathological findings in *Calomys callosus* and Swiss mice infected with several strains of *Trypanosoma cruzi.* 87, 493-502. *Memórias do Instituto Oswaldo Cruz,* 87, p. 493-502, 1992a.

30. MAGALHAES-SANTOS, I. F.; SOUZA, M. M.; LIMA, C. S.; ANDRADE, S. G. Infection of Calomys callosus (Rodentia Cricetidae) with strains of different *Trypanosoma cruzi* biodemes: pathogenicity, histotropism, and fibrosis induction. *Memórias do Instituto Oswaldo Cruz,* 99, p. 407-413, 2004.

31. BORGES, M. M.; CURI, P. R.; KLOETZEL, J. K. Modulation of parasitemia and antibody response to *Trypanosoma cruzi* by cyclophosphamide in *Calomys callosus* (Rodentia, Cricetidae). *Revista do Instituto de Medicina Tropical de São Paulo,* 34, p. 1-8, 1992b.

32. ANDRADE, S. G.; KLOETZEL, J. K.; BORGES, M. M.; FERRANS, V. J. Morphological aspects of the myocarditis and myositis in Calomys callosus

experimentally infected with *Trypanosoma cruzi*: fibrogenesis and sponta-neous regression of fibrosis. *Memórias do Instituto Oswaldo Cruz*, 89, p. 379-393, 1994.

33. HERRERA, L.; DAS CHAGAS XAVIER, S.; VIEGAS, C.; MARTINEZ, C.; COTIAS, P. M.; CARRASCO, H.; URDANETA-MORALES, S.; JANSEN, A. M. *Trypanosoma cruzi* in a caviomorph rodent: parasitological and pathological features of the experimental infection of Trichomys apereoides (Rodentia, Echimyidae). *Experimental Parasitology*, 107, p. 78-88, 2004.

34. HERRERA, L.; URDANETA-MORALES, S. Synanthropic rodent reservoirs of *Trypanosoma (Schizotrypanum) cruzi* in the valley of Caracas, Venezuela. *Revista do Instituto de Medicina Tropical de São Paulo*, 39, p. 279-282, 1997.

35. MORENO, E. A.; RIVERA, J. M.; MORENO, S. C.; ALARCON, M. E.; LUGO-YARBUH, A. Vertical transmission of *Trypanosoma cruzi* in Wistar rats during the acute phase of infection. *Investigaciones Clinicas*, 44, p. 241-254, 2003.

36. CAMARGOS, E. R.; FRANCO, D. J.; GARCIA, C. M.; DUTRA, A. P.; TEIXEIRA, A. L Jr.; CHIARI, E.; MACHADO, C. R. Infection with different *Trypanosoma cruzi* populations in rats: myocarditis, cardiac sympathetic denervation, and involvement of digestive organs. *American Journal of Tropical Medicine and Hygiene*, 62, p. 604-612, 2000.

37. MALDONADO, I. R.; FERREIRA, M. L.; CAMARGOS, E. R.; CHIARI, E.; MACHADO, C. R. Skeletal muscle regeneration and *Trypanosoma cruzi* induced myositis in rats. *Histology and Histopathology*, 19, p. 85-93, 2004.

38. BOTASSO, O. A.; REVELLI, S.; DAVILA, H.; VALENTI, J. L.; MUSSO, O. C.; FERRO, M. E.; ROMERO-PIFFIGUER, M.; MORINI, J. C. Enhanced myocardial lesions in chronically *Tryapnosoma cruzi*-infected rats subjected to adult thymectomy. *Immunology Letters*, 37, p. 175-180, 1993.

39. REVELLI, S.; DAVILA, H.; FERRO, M. E.; ROMERO-PIFFIGUER, M.; MUSSO, O.; VALENTI, J.; BERNABO, J.; FALCOFF, E.; WIETZERBIN, J.; BOTASSO, O. Acute and chronic experimental *Trypanosoma cruzi* infection i the rat. Response to systemic treatment with recombinant rat interferon. *Microbiology Immunology*, 39, p. 275-281, 1995.

40. MACHADO, C. R.; DE OLIVEIRA, D. A.; MAGALHAES, M. J.; CARVALHO, E. M.; RAMALHO-PINTO, F. J. Trypanosoma cruzi infection in rats induced early lesion of the heart noradrenergic nerve terminals by a complement-independent mechanism. *Journal Neural Transmission*, 97, p. 149-159, 1994.

41. UYEMURA, SA.; JORDANI, M. C.; POLIZELLO, A. C.; CURTI, C. Heart FoF1-ATPase changes during the acute phase of Trypanosoma cruzi infection in rats. *Molecular Cell Biochemistry*, 165, p. 127-133, 1996.

42. KUMMER, W.; STOMMEL, C.; GRAU, V. MHC class II antigen-expressing cells in cardiac ganglia or the rat. *Cell Tissue Research*, 19, p. 37-48, 2005.

43. SILVA, G. C.; NAGIB, P. R. A.; CHICARI, E.; VAN ROOIJEN, N.; MACHADO, C. R.; CAMARGOS, E. R. Peripheral macrophage depletion

reduces central nervous system parasitism and damage in *Trypanosoma cruzi*-infected suckling rats. *Journal of Neuroimmunology*, 149, p. 50-58, 2004.

44. SEGUIN, R.; BISMARCKI, K.; ROTONDO, R. L.; PRAT, A.; ANTEL, J. P. Regulation and functional effects of monocyte migration across brain-derived endothelial cells. *Journal Neuropathology Experimental Neurology*, 62, p. 412-419, 2003.

45. SILVA, G. C.; NAGIB, P. R. A.; CHICARI, E.; VAN ROOIJEN, N.; MACHADO, C. R.; CAMARGOS, E. R. Peripheral macrophage depletion reduces central nervous system parasitism and damage in *Trypanosoma cruzi*-infected suckling rats. *Journal of Neuroimmunology*, 149, p. 50-58, 2004.

46. PITELLA, J. E. H. Central nervous system involvement in Changes disease. An updating. *Revista do Instituto de Medicina Tropical de São Paulo*, 35, p. 111-116, 1993.

47. DA MATA, J. R.; CAMARGOS, E. R. S.; CHIARI, E.; MACHADO, C. R. S. *Trypanosoma cruzi* infection and the rat central nervous system: proliferation of parasites in astrocytes and the brain reaction to parasitism. *Brain Research Bulletin*, 53, p. 153-162, 2000.

48. CAMARGOS, E. R.; MACHADO, C. R. Morphometric and histological analysis of the superior cervical ganglion in experimental Chagas disease in rats. *American Journal of Tropical Medicine and Hygiene*, 39, p. 456-462, 1988.

49. CAMARGOS, E. R.; HAERTEL, L. R. M.; MACHADO, C. R. Preganglionic fibres of the adrenal medulla and cervical sympathetic ganglia: differential involvement during experimental American trypanosomiasis in rats. *International Journal of Experimental Pathology*, 77, p. 115-124, 1996.

50. FAZAN, V. P.; LACHAT, J. J. Qualitative and quantitative morphology of the vagus nerve in experimental changes disease in rats: a light microscopy study. *American Journal of Tropical Medicine and Hygiene*, 57, p. 672-677, 1997.

51. MACHADO, C. R.; ALVES, J. B.; MACHADO, A. B. Adrenergic and noradrenaline content of the rat submandibular gland during the experimental *Trypanosoma cruzi* infections. *Journal of Neural Transmission*, 59, p. 289-297, 1984.

52. MACHADO, C. R.; CALIARI, M. V.; DE LANA, M.; TAFURI, W. L. Heart autonomic innervation during the acute phase of experimental American trypanosomiasis in the dog. *American Journal of Tropical Medicine and Hygiene*, 59, p. 492-496, 1998.

53. ALVES, J. B.; MACHADO, A. B. Changes in acetuylcholinesterase-positive nerves of the submandibular salivary gland during experimental infection with a protozoon, *Trypanosoma cruzi*, in rats. *Archives Oral Biology*, 29, p. 647-651, 1984.

54. CABEZA-MECKERT, P. M.; LAGUENS, R. Modelos experimentales. *Enfermidad de Chagas*. Buenos Aires: Doyma, p. 129-140, 1980.

55. ARAUJO-JORGE, T. C. Caracteristicas do *Mus domesticus domesticus* (camundongo) como modelo para a infecção por *Trypanosoma cruzi*. *Doença de Chagas*. Manual para experimentação animal. Rio de Janeiro: Editora Fiocruz, 2000. p. 134-148.

56. TRISCHMANN, T. M.; BLOOM, B. R. Genetics of murine resistance to Trypanosoma cruzi. *Infection and Immunity*, 35, p. 546-551, 1982.

57. WRIGHTSMAN, R.; KRASSNER, S.; WATSON, J. Genetic control of responses to *Trypanosoma cruzi* in mice: multiple genes influencing parasitemia and survival. *Infection and Immunity*, 36, p. 637-645, 1982.

58. ANDERSSON, J.; ORN, A.; SUNNEMARK, D. Chronic murine Chagas disease: the impact of host and parasite genotypes. *Immunology Letters*, 86, p. 207-212, 2003.

59. MARINHO, C. R.; BUCCI, D. Z.; DAGLI, M. L.; BASTOS, K. R.; GRISOTTO, M. G.; SARDINHA, L. R.; BAPTISTA, C. R.; GONÇALVES, C. P.; LIMA, M. R.; ALVAREZ, J. M. Pathology affects different organs in two mouse strains chronically infected by a *Trypanosoma cruzi* clone: a model for genetic studies of Chagas disease. *Infection and Immunity*, 72, p. 2350-2357, 2004.

60. ABEL, L. C.; IWAI, L. K.; VIVIANI, W.; BILATE, A. M.; FAE, K. C.; FERREIRA, R. C.; GOLDBERG, A. C.; JULIANO, L.; JULIANO, M. A.; IANNI, B.; MADY, C.; GRUBER, A.; HAMMER, J.; SINIGAGLIA, F.; KALIL, J.; CUNHA-NETO, E. T cell epitope characterization in tandemly repetitive *Trypanosoma cruzi* B13 protein. *Microbes and Infection*, 7, p. 1184-95, 2005.

61. WAGHABI, M. C.; COUTINHO, C. M.; SOEIRO, M. N.; PEREIRA, M. C.; FEIGE, J. .; KERAMIDAS, M.; COSSON, A.; MINOPRIO, P.; VAN LEUVEN, F.; ARAUJO-JORGE, T. C. Increased Trypanosoma cruzi invasion and heart fibrosis associated with high transforming growth factor beta levels in mice deficient in alpha (2)-macroglobulin. *Infection and Immunity*, 70, p. 5115-5123, 2002.

62. MONTEON, V. M.; FURUZAWA-CARBALLEDA, J.; ALEJANDRE-AGUILAR, R.; ARANDA-FRAUSTRO, A.; ROSALES-ENCINA, J. L.; REYES, P. A. American trypanosomosis: in situ and generalized features of parasitism and inflammation kinetics in a murine model. *Experimental Parasitology*, 83, p. 267-274, 1996.

63. ROSSI, M. A.; BESTETTI, R. B. The challenge of chagasic cardiomyopathy. The pathologic roles of autonomic abnormalities, autoimmune mechanisms and microvascular changes, and therapeutic implications. *Cardiology*, 86, p. 1-7, 1995.

64. LEAVEY, J. K.; TARLETON, R. L. Cutting edge: dysfunctional CD8+ T cells reside in nonlymphoid tissues during chronic Trypanosoma cruzi infection. *Journal of Immunology*, 170, p. 2264-2268, 2003.

65. FUENMAYOR, C.; HIGUCHI, M. L.; CARRASCO, H.; PARADA, H.; GUTIERREZ, P.; AIELLO, V.; PALOMINO, S. Acute Chagas disease: immunohistochemical characteristics of T. cell infiltrate and its relationship with *T. cruzi* parasitic antigens. *Acta Cardiologica*, 60, p. 33-37, 2005.

66. DOSREIS, G. A.; FREIRE-DE-LIMA, C. G.; NUNES, M. P.; LOPES, M. F. The importance of abberrant T-cell responses in Chagas disease. *Trends in Parasitology*, 21, p. 237-243, 2005.

67. ROSSI, M. A.; SILVA, J. S. Permeability alteration of the sarcolemmal membrane, particularly at the site of macrophage contact, in experimental chronic *Trypanosoma cruzi* myocarditis in mice. *International Journal Experimental Pathology*, 71, p. 545-555, 1990.

68. ANDRADE, Z. A.; ANDRADE, S. G.; CORREA, R.; SADIGURSKY, M.; FERRANS, V. J. Myocardial changes in acute Trypanosoma cruzi infection. Ultrastructural evidence of immune damage and the role of microangiopathy. *American Journal Pathology*, 144, p. 1403-1411, 1994.

69. TAFURI, W. L.; MARIA, T. A.; LOPES, E. R. Lesões do plexo mientérico do esôfago, do jejuno e do colo de chagásicos crônicos. Estudo ao microscópio eletrônico. *Revista do Instituto de Medicina Tropical de São Paulo*, 13, p. 76-91, 1971.

70. TAFURI, W. L.; LIMA PEREIRA, F.; BOGLIOLO, G.; RASO, P. Lesões do sistema nervoso autônomo e do tecido muscular estriado esquelético na fase crônica da *Trypanosomiase cruzi* experimental. Estudos ao microscópico óptico e eletrônico. *Revista Goiana de Medicina*, 25, p. 61-67, 1979.

71. TAFURI, W. L.; RASO, P. Lesões do sistema nervosa autônomo simpático do camundongo na fase aguda da *Tripanosomíase cruzi* experimental. Estudo ao microscópio óptico e eletrônico. *Revista do Instituto de Medicina Tropical de São Paulo*, 21, p. 176-188, 1979.

72. KOEBERLE, F. Etiologia e patogenia do megaesôfago no Brasil. *Revista Goiana de Medicina*, 9, p. 79-116, 1963.

73. DE SOUZA, M. M.; ANDRADE, S. G.; BARBOSA, A. A Jr.; MACEDO SANTOS, R. T.; ALVES, V. A.; ANDRADE, Z. A. Trypanosoma cruzi strains and autonomic nervous system pathology in experimental Chagas disease. *Memórias Instituto Oswaldo Cruz*, 91, p. 217-224, 1996.

74. GAUNT, M. W.; YEO, M.; FRAME, I. A.; STOTHARD, J. R.; CARRASCO, H. J.; TAYLOR, M. C.; MENA, S. S.; VEAZEY, P.; MILES, G. A.; ACOSTA, N.; DE ARIAS, A. R.; MILES, M. A. Mechanism of genetic exchange in American trypanosomes. *Nature*, 421, p. 936-939, 2003.

75. ANDRADE, S. G. Influence of *Trypanosoma cruzi* strain on the pathogenesis of chronic myocardiopathy in mice. *Memórias Instituto Oswaldo Cruz*, 85, p. 17-27, 1990.

76. ANDERSSON, J.; ENGLUND, P.; SUNNEMARK, D.; DAHLSTEDT, A.; WESTERBLAD, H.; NENNESMO, I.; ORN, A.; LUNDBERG, J. E. CBA/J mice infected with *Trypanosoma cruzi:* an experimental model for inflammatory myopathies. *Muscle and Nerve*, 27, p. 442-448, 2003.

77. TEIXEIRA, A. R.; CALIXTO, M. A.; TEIXEIRA, M. L. Chagas disease: carcinogenic activity of the antitrypanosomal nitroarenes in mice. *Mutation Research*, 305, p. 189-196, 1994.

78. CHAGAS, C. New human trypanosomiasis. Morphology and life cycle of *Schyzotrypanum cruzi*, the cause of a new human disease. *Memórias do Instituto Oswaldo Cruz*, 1, p. 159–218, 1909.

79. AGOSIN, M.; BADINEZ, O. Algumas de las caracteristicas de la infeccion experimental en Conejos. *Boletín de Información Parasitologica Chilena*, 4, p. 6-7, 1949.

80. AMORIM, D. S. Chagas' heart disease: experimental models. *Heart Vessels Supply*, 1, p. 236-239, 1985.

81. TEIXEIRA, A. R. L.; TEIXEIRA, M. L.; SANTOS-BUCH, C. A. The immunology of experimental Chagas disease. IV. Production of lesions in rabbits similar to those of chronic Chagas disease in man. *American Journal of Pathology*, 80, p. 163-178, 1975.

82. TEIXEIRA, A. R. L.; FIGUEIREDO, F.; REZENDE FILHO, J.; MACEDO, V. Chagas disease: a clinical, parasitological, immunological and pathological study in rabbits. *American Journal of Tropical Medicine and Hygiene*, 32, p. 258-272, 1983.

83. TEIXEIRA, A. R. L. Chagas disease in inbred III/J rabbits. *American Journal Pathology*, 124, p. 363-365, 1986.

84. FIGUEIREDO, F.; MARIN-NETO, J. A.; ROSSI, M. A. The evolution of experimental *Trypanosoma cruzi* cardiomyopathy in rabbits: further parasitological, morphological and functional studies. *International Journal Cardiology*, 10, p. 277-290, 1986.

85. MULLER, L. A.; ANASCO, N.; GONZALEZ CAPPA, S. M. *Trypanosoma cruzi*: isolate dependence in the induction of lytic antibodies in the mouse and rabbit. *Experimental Parasitology*, 61, p. 284-293, 1986.

86. RAMIREZ, L. E.; BRENER, Z. Evaluation of the rabbit as a model for Chagas disease. I. Parasitological studies. *Memórias Instituto Oswaldo Cruz*, 82, p. 531-536, 1987.

87. TAVARES, P.; SALDIVA, P. H.; CALDERIA, M. P.; CALHEIROS, D. F.; GOUVEIA, M. A.; SALDIVA, C. D. Changes of rabbit pulmonary elastic properties and bronchomotricity in experimentally induced chronic Chagas disease. *Revista do Instituto de Medicina Tropical de São Paulo*, 28, p. 325-329, 1986.

88. SILVA, A. M.; RAMIREZ, L. E.; VARGAS, M.; CHAPADEIRO, E.; BRENER, Z. Evaluation of the rabbit as a model for Chagas disease.II. Histopathologic studies of the heart, digestive tract and skeletal muscle. *Memórias Instituto Oswaldo Cruz*, 91, p. 199-206, 1996.

89. OLIVEIRA, J. S. A natural human model of intrinsic heart nervous system denervation: Chagas' cardiopathy. *American Heart Journal*, 110:1092-1098, 1985.

90. LAURIA-PIRES, L.; BRAGA, M. S.; VEXENAT, A. C.; NITZ, N.; SIMÕES-BARBOSA, A.; TINOCO, D. L.; TEIXEIRA, A. R. Progressive chronic Chagas heart disease ten years after treatment with anti-*Trypanosoma cruzi* nitroderivatives. *The American Journal of Tropical Medicine and Hygiene*, 63, p. 111-118, 2000.

91. TEIXEIRA, A. R.; CUNHA-NETO, E.; RIZZO, L. V.; SILVA, R. Trypanocidal nitroarene treatment of experimental Trypanosoma cruzi infection does not prevent progression of chronic-phase heart lesions in rabbits. *Journal Infectious Diseases*, 162, p. 1420, 1990a.

92. TEIXEIRA, A. R.; CORDOBA, J. C.; SOUTO MAIOR, I.; SOLORZA-NO, E. Chagas disease: lymphoma growth in rabbits treated with Benznidazole. *American Journal Tropical Medicine and Hygiene,* 43, p. 146-158, 1990a.

93. TEIXEIRA, A. R.; SILVA, R.; CUNHA NETO, E.; SANTANA, J. M.; RIZZO, L. V. Malignant, non-Hodgkin's lymphomas in *Trypanosoma cruzi*-infected rabbits treated with nitroarenes. *Journal of Comparative Pathology,* 103, p. 37-48, 1990b.

94. SNIDER, T. G.; YAEGER, R. G.; DELLUCKY, J. Myocarditis caused by *Trypanosoma cruzi* in a native Lousiana dog. *Journal American Veterinary Association,* 177, p. 247-249, 1980.
    FOX, J. C.; EWING, S. A.; BUCKNER, R. G.; WHITENACK, D.; MANLEY, J. H. Trypanosoma cruzi infection in a dog from Oklahoma. *Journal American Veterinary Association,* 189, p. 1583-1584, 1986.

95. BRADLEY, K. K.; BERGMAN, D. K.; WOODS, J. P.; CRUTCHER, J. M.; KIRCHHOFF, L. V. Prevalence of American trypanosomiasis (Chagas disease) among dogs in Oklahoma. *Journal American Veterinary Association,* 217, p. 1853-1857, 2000.

96. BEARD, C. B.; PYE, G.; STEURER, F. J.; RODRIGUEZ, R.; CAMPMAN, R.; PETERSON, A. T.; RAMSEY, J.; WIRTZ, R. A.; ROBINSON, L. E. Chagas disease in a domestic transmission cycle, southern Texas, USA. *Emerging Infectious Diseases,* 9, p. 103-105, 2003.

97. MONTENEGRO, V. M.; JIMENEZ, M.; PINTO DIAS, J. C.; ZELEDON, R. Chagas disease in dogs from endemic áreas of Costa Rica. *Memórias Instituto Oswaldo Cruz,* 97, p. 491-494, 2002.

98. ANDRADE, S. G.; PIMENTEL, A. R.; DE SOUZA, M. M.; ANDRADE, Z. A. Interstitial dendritic cells of the heart harbor *Trypanosoma cruzi* antigens in experimentally infected dogs: importance for the pathogenesis of chagasic myocarditis. *American Journal of Tropical Medicine and Hygiene,* 63, p. 64-70, 2000.

99. ANDRADE, Z. A.; ANDRADE, S. G.; CORREA, R.; SADIGURSKY, M.; FERRANS, V. J. Myocardial changes in acute Trypanosoma cruzi infection. Ultrastructural evidence of immune damage and the role of microangiopathy. *American Journal Pathology,* 144, p. 1403-1411, 1994.

100. ANDRADE, S. G.; ANDRADE, Z. A. Chagas disease and neuronal alterations at the Auerbach's plexus. *Revista do Instituto de Medicina Tropical de São Paulo,* 8, p. 219-224, 1966.

101. BARR, S. C.; BROWN, C. C.; DENNIS, V. A.; KLEI, T. R. The lesions and prevalence of *Trypanosoma cruzi* in opossums and armadillos from southern Louisiana. *Journal Parasitology,* 77, p. 624-627, 1991.

102. ANDRADE, Z. A.; ANDRADE, S. G.; SADIGURSKI, M.; WENTHOLD, R. J. JR.; HILBERT, S. L.; FERRANS, V. J. The ideterminate phase of Chagas disease: ultrastructural cardiac changes in the canine model. *American Journal of Tropical Medicine and Hygiene,* 57, 328-336, 1997.

103. DE LANA, M.; CHIARI, E.; TAFURI, W. L. Experimental Chagas disease in dogs. *Memórias Instituto Oswaldo Cruz*, 87, p. 59-71, 1992.

104. LARANJA, F. S.; ANDRADE, Z. A. Chronic cardiac form of chagas disease in dogs. *Arquivo Brasileiro Cardiologia*, 35, p. 377-380, 1980.

105. MACHADO, C. R.; de OLIVEIRA, D. A.; MAGALHAES, M. J.; CARVALHO, E. M.; RAMALHO-PINTO, F. J. *Trypanosoma cruzi* infection in rats induced early lesion of the heart noradrenergic nerve terminals by a complement-independent mechanism. *Journal Neural Transmission*, 97, p. 149-159, 1994.

106. MACHADO, C. R.; CALIARI, M. V.; DE LANA, M.; TAFURI, W. L. Heart autonomic innervation during the acute phase of experimental American trypanosomiasis in the dog. *American Journal of Tropical Medicine and Hygiene*, 59, p. 492-496.106, 1998.

107. MACHADO, E. M.; FERNANDES, A. J.; MURTA, S. V.; VITOR, R. W.; CAMILO, D. J Jr.; PINHEIRO, S. W.; LOPES, E. R.; ADAD, S. J.; PINTO DIAS, J. C. A study of experimental reinfection by *Trypanosoma cruzi* in dogs. *American Journal of Tropical Medicine and Hygiene*, 65, p. 958-965, 2001.

108. SOUSA, O. E.; DAWSON, G. A. Trypanosome infections in the marmoset (*Saguinus geoffroyi*) from the Panama Canal Zone. *American Journal of Tropical Medicine and Hygiene*, 25, p. 407-409, 1976.

109. LISBOA, C. V.; MANGIA, R. H.; DE LIMA, N. R.; MARTINS, A.; DIETZ, J.; BAKER, A. J.; RAMON-MIRANDA, C. R.; FERREIRA, L. F.; FERNANDES, O.; JANSEN, A. M. Distinct patterns of *Trypanosoma cruzi* infection in *Leontopithecus rosalia* in distinc Atlantic costal rainfores tragment in Rio de Janeiro, Brazil. *Parasitology*, 129, p. 703-711, 2004a.

110. LISBOA, C. V.; MANGIA, R. H.; RUBIÃO, E.; DE LIMA, N. R.; DAS CHAGAS XAVIER, S. C.; PICINATTI, A.; FERREIRA, L. F.; FERNANDES, O.; JANSEN, A. M. *Trypanosoma cruzi* in a captive primate unit, Rio de Janeiro, Brazil. *Acta Tropica*, 90, p. 97-106, 2004b.

111. FALASCA, A.; GRANA, D.; BUCCOLO, J.; GILI, M.; MERLO, A.; ZOPPI, J.; MARESCO, E. Susceptibility of the *Cebus apella* monkey to different strains of *T. cruzi* after single or repeated inoculations. *Bulletin Pan American Health Organization*, 20, p. 117-137, 1986.

112. BONECINI-ALMEIDA, M da G.; GALVÃO-CASTRO, B.; PESSOA, M. H.; PIRMEZ, C.; LARANJA, F. Experimental Chagas disease in *rhesus* monkeys. I. Clinical, parsitological, hematological and anatomo-pathological studies in the acute and indeterminate phase of the disease. *Memórias do Instituto Oswaldo Cruz*, 85, p. 163-171, 1990.

113. ROSNER, I. M.; BELLASAI, J.; SCHININI, A.; ROVIRA, T.; DE ARIAS, A. R.; FERRO, E. A.; FERREIRA, E.; VELAZQUEZ, G.; MONZON, M. I.; MALDONADO, M. *Tropical Medicine Parasitology* 40, p. 24-31, 1989.

114. MARSDEN, P. D.; SEAH, S. K.; DRAPER, C. C.; PETTITT, L. E.; MILES, M. A.; VOLLER, A. Experimental *Trypanosoma cruzi* infections in rhesus

monkeys. II. The early chronic phase. *Trans Royal Society of Tropical Medicine and Hygiene,* 70, p. 247-251, 1976.

115. LIMA, J. A.; SZARFMAN, A.; LIMA, S. D.; ADAMS, R. J.; RUSSEL, R. J.; CHEEVER, A.; TRISCHMANN, T.; WEISS, J. L. Absence of left ventricular dysfunction during acute chagasic myocarditis I the *rhesus* monkey. *Circulation,* 73, p. 172-179, 1986.

116. CARVALHO, C. M.; ANDRADE, M. C.; XAVIER, S. S.; MANGIA, R. H.; BRITTO, C. C.; JANSEN, A. M.; FERNANDES, O.; LANNES-VIEIRA, J.; BONECINI-ALMEIDA, M. G. Chronic Chagas disease in rhesus monkeys (Macaca mulatta): evaluation of parasitemia, serology, electrocardiography, echocardiography, and radiology. *American Journal of Tropical Medicine and Hygiene,* 68, p. 683-691, 2003.

117. ARGANARAZ, E. R.; HUBBARD, G. B.; RAMOS, L. A.; FORD, A. L.; NITZ, N.; LELAND, M. M.; VANDEBERG, J. L.; TEIXEIRA, A. R. Bloodsucking lice may disseminate *Trypanosoma cruzi* infection in baboons. *Revista do Instituto de Medicina Tropical de São Paulo,* 43, p. 271-276, 2001.

118. TEIXEIRA, A. R.; MONTEIRO, P. S.; REBELO, J. M.; ARGANARAZ, E. R.; VIEIRA, D.; LAURIA-PIRES, L.; NASCIMENTO, R. J.; VEXENAT, C. A.; SILVA, A. R.; AULT, S. K.; COSTA, J. M. Emerging Chagas Disease: Trophic Network and Cycle of Transmission of *Trypanosoma cruzi* from Palm Trees in the Amazon. *Emerging Infectious Diseases,* 7, p. 100-112, 2001.

119. KASA, T. J; LATHROP, G. D; DUPUY, H. J; BONNEY, C. H.; TOFT, J. D. An endemic focus of *Trypanosoma cruzi* infection in a subhuman primate research colony. *Journal American Veterinary Medical Association,* 171, p. 850-854, 1977.

120. ZABALGOITIA, M.; VENTURA, J.; ANDERSON, L.; CAREY, K. D.; WILLIAMS, J. T.; VANDEBERG, J. Morphologic and functional characterization of chagasic heart disease in non-human primates. *American Journal of Tropical Medicine and Hygiene,* 68, p. 248-252, 2003b.

121. ZABALGOITIA, M.; VENTURA, J.; ANDERSON, L.; WILLIAMS, J. T.; CAREY, K. D.; VANDEBERG, J. L. Electrocardiographic findings in naturally acquired chagasic heart disease in honhuman primates. *Journal of Electrocardiography,* 36, p. 155-160, 2003a.

CAPÍTULO 10

Patogênese da doença de Chagas

UNIDADE MÍNIMA DE REJEIÇÃO: DENOMINADOR COMUM DA PATOLOGIA NA DOENÇA DE CHAGAS

Antonio Teixeira

Duas teorias procuram explicar a origem das lesões (patogênese) na doença de Chagas. A persistência do parasito no corpo do chagásico ao longo de várias décadas tem sugerido que a ação mecânica do parasito levando à ruptura das células parasitadas seria o principal fator de produção de lesões. Entretanto, tal pensamento não explica, por exemplo, por que os pacientes não morrem todos quando o parasitismo é intenso na fase aguda da infecção e, também, por que dois terços dos chagásicos crônicos sequer têm lesões com manifestações clínicas. A segunda teoria sugere que a lesão principal na doença de Chagas é a rejeição de células-alvo, parasitadas ou não, pelo sistema imune de defesa do corpo. Essa teoria auto-imune explicaria o longo período de incubação da infecção e o aparecimento de lesões em apenas um terço dos chagásicos na dependência da regulação genética das respostas imunes. Em favor dessa teoria existe a descrição da "unidade mínima de rejeição" de células não parasitadas nos tecidos e nos órgãos do chagásico, um denominador comum da doença nos hospedeiros vertebrados. Certamente, a persistência do parasito é fundamental para desencadear o fenômeno da auto-imunidade, mesmo porque jamais existiu doença de Chagas onde não havia o *T. cruzi*.

Introdução

A patologia comparada da doença de Chagas em hospedeiros mamíferos pertencentes a cinco ordens diferentes revelou aspectos comuns da patologia nas infecções pelo *T. cruzi*. A persistência do flagelado pode ser confirmada ou pela demonstração parasitológica direta ou, indiretamente, pelos métodos imunológicos e pelos marcadores moleculares das infecções crípticas em cada animal. Nos hospedeiros mamíferos infectados pelo *T. cruzi*, as lesões histopatológicas, entretanto, não se correlacionam com o parasitismo tecidual; nos reservatórios silvestres (Marsupialia, Rodentia e Primata) as lesões parecem ser menos severas que aquelas observadas no homem e em alguns mamíferos domesticados. Em acentuado contraste, as infecções agudas pelo *T. cruzi* em humanos e em alguns animais de laboratório são usualmente assintomáticas, não percebidas, e dois terços dos indivíduos na população humana infectada não morrem de doença de Chagas. Além do mais, as lesões patológicas na fase aguda da infecção diferem daquelas da fase crônica. A fase aguda da infecção caracteriza-se pela abundância dos ninhos com as formas amastigotas do parasito nos tecidos. As infecções crônicas geralmente são crípticas, e a demonstração microscópica do parasito nos tecidos pode ser alcançada em apenas 10% aos 20% dos chagásicos. Um aspecto relevante da patologia da doença de Chagas pode ser talvez a falta de proximidade física entre os ninhos do parasito e as lesões inflamatórias destrutivas nos tecidos. Ademais, análise cuidadosa das lesões teciduais caracteriza o mais relevante denominador comum da patologia de Chagas (Figura 10.1), que é a destruição de célula não parasitada do hospedeiro infiltrada por linfócitos do sistema imune.

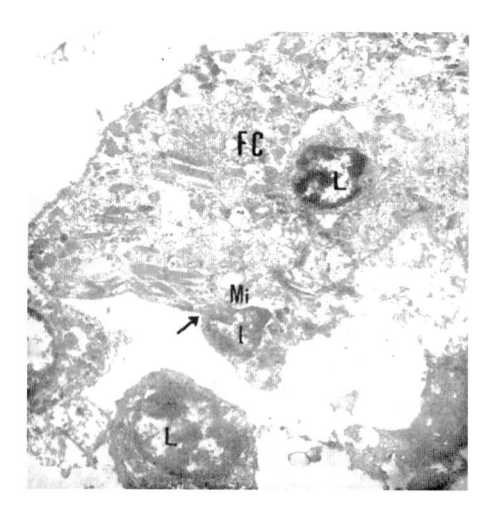

Figura 10.1 Microscopia eletrônica do coração de um paciente que morreu de doença de Chagas aguda. Note que os linfócitos (L) que invadem uma fibra cardíaca (FC) aderem aos microfilamentos do citoplasma (Mi) e produzem lise intracelular

Fonte: cortesia do professor doutor Washington Luiz Tafuri da Faculdade de Medicina da Universidade Federal de Minas Gerais (aumento 7000X)

O achado patológico principal presente em cada paciente chagásico é, sem dúvida, o infiltrado de células inflamatórias mononucleares associado à lise das células-alvo. Essa unidade mínima de rejeição pode ser usada para definir a patologia de acordo com o tipo de tecido lesado. A esse respeito, a unidade mínima de rejeição do tecido-alvo é encontrada, principalmente, nos músculos e nos neurônios do sistema nervoso autônomo parassimpático e simpático. As unidades mínimas de rejeição podem ser confluentes, refletindo a severidade das lesões em vários órgãos de cada paciente chagásico. Entretanto, as lesões no coração devem ser tomadas como unidade padrão porque se encontram associadas com 95,5% dos óbitos pela doença de Chagas. Portanto, uma "unidade mínima de rejeição" é definida aqui tipicamente como lesão destrutiva das células cardíacas não parasitadas por paliçadas de células mononucleares do sistema imune do hospedeiro (Figura 10.2). Mais adiante as análises focalizarão sobre a importância da unidade mínima de rejeição e da persistência do parasito no hospedeiro mamífero, no que concerne a conceituação e o entendimento da patogênese da doença de Chagas.

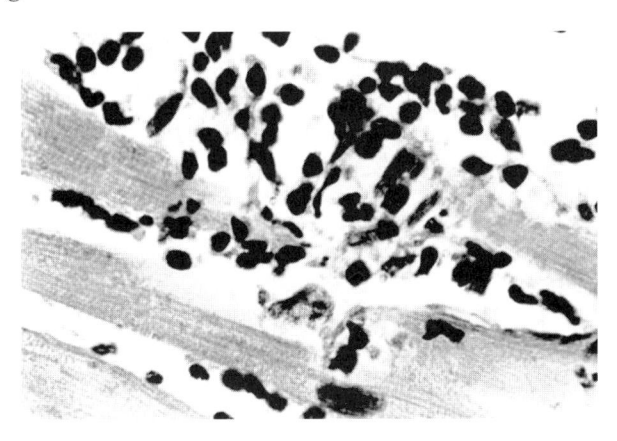

Figura 10.2 "Unidade mínima de rejeição" em paciente chagásico crônico que faleceu com insuficiência cardíaca. Note o infiltrado de células mononucleares do sistema imune produzindo amputação de fibra cardíaca não parasitada. A associação dos linfócitos imunes ativados nos halos de lise nas fibras cardíacas mostra o efeito destruidor das células efetoras do sistema imune
Fonte: arquivo do dr. Antonio Teixeira

Hipóteses sobre a patogênese das lesões chagásicas

As questões sobre os mecanismos associados com as lesões teciduais no curso das infecções pelo *T. cruzi* têm sido assunto de debate desde muitas décadas. Por último, esse assunto tornou-se um contencioso à medida que não se traziam informação e dados inovadores resultantes da experimentação. Ainda que numerosos artigos de revisão tenham proposto uma pletora de hipóteses brilhantes,[1-9] a origem das lesões patológicas na doença de Chagas permaneceu assunto aberto à investigação. Diante desse beco sem saída, alguns aspectos essenciais da investigação científica, visando a desvendar a origem das lesões na doença de Chagas, serão apresentados.

Persistência do parasito

A primeira hipótese para explicar a patogênese da doença de Chagas surgiu diretamente da identificação do parasito nos tecidos na fase aguda da infecção.[10] A descrição precisa da patologia da fase aguda gerou o conceito de que a doença de Chagas seria conseqüência direta da infecção microbiana. De acordo com essa teoria, a ruptura mecânica dos ninhos do parasito e a degradação dos tecidos afetados estimulariam a inflamação nas lesões da doença de Chagas. Entretanto, a dificuldade em estabelecer uma relação direta entre as infecções pelo *T. cruzi* e a ocorrência da doença de Chagas nas áreas endêmicas onde apenas um terço dos indivíduos infectados sucumbem à doença não pôde ser prontamente resolvida. Ao lado disso, em 80% dos pacientes que faleciam da doença se notava a ausência dos ninhos do parasito nas lesões patológicas ou fora delas.[11] Por último, aquela dificuldade técnica foi resolvida com testes imunológicos que permitem a identificação indireta de antígenos do parasito e com auxílio de marcadores genéticos de alta sensibilidade mostrando a persistência de kDNA do parasito nos tecidos dos pacientes chagásicos.[4] Porém, sabe-se que somente a presença do nDNA é indicativa de uma infecção ativa pelo *T. cruzi*.[12, 13]

Nesse ínterim, perguntas-chave ficaram sem respostas: i) Por que as infecções agudas são usualmente imperceptíveis clinicamente e silenciam espontaneamente? ii) As lesões patológicas severas que levam ao óbito são vistas em todos os casos de infecções crônicas ou em apenas alguns pacientes com as infecções crípticas? iii) Por que os pacientes com as infecções chagásicas crípticas têm altas taxas de mortalidade? Respostas parciais para essas questões foram, então, procuradas em estudos longitudinais.

Entre 190 chagásicos soropositivos, 134 pacientes tinham parasitemias negativas e 56 chagásicos tinham parasitemias detectadas pelo xenodiagnóstico. Observou-se que a doença progressiva no coração dos chagásicos se instalou, respectivamente, em 30% dos pacientes com parasitemia persistente e em 28,8% dos pacientes com resultados negativos dos xenodiagnósticos.[14] Esses dados mostram que a severidade das lesões cardíacas não pôde ser associada com a persistência da parasitemia nos pacientes chagásicos crônicos.

Teoria neurogênica unificada

Uma hipótese neurogênica que tentava explicar a patogênese da doença de Chagas entrou em voga há muitas décadas.[15] A modificação dessa hipótese foi recentemente apresentada visando a unificar duas teorias que tentam explicar as lesões crônicas da doença de Chagas do coração.[16] Pesquisadores venezuelanos[16, 17] acreditam que o dano causado ao sistema nervoso parassimpático e a permanente ativação do sistema nervoso simpático e de outros circuitos neuro-hormonais poderiam explicar as lesões da doença de Chagas. Particularmente, essa hipótese[16, 18] tem base nos dados que mostram que pacientes crônicos com persistência da parasitemia, porém sem lesão do miocárdio, não têm lesão do sistema nervoso parassimpático do coração ou ativação neuro-hormonal.[19] Anormalidades do sistema nervoso autônomo e reação auto-imune perpetuariam o ciclo vicioso de cardiotoxicidade das catecolaminas, da miocitólise e da insuficiência cardíaca. Entretanto, a hipótese neurogênica unificada não explica a origem da patogênese da doença de Chagas.

Auto-imunidade

Nas últimas três décadas, a auto-imunidade tem sido considerada um mecanismo patogênico importante na gênese da doença de Chagas e tem recebido grande atenção e apoio experimental.[9, 20] O achado patológico chave da destruição da célula-alvo não parasitada pelas células efetoras mononucleares do infiltrado inflamatório na doença de Chagas foi levado consistentemente em consideração, visando à emulação das condições experimentais *in vivo* e *in vitro*. Diante da constatação de uma rejeição acelerada de células cardíacas alogênicas pelos linfócitos imunes de coelhos cronicamente infectados com *T. cruzi*, foi iniciada a base da teoria auto-imune.[21] Os dados experimentais mostraram que células embrionárias de coração de coelhos eram rapidamente destruídas pelos linfócitos imunes em uma hora, enquanto os linfócitos de coelhos controle, não infectados, não as destruíam. Essa observação provocou a enunciação da hipótese auto-imune.[22] Mecanismos de auto-imunidade como fator de desencadeamento das lesões da doença de Chagas têm sido descritos e debatidos, estimulando discussões constantes sobre o papel dos antígenos do *T. cruzi*, epítopos de reação cruzada e mimetismo molecular.[3] Elementos de informação e dados esclarecedores sobre a discussão do assunto são encontrados em extensos trabalhos de revisão da literatura.[8, 23] Nesse ínterim, os papéis desempenhados pela persistência do parasito e pela auto-imunidade podem ser considerados essenciais na patogênese da doença de Chagas.

Para esclarecer o papel da auto-imunidade, deve-se considerar o binômio causa e efeito. De acordo com os postulados de Kock, um agente infeccioso deve ser consistentemente isolado de um hospedeiro infectado em vários estágios da doença. O micróbio isolado do hospedeiro doente deve crescer em meio de cultura ou em cobaia de laboratório, de onde o micróbio pode ser recuperado. Em seguida, após inoculação em um hospedeiro susceptível, o micróbio recuperado deve ser capaz de transmitir a doença para indivíduo sadio, mostrando os mesmos aspectos vistos quando ele foi isolado pela primeira vez. Finalmente, o micróbio deve ser re-isolado do animal doente, verificando-se tratar do mesmo microorganismo da cultura pura. Os postulados de Kock não podem ser preenchidos na grande maioria das patologias na ausência de um agente infeccioso demonstrável. Na doença de Chagas, entretanto, a contaminação potencial das células imunes com o *T. cruzi* vivo impede o preenchimento dos postulados de Kock. A esse respeito, para determinar o papel da auto-imunidade na doença de Chagas, há necessidade de reprodução das lesões pela transferência passiva das células efetoras do sistema imune.

Observando o desenvolvimento da doença de Chagas progressiva no coração de coelhos infectados e tratados com nitroderivado anti-*T. cruzi*,[24, 25] a seguinte questão tornou-se inevitável: O que estaria sustentando as lesões destrutivas nas células do coração dos coelhos tratados? Foi demonstrado que uma alta taxa de transferência genética ocorre do parasito para o hospedeiro e que a mutação resultante poderia explicar a persistência das lesões verdadeiramente auto-imunes na doença de Chagas.[26] Então, hipotetizou-se que a auto-imunidade na doença de Chagas poderia ser desencadeada pelas alterações fenotípicas induzidas pelo DNA do parasito retido no genoma do hospedeiro.

Abstract

There are two theories seeking to explain the origin (pathogenesis) of Chagas disease lesions. Demonstration of parasite persistence in Chagas patient's body for life has suggested the parasite direct mechanical action would rupture parasitized host cells and, thus be the main factor producing lesions. This parasite-persistence theory does not explain, for example, why Chagas patients do not die in the acute phase of *T. cruzi* infections when the parasite burden is usually high in mammal hosts. Also, this theory does not explain why two thirds of all chronic Chagas patients show absence of clinic manifestations due to lesions in target organs in the body. The second theory suggests that the main lesion in Chagas disease is the rejection of parasite-free target cells by the host's immune system reactions. This auto-immune theory appears to explain a life-long silent infection with sudden upsurge of lesions in one third of chagasics, possibly depending on genetic regulation of specific immune responses. In favor of the auto-immune theory is the "*minimal rejection unit*" of parasite-free target cells, which is a common denominator of pathology in Chagas disease affecting vertebrate animal hosts of five different orders. Certainly, parasite persistence is fundamental for triggering auto-immune, self-destructive reactions. However, there has never been Chagas disease without *T. cruzi* infections.

Notas bibliográficas

1. LEVIN, M. J. In chronic Chagas heart disease, don't forget the parasite. *Parasitology Today,* 12, p. 415-416, 1996.
2. KALIL, Cunha-Neto, E. Autoimmunity in Chagas disease cardiomyopathy: fulfilling the criteria at last? *Parasitology Today* 12, p. 396-399, 1996.
3. KIERSZENBAUM, F. Chagas disease and the autoimmunity hypothesis. *Clinical Microbiology Reviews,* 12, p. 2210-2223, 1999.
4. TARLETON, R. L.; ZHANG, L. Chagas disease etiology: autoimmunity or parasite persistence? *Parasitology Today,* 15, p. 94-99, 1999.
5. TARLETON, R. L. Parasite persistence in the aetiology of Chagas disease. International. *Journal of Parasitology,* 31, p. 550-554, 2001.
6. LEON, J. S.; ENGMAN, D. M. Autoimmunity in Chagas heart disease. *International Journal of Parasitology,* 31, p. 554-560, 2001.
7. ENGMAN, D. M.; LEON, J. S. Pathogenesis of Chagas heart disease: role of autoimmunity. *Acta Tropica,* 81, p. 123-132, 2002.
8. LEON, J. S.; ENGMAN, D. M. The significance of autoimmunity in the Pathogenesis of Chagas heart disease. *Frontiers in Bioscience,* 8, p. 315-322, 2003.
9. GIRONES, N.; FRESNO, M. Etiology of Chagas disease myocarditis: autoimmunity, parasite persistence, or both? *Trends in Parasitology,* 19, p. 19-22, 2003.
10. VIANNA, G. O. On pathologic anatomy in Chagas disease. *Memórias Instituto Oswaldo Cruz,* 3, p. 276-294, 1911.

11. TORRES, C. M. Sobre a anatomia patologica da doenca de Chagas. *Memórias Instituto Oswaldo Cruz*, 36, p. 391-404, 1941.

12. BRAGA, M. S.; LAURIA-PIRES, L.; ARGANARAZ, E. R.; NASCIMENTO, R. J.; TEIXEIRA, A. Persistent infections in chronic Chagas disease patients treated with anti-Trypanosoma cruzi nitroderivatives. *Revista do Instituto de Medicina Tropical de São Paulo*, 42, p. 157-161, 2000.

13. LAURIA-PIRES, L.; BRAGA, M. S.; VEXENAT, A. C.; NITZ, N.; SIMÕES-BARBOSA, A.; TINOCO, D. L.; TEIXEIRA, A. R. Progressive chronic Chagas heart disease ten years after treatment with anti-*Trypanosoma cruzi* nitroderivatives. *The American Journal of Tropical Medicine and Hygiene*, 63, p. 111-118, 2000.

14. CASTRO, C.; PRATA, A.; MACEDO, V. The influence of the parasitemia on the evolution of the chronic Chagas disease. *Revista da Sociedade Brasileira de Medicina Tropical*, 38, p. 1-6, 2005.

15. DÁVILA, D. F.; DONIS, J. H.; TORRES, A.; FERRER, J. A. A modified and unifying neurogenic hypothesis can explain the natural history of chronic Chagas heart disease. *International Journal of Cardiology*, 96, p. 191-195, 2004.

16. BESTETTI, R. B.; COUTINHO-NETTO, J.; STAIBANO, L.; PINTO, L. Z.; MUCCILLO, G.; OLIVEIRA, J. S. Peripheral and coronary sinus catecholamine levels in patients with severe congestive heart failure due to Chagas disease. *Cardiology*, 86, p. 202-206, 1995.

17. DAVILA, D. F.; INGLESSIS, G.; MAZZEI DE DAVILA, C. A. Chagas heart disease and the autonomic nervous system. *International Journal of Cardiology*, 30, p. 66123-127, 1998.

18. DAVILA, D. F.; ROSSELL, O.; DE BELLABARBA, G. A. Pathogenesis of chronic chagas heart disease: parasite persistence and autoimmune responses versus cardiac remodelling and neurohormonal activation. *International Journal of Parasitology*, 32, p. 107-109, 2002.

19. DAVILA, D. F.; NUNEZ, T. J.; ODREMAN, R.; DAVILA, C. A. Mechanisms of neurohormonal activation in chronic congestive heart failure: pathophysiology and therapeutic implications. *International Journal of Cardiology*, 101, p. 343-346, 2005.

20. BENOIST, C.; MATHIS, D. Autoimmunity provoked by infection: how good is the case for T cell epitope mimicry? *Nature Immunology*, 2, p. 797-801, 2001.

21. SANTOS-BUCH, C. A.; TEIXEIRA, A. R. L. The Immunology of Experimental Chagas Disease: III. Rejection of allogeneic heart cells in vitro. *Journal of Experimental Medicine*, 140, p. 38-53, 1974.

22. TEIXEIRA, A. R. L. Autoimmune mechanisms in Chagas disease. In: American Trypanosomiasis Research. *Pan American Health Organization. Scientific Bulletin*, 318, p. 98-108, 1975.

23. TARLETON, R. L. Chagas disease: a role for autoimmunity? *Trends in Parasitology*, 19, p. 447-51, 2003.

24. TEIXEIRA, A. R. L.; CÓRDOBA, J. C.; SOUTO-MAYOR, I.; SOLÓRZANO, E. Chagas disease: Lymphoma growth in rabbits treated with ben-

znidazole. *American Journal of Tropical Medicine and Hygiene,* 43, p. 146-158, 1990.

25. TEIXEIRA, A. R.; SILVA, R.; CUNHA NETO, E.; SANTANA, J. M.; RIZZO, L. V. Malignant, non-Hodgkin's lymphomas in *Trypanosoma cruzi*-infected rabits treated with nitroarenes. *Journal of Comparative Pathology,* 103, p. 37-48, 1990c.

26. NITZ, N.; GOMES, C.; ROSA, A. C.; D'SOUZA-AULT, M. R.; MORENO, F.; LAURIA-PIRES, L.; NASCIMENTO, R. J.; TEIXEIRA, A. R. L. Heritable integration of kDNA minicircle sequences from *Trypanosoma cruzi* into the avian genome: Insights into human Chagas disease. *Cell,* 118, p. 175-186, 2004.

CAPÍTULO 11

Transferência horizontal de seqüências de minicírculos de kDNA de *Trypanosoma cruzi* para o genoma do hospedeiro vertebrado

Antonio Teixeira
Nadjar Nitz

O tratamento da infecção chagásica com droga antitripanossoma não interrompeu a progressão da lesão no coração de coelhos. Então, surgiu a pergunta: o que sustentaria a lesão ativa no coração chagásico? Uma hipótese de transferência horizontal do DNA do *Trypanosoma cruzi* para o genoma do hospedeiro foi feita porque ela poderia responder à pergunta. A pesquisa mostrou que seqüências de minicírculos do parasito são transferidas para sítios específicos do genoma do coelho, e, também, do primata e do homem; em todos os casos o sítio da integração foi o retrotransposon LINE-1. Utilizando um modelo de infecção *in vitro*, foi possível mostrar que o kDNA integrado nos elementos LINE-1 pode ser mobilizado para outro sítio do genoma da célula hospedeira. Esse resultado sugere que uma mutação indutora de modificação no genótipo e no fenótipo da célula-alvo pode explicar a variabilidade das manifestações clínicas da doença, assim como a origem e a progressão da rejeição da célula hospedeira não parasitada ao longo dos anos. Essa explicação justifica o longo tempo entre a infecção inicial e o desencadeamento da doença. Segundo essa teoria, o parasito funciona como um vetor de mutação, e as células alteradas reconhecidas como não próprias são rejeitadas pelo sistema imune de defesa.

Introdução

Era necessário achar uma resposta que explicasse a origem da auto-imunidade na doença de Chagas. Diante da hipótese, a resposta foi procurada em amostras de DNA extraído do sangue de pacientes com a doença de Chagas cardíaca, com diagnóstico confirmado pelos anticorpos específicos contra antígenos de *T. cruzi*. Em seguida, a hipótese foi averiguada em coelhos infectados experimentalmente no laboratório e em babuínos que adquiriram a infecção naturalmente. Nesses modelos animais da infecção chagásica e no homem, observou-se que pode haver transferência horizontal de seqüências de minicírculos de kDNA do *T. cruzi* para o genoma do hospedeiro. Neste capítulo são apresentados resultados de experimentos que sugerem uma relação direta entre a mutação do kDNA no genoma do hospedeiro vertebrado e a patogênese da doença.

Transferência horizontal de DNA (THD)

Uma resposta que explica a origem da auto-imunidade na doença de Chagas foi procurada em amostras de DNA extraído do sangue de pacientes com a doença de Chagas cardíaca, com diagnóstico confirmado pelos anticorpos específicos contra antígenos de *T. cruzi*. Nesses pacientes, todas as amostras foram positivas para o DNA do parasito nos testes com marcadores moleculares da infecção pelo *T. cruzi*. De maior interesse, foi demonstrado que o kDNA do *T. cruzi*, especificamente seqüências de minicírculos, havia sido transferido para o genoma do paciente chagásico.[1] Os sítios precisos de integrações de kDNA foram detectados em diferentes *loci* dos cromossomos 8, 11, 16, 17, X e outros (números de acesso ao GenBank: AY490889 a AY490905). Um padrão de integração característico também foi encontrado no genoma de babuíno (*Papyo hamadrias*) chagásico (GeneBank DQ241812) e de coelhos (GenBank AY488498 a AY488502). O ponto de integração foi freqüentemente o retrotransposon LINE-1, cujas cópias inseridas em regiões ricas em A-C incluem famílias de seqüências curtas e repetidas onde se encontram genes associados com as respostas imunes. As seqüências integradas de minicírculos truncados achavam-se ligadas covalentemente ao DNA do hospedeiro.

O kDNA do *Trypanosoma cruzi* integra no genoma do chagásico

As análises das seqüências do DNA do hospedeiro no flanco da mutação mostraram similaridade com elementos repetitivos curtos e longos, respectivamente SINEs e LINEs, nas várias espécies animais. A presença desses elementos foi vista em sítios de mutação com intenso embaralhamento e remodelamento, ou seja, na região de justaposição onde a integração ligava o DNA do hospedeiro ao kDNA exógeno. Como a integração de seqüências de minicírculos de kDNA foi observada no genoma de coelhos, babuínos e de pacientes chagásicos, então foram feitos alinhamentos da região de justaposição do kDNA com o DNA de cada uma dessas espécies, conforme os números de depósitos no GenBank: Humano, AY485269, AY490891, AY490889, AY490901 e AY490904; Coelho, AY488499, AY488499, AY488500 e AY488502; Babuíno, DQ241812. Independentemente de suas origens, essas seqüências exibiam alinhamentos múltiplos entre si. Por exemplo, as seqüências originadas de pacientes chagásicos e de babuínos exibiam alinhamentos quase perfeitos com DNA de coelho. Esse achado não pode ser mera coincidência, pois ele é sugestivo de que seqüência de minicírculo de kDNA integra em um sítio semelhante (LINE-1) nas diversas espécies de mamíferos, ou seja, o kDNA do *T. cruzi* integra em retrotransposon presente no genoma dos mamíferos há mais de 150 milhões de anos.

Como cada um desses aspectos intrincados da transferência de seqüências de minicírculos pode ser prontamente abordado em culturas de células, empregou-se um modelo *in vitro* visando à elucidação do sítio da integração do kDNA do *T. cruzi* em macrófagos de origem humana U937 e de sua instabilidade ao longo dos anos.

A integração faz-se em retrotransposon LINE-1

Diante da preferência de integração das seqüências de minicírculos de kDNA dentro de retrotransposons LINE-1, postulamos que as inserções do DNA exógeno podiam ser mobilizadas dentro do genoma do hospedeiro. O impacto funcional das alterações do genoma poderia incluir alterações na expressão de genes endógenos assim como na geração de produtos quiméricos resultantes da fusão do genoma hospedeiro com minicírculos de kDNA, e em ambos os casos haveria possibilidade de explicar as lesões da doença de Chagas crônica. Em razão da freqüência e da complexidade do fenômeno, o exame dos organismos inteiros pode ser impraticável. Por isso, utilizamos um modelo de cultura de macrófagos adaptados à infecção pelo *T. cruzi* para a caracterização subseqüente da integração do kDNA e sua mobilização produzindo alteração

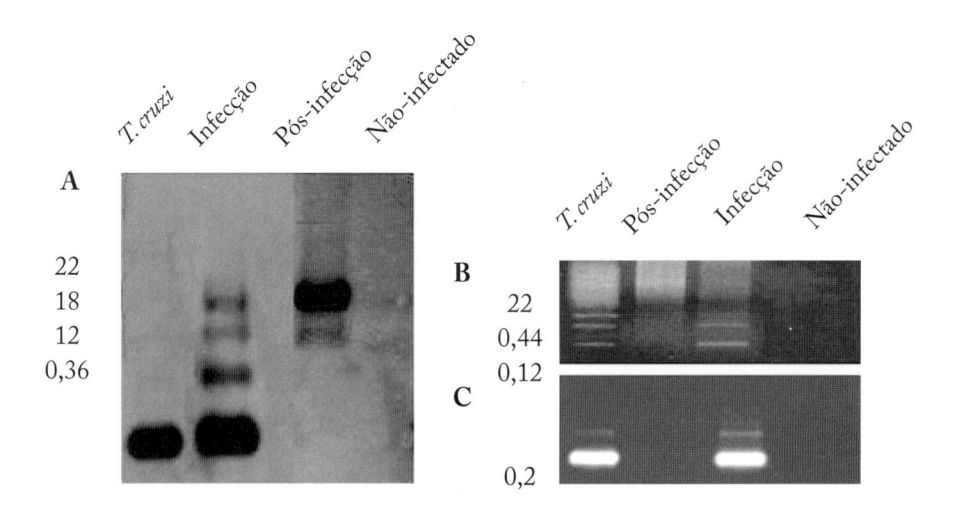

Figura 11.1 Integração de minicírculo de kDNA de *T. cruzi* no genoma de macrófagos. A) Hibridização de DNA do macrófago U937 digerido com *Nsi*I com sonda de kDNA aos sete dias e aos trinta dias pós-infecção. B) Amplificação de minicírculos pela PCR usando *primers* Sk34/67. C) Amplificação de DNA nuclear usando *primers* Tcz1/2. Bandas formadas aos sete dias são diferentes daquelas dos 30 dias

Fonte: Simões-Barbosa et al., *Mem. Inst. Oswaldo Cruz*, 2006

fenotípica. Esse modelo permitiu detectar a aquisição e a movimentação do kDNA integrado dentro do genoma do macrófago em cultura e documentar uma alteração específica na expressão gênica flagrada ao longo dos anos.

A presença de mutações de kDNA no genoma de macrófagos foi sugerida em decorrência dos perfis de bandas formadas aos três meses e aos três anos pós-infecção. Isso foi visto porque a migração do DNA da célula humana em gel de agarose diferia daquela observada no DNA do *T. cruzi*, como mostra a Figura 11.1 A e B.

Em seguida, utilizando a técnica de hibridização *in situ*, o kDNA integrado foi co-localizado em LINE-1 em cromossomos de metáfases de macrófagos pós-infecção (Figura 11.2A e B).

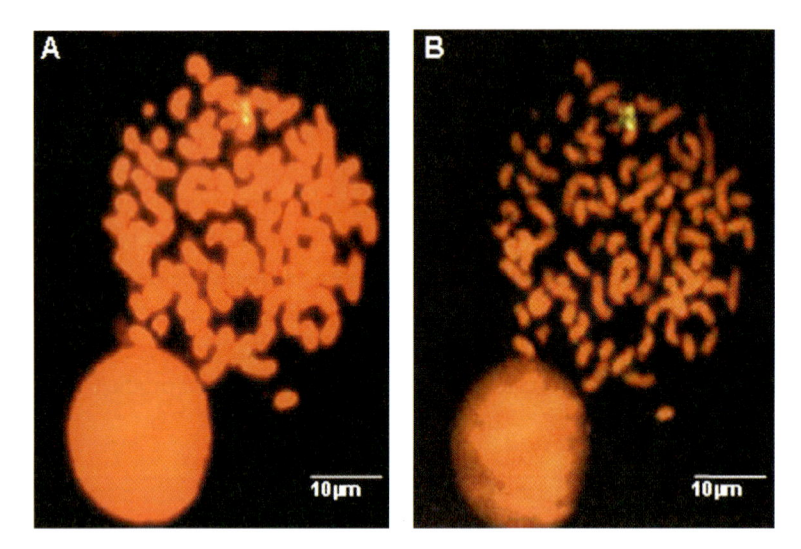

Figura 11.2 Co-localização do minicírculo de kDNA do *T. cruzi* em cromossomo metafásico de macrófago pós-infecção. A) LINE-1 mostrando fluorescência em dois cromossomos mediante anelamento de sonda específica para LINE. B) Co-localização do kDNA dentro do LINE-1 com sonda específica para kDNA
Fonte: Simões-Barbosa et al., *Mem. Inst. Oswaldo Cruz*, 2006

Amplificação das seqüências integradas associadas aos LINEs do hospedeiro

As culturas de macrófagos em replicação continuada três meses após erradicação da infecção pelo *T. cruzi* foram analisadas para identificar o DNA nas junções da integração. Inicialmente, as tentativas de clonagem de um fragmento de restrição representando uma integração de kDNA de 2,2 kb kDNA no genoma do macrófago pós-infecção foram infrutíferas; a clonagem gerou seqüências truncadas, usualmente menores que 0,5 kb, representando fragmentos rearranjados de kDNA e nenhum DNA flanqueador do macrófago. Todavia, os resultados sugeriram que inserções de seqüências linearizadas de minicírculo ocorriam em orientação direta ou invertida, associando regiões repetidas e rearranjadas que formam estruturas sujeitas a recombinação e deleção. Esses achados foram importantes para o desenho de uma estratégia para determinar a região de integração do minicírculo ao genoma do macrófago.

A estratégia para clonagem e seqüenciamento de eventos de integração consistiu na amplificação por PCR empregando um só *primer* específico, S36 anelando num ponto da região conservada do minicírculo. As amplificações geraram cinco seqüências representativas com extensões de 527 a 700 pb (números de acesso ao GenBank: AF002199 a AF002203). Cada uma dessas seqüências continha minicírculo covalentemente ligado a LINE-1, sugerindo que as inserções de minicírculos ocorreram dentro desses elementos no genoma do macrófago. A Figura 11.3 ilustra a integração

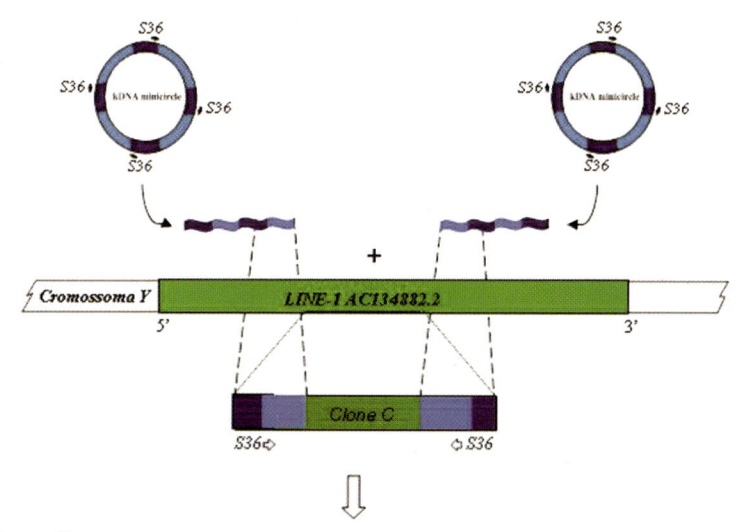

Clone C

```
  1    GGTTCGATTG GGGTTGGTGT AATTAGGAGG AGTTGAGTGG AAGGGAAATG GAGTTGAGTG
 61    AAGGATGGAA TGGAATGAGA TGGAATGGAA TGGAATGGAA TGGAATGGAA TGGAATGGAA
121    TGGAATGGAA TGGAATGGAA AGGGAAGGTA AGGGTGGTGG GAAGTAAGGT GGTGCGCTAA
181    TCCTCAATAA AATACTACCA AACCGATCCA GCAGCAAATC AAAAAGCTTA TCCACCATGA
241    TCCAAACTGG GCTGCATCCC TGGGGTCGAA GGCTGGTTCA CATCACAATC AATCAATCAC
301    ATATCCCAAA CCCACGTCCA AAACTCAATG ATATGTCAAT GATGCAGAAA GCCTTTTGAC
361    AAAATTCAAC AACCTTCATT GCCTAAAACT CTCAATAAAT TAGATATTGA TGGGATTGGT
421    ATCTCAAGGG ATGTATCTCT AATATTAAGA GTCATTTAGT CAAACCCACA GCCAATATCA
481    TACTGAATGG GTNAAAAACC TGGAAGGCAT TCCCTTTGAA AATCTTCAGT TACCTTTCTT
541    TTGGATATGT GTGTGAGGGA AAGAGTACCT ACAAACTACC CTTTTAGTTA AATGCCATAT
601    ACAATAAATA TTAATACCTT ACATGTCCTC ATGTTGTATA TTACACCAAC CCCAATCGAA
661    CC
```

Figura 11.3 Representação esquemática da integração de seqüência de minicírculo de kDNA de *Trypanosoma cruzi* em LINE-1 humano. Fragmentos truncados de minicírculos de kDNA foram achados em LINE-1 situado no cromossomo Y: o clone C mostra região conservada do *primer* S36 (azul escuro) em ambos os lados, seguida de regiões variáveis de minicírculos (azul claro) e seqüência LINE-1 (verde)

Fonte: Simões-Barbosa et al., *Mem. Inst. Oswaldo Cruz,* 2006

minicírculo de kDNA no LINE-1 AC134888.2. Em quatro clones (A, C, D, e E) as regiões constantes e variáveis de minicírculo estavam flanqueadas por repetições curtas do tipo Alu (SINE) seguidas pelo DNA do LINE-1. As seqüências em posições invertidas eram consistentes com duas integrações em direções opostas. Esses clones mostram segmentos homólogos dos cromossomos humanos Y, 4 e 13; o clone B tinha LINE-1 ligado à seqüência do minicírculo em uma ponta apenas. Em três ocasiões (clones A, C e D), a justaposição de kDNA com LINE-1 estava truncada por seqüências repetidas com evidente microhomologias, sugerindo que a recombinação homóloga pode ter sido o mecanismo mediador da integração de seqüências de minicírculos de kDNA em LINE-1 dentro da célula hospedeira humana.

Uma extensão natural da análise foi a procura de proteínas quiméricas nos sítios de integração associados com as mutações. A análise BLASTx detectou duas ORFs (fases abertas de leitura) nos clones A, B e E, mostrando similaridade com transcriptase reversa humana e com ubiquitina (clone B) e com uma proteína quimérica humana e de *T. cruzi* (clones A, C, D e E). Em resumo, foram encontradas cinco inserções de kDNA dentro de LINE-1 da família Ta, revelando um sítio quente de integração de minicírculos de kDNA.

Mobilização de kDNA via LINE-1

As células com a mutação de kDNA foram clonadas e, desde então, têm sido mantidas em cultura no laboratório. As mutações de kDNA em clones de macrófagos

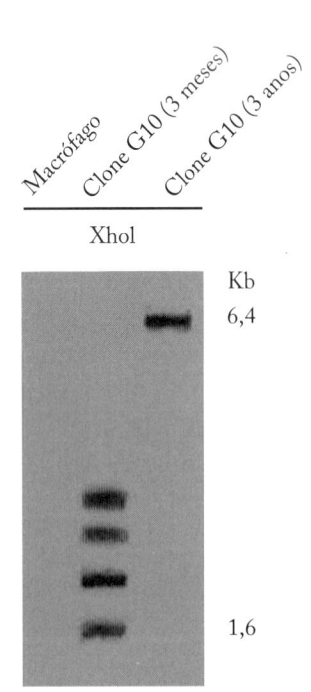

Figura 11.4 Mobilização da mutação do kDNA ao longo dos anos. Bandas formadas no genoma do macrófago mostrando o kDNA integrado no clone G10. Os perfis de bandas de kDNA são diferentes aos três meses e aos três anos pós-infecção. Fragmentos de DNA genômico do clone G10 digerido com *Xho*I foram separados em gel de agarose a 1% e identificados com a sonda específica de kDNA Fonte: Simões-Barbosa et al., *Mem. Inst. Oswaldo Cruz*, 2006

mantiveram-se ao longo dos anos. Variações encontradas nas análises das integrações feitas aos três meses e aos três anos pós-clonagem identificaram distintos perfis de bandas e sugeriram a possibilidade de mobilização da mutação de um sítio para outro dentro do genoma da célula clonada (Figura 11.4).

Esse aspecto foi explorado mediante análise dos transcritos de RNA no clone G10 mutado com kDNA e no macrófago não infectado que, portanto, serviu de controle.[2] Observou-se a presença de transcrito no macrófago controle (testemunha) que não se encontrava no clone G10 que tinha a mutação de kDNA (Figura 11.5A, B, C e D).

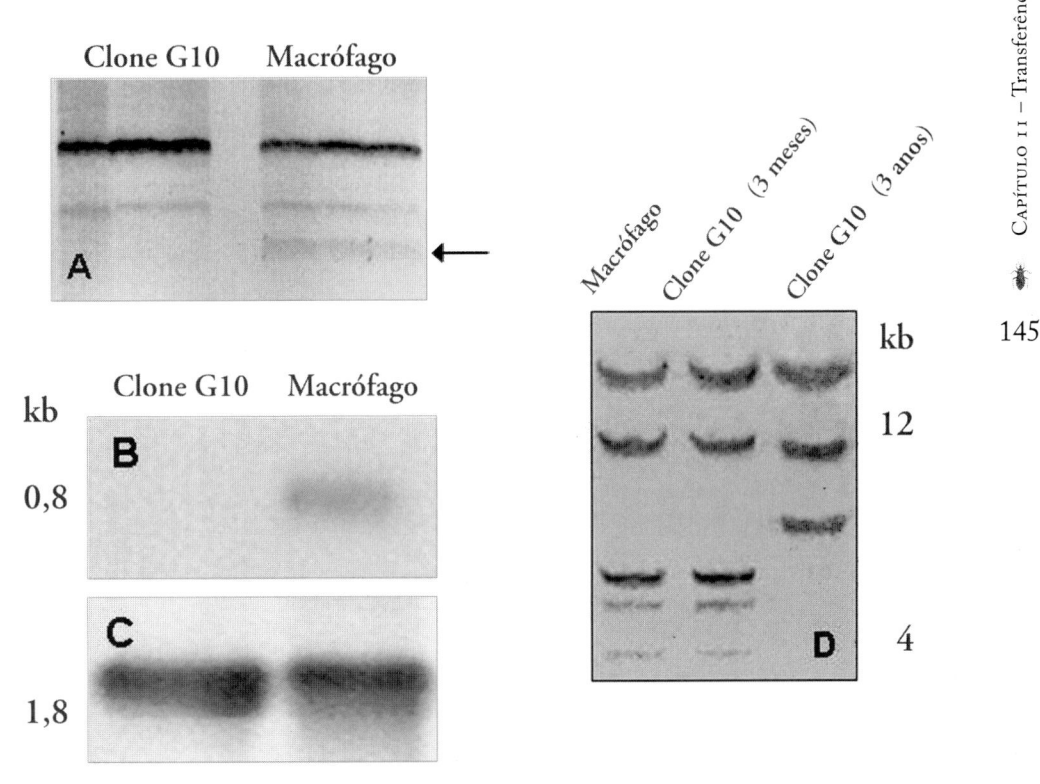

Figura 11.5 Modificação no fenótipo resultante da mobilização da mutação. A) Análise diferencial do mRNA do clone G10 três anos pós-infecção. Uma banda presente no macrófago (seta) está ausente no clone G 10. B) mRNA de 0,8-pb identificado com sonda cDNA do gene p15 está ausente no clone G10. C) O controle positivo mostra banda de 1,8-kb da β-actina. D) Hibridização de digestos *Bam*HI de DNA de macrófago controle e do clone G10 com sonda do gene p15. Note alteração do perfil de bandas no macrófago três anos pós-infecção
Fonte: Simões-Barbosa et al., *Mem. Inst. Oswaldo Cruz,* 2006

146

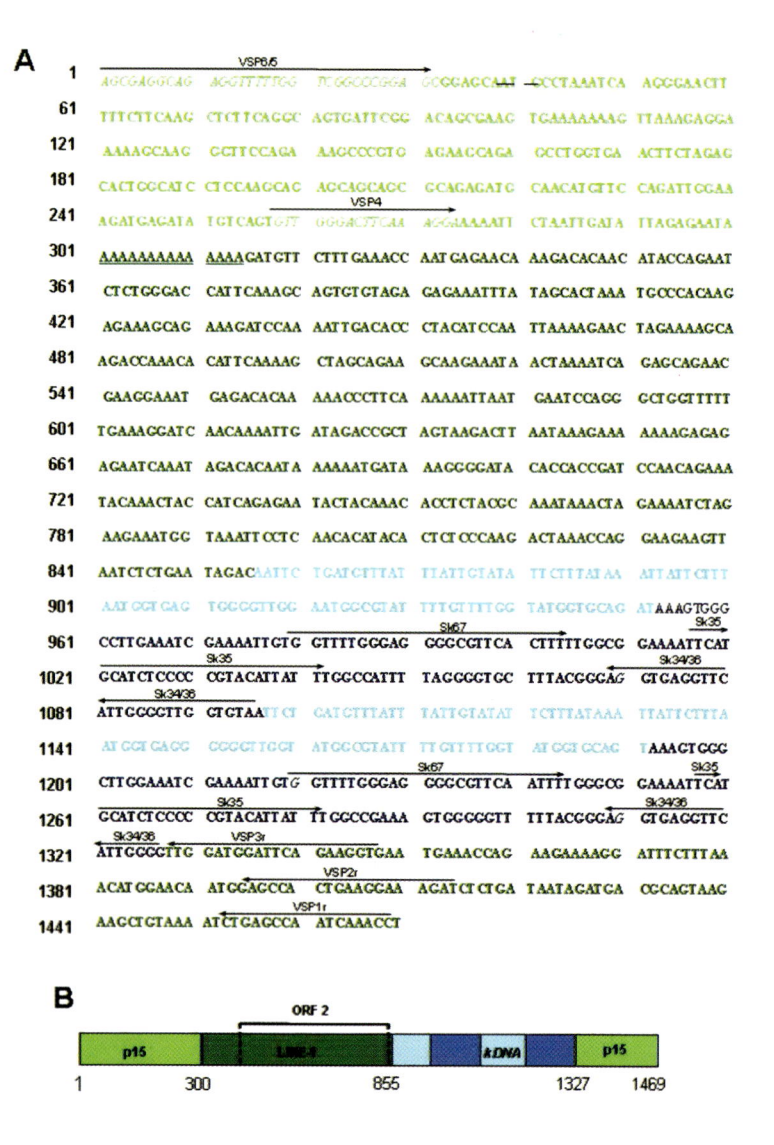

Figura 11.6 Modificação do gene p15 pela inserção de minicírculo de kDNA ligado ao elemento LINE-1 no cromossomo 5p13.3. A) Ruptura da ORF p15 pela inserção de LINE-1 truncado mobilizando um fragmento de minicírculo. A seqüência em verde claro é do gene p15, a verde escuro de LINE-1; o azul claro mostra região variável de minicírculo, e o azul escuro, região conservada de minicírculo. A ORF p15 (início no códon 39-41 pb) está interrompida no nt 300 pela cauda poli-A do LINE até pb 855, e estende-se até pb 1327 do minicírculo. O gene p15 continua do pb 1328 na direção de sua terminação 3'. Os *primers* indicados pelas setas foram usados. B) Representação esquemática da quimera minicírculo LINE-1 mostrando a inserção na ORF do gene p15, e uma ORF-2 similar à transcriptase reversa humana entre os nts 410 e 851

Fonte: Simões-Barbosa et al., *Mem. Inst. Oswaldo Cruz,* 2006

Clonagem e seqüenciamento do transcrito presente apenas no macrófago controle revelaram tratar-se do gene p15 codificador de um fator de ativação da polimerase II, localizado no cromossomo humano 5 (Figura 11.6). Então, a partir dessa informação foi possível identificar, pela amplificação, pela clonagem e pelo seqüenciamento a alteração introduzida no gene p15 do macrófago, em conseqüência daquela infecção pelo *T. cruzi* que ocorreu três anos atrás (números de acesso ao GenBank: AY584192 e AY584193). Uma cópia ativa de LINE-1 mobilizou o kDNA de sua posição no cromossomo 4 para o cromossomo 5. Ali, numa cópia do gene p15, foi encontrado um fragmento truncado de LINE-1 ligado a uma seqüência de minicírculo do kDNA. A extremidade 5' (a montante) do gene p15 encontrava-se rompida a partir do nucleotídeo 300 que tinha continuidade com a cauda poli-A do LINE-1, seguida pela sua ORF-2, que se ligava ao kDNA apresentando duas regiões variáveis e duas conservadas truncadas de minicírculos; finalmente, o kDNA terminava na região 3' a jusante no gene p15. Essa análise explicou a variação dos perfis de bandas do gene p15 comparativamente com aquelas do macrófago controle, resultando no nocaute do gene p15 (Figura 11.6). Essa demonstração[2] comprovou, pela primeira vez, a relação da mutação do kDNA com uma patologia molecular introduzida na célula pelo *T. cruzi*. A presença de microhomologias nas regiões flanqueadoras sugere que recombinação homóloga pode ser o mecanismo da integração de kDNA.

Transferência horizontal de DNA e crescimento do genoma

A transferência horizontal de minicírculo também foi investigada em coelhos hospedeiros de infecções pelo *T. cruzi*, ambos considerados excelentes modelos experimentais da doença de Chagas humana. A transferência de minicírculo foi observada no DNA genômico; fragmentos de DNA de sangue, coração, músculo esquelético, fígado, intestino e rim de coelho chagásico foram hibridizados com a sonda de 122-pb derivada da região constante do minicírculo do protozoário flagelado.

A Figura 11.7A ilustra a alteração da configuração da banda padrão de kDNA integrada no coração, no intestino e no músculo esquelético, cujo tamanho foi diferente da unidade-banda padrão de (1,4 kb) que se hibridizou especificamente com o DNA do parasito. Essas amostras não se hibridizaram com outras sondas específicas do DNA do *T. cruzi*.[3-5] O seqüenciamento da banda de 2,2 kb revelou ambas as extensões do DNA do coelho flanqueando a inserção do minicírculo (Figura 11.7B). A integração do minicírculo ocorreu em sítios repetidos diretos CACCAACC dentro do DNA do coelho. Esse DNA flanqueador do coelho mostra homologia com o clone LBNL-1125D4, que é um retrotransposon LINE-1 contendo elementos repetidos SINE intra-esparsos no genoma.[6] Uma fase aberta de leitura (ORF) iniciando-se no DNA hospedeiro e estendendo-se através do kDNA integrado gerou um transcrito potencialmente codificador do antígeno quimera r45-assemelhado.[1] De maior interesse, um caso específico de inserção de mutação foi composto de 27 fragmentos de kDNA truncados de tamanhos e estruturas variadas. Esse evento indicou que essa mutação no genoma do coelho chagásico foi iniciada originariamente por inserções repetidas de sete seqüências completas de minicírculo, totalizando 10,8 kb de kDNA dentro do genoma hospedeiro. Essa observação e aquelas que mostraram múltiplos (até quatro) eventos de mutação no genoma de pacientes chagásicos sugeriram que a transferência horizontal de minicírculo pode ser uma causa direta de crescimento de genoma.

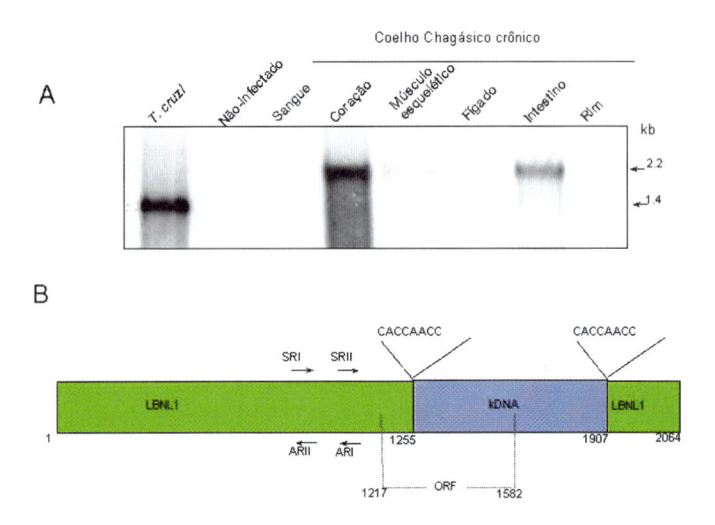

Figura 11.7 Integração de seqüência de minicírculo no genoma de coelho chagásico. A) Hibridização do DNA de coelho com sonda kDNA específica. DNA digerido com *Eco*RI foi usado na hibridização com a sonda de kDNA do *T. cruzi*. B) Representação esquemática do kDNA integrado no DNA do coelho. A integração ocorreu no DNA do coelho mostrando os sítios de ligação de seqüências curtas repetidas CACCAACC. Uma ORF quimera estende-se entre os nucleotídeos 1217 e 1582
Fonte: Nitz et al., *Cell*, 2004

Mobilização de LINE-1 e doença

O genoma do animal vertebrado contém segmentos de elementos repetidos curtos (SINE) e longos (LINE) que se perpetuam pela transmissão vertical dentro do hospedeiro.[7, 8] O genoma humano contém 535 LINEs pertencentes à família *Ta* e 415 à subfamília *Tn*. Tem sido descrito que 39 elementos da família *Ta* e 22 da subfamília *Tn* apresentam a seqüência padrão de 6,4 kb com uma região promotora 5' seguida de duas ORFs e uma região não traduzida 3' com sinal de poliadenilação e cauda poli-A, caracterizando as estruturas típicas de retrotransposons LINE-1 ativos.[9, 10] Esses elementos são reconhecidos progenitores de inserções mutagênicas no *locus* da β-globina e em vários genes Rp. Os elementos LINEs ativos possuem maquinaria endógena – transposase: DNA polymerase I e transcriptase reversa – para mobilização de seqüências do DNA dentro do genoma, e, dessa forma, podem rearranjar o exon.[11, 12] O promotor 5' inicia a transcrição do LINE-1, que usualmente é confinada a células da linhagem germinativa,[12] mas a retrotransposição de LINE-1 em células somáticas tem sido correlacionada com doenças genéticas.[13, 14] Integrações de seqüências de minicírculos de kDNA de *T. cruzi* em um paciente chagásico, ocorrendo em múltiplos *loci*, poderiam explicar a variabilidade de manifestações clínicas na doença. A acumulação de mutações induzidas por integrações de kDNA pode ser uma força desencadeadora da patologia na doença de Chagas.

Abstract

Trypanosoma cruzi-infected and benznidazole-treated rabbits exhibited lesions similar to those that have been described for Chagas rabbits. The progressive features of Chagas lesions in treated animals have suggested an unavoidable question: What could be the power sustaining actively destructing Chagas lesions in benznidazole-treated rabbits? We hypothesized *T. cruzi* DNA retained in the body could trigger Chagas lesions, and that a mutation could be the force driving auto-immunity in Chagas disease. This hypothesis implies horizontal transfer of the parasite's DNA, which would act as a vector of mutation inducing subsequent host cells genotype and phenotype alterations. Theoretically, host cells altered by a parasite-induced mutation would be recognized as non-self and, therefore, rejected by the host's immune system effectors lymphocytes and macrophages. Experiments have shown that sequences of kDNA minicircles from *T. cruzi* integrate in specific sites within the genome of rabbits, baboons and humans. It was shown that kDNA integrates in retrotransposon of LINE-1 Ta family of different mammal species. Utilizing an *in vitro* model of the infection it was shown that the kDNA integrated in LINE-1 can be mobilized to other site within the host cell genome. This result suggests that a mutation induced host cell's genotype and phenotype alterations could explain the variability of clinical manifestations as well as the origin of the rejection of a parasite-free host cell over time. The variable factor of time in this process may explain the decades of delay experienced between initial infection and displays of pathogenesis. According with this theory, mutation-induced host cell genotype and phenotype modifications could explain the origin of self-destructive auto-immune lesions in Chagas disease.

Notas bibliográficas

1. NITZ, N.; GOMES, C.; ROSA, A. C.; D'SOUZA-AULT, M. R.; MORENO, F.; LAURIA-PIRES, L.; NASCIMENTO, R. J.; TEIXEIRA, A. R. L. Heritable integration of kDNA minicircle sequences from *Trypanosoma cruzi* into the avian genome: insights into human Chagas disease. *Cell*, 118, p. 175-186, 2004.

2. SIMÕES-BARBOSA, A.; ARGAÑARAZ, E. R.; BARROS, A. M.; ROSA, A. C.; LOUVANDINI, P.; D'SOUZA-AULT, M. R.; NITZ, N.; NASCIMENTO, R. J.; TEIXEIRA, A. R. L. Hitchhiking *Trypanosoma cruzi* minicircle DNA affects gene expression in human host cells via LINE-1 retrotransposon. *Memórias do Instituto Oswaldo Cruz* (no prelo), 2006.

3. MOSER, D. R.; KIRCHHOFF, L. V.; DONELSON, J. E. Detection of *Trypanosoma cruzi* by DNA amplification using the polymerase chain reaction. *Journal of Clinical Microbiology*, 27, p. 1477–1482, 1989.

4. MURTHY, V. K.; DIBBEM, K. M.; CAMPBELL, D. A. PCR amplification of mini-exon genes differentiates *Trypanosoma cruzi* from *Trypanosoma rangeli*. *Molecular Cell Probes*, 6, p. 237-243, 1992.

5. REQUENA, J. M.; JIMENEZ-RUIZ, A.; SOTO, R. M.; LOPEZ, M. C.; ALONSO, C. Characterization of a highly repeated interspersed DNA sequence of *Trypanosoma cruzi*: its potential use in diagnosis and strain classification. *Molecular and Biochemical Parasitology*, 51, 271–280, 1992.

6. PRICE, D. K.; AYRES, J. A.; PASQUALONE, D.; CABELL, C. H.; MULLER, W.; HARDISON, R. C. The 5´ends of LINE-1 repeats in rabbit DNA define subfamilies and reveal a short sequence conserved between rabbits and humans. *Genomics*, 14, p. 320-331, 1992.

7. SMIT, A. F. A.; TOTH, G.; RIGGS, A. D.; JURKA, J. Ancestral mammalian wide subfamilies of LINE-1 repetitive sequences. *Journal of Molecular Bioloby*, 246, p. 401-417, 1995.

8. FURANO, A. V.; DUVERNELL, D. D.; BOISSINOT, S. L1 (LINE-1) retrotransposon diversity differs dramatically between mammals and fish. *Trends in Genetics*, 20, p. 9-14, 2004.

9. FENG, Q.; MORAN, J.; KAZAZIAN, H.; BOEKE, J. D. Human L1 retrotransposon encodes a conserved endonuclease required for retrotransposition. *Cell*, 87, p. 905-916, 1996.

10. GILBERT, N.; LUTZ-PRIGGE, S.; MORAN, J. V. Genomic deletions created upon LINE-1 retrotransposition. *Cell*, 110, p. 315-325, 2002.

11. SYMER, D. E.; CONNELY, C.; SZAK, S. T.; CAPÚTO, E. M.; COST, G. J.; PARMIGIANI, G.; BOEKE, J. D. Human L1 retrotransposition is associated with genetic instability in vivo. *Cell*, 110, p. 327-338, 2002.

12. TRELOGAN, S. A.; MARTIN, S. L. Tightly regulated, developmentally specific expression of the first open reading frame from LINE-1 during mouse embryogenesis. *Proceedings of The National Academy Sciences USA*, 92, p. 1520-1524, 1995.

13. KAZAZIAN, JR.; H. H.; MORAN, J. V. The impact of L1 retrotransposons on the human genome. *Nature Genetics*, 19, p. 19-24, 1998.

14. OSTERTAG, E. M.; KAZAZIAN, H. H. Jr. Biology of mammalian L1 retrotransposons. *Annual Review of Genetics*, 35, 501-538, 2001.

CAPÍTULO 12

Herança de kDNA e patogênese

Antonio Teixeira
Clever Gomes Cardoso

Em seguida à transferência horizontal de seqüências de minicírculos de kDNA ao genoma de coelhas chagásicas, foi possível mostrar a herança da mutação do kDNA para as crias dessas coelhas. Entretanto, o mamífero é permissivo à infecção pelo *T. cruzi*, a qual pode persistir por toda a vida desse animal. Para garantir que essa mutação não seja apenas um ruído produzido pela infecção críptica, foi necessário afastar essa possibilidade. Isso foi possível pela experimentação em aves refratárias à infecção pelo *T. cruzi*, mas que adquirem a infecção apenas nos primeiros dez dias de vida embrionária. Quando ovos férteis foram inoculados com *T. cruzi*, os filhotes já nasciam sem infecção, mas eles tinham a mutação do kDNA. De grande interesse, coelhos e aves com as mutações de kDNA apresentavam as lesões típicas da doença de Chagas: a "unidade mínima de rejeição" característica da patologia da doença, na qual a célula-alvo não parasitada era destruída pelas células do sistema imune do vertebrado. Esses experimentos mostraram que a "unidade mínima de rejeição" é o denominador comum da patogênese da doença de Chagas, tendo origem nas mutações induzidas no genoma e nas alterações subseqüentes no fenótipo dessas células em mamíferos e em aves refratárias à infecção.

Introdução

A descrição da patologia da doença de Chagas aguda em um menino de 18 meses e em uma menina de 4 meses de idade gerou a base preliminar de experimentos que visaram a mostrar se as infecções pelo *T. cruzi* se estabelecem nos goniablastos dos testículos e nas células da teca dos ovários impúberes. Ainda que a invasão das células embrionárias pelo *T. cruzi* não tenha sido descrita detalhadamente, observações prévias já antecipavam a possibilidade de que o parasito invadisse célula-tronco *in vitro*: célula-tronco embrionária de zigoto, 2,5 dias após o coito, engolfou ativamente formas tripomastigotas de *T. cruzi*.[1] As formas amastigotas em divisão encheram o citoplasma das células-tronco embrionárias; cinéticas similares foram observadas em seguida à infecção de células-tronco de embriões de galinha. A permissividade da célula-tronco embrionária às infecções pelo *T. cruzi* foi considerada uma indicação de que células em diferenciação na crista genital, que aparecem por volta de 4 a 8,5 dias de gestação, pudessem adquirir mutações induzidas pela integração de kDNA.

Herança mendeliana (transferência vertical) do kDNA

Dessa forma, as células embrionárias tornaram-se candidatas ao recebimento de mutações associadas com as transferências de kDNA integrado em linhagens de células germinativas. A transmissão transplacentária de *T. cruzi* e a integração subseqüente de kDNA foram observadas experimentalmente em crias de coelhas portadoras da infecção chagásica crônica. Quatro coelhas e dois coelhos, sexualmente maduros, inoculados com *T. cruzi* cruzaram durante o curso da infecção crônica. As fêmeas pariram 104 filhotes em três gravidezes subseqüentes. Os testes NAT em amostras de DNA dos tecidos dos natimortos ou das células do sangue dos recém-nascidos das coelhas chagásicas crônicas foram realizados visando a mostrar a presença dos marcadores genéticos de nDNA e kDNA do parasito. Os testes NAT mostraram

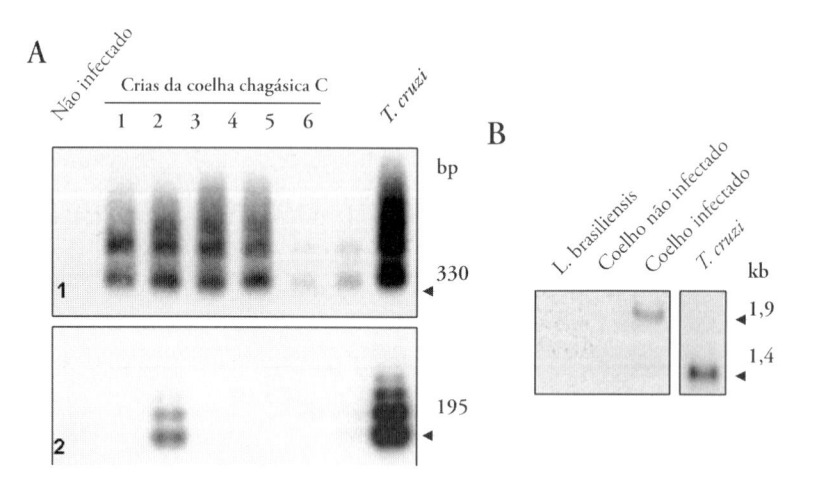

Figura 12.1 Marcadores genéticos da infecção pelo *T. cruzi* em crias de coelhas chagásicas. A) Hibridização específica de produtos de PCR de DNA obtido de coelhos nascidos de mães chagásicas, usando *primers* de kDNA e nDNA. 1) PCR para kDNA mostra multímetros do parasito e do DNA genômico de seis progênies por hibridização com sonda de kDNA. 2) PCR para nDNA mostra bandas de 195 pb e multimeros formados com DNAs do parasito e DNA genômico da cria 2 e sonda interna específica. B) Hibridização do DNA genômico de filhote de coelho nascido de mãe chagásica com sonda específica de kDNA. Note diferenças nas posições das bandas no coelho infectado e no *T. cruzi*
Fonte: Nitz et al., *Cell*, 2004

que 15 (14,4%) filhotes apresentaram o nDNA sugestivo da infecção e que 24 (23%) retinham apenas o kDNA do parasito. Foi extraído o DNA do coração, do músculo esquelético, do fígado, do baço e dos intestinos delgado e grosso dos natimortos. Cada tipo de tecido formou bandas que hibridizaram com sondas específicas de produtos de amplificação kDNA do parasito. Nenhum desses achados foi observado em crias de coelhas controle, não infectadas.

No caso de uma coelha chagásica, cronicamente infectada, que engravidou e pariu seis filhotes, o DNA extraído de vários tecidos dos filhotes revelou cinco crias com testes NAT positivos para kDNA e apenas uma cria teve testes NAT com amplificações positivas de kDNA e de nDNA (Figura 12.1A e B). Na verdade, cinco das seis crias dessa coelha chagásica apresentaram transferência vertical de kDNA por meio dos gametas dos genitores, enquanto um único filhote recebeu a infecção viva do *T. cruzi* por via transplacentária. Os DNAs genômicos das cinco crias kDNA-positivas foram submetidos a análise pela técnica 5' RACE, apresentando seis sítios de integração de fragmentos de minicírculos. Em três desses casos, o kDNA entrou na região da β-globina no cromossomo 1. Para determinar se a infecção viva é necessária para que haja integração do kDNA, seqüências de minicírculos purificadas ou clonadas foram inoculadas via intravenosa nos coelhos. Esses coelhos controle foram monitorados, semanalmente, durante três meses e apresentaram, apenas até a terceira semana pós-inoculação, produtos de amplificação de kDNA a partir de DNA extraído de seu próprio sangue.

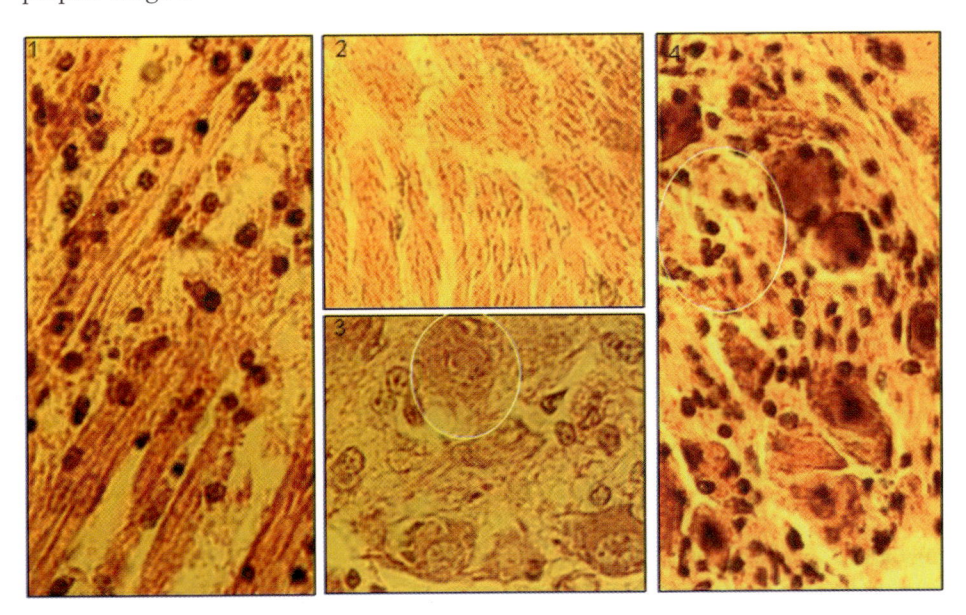

Figura 12.2 Histopatologia em cria de coelha chagásica com a mutação do kDNA. Lesões típicas de "unidade mínima de rejeição" presentes no coração e no gânglio parassimpático intracardíaco. Compare as lesões com a histologia normal do coração (no meio e acima) e do gânglio (no meio e abaixo)
Fonte: Nitz et al., *Cell*, 2004

Nos filhotes nascidos de coelhas chagásicas, foram encontradas lesões histo-patológicas típicas (Figura 12.2) no tecido muscular cardíaco e também no sistema nervoso periférico. Tais lesões são similares àquelas descritas em coelhos chagásicos e em humanos (veja o capítulo sobre a patologia em pacientes chagásicos e em coelhos). Nenhuma patologia foi encontrada em qualquer tecido de coelhos nascidos de genitores controle, não infectados.

Evolução e patologia

Tendo mostrado a transferência vertical de kDNA de coelhos chagásicos cronicamente infectados para suas crias, a alta freqüência com que o kDNA do parasito foi herdado pelo seu hospedeiro tornou evidente a herança mendeliana. Essa observação é consistente com a detecção de fragmentos de kDNA amplificados de vários tecidos das crias de coelhas chagásicas (Figura 12.1A e B). Outros experimentos também mostraram permissividade de células embrionárias de galinha às infecções pelo *T. cruzi*.

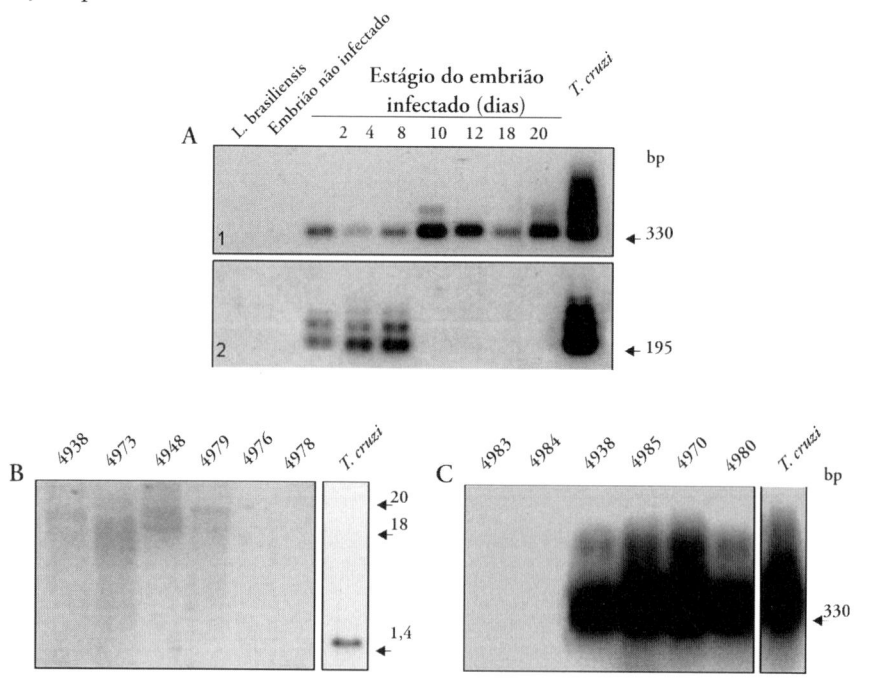

Figura 12.3 Integração de kDNA em células germinativas de aves nascidas de ovos inoculados com *Trypanosoma cruzi*. A) Presença de kDNA e nDNA em embriões até o 8º dia e ausência do nDNA após o 10º dia de vida embrionária. B) Hibridização do DNA do esperma e óvulo de aves kDNA-positivas (4938 e 4973, galo; 4048 e 4979, galinha) com a sonda específica. C) Hibridização dos produtos de PCR com a sonda de kDNA. Esses achados confirmam a herança mendeliana da mutação do kDNA do *T. cruzi*

Fonte: Nitz et al., *Cell*, 2004

Não obstante, mais investigação fez-se necessária para dissociar claramente o evento de integração de kDNA da infecção ativa persistente. Então, foram feitos outros experimentos visando a excluir a infecção persistente, requerimento esse considerado essencial para esclarecer e estabelecer uma base experimental limpa de integração de kDNA no genoma do hospedeiro vertebrado. O uso de aves como modelo produziu resultados claros e estabeleceu a base da patologia da doença nos vertebrados refratários ao *T. cruzi* (Figura 12.3A, B e C).

Do maior interesse, a patologia (Figura 12.4A, B, C e D) encontrada nas aves kDNA-mutadas é indistinguível daquela descrita em humanos que sucumbem à doença de Chagas.[1] O kDNA foi integrado em 25% dos pintos que nasceram de ovos férteis inoculados com *T. cruzi*. Portanto, as lesões patológicas descritas em galinhas com mutações kDNA-positivas são claramente independentes do parasito, tendo sido eliminada qualquer possibilidade de contaminação críptica pela persistência do *T. cruzi*. Com o estabelecimento de uma base reprodutível para a integração de kDNA em células de linhagem germinativa, a transferência vertical de DNA do *T. cruzi* para a progênie livre de infecção ficou plenamente demonstrada. Ainda de grande interesse, progênie das aves kDNA positivas, F0 e F1, desenvolveram sinais de fraqueza muscular generalizada; algumas galinhas não conseguiram sustentar-se nas pernas.

Usualmente, as galinhas que desenvolviam essa doença sistêmica morriam precocemente. As secções histológicas dos músculos estriados esqueléticos e do coração, dos músculos lisos e dos gânglios parassimpáticos mostraram lesões típicas, como aquelas descritas nos mamíferos que morrem com a doença de Chagas (Figura 12.5A, B, C e D). A doença de Chagas no coração das galinhas, na ausência do parasito, mostrou

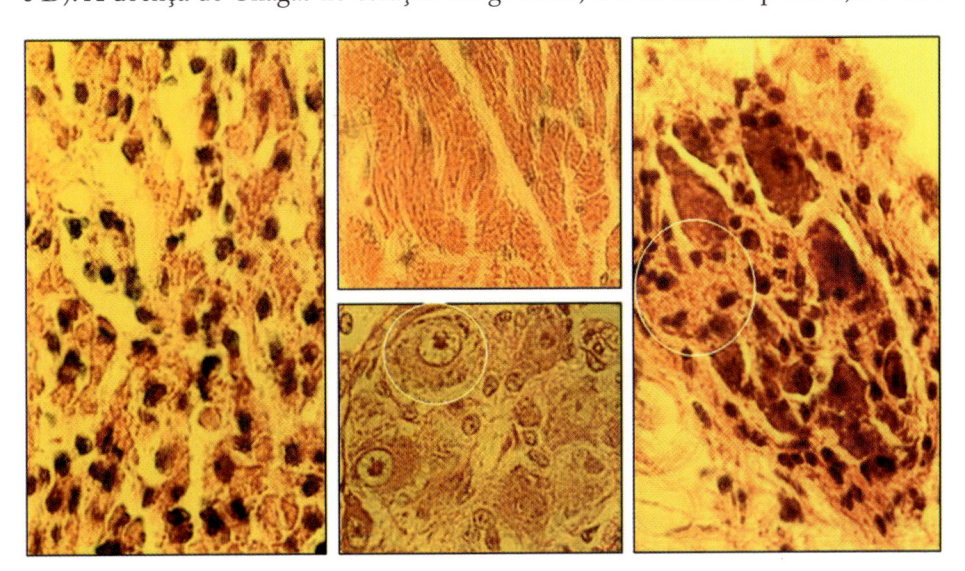

Figura 12.4 Histopatologia na ave F1 nascida com a mutação de kDNA pela herança mendeliana. As lesões típicas de "unidade mínima de rejeição" estão documentadas no coração (esquerda) e no gânglio nervoso intracardíaco (direita). Observe o aspecto histológico normal do coração (meio e acima) e do gânglio (meio e abaixo)
Fonte: Nitz et al., *Cell*, 2004

a unidade mínima de rejeição típica, similar àquelas descritas na população humana que sucumbe à doença de Chagas. Essa unidade mínima de rejeição é caracterizada pelos infiltrados mononucleares de células efetoras do sistema imune e lise das células-alvo do coração. Em vista dessas lesões, a integração do kDNA deve representar uma causa potencial de respostas auto-imunes que se desenvolvem em uma percentagem de pacientes com a doença de Chagas, podendo ser a chave para o entendimento de aspectos importantes da patogênese e das manifestações clínicas da doença.[1]

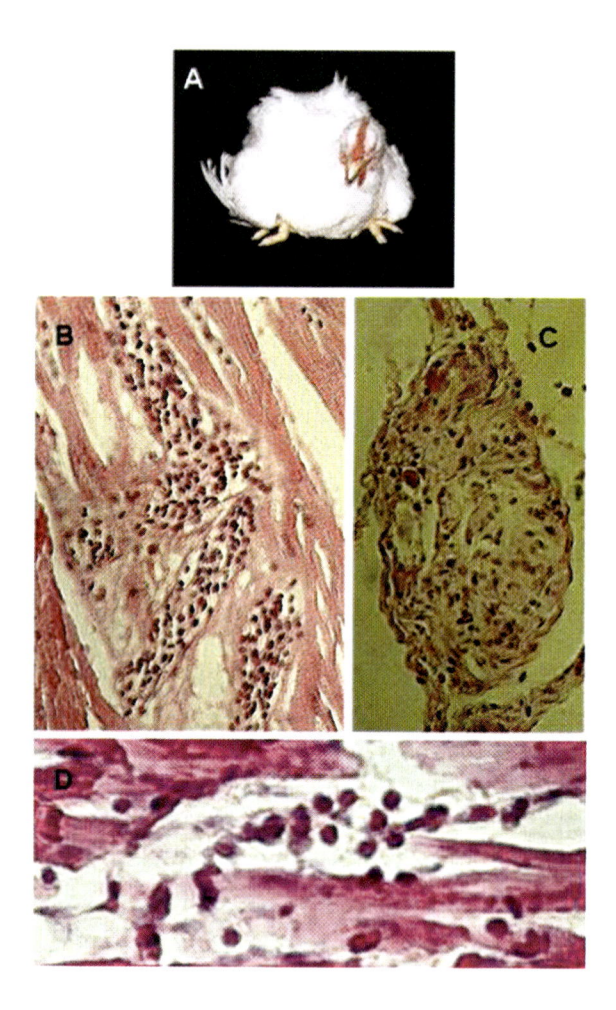

Figura 12.5 Lesões sistêmicas na progênie F1 de galinha kDNA-positiva. A) Ave de 4 meses de idade apresentou fraqueza muscular generalizada. B) Miosite intensa mostrando infiltrado linfocitário e lise de fibras musculares (*H-E*, 100X). C) Gânglio parassimpático intracardíaco mostrando o infiltrado inflamatório e despopulação de neurônios (*H-E*, 100X). C) 'Unidade mínima de rejeição" no coração de galinha F1; linfócitos imunes efetores aderem, atacam e destroem a fibra cardíaca (*H-E*, 400X)

Fonte: Teixeira et al., *Mem. Inst. Oswaldo Cruz*, 2006

Alterações moleculares decorrentes da mutação

Numerosos exemplos de integração de kDNA nos genomas de hospedeiros vertebrados infectados com *T. cruzi* foram documentados. O mapeamento dos sítios de inserções de kDNA no genoma desses hospedeiros parece ser uma abordagem importante para verificar a possibilidade de explicar variações clínicas nas manifestações da doença que poderiam correlacionar-se com os sítios de integração de kDNA e posterior mobilização via transposição mediante atividade da maquinaria de LINE-1.[2] As seqüências LINEs poluíram os genomas de vertebrados há mais de 150 milhões de anos, muito antes da especiação do *Homo sapiens*. O genoma do vertebrado está repleto (> 50%) de seqüências repetidas, incluindo as repetições intra-esparsas derivadas de elementos transponíveis longos e curtos, respectivamente LINEs que carregam os SINEs embutidos na sua estrutura, nas regiões extensas do genoma que se duplicam em segmentos regulares. Isso inclui duplicação de segmentos na forma de palíndromos dispersos onde o pareamento desigual durante a recombinação favorece as deleções responsáveis por síndromes genéticas.[3] Criando seqüências repetidas em regiões que não podem ser clonadas ou seqüenciadas com as biotecnologias disponíveis, acrescenta-se a dificuldade de que ambos kDNA e DNA flanqueado do hospedeiro são completamente rearranjados; as inserções de kDNA e as regiões flanqueadas ficam persistentemente sujeitas às conseqüências de deleções e rearranjos. Portanto, aquelas amostras de DNA que se acham envolvidas na transferência horizontal de DNA (THD) de minicírculo dentro do genoma do hospedeiro vertebrado são ferramentas úteis no laboratório para calibração de relógio molecular usado em estudos filogenéticos. Certamente, o seqüenciamento completo do genoma de um paciente chagásico arquétipo, apresentando deleção e recombinação resultantes de integrações de kDNA oferecería oportunidade única para avançar a pesquisa nessa área. A análise desses eventos de integração é chave para o entendimento das manifestações da doença de Chagas, que usualmente levam décadas para se apresentarem clinicamente nos chagásicos.

O seqüenciamento do genoma da galinha e sua anotação em banco de dados estão disponíveis. Nele se verificou que existem mais de 200 mil cópias de retrotransposons repetitivos CR-1 (equivalente ao LINE-1 de mamífero) no genoma da galinha, comparativamente duas vezes mais que a quantidade presente no homem. Além disso, aproximadamente 10 mil cópias imperfeitas de SINEs também foram identificadas, as quais são similares àquelas nos mamíferos.[4] Esta informação representa uma fonte importante para os estudos futuros nesse modelo animal e no homem.[5]

Abstract

Having shown horizontal transfer of *Trypanosoma cruzi* kDNA minicircle sequences to the genome of Chagas rabbits, it was compelling to test the hypothesis of Mendelian inheritance of kDNA mutation in offspring of chagasic rabbits. Indeed, vertical transfer of kDNA sequences to offspring of *T. cruzi*-infected rabbits was obtained by crossings. Yet, the rabbit is permissive to *T. cruzi* infections, which can persist throughout the animal's life. To warranty these mutations result from true kDNA integration (not artifact resulting from residue of cryptic infections) it was decided to use chickens refractory to *T. cruzi*. This experiment showed that chickens are indeed refractory to *T. cruzi*, although they can be infected early in embryonic life. The inoculation of *T. cruzi* trypomastigotes in the air chamber of fertile eggs yielded parasite-free chicks, showing kDNA mutation. Interestingly, kDNA-mutated rabbits and chickens presented "*minimal rejection units*" typical of Chagas heart disease; parasite-free target cells were destroyed by the host's immune system effectors lymphocytes and macrophages. We conclude that "*minimal rejection unit*" is a common denominator associated with the pathogenesis stemming from *T. cruzi* kDNA-induced mutation in the host's genome, which triggers genotype and phenotype alterations driving the auto-immune rejection in Chagas disease.

Notas bibliográficas

1. NITZ, N.; GOMES, C.; ROSA, A. C.; D'SOUZA-AULT, M. R.; MORENO, F.; LAURIA-PIRES, L.; NASCIMENTO, R. J.; TEIXEIRA, A. R. L. Heritable integration of kDNA minicircle sequences from *Trypanosoma cruzi* into the avian genome: Insights into human Chagas disease. *Cell*, 118, p. 175-186, 2004.

2. SYMER, D. E.; CONNELY, C.; SZAK, S. T.; CAPÚTO, E. M.; COST, G. J.; PARMIGIANI, G.; BOEKE, J. D. Human L1 retrotransposition is associated with genetic instability in vivo. *Cell*, 110, p. 327-338, 2002.

3. OSTERTAG, E. M.; KAZAZIAN, H. H. Jr. Biology of mammalian L1 retrotransposons. *Annual Review of Genetics*, 35, p. 501-538, 2001.

4. International Chicken Genome Sequencing Consortium. Sequence and comparative analysis of the chicken genome provide unique perspectives on vertebrate evolution. *Nature*, 432, p. 695-716, 2004.

5. International Human Genome Sequencing Consortium. Initial sequencing and analysis of the human genome. *Nature*, 409, p. 860-927, 2001.

CAPÍTULO 13

A evolução

Antonio Teixeira

*Foi feito o seqüenciamento completo do genoma da bactéria que adoece a laranjeira e,
então, podemos admitir que seja possível definir uma vontade política para consorciar
o mapeamento das mutações do kDNA no genoma de chagásicos...* (Antonio Teixeira)

A herança do kDNA do *Trypanosoma cruzi* pelo chagásico foi descrita como a
força motriz desencadeadora da "unidade mínima de rejeição", lesão característica na
doença de Chagas. A transferência do kDNA do parasito para o hospedeiro ocorre em
todos os casos de infecção. Então, por que alguns pacientes chagásicos adoecem e outros não? A pergunta pode ser formulada de outra maneira: Quando ocorre a passagem
da fase indeterminada para a fase sintomática típica da doença? Ainda não existe uma
resposta clara para essa pergunta. Porém, ela possivelmente será respondida quando for
feito o mapeamento dos sítios de integração no genoma dos chagásicos onde ocorreriam
as mutações. Essa parece ser uma tarefa difícil, mas a narrativa sobre o assunto sugere que
ela pode ser alcançada a médio prazo. Assim será possível avaliar o papel das infecções
crônicas na acumulação de mutações no genoma do hospedeiro chagásico. Este pode
ser um caminho na busca de uma resposta para essa pergunta importante na conduta
clínica diante do paciente portador da forma indeterminada da doença de Chagas. Este
capítulo também analisa as mutações de kDNA que são sujeitas à herança mendeliana.
Considerando-se que dois terços da população infectada com o *T. cruzi* não apresenta
doença clínica e que um terço dos que ficam doentes deixa sua prole antes de falecer,
verifica-se que a doença de Chagas parece ser uma partilha fortuita de seleção negativa.
Essas observações indicam que há necessidade de mais estudo sobre os "descendentes
modificados" pelo crescimento do genoma.

Introdução

A informação resultante dos experimentos de transferência horizontal de DNA
foi reproduzida nos mamíferos permissivos à infecção e em aves não permissivas ao

T. cruzi, exceto na vida embrionária. A demonstração da integração de minicírculo de kDNA em células germinativas de aves representa um sistema biológico limpo para reproduzir a transferência gênica horizontal porque as aves ficam refratárias às infecções pelo *T. cruzi* muito antes do nascimento do pinto. As aves nascidas de ovos inoculados com o *T. cruzi* sofreram uma mutação pela integração do kDNA sem que houvesse qualquer possibilidade de contaminação residual do parasito. Os cruzamentos dessas aves permitiram demonstrar a transferência de kDNA de *T. cruzi* para a progênie. No curso do estudo da integração do kDNA, foi observado que algumas aves kDNA-positivas apresentaram fraqueza muscular generalizada e morte. Alterações do ECG típicas da forma cardíaca da doença de Chagas foram registradas nessas aves. Algumas galinhas e galos portadores das mutações de kDNA apresentaram sinais de insuficiência cardíaca, tais como cianose (deficiência de oxigenação do sangue) e dificuldade respiratória. Quando essas aves morreram, elas tinham lesões típicas da

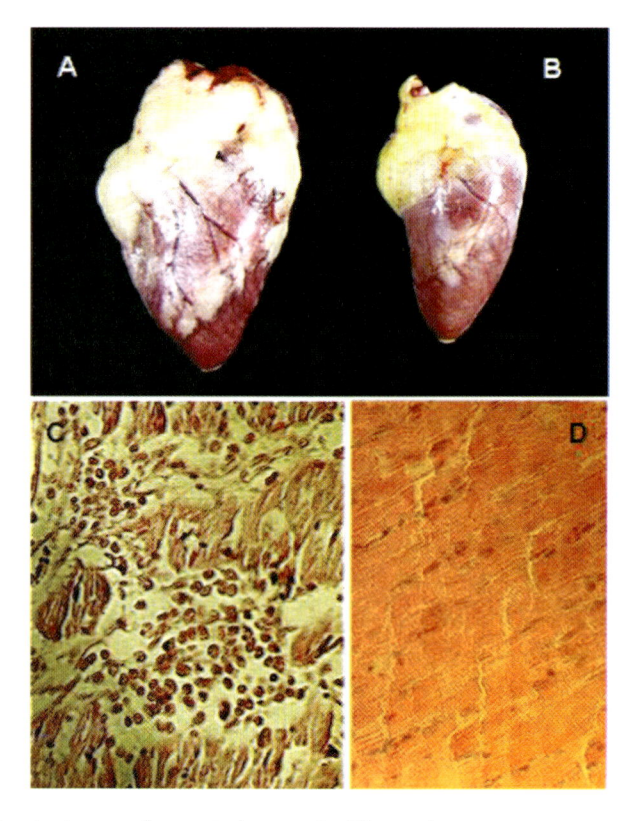

Figura 13.1 Patologia semelhante à doença de Chagas humana no coração de galinha F1 kDNA-positiva. A) Cardiomegalia com dilatação das câmaras cardíacas. B) Coração de galinha kDNA-negativa (controle) da mesma idade (6 meses), duas vezes menor que o coração (A) doente. C) Miocardite severa, destrutiva, mostrando lise de fibras musculares associadas com a infiltração de células efetoras do sistema imune (*H-E*, 200X). D) Secção controle mostrando a histologia do coração sadio *(H-E*, 200X)
Fonte: Teixeira et al., *Mem. Inst. Oswaldo Cruz*, 2006

doença de Chagas no coração (Figura 13.1 A-D). Acreditamos que os eventos de integração de kDNA podem ser importantes para o entendimento das manifestações crônicas da doença de Chagas que só aparecem várias décadas após aquisição da infecção.

A patogênese da doença de Chagas foi estudada em vários modelos animais de laboratório e foi possível mostrar que existe relação direta entre as mutações e as lesões típicas da doença humana nos coelhos e nas aves. No estudo, verificou-se que a patogênese da doença de Chagas parece ser um fenômeno em que o parasito age como vetor do kDNA e que as mutações produzidas no genoma do vertebrado induzem alterações no genótipo e no fenótipo do animal de experimentação. As alterações decorrentes das mutações podem explicar as "unidades de rejeição" confluentes, produzindo lesões severas, denominador comum de patologia auto-imune na doença de Chagas (Figura 13.2A e B).

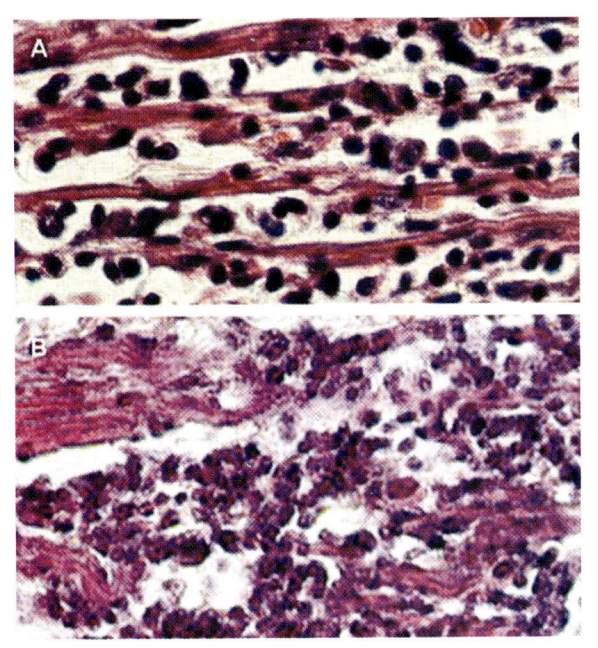

Figura 13.2 Denominador comum da patologia chagásica no coração humano e de aves mutadas com o kDNA. A) "Unidades mínimas de rejeição" confluentes, provocando miocardite difusa em paciente chagásico crônico (*H-E,* 400X). B) Intensa miocardite formada por múltiplas "unidades mínimas de rejeição" confluentes no coração de uma galinha kDNA-positiva que faleceu com insuficiência cardíaca aos 6 meses de idade (*H-E,* 100X). Em humanos e em aves as lesões de fibras cardíacas não parasitadas são típicas da doença de Chagas
Fonte: Teixeira et al., *Mem. Inst. Oswaldo Cruz,* 2006

Lesões patológicas típicas em mamíferos são similares àquelas evidentes em aves com mutações de kDNA. Certamente, a ocorrência de integração de kDNA na vida embrionária precoce perpetua-se, via células germinativas, nas células somáticas mutadas. Essas modificações são analisadas a partir das seqüências das proteínas quiméricas potencialmente correlacionadas com aquelas ORFs detectadas nas análises das mutações em banco de dados de seqüências de DNA. Essas análises são importantes porque as proteínas quimeras têm o potencial de induzir respostas imunes contra o tecido próprio. As lesões severas da doença de Chagas em aves mutadas com o kDNA do parasito são sugestivas de que o parasito é vetor da doença genética. Portanto, a mutação de kDNA que se associa com patologia evidente seria o denominador comum explicativo da origem da patogênese da doença de Chagas nos mamíferos e nas aves.

Como se faz a passagem?

Uma pergunta instiga continuadamente a curiosidade do observador atento: O que determinaria a passagem do chagásico do estado clinicamente assintomático para o de doença caracterizada pelas lesões no coração e no tubo digestivo? Aqui, é preciso relembrar que a infecção crônica é uma fonte persistente de kDNA que pode ser integrado cumulativamente no genoma do chagásico. Essas mutações inseridas em retrotransposon podem ser mobilizadas de um sítio para o outro no genoma. As mutações produzem modificações fenotípicas em células de linhagens germinais e somáticas do chagásico; em um dado momento, o conjunto dessas alterações pode desencadear desequilíbrio no sistema imune do paciente. A identificação dessas alterações cumulativas poderá mostrar como ocorre a passagem do sistema imune de um estado fisiológico para o patológico. A comprovação dessa hipótese depende de muito mais trabalho nos laboratórios de pesquisa que se habilitam ao estudo do genoma do chagásico. A anotação dos dados sobre a placa molde universal do genoma chagásico possivelmente produzirá a matriz de referência para o mapeamento do conjunto das mutações de kDNA em outros pacientes. Esse mapeamento vai indicar quais são os sítios das mutações que se associariam às manifestações clínico-patológicas no chagásico.

Possíveis mecanismos de passagem

A integração do kDNA do *T. cruzi* em sítios específicos do genoma do hospedeiro vertebrado pode ter papel fundamental na patogênese. No caso da doença de Chagas, o parasito integra o seu DNA em elementos retrotransponíveis LINE-1 da família Ta. O elemento LINE-1 completo e ativo possui uma maquinaria endógena que permite sua cópia e translocação de um sítio do genoma para outro. Num caso documentado, o LINE-1 do cromossomo Y que possuía uma seqüência de minicírculo de kDNA na sua estrutura foi capaz de se autocopiar, e ambos foram mobilizados para o cromossomo 4. Nesse cromossomo, a seqüência de LINE-1 ligada ao kDNA foi inserida na ORF (fase aberta de leitura) do gene p15 humano. Em conseqüência dessa transposição, o gene p15 foi silenciado. Em vista desse caso, existe a possibilidade de que as mutações de kDNA em cópias ativas de LINE-1 acrescentem instabilidade ao genoma e conseqüentemente surjam alterações que precisem ser completamente esclarecidas. No conjunto, essas alterações poderiam explicar a variação de manifestações clínicas típicas da doença de Chagas, inclusive aqueles casos em que uma doença progressiva tenha tido sua atividade interrompida ("cura") inexplicavelmente. Evidentemente, ainda há necessidade de muito conhecimento para explicar a evolução da doença de Chagas. A esse respeito, será necessário continuar o estudo sobre as mutações indutoras de alterações genômicas que modificam o fenótipo das células do corpo, propiciando a auto-rejeição de órgãos ou tecidos.

Como a pesquisa precisa evoluir

À medida que o papel de cada mutação e do seu efeito seja esclarecido, futuras investigações abrirão novas avenidas para explorar três hipóteses não mutuamente excludentes visando a esclarecer a importância da auto-imunidade na doença de Chagas: a) população heterogênea de linfócitos imunes efetores auto-reativos interagindo com proteínas quiméricas formadas pelo kDNA incorporado no genoma da célula hospedeira poderá ser identificada nos tecidos lesados, isolados do sangue ou dos linfonodos, e usados nos testes de rejeição dos enxertos singênicos de coração; b) linfócitos auto-reativos do infiltrado inflamatório de células mononucleares, reagindo contra células-alvo no tecido do hospedeiro, podem ser induzidos diretamente por antígenos do parasito, identificados nas lesões teciduais e isolados do sangue ou de linfonodos e usados nos testes que evidenciam patologia; c) linfócitos auto-reativos com mutação somática e alterações fenotípicas ("clones proibidos") podem ser identificados nas lesões, isolados do sangue ou de linfonodos, e usados nos testes de patologia. Na hipótese *a*, as células efetoras imunes reagiriam contra as células somáticas modificadas pela mutação. Nas hipóteses *b* e *c*, os clones proibidos de células imunes auto-reativas também destruiriam tecido normal (isto é, células não mutadas) no hospedeiro chagásico. A identificação dos clones proibidos pode gerar uma base de informação e dados sobre as alterações de genótipo e fenótipo que ajudarão no planejamento de experimentos para obtenção da transferência passiva da auto-imunidade.

Doença de Chagas: partilha fortuita de seleção negativa

Os estudos conduzidos em aves mostraram que as lesões patológicas similares àquelas da doença de Chagas em humanos afetaram um número maior de aves mutadas na primeira geração (FO) do que na F1 e na F2. Assim, seguindo a deriva genética das mutações, as lesões tenderam a desaparecer gradualmente na terceira geração (FO > F1 > F2 > F3), pois esse fenômeno de deriva genética conduz a uma seleção negativa puramente fortuita, cujos efeitos biológicos tendem a ser modulados naturalmente ao longo das gerações em benefício da evolução das espécies.

A deriva genética que leva à dispersão potencial da mutação de kDNA na população, representando uma força em direção à evolução, deve ser esperada. Nesse sentido, também se pode antecipar que algum nível de alteração na freqüência de genes ocorreria nas próximas gerações. Normalmente, essa dispersão é alcançada pela reprodução sexual das populações. Sendo assim, os estudos nos animais vertebrados sugerem que as mutações por inserção de kDNA podem ter papéis funcionais diferentes, desde aquelas consideradas vantajosas até as consideradas neutras para o hospedeiro. As mutações vantajosas e as neutras podem se dispersar na população, e, se elas forem fixadas rapidamente, podem se associar com a emergência de caracteres adaptativos ao longo do tempo, pois a fixação é o mecanismo de evolução que prevalece no nível molecular. Parece ser particularmente importante considerar aqui que as mutações de kDNA verdadeiramente deletérias não foram demonstradas nas investigações descritas. Pela definição, uma verdadeira mutação deletéria ou purificadora impediria a reprodução e a perpetuação da espécie. No caso da doença de Chagas, os indivíduos freqüentemente têm um potencial reprodutivo normal, porém sua progênie pode ser formada por "descendentes com modificações". Nesse contexto, a doença de Chagas deve ser entendida como uma partilha fortuita de seleção negativa num processo contínuo de evolução.

Ademais, um objetivo da pesquisa sobre mutação genômica e auto-imunidade visa a saber se as infecções microbianas que poderiam desencadear transferência gênica horizontal e subseqüente transmissão vertical para a progênie causariam rejeição do tecido-alvo pela mediação de células efetoras do sistema imune do hospedeiro. Tal demonstração requer transferência passiva das lesões do doador singênico mutado para o receptor sadio. Há esperança de que a pesquisa poderá esclarecer a patogênese da auto-imunidade e sugerir novas formas de tratamento da doença de Chagas, presentemente considerada incurável.

Abstract

The inheritance of *Trypanosoma cruzi* kDNA minicircle sequences by Chagas patients has been considered the force driving the "*minimal rejection unit*", a common denominator of auto-immune pathology in Chagas disease. The demonstration of *T. cruzi* kDNA minicircle transfer to genomes of several vertebrate animal species has suggested kDNA mutation is a common denominator, which can be associated with the pathogenesis in Chagas disease. If it is so, why do some patients get sick but others don't? This question can be formulated in another way: How and when does chagasics patient pass from the indeterminate, silent form of infection, to clinically manifested Chagas disease affecting the heart and/or the digestive tube? An answer to this question is missing. However, it could be answered by the result that will stem from mapping kDNA integration sites in the human genome. It appears to be a difficult task but perfectly achievable at a middle-range period of time regardless of the kDNA integrating in multiple copes of LINE-1 and its relative inaccessibility with the available biotechnologies today. Certainly, this appears to be a formidable task aiming at mapping Chagas patients' genomes in different phases of *T. cruzi* infections. The information is critical to determine a role cryptic *T. cruzi* infection holds in accumulating kDNA mutation in the human genome, which may drive auto-immune lesions of chronic Chagas disease. We believe this can be a route towards knowledge bearing benefits concerning clinical handling of Chagas patients in the indeterminate form of the chronic infections. This Chapter also deals with kDNA mutations that lead to Mendelian inheritance. If we consider that two thirds of the *T. cruzi*-infected human population do not show clinic disease and that the remaining one third of those patients showing Chagas disease are capable to reproduce and leave their children when they die, then, we conclude that Chagas disease is merely a fortuitous share of negative selection. These observations implies that the "descendents with modifications" showing genome growth require further study.

Capítulo 14

Tratamento

Liana Lauria-Pires
Cleudson Nery de Castro

Quando você não sabe o que fazer, não faça. [1]

Thomas Hobbes, *Leviatã.*

Presentemente, o tratamento da infecção pelo *Trypanosoma cruzi* tem sido considerado insatisfatório. A erradicação da infecção e a interrupção da evolução da doença crônica não foram alcançadas pelo tratamento em vários estudos clínicos e experimentais. Para que fosse unânime sua indicação, o tratamento deveria ser destituído de efeitos colaterais indesejáveis e, ainda que não produzisse a cura (eliminação) da infecção, pelo menos deveria deter a evolução da doença. Entretanto, o tratamento com nitroderivado antitripanossoma não mostrou claramente sua vantagem quando analisada a partir do exame de custo e efetividade, pois milhões de pessoas tiveram infecção aguda sem apresentar doença clínica. Não obstante, o tratamento é claramente indicado em várias situações em que a vida do paciente corre risco. A controvérsia sobre a eficácia do tratamento da infecção pelo *T. cruzi* com as drogas disponíveis nas farmácias mostra que esse é um dos aspectos da investigação sobre a doença de Chagas que merece incentivo à pesquisa. A sugestão de que a patogênese da doença se associa à introdução de mutações do kDNA do parasito no genoma do hospedeiro define a necessidade de uma ou mais drogas verdadeiramente efetiva(s) no tratamento da infecção. A persistência da infecção ao longo da vida pode representar uma fonte de kDNA que introduz mutações cumulativas. O efeito dessas mutações sobre a evolução da doença poderia ser evitado com a eliminação da infecção. Talvez esse seja um aspecto da pesquisa científica com possibilidade de gerar reais benefícios para 18 milhões de pessoas infectadas pelo *T. cruzi*, um terço das quais iria apresentar manifestações clínicas da doença de Chagas.

Como e quando tratar

Liana Lauria-Pires • Cleudson Nery de Castro

A fase inicial da infecção pelo *T. cruzi* usualmente não é percebida. A infecção aguda geralmente acomete crianças e, em uma série estudada, se verificou que 75% dos casos tinham menos de 15 anos de idade.[1-5] Os casos sintomáticos da infecção aguda são raros. A fase aguda geralmente é assintomática, talvez em mais de 95% dos casos. Em assintomáticos e sintomáticos, essa fase caracteriza-se pela presença de muitas formas do parasito no sangue, permitindo sua detecção pelo exame microscópico direto. Numa série de 250 pacientes chagásicos crônicos, foram identificados apenas dois casos que tiveram a fase aguda sintomática, os quais também tinham a lesão na porta de entrada do parasito na pele (chagoma de inoculação). Nessa série, a relação de casos sintomáticos *versus* assintomáticos foi de 1: 125 (Tinoco; Lauria-Pires; Teixeira, observações não publicadas). Considerando que menos de 5% dos pacientes agudos sintomáticos graves falecem da doença de Chagas aguda,[5] foi possível estimar que a mortalidade na fase aguda da infecção pelo *T. cruzi* deve ficar entre 1: 2500 e 1: 5000 casos. A morte na fase aguda da doença é explicada pela miocardite e/ou meningoencefalite, complicadas ou não com broncopneumonia. Talvez esse índice baixo de mortalidade explique o encontro na literatura brasileira de tão poucos relatos da patologia na fase aguda da doença no homem.[6]

Os casos agudos sintomáticos ou assintomáticos evoluem para a fase crônica da infecção.[7] Cerca de dois terços dos 18 milhões de pessoas infectadas pelo *T. cruzi* não têm manifestação de doença clinicamente detectável. Esses indivíduos são colocados na classificação de forma indeterminada da infecção crônica. O terço restante dos chagásicos desenvolve manifestação clínica da doença de Chagas.[8] A doença acomete o coração em 94,5% dos casos classificados como portadores da forma crônica cardíaca da doença. A insuficiência cardíaca leva 58% ao óbito, e as arritmias associam-se com morte repentina em 37,5% desses chagásicos. Os demais 4,5% dos casos desenvolvem a patologia no esôfago (megaesôfago) ou no cólon (megacólon).[8] Os chagásicos com manifestações no coração ou no tubo digestivo têm acometimento do sistema nervoso simpático e parassimpático. As lesões do parassimpático relacionam-se com a fisiopatologia dos megas.[9-12]

Seria desperdício de tempo reprisar a antiga discussão sobre a importância do parasito no determinismo da patologia na doença de Chagas, mesmo porque a doença humana não existiria se a interrupção total da transmissão do parasito fosse atingível.[2] O que parece de interesse germânico é analisar quando e como devemos tratar o indivíduo portador da infecção pelo *T. cruzi* e, particularmente, como tratar o paciente portador das manifestações clínicas da doença de Chagas. Afinal, a questão ética de relevância na saúde pública diz respeito ao que devemos fazer para aliviar o sofrimento do chagásico, assegurando-lhe melhor qualidade de vida e prognóstico. E isso requer começar a análise da questão pela apresentação das drogas disponíveis para o tratamento das infecções pelo *T. cruzi*. Muitas revisões sobre o assunto, incluindo aquelas que narram os aspectos históricos dos tratamentos homeopáticos, fitoterápicos e alopáticos (específicos e aleatórios), são encontradas na literatura. Aqui não vamos repetir o que está muito bem descrito por tantos autores.[13-17]

Nitroderivados usados para o tratamento da infecção pelo *Trypanosoma cruzi*

O nifurtimox [4-(5-nitro-furilidenoamino-) tetrahidro-4-4-1, 4-tiazina-1-1-dióxido], e o benzonidazol [N-(benzil-2-nitro-imidazolacetamida)] são as drogas antitripanossoma usadas para tratar as infecções pelo *T. cruzi* (Figuras 14.1 e 14.2). Citotoxicidade severa tem sido descrita em animais tratados com nitroderivados, e, nas últimas décadas, esses compostos têm mostrado graus significativos de mutagenicidade, teratogenicidade, carcinogenicidade e propriedades esterilizantes.[18, 26] Efeitos citotóxicos e genotóxicos imputados aos nitroderivados estão relacionados com a estrutura química da droga, a formação de radicais eletrofílicos, após redução enzimática do grupo nitro, e ligação dos radicais instáveis a macromoléculas de proteínas e DNA. Os radicais que se formam são nitro-anion, hidrogênio nascente, ½ O_2 e peróxido de hidrogênio.[27-34] A toxicidade da droga manifesta-se no parasito e em qualquer célula do hospedeiro mamífero.[26, 28]

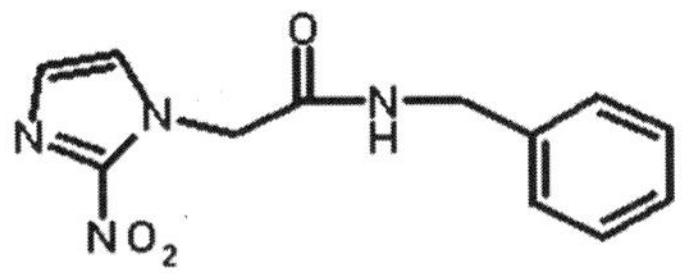

Figura 14.1 Benzonidazol [N-(benzil-2-nitro-imidazolacetamida)] tem nome comercial – Rochagan

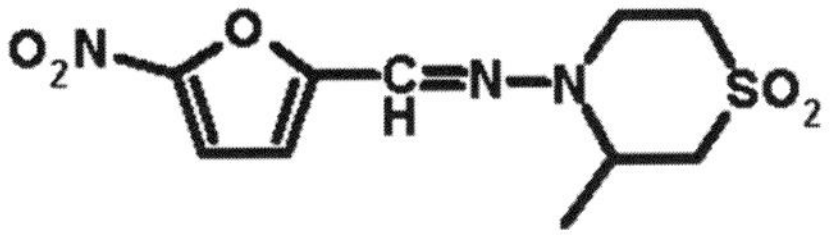

Figura 14.2 Nifurtimox [4-(5-nitro-furilidenoamino-) tetrahidro-4-4-1, 4-tiazina-1-1-dióxido] tem nome comercial – Lampit. A droga foi retirada do mercado

A questão da toxicidade dos nitroderivados pode ser resumida a partir de informação abundante na literatura científica. Os compostos aromáticos e heteroaromáticos que possuem o grupo nitro são considerados poluidores do meio ambiente pela comprovada mutagenicidade e cancerigenicidade.[18, 30-35] Alguns desses compostos têm sido usados como defensivos agrícolas e outros têm sido amplamente usados como fármacos.[21, 35] As propriedades mutagênicas e cancerígenas são liberadas pela ação de nitrorredutases e transesterificases durante a metabolização da droga. As ações metabólicas modificam a estrutura química desses compostos, ativando-os, sendo a potência carcinogênica dos 2-nitroimidazólicos mais forte que a dos 5-nitrofuranos. Isso se explica porque o 2-nitro é mais susceptível à redução pela enzima microssomal. Em adição, a redução do grupo nitro associa-se com alteração do número de elétrons nos últimos orbitais, aumentando seu potencial mutagênico; os radicais instáveis produzem adutos que modificam a fase das fitas do DNA. Os nitroarenos agem também por meio das hidroxilaminas esterificadas. Por último, deve ser lembrado que os compostos nitroderivados são potentes supressores das respostas imunes protetoras do organismo.[36-38]

Efeito do tratamento da infecção aguda e recente pelo *T. cruzi*

O efeito do tratamento obtido por muitos pesquisadores de diferentes regiões do continente sul-americano, variou de 17,5% para 20% ou para 76% e 80%.[39-42] Nessas séries, entretanto, muitos pesquisadores são cautelosos e não creditam o sucesso da quimioterapia com nitroderivados à cura parasitológica das infecções pelo *T. cruzi*. A cautela tem sido entendida como falta de dados confiáveis, que só poderiam ser gerados por métodos moleculares altamente sensíveis,[43] ou, ainda, porque os resultados dos exames parasitológicos foram mostrados em apenas duas das nove séries estudadas.[2] Tampouco o sucesso do tratamento pode ser garantido pela soroconversão (negativação do exame imunológico previamente positivo) em cinco das nove séries estudadas. Contrastando, em três dessas séries de casos, os exames sorológicos sugestivos de infecções pelo *T. cruzi* permaneceram positivos em 88,7%,[40] 82,5%,[38] e 80% dos pacientes tratados na fase aguda, respectivamente, entre 4 e 24 anos pós-administração do nitroderivado. Todos esses dados devem ser apreciados nos trabalhos que mostram soroconversão espontânea,[2, 43, 44] respectivamente em 5,5% e 4,5% dos pacientes que tomaram placebo.[41, 42] Essa informação sugere que a cautela dos pesquisadores é justificada diante da instabilidade dos resultados dos exames sorológicos em diferentes laboratórios. Esse conjunto de observações precisa ser considerado *vis-à-vis* daquelas que admitem sucesso no tratamento de pacientes chagásicos.[39-42, 47] Diante desses resultados controversos, o possível sucesso no tratamento da infecção pelo *T. cruzi* precisa ser analisado com mais cautela, porque a progressão das lesões cardíacas nos pacientes tratados foi observada em três diferentes ocasiões.[44-46] Em duas dessas séries os eletrocardiogramas nos pacientes com as infecções agudas que foram tratadas com o nitroderivado ou com o placebo não tiveram diferenças estatisticamente significantes entre três e quatro anos pós-quimioterapia.[44, 48-50] Em outra série, quarenta pacientes mostravam alterações no eletrocardiograma 24 anos após o tratamento com o nitroderivado.[45, 46] Por último, em duas séries de pacientes agudamente infectados pelo *T. cruzi*, biópsias do coração mostraram miocardite,[48, 49] sugerindo que o tratamento não preveniu as lesões severas no coração.

O tratamento da infecção crônica

Um painel de 13 especialistas[51, 52] de vários estados do Brasil examinou a questão do tratamento das infecções chagásicas crônicas e sugeriu o tratamento para os casos crônicos recentes (< 10 anos). Na prática, os especialistas consideraram que crianças com os testes sorológicos positivos deviam ser tratadas com base num estudo que mostrava "cura" três anos pós-quimioterapia.[52] Entretanto, o exame cuidadoso desse estudo mostrou que a "cura" se referia à redução dos títulos dos anticorpos específicos em 55,8% das crianças tratadas. Todavia, sabe-se que a redução dos títulos de anticorpos não significa cura. Por exemplo, em outra série verificou-se[43] que teria ocorrido 17,2% de "cura" se fosse considerada a diminuição dos títulos dos anticorpos contra o *T. cruzi*. Entretanto, esses autores[44,45] consideram que aqueles títulos relativamente baixos foram prova de exame positivo indicando a presença da infecção. Então, optando por esse critério, nessa série[44,45] os exames sorológicos positivos alcançaram 94,7% dos pacientes tratados, e, portanto, o resultado do tratamento não foi significativamente diferente daquele do grupo que tomou o placebo. O exame da literatura também mostra outro estudo[53] no qual o percentual de sucesso com o tratamento das infecções crônicas que parecia ter atingido 76% pós-tratamento baixou para 8% após um período entre 6 e 18 anos de observação clínica e laboratorial dos pacientes. Esse aspecto do tratamento está de acordo com os resultados de outros autores.[54] Numa série, detectaram-se 11,4% de xenos positivos e 100% de exames sorológicos positivos em 53 pacientes com doença de Chagas crônica tratados com o nitroderivado.[55] Várias outras séries de pacientes chagásicos crônicos tratados com o nitroderivado revelaram resultados não conclusivos. Por último, verificou-se que a mortalidade não foi significativamente diferente nos grupos de pacientes chagásicos tratados e não tratados seis anos após a quimioterapia. O fato de haver tantos estudos inconclusos remete para a ineficácia do tratamento.[55]

Moderação

A fase aguda da infecção pelo *T. cruzi* é usualmente silenciosa, mas a infecção crônica persistente representa enorme potencial para morbidade e mortalidade por causa das lesões no coração, no esôfago e no cólon.[8] Então, devem-se levar em conta os enormes contingentes de chagásicos crônicos que sobreviveram à fase aguda da infecção sem necessidade de tratamento com droga antitripanossoma. Isso sugere que apenas os chagásicos sintomáticos agudos com manifestações clínicas severas precisam ser tratados com o nitroderivado quando forem identificados. Nessa categoria de candidatos ao benefício potencial do tratamento com droga antitripanossoma, incluem-se também os pacientes imunossuprimidos, os transplantados e em outras condições sujeitas a avaliação médica, caso a caso. Portanto, recomenda-se cautela antes da prescrição do tratamento dos casos silenciosos ou crônicos recentes porque a droga tem potencial para produzir efeitos tóxicos e não está assegurado que o tratamento previne as lesões que aparecem, décadas mais tarde, em um terço dos chagásicos. Em vista dos dados discutidos aqui, achamos que a ênfase deve ser dada ao manejo das formas da doença que podem ser beneficiadas pelas diversas modalidades de tratamento sintomático. Ademais, a quimioterapia, que é necessária, depende de novas drogas anti-*T. cruzi*, destituídas de efeitos indesejáveis. Portanto, uma quimioterapia efetiva para a infecção é altamente importante. A redução da parasitemia nos reservatórios pode diminuir o potencial de contaminação e transmissão intradomiciliar pelo inseto vetor. É fundamental continuar a pesquisa em busca de novas drogas porque a doença crônica impõe um ônus pesado sobre a população humana.

No limite da bioética

Uma grande dificuldade reside na obtenção da adesão total do paciente à prescrição médica. Essa dificuldade parece estar relacionada com a reconhecida toxicidade da droga,[2] dificultando sua ingestão ao longo de sessenta dias. Vários efeitos colaterais indesejáveis[2] têm sido registrados nos prontuários dos chagásicos sob o tratamento com o composto nitroderivado: cefaléia, anorexia, desconforto gástrico, dermatite e neuropatia periférica. Ocasionalmente também podem ser relatados distúrbios visuais e mentais, convulsões e perda de peso e da libido. Em condições experimentais, apatia, ataxia, tetraplegia espástica, hiperreflexia, distúrbios do equilíbrio e andar assimétrico foram registrados em cães chagásicos da raça *Mongrel* com alterações do eletroencefalograma submetidos ao tratamento com o nitroderivado.[56, 57] Muitas dessas alterações são características de encefalopatia multifocal. A histopatologia mostrou vários tipos de lesões que afetam as meninges, o córtex cerebral, as substâncias branca e cinzenta do encéfalo, o tronco cerebral, o cerebelo e a medula espinhal.[57]

Outra dificuldade encontra-se na impossibilidade de registrar a ingestão da droga ao longo dos sessenta dias indicados na prescrição (de 5 a 15 mg/kg/3 vezes ao dia). Numa série de chagásicos crônicos,[2] 45% dos pacientes completaram o tratamento por sessenta dias, 31% ingeriram a droga por trinta dias e 24% tomaram o medicamento por apenas vinte dias. Ainda que haja a possibilidade de que os pacientes jovens tenham mais tolerância à droga, nem todos os pacientes tomam-na exatamente como prescrito. Desafortunadamente, a alta toxicidade dos nitroderivados usados no tratamento da doença de Chagas foi determinante para a baixa adesão ao tratamento em muitos dos estudos publicados.

A busca do consenso sobre o manejo da doença de Chagas

No sentido de encontrar um consenso sobre o manejo das formas clínicas da doença de Chagas, no ano de 2005 a Secretaria de Vigilância em Saúde, do Ministério da Saúde, Brasil, promoveu uma reunião em Brasília com 59 especialistas-pesquisadores na área. Todavia, teve-se o cuidado de lembrar que no campo da ciência não está garantido que qualquer coletivo assegure a única forma certa de pensar.[1] Não obstante, os resultados dessa reunião representam uma posição aproximada da média do pensamento dos participantes. As indicações referentes ao diagnóstico e ao manejo de cada uma das formas clínicas da doença de Chagas foram definidas e explicitadas.[48] Resumidamente, o documento final da reunião sugere que a utilidade do tratamento vai "depender de circunstâncias como: fase da doença, idade do paciente e condições associadas". Em vista disso, o grupo de estudo recomendou que os casos agudos da infecção devem ser tratados o mais rápido possível após confirmação diagnóstica; e os casos de infecção congênita devem ser tratados como fase aguda da doença.[58] O tratamento foi indicado em caso de chagásico receptor ou doador de transplante e também em pacientes imunossuprimidos, sujeitos à reativação da infecção. Os casos de infecção acidental também devem ser tratados como casos agudos.

Na fase crônica recente da infecção (na prática, em crianças) também foi considerado válido o raciocínio quanto à recomendação do tratamento na fase aguda. No que concerne aos adultos, considerou-se que o tratamento só deve ser indicado em caso de infecção crônica recente. Os casos de infecção crônica indeterminada requerem avaliação em caráter particular (por exemplo, risco imposto por infecções associadas e/ou imunossupressão), podendo-se considerar o tratamento específico para esses casos. Para a fase crônica de longa duração, achou-se que não há evidência de benefícios oriundos do tratamento com o nitroderivado antitripanossoma. De maior importância, verificou-se que não há perspectiva de indicação de tratamento em larga escala para a fase crônica da infecção.[48]

O tratamento sintomático da doença de Chagas

A Reunião de Brasília (2005) sumaria a experiência dos especialistas-pesquisadores no manejo das formas crônicas da doença de Chagas. Esse aspecto tem grande interesse prático porque encaminhou as modalidades do tratamento sintomático necessárias para cada caso. Na ocasião, foram feitas as indicações do manejo e da conduta clínica de pacientes com a cardiopatia chagásica e com as formas digestivas da doença. As medidas gerais para o tratamento sintomático, clínico ou cirúrgico foram listadas no relatório da Reunião do Consenso, podendo ser prontamente consultadas na referência original.[54] Em resumo, as formas crônicas da doença de Chagas podem receber tratamento sintomático visando a assegurar qualidade de vida, na perspectiva de prolongar a sobrevivência do chagásico.

A seguir, o elenco de recomendações que emergiram do grupo de especialistas:

1. Em vista de benignidade da forma indeterminada da infecção, não se justifica a prática comum de solicitação de exames sorológicos para doença de Chagas na avaliação pré-admissional e nos exames periódicos realizados por instituições e/ou empresas públicas e privadas. Quanto aos demais exames complementares, estes serão solicitados segundo as especificidades da atividade laboral que o indivíduo requer.

2. Os portadores da forma indeterminada deverão ser atendidos, preferencialmente, nos serviços de Atenção Primária, recomendando-se a realização de consulta médica e eletrocardiograma de repouso uma vez por ano, a não ser que se suspeite de evolução da doença. Nesse caso, esses indivíduos poderão ser encaminhados

para serviços de referência na busca de uma assistência adequada. Em caráter individual, pode-se considerar o tratamento específico para o portador da forma indeterminada.

3. O portador da forma indeterminada, uma vez confirmada sua condição, deverá ser informado e devidamente esclarecido, ressaltando-se a benignidade de seu quadro clínico, recebendo orientação para a não-doação de sangue e órgãos.

4. Os profissionais da área de saúde devem evitar qualquer prática que possa estigmatizar o portador; os serviços de saúde devem oferecer espaço e recursos para esclarecimento e orientação da população quanto ao caráter benigno dessa forma. Recomenda-se sempre que possível a abordagem feita a partir de equipe multiprofissional.

5. Criar um sistema para avaliar a qualidade e padronizar *kits* e reagentes necessários para o diagnóstico laboratorial da doença de Chagas disponíveis no mercado nacional.

6. Realizar treinamento continuado de microscopistas do programa de diagnóstico de malária para a pesquisa de filarídeos e tripanossomas.

7. Recomenda-se um estudo multicêntrico para a validação da PCR como metodologia confirmatória, utilizando o mesmo protocolo experimental em distintos laboratórios, como se apontou em recente reunião de trabalho da OMS.

8. Definição de laboratórios regionais de referência onde deverão ser implementadas as técnicas de imunofluorescência e ELISA para pesquisa de IgM.

9. Viabilizar controles positivos IgM para os laboratórios de referência onde exames sorológicos de maior complexidade estejam sendo implementados.

10. Realizar reuniões, futuras revisão e/ou elaboração dos manuais de laboratório com aproveitamento de manual do Ministério da Saúde, manual técnico do Centro de Treinamento dos LACENS e manual do Telelab.

11. Incluir a sorologia para doença de Chagas no atendimento pré-natal após a devida análise e planejamento por parte do Ministério da Saúde.

12. Disponibilizar os seguintes medicamentos para todos os níveis de atenção à saúde:
    a) diuréticos: hidroclorotiazida, furosemida;
    b) antagonistas da aldosterona: espironolactona;
    c) digitálicos: digoxina;
    d) inibidores da ECA: captopril ou enalapril;
    e) antagonistas do receptor da angiotensina II: losartan ou valsartan;
    f) betabloqueadores: carvedilol;
    g) antiarrítmicos: amiodarona;
    h) anticoagulantes: warfarina sódica;
    i) antiagregante plaquetário: ácido acetil salicílico;
    j) nitratos: dinitrato de isossorbida;
    l) vasodilatador arterial: hidralazina.

13. Disponibilizar as seguintes opções terapêuticas para o nível terciário de atenção segundo abordagem intervencionista:

a) estudo eletrofisiológico e ablação de arritmias;

b) marcapasso;

c) desfibrilador implantável;

d) ressincronizador;

e) transplante cardíaco.

14. Possibilitar a formação de um sistema de atendimento hierarquizado, com serviço de referência e contra-referência entre os serviços básicos e Centros de Referência e integração destes com a previdência social.

15. Possibilitar que a equipe de saúde dos serviços básicos receba treinamento e educação continuada no manejo do paciente com cardiopatia chagásica crônica;

16. Prover os serviços primários com eletrocardiograma e medicamentos para o tratamento dos pacientes com cardiopatia chagásica crônica.

17. Credenciar, fortalecer e integrar os Centros de Referência em Atendimento ao Paciente com doença de Chagas.

18. Prover os Centros de Referência em nível secundário com recursos humanos e infra-estrutura para realização de eletrocardiograma, ergometria, ecodopplercardiograma e eletrocardiografia dinâmica (sistema Holter).

19. Prover os Centros de Referência em nível terciário com recursos humanos e infra-estrutura para realização de todos os exames anteriores acrescidos de: Serviços de Hemodinâmica e de Eletrofisiologia, com possibilidade de implante e avaliação funcional de marcapasso.

20. Estruturar Centros para Transplante Cardíaco.

21. Prover recursos para a realização de pesquisas multicêntricas e educação continuada que resultem na melhoria do atendimento ao paciente com cardiopatia chagásica crônica.

22. Disponibilizar medicação na apresentação em suspensão para uso pediátrico.

23. Avaliar a inserção do diagnóstico de doença de Chagas congênita na Portaria GM/MS nº 822/2001 que delega sob o Serviço de Referência da Triagem Neonatal.

24. Capacitar profissionais de saúde para atenção adequada da doença de Chagas congênita.

25. Implantar em todas as Unidades Federativas pelo menos um Serviço de Referência para doença de Chagas, integrando os diversos níveis de gestão, em parceria com instituições de pesquisa e universidades.

26. Nos casos de mães positivas desejarem pesquisar a infecção nos outros filhos, estas devem ser encaminhadas para avaliação e acompanhamento nas Unidades Básicas de Saúde.

27. Incentivar pesquisas, especialmente estudos multicêntricos, e técnicas de diagnósticos mais precoces para doença de Chagas congênita.

28. Promover reuniões periódicas para reavaliação e atualização deste consenso.

29. Perspectivas para novos estudos:

a) avaliação de resposta terapêutica em relação às cepas diferentes de *T. cruzi* nas diversas regiões geográficas;

b) desenvolvimento de novas drogas para o tratamento da doença de Chagas;

c) realização de estudos controlados visando à profilaxia primária em transplantes e co-infecções.

Abstract

Presently, the available treatment for *Trypanosoma cruzi* infections has been considered unsatisfactory. Neither an eradication of the infection nor the interruption of progressive chronic Chagas disease can be achieved by the therapeutic regime available, as shown in various experimental and clinical series of studies.[2] A lack of consensus towards treatment is probably explained by severe side effects and drug toxicity, aside from repeatedly reproducible demonstrations that elimination of the chronic infection and cure are unattainable. Physicians have used anti-trypanosomal drugs with parsimony because their employment does not eradicate *T. cruzi* infections in 83.5% of acute cases. A limited success has been credited to nitroderivatives used in the treatment of acute Chagas disease and, therefore caution is required before the utilization of these drugs. Moreover, the findings strongly suggest that nitroderivative drug treament does not prevent the onset of severe heart lesions.

Notas bibliográficas

1. HOBBES, T. *Leviatã* (1651): Matéria, forma e poder de um Estado eclesiástico civil. São Paulo: Editora Martin Claret, 2004.

2. LAURIA PIRES, L.; NITZ, N.; VEXENAT, A. C.; ARGAÑARAZ, E. R.; D'SOUZA-AULT, M.; NASCIMENTO, R. J.; TEIXEIRA, A. R. L. The treatment of Chagas disease patients with nitroderivative is unsatisfactory. *Revista do Instituto de Medicina Tropical de São Paulo*, 43, p. 175-181, 2001.

3. NITZ, N.; GOMES, C.; ROSA, A. C.; D'SOUZA-AULT, M. R.; MORENO, F.; LAURIA-PIRES, L.; NASCIMENTO, R. J.; TEIXEIRA, A. R. L. Heritable integration of kDNA minicircle sequences from *Trypanosoma cruzi* into the avian genome: Insights into human Chagas disease. *Cell*, 118, p. 175-186, 2004.

4. CHAGAS, C. Tripanosomíase americana. Forma aguda da moléstia. *Memórias do Instituto Oswaldo Cruz*, 8, p. 37-45, 1916.

5. DIAS, J. C. P. *Doença de Chagas em Bambuí, Minas Gerais, Brasil*: estudo clínico e epidemiológico a partir da fase aguda entre 1940 e 1982. Capítulo 1. Tese, Faculdade de Medicina da Universidade Federal de Minas Gerais, 1982.

6. TEIXEIRA, A. R.; TEIXEIRA, G.; MACEDO, V.; PRATA, A. Acquired cell-mediated immunodepression in acute Chagas disease. *Journal of Clinical Investigation*, 62, p. 1132-11341, 1978.

7. TEIXEIRA, A. R.; RIPOLL, C. M.; SANTOS-BUCH, C. A. Autoimmunity in Chagas disease. *Microorganisms and autoimmune diseases*. FRIEDMAN, H.; ROSE, N. R.; BENDINELLI, M. (Eds.). New York: Plenum Press, 1996. p. 233-250.

8. PRATA, A. Chagas disease. *Infectious Diseases Clinics North America*, 8, p. 61-76, 1994.

9. MENEGHELLI, U. G.; DE GODOY, R. A.; MACEDO, J. F.; DE OLIVEI-RA, R. B.; TRONCON, L. E.; DANTAS, R. O. Basal motility of dilated and non-dilated sigmoid colon and rectum in Chagas disease. *Arquivos Gastroente-rologia*, 19, p. 127-132, 1982.

10. CASTRO, C.; MACEDO, V.; REZENDE, J. M.; PRATA, A. Longitudinal radiologic study of the esophagus, in an endemic area of Chagas disease, in a period of 13 years. *Revista da Sociedade Brasileira de Medicina Tropical*, 27, p. 227-233, 1994.

11. MATHIAS, C. J. Autonomic disorders and their recognition. *New England Journal of Medicine*, 336, p. 721-724, 1997.

12. GALLIGAN, J. J.; LEPARD, K. J.; SCHNEIDER, D. A.; ZHOU, X. Multiple mechanisms of fast excitatory synaptic transmission in the enteric nervous system. *Journal of Autonomic Nervvous System*, 81, p. 97-103, 2000.

13. DANTAS, A. P.; OLIVIERI, B. P.; GOMES, F. H.; DE CASTRO, S. L. Treatment of *Trypanosoma cruzi*-infected mice with propolis promotes changes in the immune response. *Journal of Ethnopharmacology*, 103, p. 187-93, 2006.

14. SANTA-RITA, R. M.; LIRA, R.; BARBOSA, H. S.; URBINA, J. A.; DE CASTRO, S. L. Anti-proliferative synergy of lysophospholipid analogues and ketoconazole against *Trypanosoma cruzi* (Kinetoplastida: Trypanosomatidae): cellular and ultrastructural analysis. *Journal of Antimicrobial Chemotherapy*, 55, p. 780-784, 2005.

15. OLIVEIRA, D. A.; PEREIRA, D. G.; FERNANDES, A. M.; DE CASTRO, S. L.; SOUZA BRITO, A. R.; DE SOUZA, A. O.; DURAN, N. Trypanocidal activity of 2-propen-1-amine derivatives on trypomastigotes culture and in animal model. *Parasitology Research*, 95, p. 161-166, 2005.

16. URBINA, J. A.; DOCAMPO, R. Specific chemotherapy of Chagas disease: controversies and advances. *Trends in Parasitology*, 19, p. 495-501, 2003.

17. ANDRÉ, V.; BOISSANT, C.; GAUDUCHON, J. Y.; LE TALAER, J. C.; LANCELOT, B. et al. Mutagenicity of nitro- and amino-substituted carbazoles in *Salmonella typhimurium*. *Mutation Research*, 299, p. 63-73, 1993.

18. CASTRO, S. L. The challenge of Chagas disease chemotherapy: An update of drugs assayed against *Trypanosoma cruzi*. *Acta Tropica*, 53, p. 83-89, 1993.

19. BOCCHI, E. A.; HIGUCHI, M. L.; VIEIRA, M. L.; STOLF, N.; BELLOTI, G. et al. Higher incidence of malignant neoplasms after heart transplantation for treatment of chronic Chagas heart disease. *J. Heart Lung Transplant*, 17, p. 399-405, 1998.

20. DEBNATH, A. K.; LOPEZ DE COMPADRE, A. R.; DEBNATH, A. J.; SCHUSTERMAN, C.; HANSCH, C. Structure-activity relationship of

mutagenic aromatic and heteroaromatic nitro compounds. Correlation with molecular orbital energies and hydrophobicity. *Journal of Medical Chemistry*, 34, p. 786-797, 1991.

21. DJURIC, Z.; POTTER, D. W.; CULP, S. J.; LUONGO, D. A.; BELAND, F. A. Formation of DNA adducts and oxidative DNA damage in rats treated with 1,6-dinitropyrene. *Cancer Letters*, 71, p. 51-56, 1993.

22. INOUE, M.; KAMIYA, H.; FUJIKAWA, K.; OOTSUYAMA, Y.; MURATA-KAMIYA, N. et al. Induction of chromosomal gene mutations in *Escherichia coli* by direct incorporation of oxidatively damaged nucleotides. New evaluation method for mutagenesis by damaged DNA precursors in vivo. *Journal of Biological Chemistry*, 273, p. 11069-11074, 1998.

23. TOKIWA, H.; ONISHI, Y. Mutagenicity and carcinogenicity of nitrofurans and their sources in the environment. *CRC Critical. review Toxicology*, 17, p. 23-60, 1986.

24. TURTELTAUB, K. W.; FRANTZ, C. E.; CREEK, M. R.; VOGEL, J. S.; SHEN, N, et al. DNA adducts in model systems and humans. *Journal of Cell Biochemistry*, 17F, p. 138-148, 1993.

25. WOLFF, T.; BOGAN, R.; WANDERS, H.; WEGENKE, M. Biomonitoring of human exposure to carcinogenic nitroaromatic compounds: a pilot study on DNA adducts formation by 1,6-dinitropyrene in rats. *IARC Scientific Publication*, 124, p. 195-199, 1993.

26. GORLA, N. B.; LEDESMA, O. S.; BARBIERI, G.; LARRIPA, I. B. Thirteen-fold increase of chromosomal aberrations non-randomly distributed in chagasic children treated with nifurtimox. *Mutation Research*, 224, p. 263-267, 1989.

27. GORLA, N. B.; LEDESMA, O. S.; BARBIERI, G.; LARRIPA, I. B. Assessment of cytogenetic damage in chagasic children treted with benznidazole. *Mutation Research*, 206, p. 212-220, 1988.

28. DOCAMPO, R.; MORENO, S. N. J. Free radicals metabolites in the mode of action of chemotherapeutic agents and phagocytic cells on *Trypanosoma cruzi*. *Review Infectious Diseases*, 6, p. 233-238, 1984.

29. FERREIRA, R. C. C.; FERREIRA, L. C. S. Mutagenicity of nifurtimox and benznidazole in the salmonella-microsome assay. *Brazilian Journal of Medical and Biological Research*, 19, p. 19-25, 1986.

30. KNOX, R. J.; KNIGHT, R. C.; EDWARDS, D. I. Interaction of nitroimidazole drugs with DNA in vitro: Structure-activity relationship. *British Journal of Cancer*, 44, p. 741-745, 1981.

31. TEIXEIRA, A. R. L.; CALIXTO, M. A.; TEIXEIRA, M. L. Chagas disease: carcinogenic activity of the antitrypanosomal nitroarenes in mice. *Mutatation Research*, 305, p. 189-196, 1994.

32. TEIXEIRA, A. R. L.; CORDOBA, J. C.; SOUTO-MAYOR, I.; SOLORZA-NO, E. Chagas disease: lymphoma growth in rabbits treated with benznidazole. *American Journal of Tropical Medicine Hygiene*, 43, p. 146-158, 1990.

33. DIAZ DE TORANZO, E. G.; CASTRO, J. A.; FRANKE DE CAZZULO, B. M.; CAZZULO J. J. Interaction of benznidazole reactive metabolites with

nuclear and kinetoplastic DNA, proteins and lipids from *Trypanosoma cruzi. Experientia,* 144, p. 880-881, 1988.

34. TEIXEIRA, A. R. L.; SILVA, R.; CUNHA-NETO, E.; SANTANA, J. M.; RIZZO, L. V. Malignant, non-Hodgking's lymphomas in *Trypanosoma cruzi*-infected rabbits treated with nitroarenes. *Journal of Comparative Pathology,* 103, p. 37-48, 1990.

35. WATANABE, T.; HANASAKI, Y.; HIRAYAMA, T.; FUKUI, S. Mutagenicity of nitro- and amino-substituted phenazines in *Salmonella typhimurium. Mutation Research,* 225, p. 75-82, 1989.

36. SERA, N. K.; FUKUHARA, K.; MYIATA, N.; HORIKAWA, K.; TOKIWA. Mutagenicity of nitro-azobenzeno [α]pyrene and its related compounds. *Mutation Research,* 280, p. 81-85, 1982.

37. FU, P. P.; JUNG, H.; VON TUNGELN, L. S.; HEFFICH, R. H. Mutagenicity of mononitrodihydrobenzo[α]pyrenes. *Mutation Research,* 245, p. 277-285, 1990.

38. ONISHI, T.; OHASHI, Y.; NOZU, K.; INOKI, S (1983). Mutagenicity of antitrypanosomal drug RO7-1051 in *Eschericchia coli. Japanese Journal of Genetics,* 58, p. 505-509, 1983.

39. CANÇADO, J. R. Tratamento etiológico da doença de Chagas pelo benzonidazol. In: BRENER, Z.; ANDRADE, Z.; BARRAL-NETTO (Eds.). *Trypanosoma cruzi e doença de Chagas.* Rio de Janeiro: Guanabara Koogan, 2000.

40. CANÇADO, J. R.; SALGADO, A. A.; BATISTA, S. M.; CHIARI, C. A. Specific treatment of human Chagas disease. In: CONGRESSO INTERNACIONAL DE DOENÇA CHAGAS. *Anais...* Rio de Janeiro, 1979. p. 2-5.

41. CATALIOTI, F.; ACQUATELLA, H. Comparacion de la mortalidade durante seguimento por 5 años en sujetos com enfermedad de Chagas cronica com y sin tratamiento de Benzonidazol. *Revista Patologia Tropical,* 27, p. 25-27, 1998.

42. CERISOLA, J. A.; BARCLAY, E. L.; LUGONES, H.; LEDESMAN, O. Results of anti *Tripanosoma cruzi* activity of Ro-7-1051 in man. *Chemotherapy,* 6, p. 79-85, 1975.

43. BRAGA, M. S.; LAURIA-PIRES, L.; ARGAÑARAZ, E. R.; NASCIMENTO, R. J. TEIXEIRA, A. R. L; Persistent infections in chronic Chagas disease patients treated with anti-Trypanosoma cruzi nitroderivatives. *Revista do Instituto de Medicina Tropical de São Paulo,* 42, p. 157-161, 2000.

44. SOZA-ESTANI, S.; SEGURA, E. L.; RUIZ, A. M.; VELAZQUES, E.; PORCEL, B. M et al. Efficacy of chemotherapy with benznidazole in children in the indeterminate phase of Chagas disease. *American Journal of Tropical Medicine Hygiene,* 59, p. 526-529, 1998.

45. SILVEIRA, C. A. N. *Avaliação a longo prazo do tratamento específico da doença de Chagas.* Tese de Doutorado, Universidade de Brasília, 2000. 122 p.

46. SILVEIRA, C. A. N.; MACEDO, V.; PRATA, A. Avaliação a longo prazo do tratamento específico na evolução clínica da forma indeterminada da doença de Chagas. *Revista da Sociedade Brasileira de Medicina Tropical, 33* (Supl II), p. 36-38, 2000.

47. ANDRADE, A. L. S. S.; ZICKER, F.; OLIVEIRA, R. M.; SILVA, S. A.; LU-QUETTI, A. et al. Randomised trial of efficacy of benznidazole in treatment of early *Tripanosoma cruzi* infection. *Lancet*, 348, p. 1407-1413, 1996.

48. IANNI, B. M.; ARTEAGA, E.; MADY, C.; BARRETO, A. C. P.; LUZ et al. Uso do benzonidazol em chagásicos na forma indeterminada: resultados a longo prazo. *Arquivo Brasileiro de Cardiologia*, 61 (Supl. II), p. 130-132, 1993.

49. INGLESSIS, I.; CARRASCO, H. A.; ANEZ, N.; FUENMAYOR, C.; PA-RADA, H. et al. Clinical, parasitological and histopathological follow-up studies of acute Chagas patients treated with benznidazole. *Archivos Internationais de Cardiologia, Mexico*, 68, p. 405-410, 1998.

50. PARADA, H.; CARRASCO, H. A.; AÑEZ, N.; FUENMAYOR, C.; IN-GLESSIS, I. Cardiac involvement is a constant finding in acute Chagas disease: a clinical, parasitological and histopathological study. *International Journal of Cardiology*, 60, p. 49-54, 1997.

51. FRAGATA, Filho A. A.; BOIANAIN, E.; SILVA, M. A.; CORREIA, E. B.; BORGES-FILHO R. Validade do tratamento etiológico da fase crônica da doença de Chagas com benzonidazol. *Arquivo Brasileiro Cardiologia*, 65 (Supl. I), p. 71, 1995.

52. FRAGATA FILHO, A. A.; LUQUETTI, A. O.; PRATA, A.; RASSI, A.; GONTIJO, E. D. et al. Etiological treatment for Chagas Disease. *Parasitology Today*, 13, p. 127-128, 1997.

53. AÑEZ, N.; CARRASCO, H.; PARADA, H.; CRISANTE, G.; ROJAS, A. et al. Myocardial parasite persistence in chronic chagasic patients. *American Journal of Tropical Medicine and Hygiene*, 60, p. 726-732, 1999.

54. FERREIRA, H. O. Tratamento da forma indeterminada da doença de Chagas com nifurtimox e benzonidazol. *Revista da Sociedade Brasileira de Medicina Tropical*, 24, p. 209-211, 1990.

55. COURA, J. R.; ABREU, L. L.; PERCY, H.; WILLCOX, F.; PETANA, W. Estudo comparativo controlado com emprego de benzonidazol, nifurtimox e placebo, na forma crônica da doença de Chagas, em uma área de campo com transmissão interrompida. I – Avaliação preliminar. *Revista da Sociedade Brasileira de Medicina Tropical*, 139. p.144-151, 1997.

56. FLORES-VIEIRA, C. L.; ANTUNES BARREIRA, A. Experimental benznidazole encephalopathy. I – Clinical-neurological alterations. *Journal of Neurological Sciences*, 150, p. 3-11, 1997.

57. FLORES-VIEIRA, C. L.; CHIMELLI, L.; FRANCA FERNANDES, R. M.; ANTUNES BARREIRA, A. Experimental benznidazole encephalopathy. II- Electroencephalographic and morphological alterations. *Journal of Neurological Sciences*, 150, p. 13-25, 1997.

58. Consenso Brasileiro em doença de Chagas. Secretaria de Vigilância em Saúde do Ministério da Saúde. *Revista da Sociedade Brasileira de Medicina Tropical*, 38 (Supl. III), p. 3-29, 2005.

CAPÍTULO 15

Perspectiva de novas drogas para tratamento da doença de Chagas

Izabela M. Dourado Bastos, David Neves, Meire Lima,
Gloria Restrepo-Cadavid e Jaime Santana

A pesquisa científica tem identificado e caracterizado alvos específicos para o desenvolvimento e a ação de potenciais fármacos para tratar a doença de Chagas. Uma etapa crucial do ciclo biológico desse protozoário no hospedeiro vertebrado é sua entrada na célula mamífera. Enzimas que participam ativamente desse processo são naturalmente boas candidatas a alvos de drogas. Após a invasão celular, as formas tripomastigotas de *T. cruzi* precisam se diferenciar em amastigotas para crescer. A inibição de enzimas-chaves do catabolismo de açúcares, da síntese de lipídeos, da digestão de proteínas internalizadas do hospedeiro e da via de salvação de purinas poderia resultar em interrupção do crescimento do parasito, o que faz dessas enzimas potenciais alvos de drogas. Após povoar a célula, as amastigotas precisam se diferenciar em tripomastigotas para sair da célula e infectar outras, reiniciando o ciclo. Bem adaptado ao ambiente intracelular, o *T. cruzi* pode utilizar vias diferentes de infecção e de diferenciação. Por isso mesmo, a melhor estratégia para o desenvolvimento de drogas para tratar a doença de Chagas reside na concepção plural de fármacos, ou seja, considerar como alvos várias enzimas envolvidas em processos fisiológicos diferentes. Dessa forma, um coquetel de drogas seria eficiente para tratar a infecção pelo *T. cruzi*. Outra etapa importante no desenvolvimento de uma droga é a determinação da estrutura tridimensional do alvo. O conhecimento da sua arquitetura facilita o desenho de novos fármacos a partir do sítio ativo. Acredita-se que essas estratégias levem à obtenção de drogas eficientes e com pouco efeito colateral para o tratamento da doença de Chagas.

Introdução

Um dos objetivos da biologia e da medicina é a busca de drogas para tratar doenças que acometem seres vivos, particularmente o homem. Pôr um fim ou, pelo

Izabela M. D. Bastos • David Neves • Meire Lima • Gloria
Restrepo-Cadavid • Jaime Santana

menos, diminuir a dor e propiciar qualidade de vida aos doentes é função da ciência e dever dos cientistas. Após quase um século da histórica descoberta da doença de Chagas, ainda não existe medicamento efetivo para seu tratamento, e os chagásicos continuam sucumbindo às manifestações crônicas dessa grave enfermidade. A possibilidade de descobrir a importância de uma enzima ou de uma via metabólica não se resume apenas à satisfação da curiosidade humana, mas também é fundamental para o desenvolvimento de fármacos que sirvam para combater as mais diferentes enfermidades que ainda acometem os homens. A inibição de uma atividade enzimática importante na manutenção da vida de parasitos pode significar o primeiro passo para o descobrimento de inibidores específicos cuja atividade resultaria na interrupção de seu ciclo de vida. O progresso científico nas áreas de biologia em interface com a química, a física e a bioinformática tem propiciado a identificação e a caracterização de alvos específicos para o desenvolvimento e a ação de potenciais fármacos para tratamento da doença de Chagas. Este capítulo descreve as várias frentes de estudo que visam a identificar alvos eletivos de drogas contra o *T. cruzi*.

Proteases

Cruzipaína

A importância da atividade da cruzipaína para o ciclo de vida do *T. cruzi* tornou esta enzima um dos alvos de drogas mais estudados nos parasitos. A cruzipaína é considerada uma das proteinases mais abundantes do *T. cruzi*. Sua expressão é determinada por várias cópias gênicas, algumas distintas, o que promove a produção de diversas isoformas. Diferem entre si, essencialmente pelas características de seus domínios C-terminais, nas suas seqüências de aminoácidos e no padrão de N-glicosilação. A cruzipaína é sintetizada como uma pré-*pro forma* que é direcionada aos lisossomos após ser ativada por meio de autoclivagem, resultando na remoção do pró-peptídeo nas vesículas distais do complexo de Golgi. A cruzipaína apresenta ampla especificidade catalítica, uma vez que hidrolisa várias proteínas não relacionadas.[1,2] Essa característica enzimática associada à localização lisossômica relaciona a cruzipaína ao processo de nutrição do parasito por meio de hidrólise de proteínas e peptídeos. Sua atividade tem sido correlacionada ao desenvolvimento do *T. cruzi* e à sua relação com a célula hospedeira.[3] A cruzipaína libera agonistas de quinina a partir do quininogênio que se liga a receptores do tipo B_2R promovendo a liberação de [Ca2+] no interior da célula hospedeira, o que facilita a entrada do parasito.[3,4]

O tratamento de epimastigotas com inibidores de cisteíno-proteases, derivados da classe vinil sulfonas, resultou em acúmulo da cruzipaína não processada nos compartimentos vesiculares provocando anormalidades no complexo de Golgi e no retículo endoplasmático.[5] Conseqüentemente, foi observada uma interrupção no tráfego de proteínas e morte do parasito após 48 horas de tratamento. No modelo experimental murino da doença de Chagas aguda, um desses inibidores teria produzido aproximadamente 50% de cura parasitológica. Esse tratamento (oral) preveniu a infiltração linfocitária da lesão miocárdica e o estabelecimento de ninhos de amastigotas. Em adição, esses inibidores teriam promovido uma cura no estágio crônico da doença sob um regime de 21 dias de tratamento.[6]

Posteriormente, esse mesmo inibidor, também denominado K777, foi empregado em outro modelo animal para testar sua eficiência no tratamento da doença de Chagas.[7] Nesse estudo, um grupo de três cães foi infectado com tripomastigotas metacíclicos e tratado com duas doses diárias de 50 mg/kg de K777 durante 14 dias. Apesar de não ter havido cura parasitológica, os animais tratados apresentaram diminuição significativa das lesões cardíacas em comparação aos animais controles.

Catepsina B

Sintetizada como uma pré-pró-enzima, a catepsina B é uma cisteíno-protease de 30 KDa expressa nas três formas do parasita, localizada nos lisossomos.[8] Sua relevância na nutrição do parasita pode ser sugerida pela hidrólise de substratos não relacionados, tais como BSA, colágeno tipo I, gelatina,[8] fibrinogênio e IgG desnaturada.[9] Além do seu envolvimento na nutrição ou como conseqüência deste, a catepsina B também está relacionada com a diferenciação do parasito. Isso foi observado por meio da superexpressão do seu gene em epimastigotas, o que promoveu um incremento na taxa de replicação e metaciclogênese do parasito.[10] Tal processo parece dependente da ação da catepsina B na renovação de proteínas celulares, que ocorre intensamente durante a metaciclogênese ou, por contribuir para produção de aminoácidos livres, fundamentais para o metabolismo energético do parasito.

Outro aspecto importante é que pacientes chagásicos apresentam elevados níveis de anticorpos específicos contra a catepsina B. No entanto, a ligação do anticorpo não resulta em inativação da enzima.[11] Tal propriedade sugere que a catepsina B liberada no meio extracelular poderia clivar proteínas/peptídeos do hospedeiro vertebrado e contribuir com a fisiopatologia da doença de Chagas.

Ainda não existem relatos sobre a utilização de inibidores da catepsina B para tratar a doença de Chagas experimental. Pelo fato de ela e da cruzipaína compartilharem muitas propriedades bioquímicas, como a susceptibilidade a inibidores, fica difícil alegar que muitas das funções atribuídas à cruzipaína não sejam também exercidas pela catepsina B.[5] No entanto, a ação do inibidor Z-(SBz)Cys-Phe-CHN2 contra a cruzipaína mostra ser seletiva comparada à catepsina B. A indução de resistência do *T. cruzi* a esse inibidor foi associada com uma diminuição dos níveis de cruzipaína, cuja compensação foi obtida pelo aumento da expressão de catepsina B. Como conseqüência, foi constatada uma diminuição na metaciclogênse do *T. cruzi* resistente sem afetar sua viabilidade.[12]

Proteases da família prolil oligopeptidase (POP)

O fato de a prolina ser um imino ao invés de aminoácido faz com que sua clivagem seja efetuada por proteases especializadas e específicas do tipo prolil oligo-

Izabela M. D. Bastos • David Neves • Meire Lima • Gloria Restrepo-Cadavid • Jaime Santana

peptidase e dipeptidil peptidase, cujos sítios catalíticos são adaptados à estrutura do resíduo. Essa característica é bastante vantajosa no que concerne ao desenvolvimento de inibidores específicos. Uma outra vantagem, talvez evolutiva, resulta no fato de que essas enzimas clivam somente substratos após resíduos de prolina. Por isso, elas são expressas diretamente na sua forma ativa, sem a necessidade de processamento póstraducional nem de modulador, evitando dano proteolítico para a célula.

Essas duas proteases pertencem à família de prolil oligopeptidase (SC9), que inclui também a oligopeptidase B e a acilaminopeptidase. Embora essas duas últimas não clivem após resíduo de prolina, elas teriam estruturas similares. As atividades de membros da família POP estão relacionadas com ativação ou inativação de peptídeos hormonais e neuropeptídeos.[13, 14] Dessa forma, tem sido proposto que essas proteases podem estar implicadas em diferentes processos fisiológicos, como, por exemplo, regulação da pressão sangüínea, homeostase, glicemia, neurotransmissão e formação da memória.[15, 16] Assim, a atividade anormal dessas enzimas pode ter um papel importante no desenvolvimento de doenças, tais como o mal de Alzheimer[17] e mania-depressão.

A seguir, veremos algumas características de POPs de *T. cruzi* e como elas contribuem para o processo de entrada do parasita na célula hospedeira que não fagocita.

1) Prolil oligopeptidase

Uma característica essencial do ciclo de vida do *T. cruzi* em células hospedeiras é sua habilidade de infectar e replicar-se no interior de vários tipos celulares.[18] O sucesso da infecção pelo parasito vai depender, em um primeiro momento, da sua capacidade em migrar através da intrincada matriz extracelular (ME), e assim ter acesso à superfície da célula hospedeira. Para que isso ocorra, o parasito dispõe de proteases que hidrolisam proteínas abundantes constituintes da matriz extracelular, como colágeno, fibronectina e laminina. Uma das proteases candidatas a esse processo é a prolil oligopeptidase de *T. cruzi* (POP Tc80) que hidrolisa colágenos dos tipos I e IV[19] e fibronectina[20] em vários sítios de clivagem (após prolinas). Essa atividade colagenolítica foi demonstrada *in situ* sobre mesentério de rato, tecido rico em colágeno do tipo I; é comparável à colagenase de *Clostridium*,[19] bactéria altamente invasiva.

O envolvimento da POP Tc80 no processo de infecção do parasito foi esclarecido pelo uso de inibidores seletivos, uma vez que a taxa de inibição da POP humana é sessenta vezes menor que a da POP Tc80. Essas moléculas inibem, *in vitro*, a entrada de formas tripomastigotas em diferentes tipos de células não fagocíticas, de forma dose-dependente, com IC50 variando entre 10 e 20 μM. É importante citar que esse bloqueio da invasão não foi resultado de um efeito citotóxico desses inibidores, visto que sob as doses utilizadas no estudo não houve alteração na mobilidade do parasito ou na proliferação das células hospedeiras. Tampouco foi decorrente da inibição da ancoragem do parasito à membrana celular, primeiro passo para a invasão da célula hospedeira. De fato, o bloqueio da entrada do tripomastigota na célula foi um processo ativo mediado por transdução de sinais, que resulta no recrutamento e na fusão de lisossomos da célula hospedeira no sítio de ligação do parasito, como veremos mais adiante.

A POP Tc80 também poderia facilitar a invasão por meio da liberação de proteínas da membrana do parasito, necessárias para penetração, que estariam ligadas a componentes da ME. Em adição, proteínas da ME conectam-se à membrana da célula hospedeira via integrinas e uma hidrólise local destas pela POP Tc80 poderia desencadear sinais que rearranjam o citoesqueleto[21] (Figura 15.1). Como a principal função de POPs é a clivagem de peptídeos biologicamente ativos, a POP Tc80 poderia contribuir também para a maturação/ativação de fatores do parasito requeridos na invasão.

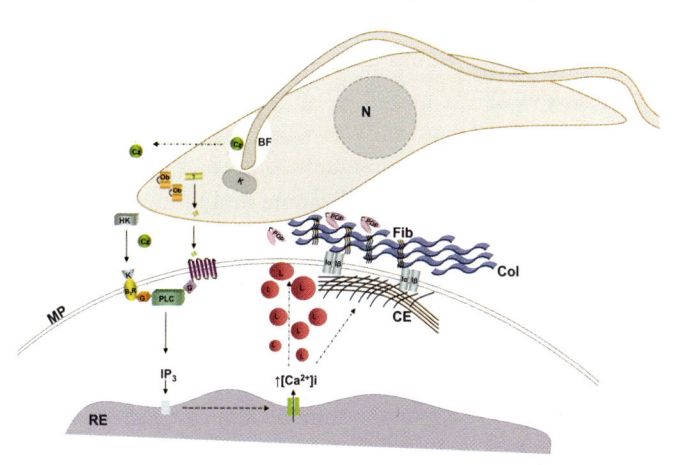

Figura 15.1 Representação esquemática da atuação das proteases cruzipaína, oligopeptidase B e prolil oligopeptidase do *T. cruzi* no processo de invasão da célula hospedeira. BF, bolsa flagelar; N, núcleo; K, cinetoplasto; MP, membrana plasmática; RE, retículo endoplasmático; CE, citoesqueleto; Col, colágeno; Fib, fibronectina; L, lisossomo; PLC, fosfolipase C; HK, quininogênio de alta massa molecular; K, quinina; B_2K, receptor de bradiquinina; G, proteína G; Iα e Iβ, integrinas; Cz, cruzipaína; Ob, oligopeptidase B; POP, prolil oligopeptidase
Fonte: arquivo dos drs. Jaime Santana e Izabela Bastos

2) Oligopeptidase B

A invasão de células hospedeiras pelo *T. cruzi* é, sem dúvida, um processo altamente eficiente que envolve a participação de vias de sinalização bilaterais[21-23] resultando na entrada ativa do parasito. Além do envolvimento de proteínas de superfície e moléculas sinalizadoras clássicas, como o emaranhado sistema de quinases/fosfatases,[24-27] proteases do parasito estão intimamente relacionadas com a invasão.[3, 20, 28] Em adição à cruzipaína e à prolil oligopeptidase, o parasito dispõe de outra protease-chave para garantir sua entrada na célula mamífera, a oligopeptidase B (OpB).[29, 30] Sua participação na invasão celular ocorre por meio da geração de um agonista que ativa fosfolipase C da célula hospedeira resultando na formação de inositol trifosfato (IP$_3$) e, conseqüentemente, na liberação de Ca^{2+} intracelular.[29, 31] Ainda não é possível afirmar se a produção do agonista ocorre no citoplasma ou no meio extracelular pela OpB secretada.[11] No entanto, a liberação do Ca^{2+} resulta em modificação do citoesqueleto, que promove recrutamento e fusão de lisossomos da célula hospedeira no local de ligação do parasito, facilitando sua entrada (Figura 15.1). Ao contrário de muitos patógenos intracelulares que evitam a fusão com os lisossomos, o *T. cruzi* depende da presença dessa organela para sobreviver, uma vez que seu ambiente acídico ativa processos fisiológicos essenciais que resultam na diferenciação de tripomastigota em amastigota, a forma replicativa do parasito[32, 33] e escape do sistema imune.[34, 35]

A relevância da OpB na patogenia da doença de Chagas tem sido sugerida por meio de vários experimentos. A utilização de anticorpos específicos contra essa enzima inibiu a sinalização de Ca^{2+} em células hospedeiras.[23] O parasito mutante *opb-/-*, incapaz de produzir a enzima, apresentou significativa redução na capacidade infectante *in vitro* e de estabelecer a infecção em camundongo.[36] Em adição, a OpB recombinante purificada foi capaz de restaurar a sinalização de Ca^{2+} no mutante.[36] No entanto, a observação de uma atividade residual sinalizadora de Ca^{2+} nesse mutante sugere que o parasito apresenta outras vias que levam à liberação desse cátion.

Além de ser um fator de virulência do parasito, a vantagem de se utilizar OpB como alvo potencial de droga reside na ausência de ortólogos em eucariotos superiores.[37] Em teoria, isso facilitaria o desenvolvimento de droga seletiva, isto é, com menor possibilidade de efeitos colaterais ao homem. Já existem relatos de inibidores da oligopeptidase B[38-39] além de outros estudos[37, 40] que podem fornecer informações úteis para o aprimoramento de inibidores sintéticos mais efetivos contra o *T. cruzi*.

3) Dipeptidil peptidase

A dipeptidil peptidase e a prolil oligopeptidase (propriamente dita) são proteases da família POP. A dipeptidil peptidase IV (DPPIV, melhor caracterizada) difere da prolil oligopeptidase (POP) por ser ativa na forma dimérica e por clivar preferencialmente após resíduos de prolina em ligações do tipo X-Pro-Y, onde X é o resíduo N-terminal (não bloqueado) na cadeia peptídica e Y é qualquer resíduo exceto prolina ou hidroxiprolina. DPPIV pode clivar também X-Ala-Y e X-Hyp-Y, porém com menor eficiência;[41] seus principais substratos naturais são pequenos peptídeos (menores que trinta resíduos) como neuropeptídeo Y, glucagon e algumas citocinas.[42-44]

O possível envolvimento da DPPIV na homeostase da glicose, pela inativação do peptídeo hormonal GLP-1 (*glucagon like peptide 1*), que estimula a secreção de insulina, despertou o interesse de grupos farmacêuticos para o desenvolvimento de inibidores específicos visando ao tratamento para diabetes do tipo 2. Dentre as moléculas sintetizadas e testadas, os inibidores isoleucina thiazolidida, P32/98 e NVP-DPP728 apresentaram efeitos satisfatórios em ratos, tendo sido o último inibidor experimentado com sucesso em humanos.[45-47] A ação específica desses inibidores e o papel da DPPIV no controle fisiológico da glicose no sangue foram confirmados por meio de silenciamento de seu gene. Camundongos homozigotos deficientes do gene da DPP-

IV apresentam redução da degradação de GLP-1, aumento dos níveis de insulina, melhora da tolerância à glicose, redução da hipertrofia das ilhotas pancreáticas e aumento da sensibilidade à glicose.[48-49]

Em *T. brucei*, esta protease (DPP Tb) foi encontrada ativa tanto em formas procíclicas como em formas sanguíneas. Diferentemente da DPP IV, a DPP Tb é monomérica, e análise de citolocalização mostrou que ela está presente em vesículas no citoplasma em torno do núcleo. Testes preliminares de inibição da DPP Tb pelo inibidor da DPP IV humana indicam que este é mais eficiente sobre a enzima do parasito (Bastos, comunicação pessoal). Esses resultados representam um ponto de partida animador para o desenvolvimento de inibidores contra essa enzima em *T. brucei* e em *T. cruzi*.

Aminopeptidases

Essas exopeptidases estão envolvidas em diversas funções celulares, tais como a maturação e a renovação protéicas, a hidrólise de peptídeos reguladores hormonais ou não, a modulação da expressão gênica e outras funções essenciais.[50] Em cooperação com endopeptidases, as aminopeptidases hidrolisam proteínas e peptídeos em aminoácidos livres. Essas metaloproteases vêm sendo consideradas alvos importantes para a produção de drogas por causa de sua relevância no ciclo de vida de diversos patógenos, como *Plasmodium* spp.,[51, 52] *T. brucei*[53] e *Leishmania* spp.[54] Além disso, tem sido demonstrado que a vacinação de ovelhas com leucil aminopeptidase de *Fasciola* spp induz proteção contra fasciolase, o que reafirma sua importância biológica.[55] Em bactérias, as aminopeptidases têm um papel fisiológico importante, pois elas participam na clivagem de peptídeos exógenos utilizados como nutrientes na renovação e na degradação de proteínas endógenas. Em adição, algumas aminopeptidases estão também envolvidas no mecanismo de ativação do transporte de antibióticos dentro da célula. Em vírus como o HIV, a leucil aminopeptidase tem um papel importante no estabelecimento da infecção.[56]

Leucil aminopeptidase constitui uma família (M17) de aminopeptidases que possuem dois íons divalentes (zinco em mamíferos e manganês em bactérias) atuando como agentes "co-catalíticos" coordenados e estabilizados por cinco aminoácidos, sendo a primeira família de metalopeptidases descrita com esse mecanismo. As enzimas dessa família pertencem ao clã MC, têm atividade máxima em pH básico e são inibidas por bestatina e amastatina. Além disso, apresentam preferência para remover leucina da região N-terminal de proteínas e peptídeos. Existem naturalmente como homohexâmeros com o sítio ativo alinhado na região central da cavidade em forma de disco. Em mamíferos, essa enzima é intracelular e está envolvida na quebra de produtos resultantes da ação de proteinases no citossol. Como exemplo, aminopeptidases participam da clivagem de peptídeos produzidos pelo proteassoma para a apresentação de antígenos classe I induzida pelo interferon-gama.[57]

Plasmodium falciparum é altamente dependente de atividade leucil aminopeptidolítica para completar seu ciclo de vida. Essa atividade parece ser tão importante no

Izabela M. D. Bastos • David Neves • Meire Lima • Gloria Restrepo-Cadavid • Jaime Santana

catabolismo de hemoglobina, função digestiva, quanto na regulação da osmolaridade dentro do eritrócito infectado. Bestatina, um inibidor de membros dessa família de aminopeptidases, bloqueia o crescimento de *P. falciparum*. Quando este parasita superexpressa a leucil aminopeptidase, torna-se mais resistente à bestatina. Esse dado indica a importância dessa atividade para o *Plasmodium* e fornece prova de que a leucil aminopeptidase da família M17 é o alvo de bestatina.[58] O *T. cruzi* possui dois genes codificadores de leucil aminopeptidase, os quais estão sob estudo em nosso laboratório. Experimentos iniciais sugerem que essas atividades enzimáticas também são fundamentais para o desenvolvimento de formas do parasito (nossos dados não foram publicados).

Biossíntese de esteróis

Os lipídeos são moléculas essenciais para a viabilidade dos organismos uma vez que desempenham diversos papéis biológicos, como cofatores enzimáticos, transportadores de elétrons, âncoras hidrofóbicas, hormônios, mensageiros intracelulares, além de serem grande fonte de energia. Talvez sua maior contribuição seja como principais componentes de membranas celulares, papel desempenhado pelos fosfolipídeos e pelos esteróis. O principal esterol dos mamíferos bem como de outros animais é o colesterol. Em contraste, seu correspondente em fungos e também no *T. cruzi* é o ergosterol (Figura 15.2), essencial para a viabilidade e a proliferação do parasito, já que esses patógenos não utilizam o colesterol presente em abundância na célula hospedeira. Essa diferença metabólica entre o parasito e o hospedeiro despertou a atenção de grupos de pesquisa quanto ao emprego de inibidores da biossíntese do ergosterol na quimioterapia da doença de Chagas.

Inibidores disponíveis comercialmente, como cetoconazol e itraconazol, altamente eficazes no tratamento de doenças micóticas, não foram eficientes o bastante para eliminar o parasito tanto em modelos experimentais como em humanos.[59, 60] No entanto, novas moléculas derivadas de azóis estão sendo desenvolvidas, apresentando resultados promissores por induzir a cura parasitológica em modelos murinos, tanto da fase aguda quanto crônica da doença de Chagas. Os inibidores D0870 e posaconazol foram capazes também de erradicar formas de *T. cruzi* resistentes a nitrofurano e nitroimidazólico de camundongos infectados, mesmo quando estes eram imunossuprimidos.[61, 62] Esses inibidores têm como alvo a C14α esterol demetilase e apresentam propriedades farmacocinéticas vantajosas, como meias-vidas variando de 25 a 120 horas e extenso volume de distribuição nos tecidos.

Outro potente alvo da via de biossíntese do ergosterol é a esqualeno sintase, enzima que catalisa a dimerização redutora de duas moléculas de farnesil pirofosfato para formação do esqualeno, precursor de esteróis.[64] Recentemente, foram testados dois inibidores de esqualeno sintase à base de quinuclidina, o E5700 e o ER119884, que estão em fase de estudo para diminuição de colesterol e triglicerídeos em humanos (Eisai Company, Japão). Ambas as moléculas apresentam alta atividade anti-*T. cruzi in*

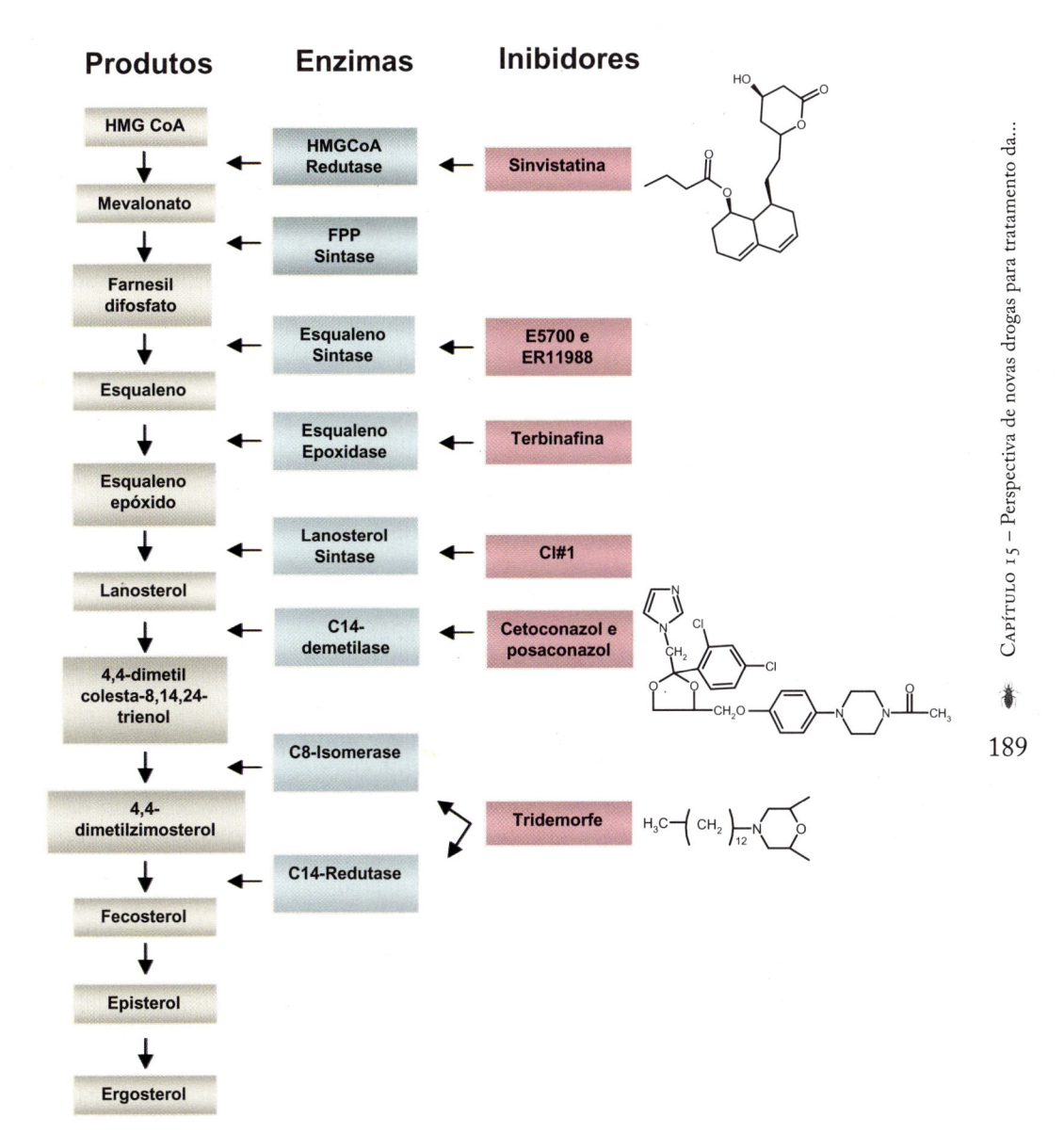

Figura 15.2 Biossíntese do ergosterol[63]
Fonte: Hankins et al., 2005

vitro bloqueando a proliferação do parasita, porém E5700 é mais potente na supressão da parasitemia em camundongos em tratamento com 50 mg/kg/dia.[65] Apesar de essas moléculas não erradicarem a infecção, mesmo após trinta dias de tratamento, os pesquisadores acreditam que a combinação destas com derivados de azóis possa promover a cura parasitológica completa em modelo animal.

Poliaminas

As poliaminas – putrescina, espermidina e espermina – são moléculas positiva-
mente carregadas encontradas nas células de forma ubíqua. Elas desempenham funções cruciais e variadas em processos como divisão e diferenciação celular, atuam como
cofatores para a síntese de macromoléculas e como estabilizadores conformacionais de
ácidos nucléicos. Em razão de suas importantes funções, a via de síntese de poliaminas
é um contínuo objeto de estudos em tumores e parasitas visando ao desenvolvimento
de novos medicamentos.[66]

De uma forma ampla, a principal diferença no metabolismo das poliaminas entre tripanossomatídeos e mamíferos está na meia-vida das enzimas, como a ornitina
descarboxilase (ODC) e a S-adenosilmetionina descarboxilase (Figura 15.2), sendo
curta no mamífero e longa nos tripanossomatídeos.[67, 68]

Via de salvação de purinas

Outro fator a ser considerado é que a síntese de poliaminas está intimamente
associada à via de salvação de purinas, que constitui outro alvo potencial para a ação
de drogas. Já foi demonstrado em diversos estudos que os tripanossomatídeos não
apresentam a maquinaria molecular necessária para a síntese *de novo* de purinas. Tal
característica foi confirmada por meio do seqüenciamento do genoma dos parasitos
T. brucei e *T. cruzi*, caracterizando uma dependência desses organismos da via de salvação para suprir suas necessidades metabólicas.[69, 70] Por causa dessa característica e da
longa separação filogenética entre hospedeiro e parasito, as diferenças entre as enzimas
dessa via podem ser exploradas no desenvolvimento de inibidores específicos e de análogos de substrato. Além disso, as células do hospedeiro apresentam a síntese *de novo*
que permite superar uma eventual inibição da sua via de salvação.[71]

Uma enzima que está envolvida na via de salvação de purinas é a metiltioadenosina fosforilase (MTAF, Figura 15.3). Essa proteína cliva a metiltioadenosina
(MTA), subproduto da síntese de poliaminas, em metiltioribose-1-fosfato (MTR-1P)
e adenina, sendo a última tornada disponível para a célula. Essa enzima constitui um
bom alvo de drogas, como demonstrado em pesquisa com HETA, análogo de MTA;
animais infectados com *T. brucei* ou *T. rhodesiense* tratados com essa molécula tornaram-se parasitologicamente curados. Além disso, o fato de a enzima dos mamíferos
apresentar uma alta especificidade pelo MTA, não clivando seus análogos, permite
maior seletividade contra os tripanossomos.[72, 73] Até o presente momento, a ação desse
análogo não foi testada contra *T. cruzi*. As características moleculares e funcionais da
MTAF de *T. cruzi* estão sendo estudadas com ênfase no desenho de drogas a partir de
sua estrutura tridimensional.

Outra enzima participante dessa via, que também constitui interessante alvo de
droga, é a hipoxantina-guanina fosforibosil transferase (HPRT). Ela é responsável pela
salvação das bases hipoxantina e guanina do conjunto de nutrientes para seu uso na
síntese dos nucleotídeos purínicos.[74, 75] Testado, o alopurinol demonstrou inibição do

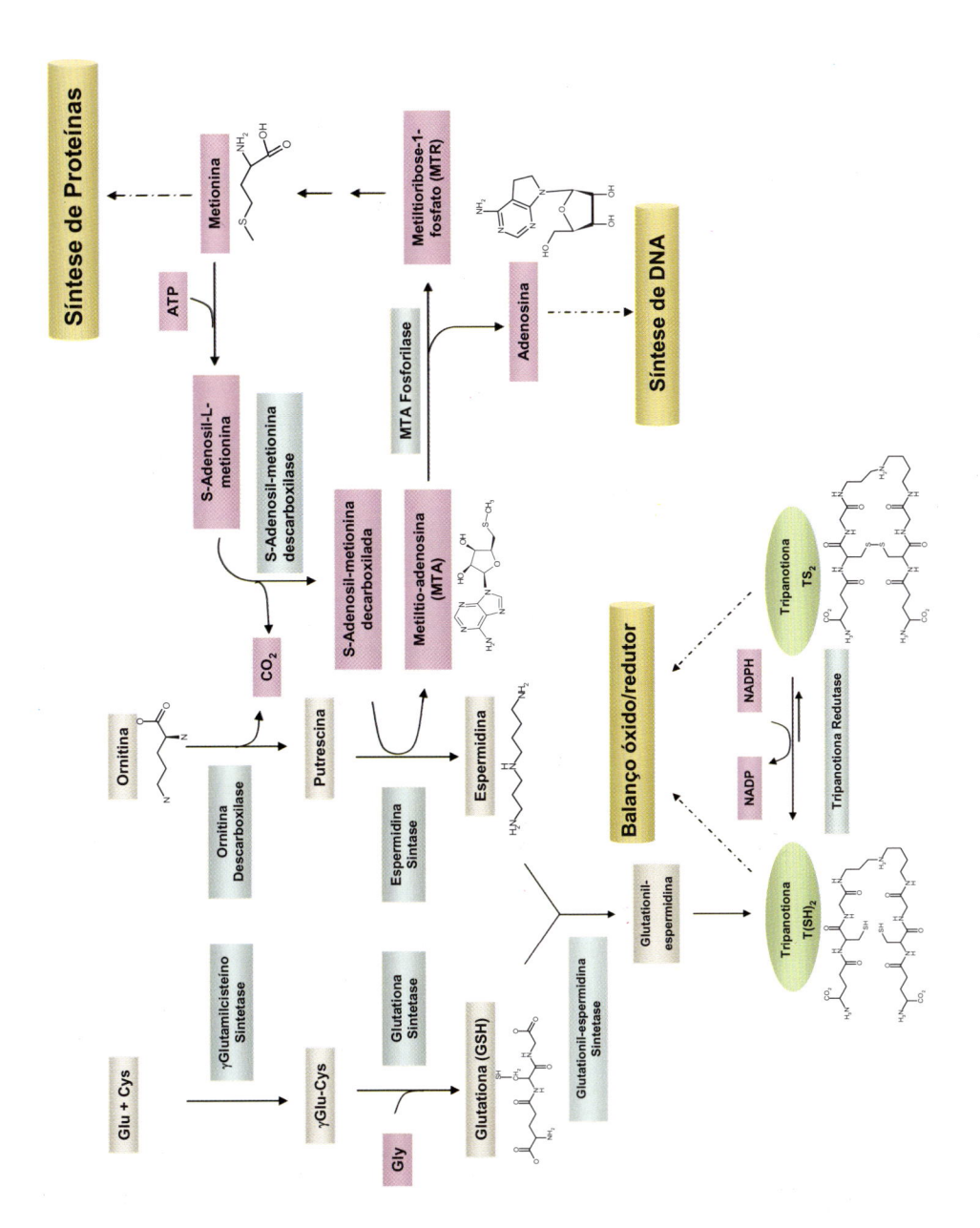

Figura 15.3 As vias de síntese de poliaminas do balanço oxi-redutor e de salvação de purinas são integradas e interdependentes no *T. cruzi*

Fonte: arquivos dos drs. Jaime Santana e Izabela Bastos

crescimento de epimastigotas e conseguiu prolongar o tempo de sobrevivência de camundongos infectados.[76, 77] Essa droga, usualmente utilizada para tratamento da gota, atua interrompendo a síntese de RNA e conseqüentemente de proteína, pois é transformada em um análogo de base purínica que, ao ser incorporado na fita de DNA nascente, bloqueia sua síntese. Contudo, o alopurinol não se mostrou eficiente contra *T. cruzi* virulento.[60, 76-79] Além desse, o composto 6-(2,2-Dicloroacetamida) criseno revelou-se um inibidor seletivo da enzima de *T. cruzi*, comparativamente à enzima humana.[80] Outros 16 potentes inibidores foram identificados com base na conformação tridimensional da proteína, um exemplo de desenvolvimento de novas drogas.[81]

Por causa da sobreposição das vias de síntese de poliaminas e da salvação de purinas (Figura 15.3), a inibição da primeira causaria também o bloqueio da síntese de MTA e, subseqüentemente, aumentaria a utilização e a toxicidade de substratos subversivos da MTAF. Logo, a combinação de ambas as estratégias poderia acarretar um efeito sinérgico contra os tripanossomos.[71]

Balanço redutor/oxidativo

A tripanotiona é a poliamina responsável pela proteção dos parasitos dos gêneros *Trypanosoma* e *Leishmania* contra radicais livres e pela manutenção de ambientes intracelulares reduzidos.[82, 83] A via de redução da tripanotiona oxidada para a forma reduzida é mediada pela tripanotiona redutase (TR) (Figura 15.3). Considera-se essa via um alvo promissor para desenvolvimento de drogas em decorrência de sua ausência em células de mamíferos e do fato de o *T. brucei* se tornar não virulento e com susceptibilidade aumentada ao estresse oxidativo quando apresenta TR deficiente.[84-87]

A TR de *T. cruzi* já teve sua estrutura tridimensional resolvida, o que permitiu uma análise virtual do potencial inibitório dos compostos comercialmente disponíveis. Essa abordagem resultou na identificação da clorohexidina como eficiente inibidor da enzima desse organismo.[88] Após modificações químicas, conseguiu-se melhorar a ação da clorohexidina e obteve-se maior atividade tóxica sobre células de *T. brucei*.[89]

Outro grupo que mostrou atividade inibitória contra a TR de *T. cruzi* e outros parasitos foi o da cloropromazina. Esse composto, após modificações na sua estrutura, causou redução progressiva no número de células.[90, 91] Testes utilizando derivados de 5-nitrofuril contra a TR de *T. cruzi* também demonstraram a inibição completa da replicação do parasito.[83] Corroborando a importância dessa enzima como alvo de droga, foi demonstrado que uma das drogas mais utilizadas para tratar pacientes infectados por *Leishmania* spp atua inibindo a TR como também causando um efluxo de tripanotiona e glutationa, comprometendo o potencial redutor intracelular.[92]

Metabolismo de açúcares

Os cinetoplastídeos *T. cruzi*, *T. brucei* e *Leishmania* spp são altamente dependentes da via glicolítica, glicólise ou quebra da glicose, para suprir suas necessidades de energia. A maioria das dez enzimas que compõem a glicólise e várias daquelas da via pentose fosfato localizam-se em uma organela chamada glicossoma. Essa compartimentalização não é observada no mamífero, o que resulta em regulação diferenciada do fluxo de substratos e produtos. A via pentose fosfato emprega açúcares como substratos para sintetizar D-ribose-5-fosfato, o qual é importante para síntese de DNA e NADPH, uma molécula essencial na defesa contra estresse oxidativo. As enzimas dessas duas importantes vias metabólicas de cinetoplastídeos possuem propriedades cinéticas e estruturais que as diferem das enzimas correspondentes nos mamíferos. Esse cenário faz do glicossomo um alvo quimioterapêutico potencial. A ausência de atividade de enzimas localizadas no glicossomo levaria esses parasitos à escassez de energia e ao descontrole do delicado balanço óxido-redutor. Recentemente, a resolução da estrutura tridimensional da glucose-6-fosfato isomerase (GFI) de *L. mexicana*, uma enzima que liga a glicólise à via pentose fosfato, revelou propriedades moleculares únicas, que poderiam ser exploradas visando ao desenvolvimento de inibidores.[93]

Outro ponto interessante no catabolismo de glicose é aquele catalisado pela enzima fosfoenolpiruvato carboxiquinase (FPC) que converte reversivelmente a descarboxilação e a fosforilação reversível de oxalacetato produzindo fosfoenolpiruvato. Esse parece ser um importante mecanismo de ligação do metabolismo da glicose ao de aminoácidos. A inibição dessa enzima poderia resultar em perda da flexibilidade dos cinetoplastídeos em utilizarem açúcares e aminoácidos como fonte de energia. A resolução da estrutura tridimensional da FPC de *T. cruzi* trouxe novas bases para desenho racional de inibidores específicos, pois revelou diferenças importantes em relação ao homólogo humano.[94]

Considerações finais

As características do ciclo de vida do *T. cruzi* precisam ser levadas em conta para se estabelecer boas estratégias de identificação de alvos de drogas. Enzimas que participam ativamente do processo de entrada do parasito na célula mamífera são naturalmente bons candidatos. Assim, a POPTc80 e a oligopeptidase B são enzimas-chaves nessa primeira e crucial etapa do ciclo biológico desse protozoário no hospedeiro vertebrado. Após a invasão celular, as formas tripomastigotas de *T. cruzi* precisam se diferenciar em amastigotas (amastigogênese). Caso isso não ocorra, o parasito não pode dar prosseguimento a seu ciclo de vida. A bioquímica da transformação de tripomastigota para amastigota ainda é desconhecida. Sabe-se, entretanto, que a inibição de fosfatases e a conseqüente ativação de quinases são eventos bioquímicos que antecedem a transformação.[33] A inibição desse processo fisiológico tão importante na vida do parasito seria de boa valia na busca de tratamento da infecção pelo *T. cruzi*. Agora, é hora de as formas amastigotas cumprirem seu papel: entrar em divisão, resultando no aumento significativo do número de parasitas. Como em todo processo de crescimento, o metabolismo é altamente ativado, ocorrendo intensa síntese das mais diferentes moléculas, como proteínas, lipídeos, carboidratos e ácidos nucléicos. Ainda, há necessidade de degradar açúcares, principalmente glicose, para produzir a energia necessária para o anabolismo. É natural pensar que as formas amastigotas sejam altamente dependentes de atividades enzimáticas envolvidas na sua fisiologia. Por exemplo, a inibição de enzimas-chaves do catabolismo de açúcares (enzimas do glicossomo), da síntese de lipídeos (C14α esterol demetilase e farnesil pirofosfato), da digestão de proteínas internalizadas do hospedeiro (cruzipaína, catepsina B e aminopeptidases) poderia resultar em interrupção do crescimento do parasito. Após povoar a célula, as formas amastigotas precisam se diferenciar em tripomastigotas (tripomastigogênese) para, então, sair da célula e infectar outras, reiniciando o ciclo. Esse processo ainda é menos conhecido que as outras transformações do parasito. A identificação de atividades enzimáticas (Figura 15.4) essenciais para a realização de etapa vital no ciclo de vida do *T. cruzi* poderia coincidir com a identificação de novos alvos de drogas.

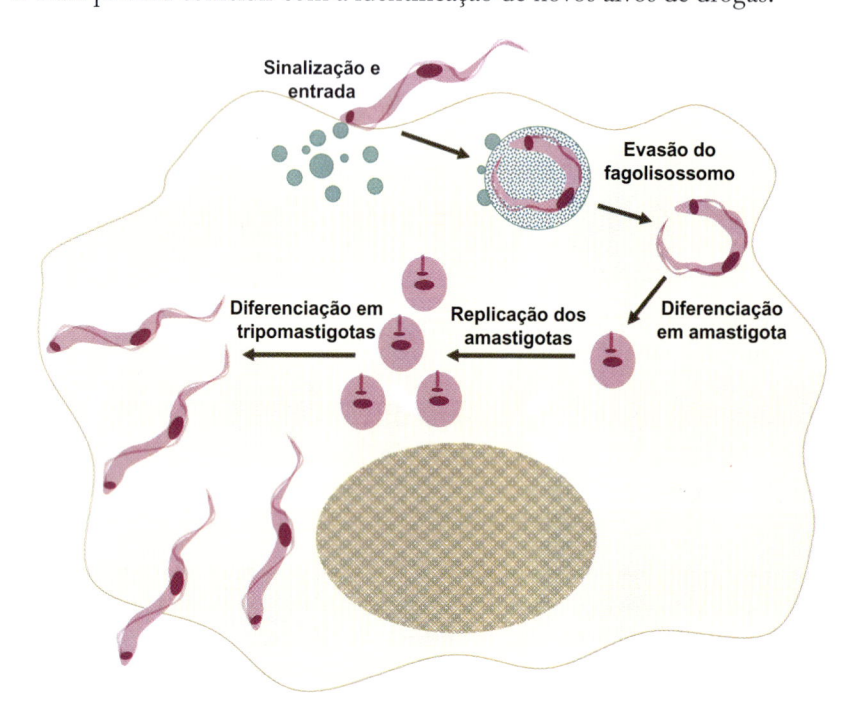

Figura 15.4 Etapas cruciais da interação do *T. cruzi* com a célula hospedeira não fagocítica. A inibição de enzimas envolvidas nesses processos fisiológicos resultaria na interrupção do ciclo de vida do parasito, representando uma forma eficiente de tratamento da doença de Chagas

Fonte: arquivo dos drs. Jaime Santana e Izabela Bastos

Não se pode esperar que o *T. cruzi* se comporte igualmente nos diferentes hospedeiros vertebrados e, também, nas diferentes células que infecta. Tratando-se de um parasito complexo e bem adaptado, ele pode, ou mesmo deve, utilizar vias diferentes de infecção e até de diferenciação segundo o meio ambiente. Assim, é correto imaginar que a melhor estratégia para o desenvolvimento de drogas para tratar a doença de Chagas reside na concepção plural de fármacos, ou seja, considerar como alvos várias enzimas, se possível de processos fisiológicos diferentes. Dessa forma, um coquetel de drogas contra diversos alvos poderia vir a ser o procedimento correto para tratar a infecção pelo *T. cruzi*. A erradicação definitiva do parasito de paciente chagásico seria um marco na avaliação da importância do parasito nas manifestações crônicas da doença.

Abstract

Scientific progress has provided the means for the identification and characterization of specific targets for the development of drugs for Chagas disease therapy. The first crucial step of this protozoan life-cycle within the vertebrate host is the process of entry into a cell. Enzymes actively participating in this process are naturally good drug-target candidates. Right after cell invasion, trypomastigote forms of *T. cruzi* must differentiate into amastigotes so as to proceed in their life-cycle. The inhibition of key enzymes from the sugar metabolism, the lipids synthesis, the digestion of host-internalized proteins and also from the purines salvation pathway could hinder parasite growth, thus placing these enzymes as potential drug targets. Once the cell is populated, amastigotes must differentiate into trypomastigotes, which will then leave the cell to infect others and hence restart the cycle. As a well-adapted parasite, *T. cruzi* can, or must, use different pathways for infection and differentiation according to environmental conditions. Therefore, the best strategy for the development of drugs for Chagas disease therapy is the plural conception of drugs, that is, to consider several enzymes as targets, if possible, enzymes involved in different physiological processes. So, a drug cocktail against different targets could be the best course of action to treat *T. cruzi* infections. Another important step in drug development is the determination of the target´s tridimensional structure. The knowledge of its architecture facilitates the rational design of molecules from the active site. This strategy could provide drugs not only efficient but also with low side effects for the treatment of Chagas disease.

Notas bibliográficas

1. RAIMONDI, A.; WERNSTEDT, C.; HELLMAN, U.; CAZZULO, J. J. Degradation of oxidised insulin A and B chains by the major cysteine proteinase (cruzipain) from *Trypanosoma cruzi* epimastigotes. *Mol. Biochem. Parasitol.*, 49, p. 341-344, 1991.
2. CAZZULO, J. J.; CAZZULO FRANKE, M. C.; MARTINEZ, J.; FRANKE DE CAZZULO, B. M. Some kinetic properties of a cysteine proteinase (cruzipain) from *Trypanosoma cruzi. Biochim. Biophys. Acta*, 1037, p. 186-191, 1990.

3. SCHARFSTEIN, J.; SCHMITZ, V.; MORANDI, V.; CAPELLA, M. M.; LIMA, A. P.; MORROT, A.; JULIANO, L.; MULLER-ESTERL, W. Host cell invasion by *Trypanosoma cruzi* is potentiated by activation of bradykinin B(2) receptors. *J. Exp. Med.* 192, p. 1289-1300, 2000.

4. TODOROV, A. G.; ANDRADE, D.; PESQUERO, J. B.; ARAUJO, RDE C.; BADER, M.; STEWART, J.; GERA, L.; MULLER-ESTERL, W.; MORANDI, V.; GOLDENBERG, R. C.; NETO, H. C.; SCHARFS-TEIN, J. *Trypanosoma cruzi* induces edematogenic responses in mice and invades cardiomyocytes and endothelial cells in vitro by activating distinct kinin receptor (B1/B2) subtypes. *Faseb J.*, 17, p. 73-75, 2003.

5. ENGEL, J. C.; DOYLE, P. S.; PALMER, J.; HSIEH, I.; BAINTON, D. F.; MCKERROW, J. H. Cysteine protease inhibitors alter Golgi complex ultrastructure and function in *Trypanosoma cruzi*. *J. Cell Sci.*, 111, p. 597-606, 1998.

6. ENGEL, J. C.; DOYLE, P. S.; HSIEH, I.; MCKERROW, J. H. Cysteine protease inhibitors cure an experimental *Trypanosoma cruzi* infection. *J. Exp. Med.*, 188, p. 725-734, 1998.

7. BARR, S. C.; WARNER, K. L.; KORNREIC, B. G.; PISCITELLI, J.; WOL-FE, A.; BENET, L.; MCKERROW, J. H. A cysteine protease inhibitor protects dogs from cardiac damage during infection by *Trypanosoma cruzi*. *Antimicrob. Agents Chemother.*, 49, p. 5160-5161, 2005.

8. GARCIA, M. P.; NOBREGA, O. T.; TEIXEIRA, A. R.; SOUSA, M. V.; SANTANA, J. M. Characterisation of a *Trypanosoma cruzi* acidic 30 kDa cysteine protease. *Mol. Biochem. Parasitol.*, 91, p. 263-272, 1998.

9. BASTOS, I. M.; GRELLIER, P.; MARTINS, N. F.; CADAVID-RESTRE-PO, G.; DE SOUZA-AULT, M. R.; AUGUSTYNS, K.; TEIXEIRA, A. R.; SCHREVEL, J.; MAIGRET, B.; DA SILVEIRA, J. F.; SANTANA, J. M. Molecular, functional and structural properties of the prolyl oligopeptidase of *Trypanosoma cruzi* (POP Tc80) that is required for parasite entry into mammalian cells. *Biochem. J.*, 2004.

10. NÓBREGA, O. T (2001), Vol. Doutorado, Universidade de Brasília, Brasília, 2001.

11. FERNANDES, L. C.; BASTOS, I. M.; LAURIA-PIRES, L.; ROSA, A. C.; TEIXEIRA, A. R.; GRELLIER, P.; SCHREVEL, J.; SANTANA, J. M. Specific human antibodies do not inhibit *Trypanosoma cruzi* oligopeptidase B and cathepsin B, and immunoglobulin G enhances the activity of trypomastigote-secreted oligopeptidase B. *Microbes Infect.*, 7, p. 375-384, 2005.

12. YONG, V.; SCHMITZ, V.; VANNIER-SANTOS, M. A.; DE LIMA, A. P.; LALMANACH, G.; JULIANO, L.; GAUTHIER, F.; SCHARFSTEIN, J. Altered expression of cruzipain and a cathepsin B-like target in a *Trypanosoma cruzi* cell line displaying resistance to synthetic inhibitors of cysteine-proteinases. *Mol. Biochem. Parasitol.*, 109, p. 47-59, 2000.

13. YOSHIMOTO, T.; WALTER, R.; TSURU, D. Proline-specific endopeptidase from Flavobacterium. Purification and properties. *J. Biol. Chem.*, 255, p. 4786-4792, 1980.

14. MORIYAMA, A.; NAKANISHI, M.; SASAKI, M. Porcine muscle prolyl endopeptidase and its endogenous substrates. *J. Biochem. (Tokyo)*, 104, p. 112-117, 1988.

15. DRESDNER, K.; BARKER, L. A.; ORLOWSKI, M.; WILK, S. Subcellular distribution of prolyl endopeptidase and cation-sensitive neutral endopeptidase in rabbit brain. *J. Neurochem.*, 38, p. 1151-1154, 1982.

16. SHINODA, M.; OKAMIYA, K.; TOIDE, K. Effect of a novel prolyl endopeptidase inhibitor, JTP-4819, on thyrotropin-releasing hormone-like immunoreactivity in the cerebral cortex and hippocampus of aged rats. *Jpn J. Pharmacol.*, 69, p. 273-276, 1995.

17. KATSUBE, N.; SUNAGA, K.; AISHITA, H.; CHUANG, D. M.; ISHITANI, R. ONO-1603, a potential antidementia drug, delays age-induced apoptosis and suppresses overexpression of glyceraldehyde-3-phosphate dehydrogenase in cultured central nervous system neurons. *J. Pharmacol. Exp. Ther.*, 288, p. 6-13, 1999.

18. BURLEIGH, B. A.; WOOLSEY, A. M. Cell signalling and *Trypanosoma cruzi* invasion. *Cell Microbiol*, 4, p. 701-711, 2002.

19. SANTANA, J. M.; GRELLIER, P.; SCHREVEL, J.; TEIXEIRA, A. R. A *Trypanosoma cruzi*-secreted 80 kDa proteinase with specificity for human collagen types I and IV. *Biochem. J.*, 325, p. 129-137, 1997.

20. GRELLIER, P.; VENDEVILLE, S.; JOYEAU, R.; BASTOS, I. M.; DROBECQ, H.; FRAPPIER, F.; TEIXEIRA, A. R.; SCHREVEL, J.; DAVIOUD-CHARVET, E.; SERGHERAERT, C.; SANTANA, J. M. *Trypanosoma cruzi* prolyl oligopeptidase Tc80 is involved in nonphagocytic mammalian cell invasion by trypomastigotes. *J. Biol. Chem.*, 276, p. 47078-47086, 2001.

21. TARDIEUX, I.; WEBSTER, P.; RAVESLOOT, J.; BORON W.; LUNN, J. A.; HEUSER, J. E.; ANDREWS, N. W. Lysosome recruitment and fusion are early events required for trypanosome invasion of mammalian cells. *Cell*, 71, p. 1117-1130, 1992.

22. MORENO, S. N.; SILVA, J.; VERCESI, A. E.; DOCAMPO, R. Cytosolic-free calcium elevation in *Trypanosoma cruzi* is required for cell invasion. *J. Exp. Med.*, 180, p. 1535-1540, 1994.

23. RUIZ, R. C.; FAVORETO, S. Jr..; DORTA, M. L.; OSHIRO, M. E.; FERREIRA, A. T.; MANQUE, P. M.; YOSHIDA, N. Infectivity of *Trypanosoma cruzi* strains is associated with differential expression of surface glycoproteins with differential Ca2+ signalling activity. *Biochem. J.*, 330, p. 505-511, 1998.

24. RODRIGUEZ, A.; MARTINEZ, I.; CHUNG, A.; BERLOT, C. H.; ANDREWS, N. W. cAMP regulates Ca2+-dependent exocytosis of lysosomes and lysosome-mediated cell invasion by trypanosomes. *J. Biol. Chem.*, 274, p. 16754-16759, 1999.

25. WILKOWSKY, S. E.; BARBIERI, M. A.; STAHL, P.; ISOLA, E. L. *Trypanosoma cruzi*: phosphatidylinositol 3-kinase and protein kinase B activation is associated with parasite invasion. *Exp. Cell Res.*, 264, p. 211-218, 2001.

26. RUTA, S.; PLASMAN, N.; ZAFFRAN, Y.; CAPO, C.; MEGE, J. L.; VRAY, B. *Trypanosoma cruzi*-induced tyrosine phosphorylation in murine peritoneal macrophages. *Parasitol. Res.*, 82, p. 481-484, 1996.

27. ZHONG, L.; LU, H. G.; MORENO, S. N.; DOCAMPO, R. Tyrosine phosphate hydrolysis of host proteins by *Trypanosoma cruzi* is linked to cell invasion. *FEMS Microbiol. Lett.*, 161, p. 15-20, 1998.

28. BURLEIGH, B. A.; CALER, E. V.; WEBSTER, P.; ANDREWS, N. W. A cytosolic serine endopeptidase from *Trypanosoma cruzi* is required for the generation of Ca2+ signaling in mammalian cells. *J. Cell Biol.*, 136, p. 609-620, 1997.

29. BURLEIGH, B. A.; ANDREWS, N. W. A 120-kDa alkaline peptidase from *Trypanosoma cruzi* is involved in the generation of a novel Ca(2+)-signaling factor for mammalian cells. *J. Biol. Chem.*, 270, p. 5172-5180, 1995.

30. SANTANA, J. M.; GRELLIER, P.; RODIER, M. H.; SCHREVEL, J.; TEIXEIRA, A. Purification and characterization of a new 120 kDa alkaline proteinase of *Trypanosoma cruzi*. *Biochem. Biophys. Res. Commun*, 187, p. 1466-1473, 1992.

31. RODRIGUEZ, A.; RIOULT, M. G.; ORA, A.; ANDREWS, N. W. A trypanosome-soluble factor induces IP3 formation, intracellular Ca2+ mobilization and microfilament rearrangement in host cells. *J. Cell Biol.*, 129, p. 1263-1273, 1995.

32. TOMLINSON, S.; VANDEKERCKHOVE, F.; FREVERT, U.; NUSSENZWEIG, V. The induction of *Trypanosoma cruzi* trypomastigote to amastigote transformation by low pH. *Parasitology*, 110, p. 547-554, 1995.

33. VENDEVILLE, S.; BUISINE, E.; WILLIARD, X.; SCHREVEL, J.; GRELLIER, P.; SANTANA, J.; SERGHERAERT, C. *Chem. Pharm. Bull.* (Tokyo), v. 47, p. 194-198, 1999.

34. ANDREWS, N. W.; WHITLOW, M. B. Secretion by *Trypanosoma cruzi* of a hemolysin active at low pH. *Mol. Biochem. Parasitol.*, 33, p. 249-256, 1989.

35. LEY, V.; ROBBINS, E. S.; NUSSENZWEIG, V.; ANDREWS, N. W. The exit of *Trypanosoma cruzi* from the phagosome is inhibited by raising the pH of acidic compartments. *J. Exp. Med.*, 171, p. 401-413, 1990.

36. CALER, E. V.; VAENA DE AVALOS, S.; HAYNES, P. A.; ANDREWS, N. W.; BURLEIGH, B. A. Oligopeptidase B-dependent signaling mediates host cell invasion by *Trypanosoma cruzi*. *Embo. J.*, 17, p. 4975-4986, 1998.

37. VENALAINEN, J. I.; JUVONEN, R. O.; MANNISTO, P. T. Evolutionary relationships of the prolyl oligopeptidase family enzymes. *Eur. J. Biochem.*, 271, p. 2705-2715, 2004.

38. CALER, E. V.; MORTY, R. E.; BURLEIGH, B. A.; ANDREWS, N. W. Dual role of signaling pathways leading to Ca(2+) and cyclic AMP elevation in host cell invasion by *Trypanosoma cruzi*. *Infect. Immun.*, 68, p. 6602-6610, 2000.

39. TSUJI, A.; YOSHIMOTO, T.; YUASA, K.; MATSUDA, Y. Protamine: a unique and potent inhibitor of oligopeptidase B. *J. Pept. Sci.*, 12, p. 65-71, 2006.

40. MORTY, R. E.; PELLE, R.; VADASZ, I.; UZCANGA, G. L.; SEEGER, W.; BUBIS, J. Oligopeptidase B from *Trypanosoma evansi*. A parasite peptidase that inactivates atrial natriuretic factor in the bloodstream of infected hosts. *J. Biol. Chem.*, 280, p. 10925-10937, 2005.

41. KENNY, A. J.; BOOTH, A. G.; GEORGE, S. G.; INGRAM, J.; KERSHAW, D.; WOOD, E. J.; YOUNG, A. R. Dipeptidyl peptidase IV, a kidney brush-border serine peptidase. *Biochem. J.*, 157, p. 169-182, 1976.

42. MENTLEIN, R. Dipeptidyl-peptidase IV (CD26) – role in the inactivation of regulatory peptides. *Regul. Pept.*, 85, p. 9-24, 1999.

43. AUGUSTYNS, K.; BAL, G.; THONUS, G.; BELYAEV, A.; ZHANG, X. M.; BOLLAERT, W.; LAMBEIR, A. M.; DURINX, C.; GOOSSENS, F.; HAEMERS, A. The unique properties of dipeptidyl-peptidase IV (DPP IV / CD26) and the therapeutic potential of DPP IV inhibitors. *Curr. Med. Chem.*, 6, p. 311-327, 1999.

44. VANHOOF, G.; GOOSSENS, F.; HENDRIKS, L.; DE MEESTER, I.; HENDRIKS, D.; VRIEND, G.; VAN BROECKHOVEN, C.; SCHARPE, S. Cloning and sequence analysis of the gene encoding human lymphocyte prolyl endopeptidase. *Gene*, 149, p. 363-366, 1994.

45. POSPISILIK, J. A.; STAFFORD, S. G.; DEMUTH, H. U.; BROWNSEY, R.; PARKHOUSE, W.; FINEGOOD, D. T.; MCINTOSH, C. H.; PEDERSON, R. A. Long-term treatment with the dipeptidyl peptidase IV inhibitor P32/98 causes sustained improvements in glucose tolerance, insulin sensitivity, hyperinsulinemia, and beta-cell glucose responsiveness in VDF (fa/fa) Zucker rats. *Diabetes*, 51, p. 943-950, 2002.

46. AHREN, B.; SIMONSSON, E.; LARSSON, H.; LANDIN-OLSSON, M.; TORGEIRSSON, H.; JANSSON, P. A.; SANDQVIST, M.; BAVENHOLM, P.; EFENDIC, S.; ERIKSSON, J. W.; DICKINSON, S.; HOLMES, D. Inhibition of dipeptidyl peptidase IV improves metabolic control over a 4-week study period in type 2 diabetes. *Diabetes Care*, 25, p. 869-875, 2002.

47. MARGUET, D.; BAGGIO, L.; KOBAYASHI, T.; BERNARD, A. M.; PIERRES, M.; NIELSEN, P. F.; RIBEL, U.; WATANABE, T.; DRUCKER, D. J.; WAGTMANN, N. Enhanced insulin secretion and improved glucose tolerance in mice lacking CD26. *Proc. Natl. Acad. Sci. USA*, 97, p. 6874-6879, 2000.

48. CONARELLO, S. L.; LI, Z.; RONAN, J.; ROY, R. S.; ZHU, L.; JIANG, G.; LIU, F.; WOODS, J.; ZYCBAND, E.; MOLLER, D. E.; THORNBERRY, N. A.; ZHANG, B. B. Mice lacking dipeptidyl peptidase IV are protected against obesity and insulin resistance. *Proc. Natl. Acad. Sci. USA*, 100, p. 6825-6830, 2003.

49. TAYLOR, A. Aminopeptidases: structure and function. *Faseb J.*, 7, p. 290-298, 1993.

50. GAVIGAN, C. S.; DALTON, J. P.; BELL, A. The role of aminopeptidases in haemoglobin degradation in *Plasmodium falciparum*-infected erythrocytes. *Mol. Biochem. Parasitol.*, 117, p. 37-48, 2001.

51. NANKYA-KITAKA, M. F.; CURLEY, G. P.; GAVIGAN, C. S.; BELL, A.; DALTON, J. P. Plasmodium chabaudi chabaudi and P. falciparum: inhibition of aminopeptidase and parasite growth by bestatin and nitrobestatin. *Parasitol. Res.*, 84, p. 552-558, 1998.

52. KNOWLES, G. The effects of arphamenine-A, an inhibitor of aminopeptidases, on in-vitro growth of *Trypanosoma brucei* brucei. *J. Antimicrob. Chemother.*, 32, p. 172-174, 1993.

53. MORTY, R. E.; FULOP, V.; ANDREWS, N. W. Substrate recognition properties of oligopeptidase B from Salmonella enterica serovar Typhimurium. *J. Bacteriol.*, 184, p. 3329-3337, 2002.

54. PIACENZA, L.; ACOSTA, D.; BASMADJIAN, I.; DALTON, J. P.; CARMONA, C. Vaccination with cathepsin L proteinases and with leucine aminopeptidase induces high levels of protection against fascioliasis in sheep. *Infect. Immun.*, 67, p. 1954-1961, 1999.

55. PULIDO-CEJUDO, G.; CONWAY, B.; PROULX, P.; BROWN, R.; IZAGUIRRE, C. A. Bestatin-mediated inhibition of leucine aminopeptidase may hinder HIV infection. *Antiviral Res.*, 36, p. 167-177, 1997.

56. BENINGA, J.; ROCK, K. L.; GOLDBERG, A. L. Interferon-gamma can stimulate post-proteasomal trimming of the N terminus of an antigenic peptide by inducing leucine aminopeptidase. *J. Biol. Chem.*, 273, p. 18734-18742, 1998.

57. GARDINER, D. L.; TRENHOLME, K. R.; SKINNER-ADAMS, T. S.; STACK, C. M.; DALTON, J. P. Overexpression of leucyl aminopeptidase in *Plasmodium falciparum* parasites. Target for the antimalarial activity of bestatin. *J. Biol. Chem.*, 281, p. 1741-1745, 2006.

58. URBINA, J. A. Chemotherapy of Chagas disease: the how and the why. *J. Mol., Med.*, 77, p. 332-338, 1999.

59. APT, W.; AGUILERA, X.; ARRIBADA, A.; PEREZ, C.; MIRANDA, C.; SANCHEZ, G.; ZULANTAY, I.; CORTES, P.; RODRIGUEZ, J.; JURI, D. Treatment of chronic Chagas disease with itraconazole and allopurinol. *Am. J. Trop. Med. Hyg.*, 59, p. 133-138, 1998.

60. URBINA, J. A. Specific treatment of Chagas disease: current status and new developments. *Curr. Opin. Infect. Dis.*, 14, p. 733-741, 2001.

61. URBINA, J. A. Chemotherapy of Chagas disease. *Curr. Pharm. Des.*, 8, p. 287-295, 2002.

62. HANKINS, E. G.; GILLESPIE, J. R.; AIKENHEAD, K.; BUCKNER, F. S. Upregulation of sterol C14-demethylase expression in *Trypanosoma cruzi* treated with sterol biosynthesis inhibitors. *Mol. Biochem. Parasitol.*, 144, p. 68-75, 2005.

63. POULTER ,C. D. Biosynthesis of non-head-to-tail terpenes. Formation of 1'-1 and 1'-3 linkages. *Acc. Chem. Res.*, 23, p. 70-77, 1990.

64. URBINA, J. A.; CONCEPCION, J. L.; CALDERA, A.; PAYARES, G.; SANOJA, C.; OTOMO, T.; HIYOSHI, H. In vitro and in vivo activities of E5700 and ER-119884, two novel orally active squalene synthase inhibitors, against *Trypanosoma cruzi*. *Antimicrob Agents Chemother.*, 48, p. 2379-2387, 2004.

65. COHEN, S. S. A Guide to the Polyamines, Oxford University Press, Oxford, U.K, 1998.

66. PHILLIPS, M. A.; COFFINO, P.; WANG, C. C. Cloning and sequencing of the ornithine decarboxylase gene from *Trypanosoma brucei*. Implications for enzyme turnover and selective difluoromethylornithine inhibition. *J. Biol. Chem.*, 262, p. 721-8727, 1987.

67. GHODA, L.; PHILLIPS, M. A.; BASS, K. E.; WANG, C. C.; COFFINO, P. Trypanosome ornithine decarboxylase is stable because it lacks sequences found in the carboxyl terminus of the mouse enzyme which target the latter for intracellular degradation. *J. Biol. Chem.*, 265, p. 11823-11826, 1990.

68. BACCHI, C. J.; BRAUNSTEIN, V. L.; RATTENDI, D.; YARLETT, N.; WITTNER, M.; TANOWITZ, H. B. Stage-specific polyamine metabolism in *Trypanosoma cruzi*. *J. Eukaryot Microbiol.* Suppl., 201S-202S, 2001.

69. FISH, W. R.; LOOKER, D. L.; MARR, J. J.; BERENS, R. L. Purine metabolism in the bloodstream forms of Trypanosoma gambiense and Trypanosoma rhodesiense. *Biochim. Biophys. Acta,* 719, p. 223-231, 1982.

70. BERRIMAN, M.; GHEDIN, E.; HERTZ-FOWLER, C.; BLANDIN, G.; RENAULD, H.; BARTHOLOMEU, D. C, et al. The genome of the African trypanosome *Trypanosoma brucei*. *Science*, 309, p. 416-422, 2005.

71. EL KOUNI, M. H. Potential chemotherapeutic targets in the purine metabolism of parasites. *Pharmacol. Ther.*, 99, p. 283-309, 2003.

72. SUFRIN, J. R.; SPIESS, A. J.; KRAMER, D. L.; LIBBY, P. R.; MILLER, J. T.; BERNACKI, R. J.; LEE, Y. H.; BORCHARDT, R. T.; PORTER, C. W. Targeting 5'-deoxy-5'-(methylthio)adenosine phosphorylase by 5'-haloalkyl analogues of 5'-deoxy-5'-(methylthio)adenosine. *J. Med .Chem.*, 34, p. 2600-2606, 1991.

73. BACCHI, C. J.; SUFRIN, J. R.; NATHAN, H. C.; SPIESS, A. J.; HANNAN, T.; GAROFALO, J.; ALECIA, K.; KATZ, L.; YARLETT, N. 5'-Alkyl-substituted analogs of 5'-methylthioadenosine as trypanocides. *Antimicrob. Agents Chemother.*, 35, p. 1315-1320, 1991.

74. GUTTERIDGE, W. E.; GABORAK, M. A re-examination of purine and pyrimidine synthesis in the three main forms of *Trypanosoma cruzi*. *Int. J. Biochem.*, 10, p. 415-422, 1979.

75. BERENS, R. L.; MARR, J. J.; LAFON, S. W.; NELSON, D. J. Purine metabolism in *Trypanosoma cruzi*. *Mol. Biochem. Parasitol.*, 3, p. 187-196, 1981.

76. AVILA, J. L.; AVILA, A. *Trypanosoma cruzi*: allopurinol in the treatment of mice with experimental acute Chagas disease. *Exp. Parasitol.*, 51, p. 204-208, 1981.

77. MARR, J. J.; BERENS, R. L.; NELSON, D. J. Antitrypanosomal effect of allopurinol: conversion in vivo to aminopyrazolopyrimidine nucleotides by *Trypanosoma cruzi*. *Science*, 201, p. 1018-1020, 1978.

78. AVILA, J. L.; AVILA, A.; MONZON, H. Differences in allopurinol and 4-aminopyrazolo(3,4-d) pyrimidine metabolism in drug-sensitive and insensitive strains of *Trypanosoma cruzi*. *Mol. Biochem. Parasitol.*, 11, p. 51-60, 1984.

79. LAURIA-PIRES, L.; DE CASTRO, C. N.; EMANUEL, A., and A. Prata. Ineffectiveness of allopurinol in patients in the acute phase of Chagas disease. *Rev. Soc. Bras. Med. Trop.*, 21, p. 79, 1988.

80. MEDRANO, F. J.; WENCK, M. A.; ENGEL, J. C.; CRAIG, S. P, 3rd. Analysis of 6-(2,2-Dichloroacetamido)chrysene interaction with the hypoxanthine phosphoribosyltransferase from *Trypanosoma cruzi. J. Med. Chem.*, 46, p. 2548-2550, 2003.

81. FREYMANN, D. M.; WENCK, M. A.; ENGEL, J. C.; FENG, J.; FOCIA, P. J.; EAKIN, A. E.; CRAIG, S. P. Efficient identification of inhibitors targeting the closed active site conformation of the HPRT from *Trypanosoma cruzi. Chem. Biol.*, 7, p. 957-968, 2000.

82. FAIRLAMB, A. H.; CERAMI, A. Metabolism and functions of trypanothione in the Kinetoplastida. *Annu. Rev. Microbiol.*, 46, p. 695-729, 1992.

83. AGUIRRE, G.; CABRERA, E.; CERECETTO, H.; DI MAIO, R.; GONZALEZ, M.; SEOANE, G.; DUFFAUT, A.; DENICOLA, A.; GIL, M. J.; MARTINEZ-MERINO, V. Design, synthesis and biological evaluation of new potent 5-nitrofuryl derivatives as anti-*Trypanosoma cruzi* agents. Studies of trypanothione binding site of trypanothione reductase as target for rational design. *Eur. J. Med. Chem.*, 39, p. 421-431, 2004.

84. KRIEGER, S.; SCHWARZ, W.; ARIYANAYAGAM, M. R.; FAIRLAMB, A. H.; KRAUTH-SIEGEL, R. L.; CLAYTON, C. Trypanosomes lacking trypanothione reductase are avirulent and show increased sensitivity to oxidative stress. *Mol. Microbiol.*, 35, p. 542-552, 2000.

85. TOVAR, J.; CUNNINGHAM, M. L.; SMITH, A. C.; CROFT, S. L.; FAIRLAMB, A. H. Down-regulation of *Leishmania donovani* trypanothione reductase by heterologous expression of a trans-dominant mutant homologue: effect on parasite intracellular survival. *Proc. Natl. Acad. Sci. USA*, 95, p. 5311-5316, 1998.

86. SALMON-CHEMIN, L.; BUISINE, E.; YARDLEY, V.; KOHLER, S.; DEBREU, M. A.; LANDRY, V.; SERGHERAERT, C.; CROFT, S. L.; KRAUTH-SIEGEL, R. L.; DAVIOUD-CHARVET, E. 2- and 3-substituted 1,4-naphthoquinone derivatives as subversive substrates of trypanothione reductase and lipoamide dehydrogenase from *Trypanosoma cruzi*: synthesis and correlation between redox cycling activities and in vitro cytotoxicity. *J. Med. Chem.*, 44, p. 548-565, 2001.

87. GIRAULT, S.; DAVIOUD-CHARVET, T. E.; MAES, L.; DUBREMETZ, J. F.; DEBREU, M. A.; LANDRY, V.; SERGHERAERT, C. Potent and specific inhibitors of trypanothione reductase from *Trypanosoma cruzi*: bis(2-aminodiphenylsulfides) for fluorescent labeling studies. *Bioorg. Med. Chem.*, 9, p. 837-846, 2001.

88. MEIERING, S.; INHOFF, O.; MIES, J.; VINCEK, A.; GARCIA, G.; KRAMER, B.; DORMEYER, M.; KRAUTH-SIEGEL, R. L. Inhibitors of

Trypanosoma cruzi trypanothione reductase revealed by virtual screening and parallel synthesis. *J. Med. Chem.*, 48, p. 4793-4802, 2005.

89. BI, X.; LOPEZ, C.; BACCHI, C. J.; RATTENDI, D.; WOSTER, P. M. Novel alkylpolyaminoguanidines and alkylpolyaminobiguanides with potent antitrypanosomal activity. *Bioorg. Med. Chem. Lett.*, 16, p. 3229-3232, 2006.

90. PARVEEN, S.; KHAN, M. O.; AUSTIN, S. E.; CROFT, S. L.; YARDLEY, V.; ROCK, P.; DOUGLAS, K. T. Antitrypanosomal, antileishmanial, and antimalarial activities of quaternary arylalkylammonium 2-amino-4-chlorophenyl phenyl sulfides, a new class of trypanothione reductase inhibitor, and of N-acyl derivatives of 2-amino-4-chlorophenyl phenyl sulfide. *J. Med. Chem.*, 48, p. 8087-8097, 2005.

91. FERNANDEZ-GOMEZ, R.; MOUTIEZ, M.; AUMERCIER, M.; BETHEGNIES, G.; LUYCKX, M.; OUAISSI, A.; TARTAR, A.; SERGHERAERT, C. 2-Amino diphenylsulfides as new inhibitors of trypanothione reductase. *Int. J. Antimicrob. Agents,* 6, p. 111-118, 1995.

92. WYLLIE, S.; CUNNINGHAM, M. L.; FAIRLAMB, A. H. Dual action of antimonial drugs on thiol redox metabolism in the human pathogen *Leishmania donovani. J. Biol. Chem.*, 279, p. 39925-39932, 2004.

93. CORDEIRO, A. T.; MICHELS, P. A.; DELBONI, L. F.; THIEMANN, O. H. The crystal structure of glucose-6-phosphate isomerase from Leishmania mexicana reveals novel active site features. *Eur. J. Biochem.*, 271, p. 2765-2772, 2004.

94. TRAPANI, S.; LINSS, J.; GOLDENBERG, S.; FISCHER, H.; CRAIEVICH, A. F.; OLIVA, G. Crystal structure of the dimeric phosphoenolpyruvate carboxykinase (PEPCK) from *Trypanosoma cruzi* at 2 A resolution. *J. Mol. Biol.*, 313, p. 1059-1072, 2001.

Capítulo 16

Triatomíneos

Liléia Diotaiuti

Os ciclos de vida dos seres vivos envolvidos na transmissão, na perpetuação e na circulação do *Trypanosoma cruzi*, agente da doença de Chagas humana, estão intimamente relacionados. Caracteristicamente, os triatomíneos são os hospedeiros intermediários e os vetores do protozoário para os mamíferos, estando envolvidos num processo de adaptação que já vem desde o período quaternário (Mesozóico, Cretáceo) há mais de 90 milhões de anos. Naquela época, já havia sinais de início da enzootia envolvendo mamíferos onívoros, particularmente marsupiais, tatus e tamanduás. Há indícios de que àquela época a via oral era a principal rota de contaminação dos mamíferos. Entretanto, não se pode descartar a importância da transmissão vetorial pela contaminação do local da picada dos triatomíneos, os quais já haviam desenvolvido o hábito de alimentarem-se de sangue (hematofagia). Ainda hoje, a hematofagia constitui-se em importante requerimento bioquímico e alimentar determinante da proximidade dos triatomíneos com os mamíferos silvestres e/ou com o homem. A adaptação de várias espécies de triatomíneos ao peri e ao intradomicílio teria propiciado a grande endemia conhecida como doença de Chagas, com maior letalidade no hemisfério ocidental. O estudo que identifica e caracteriza os hábitos dos triatomíneos tem importância reconhecida, pois fornece o conhecimento básico necessário para desalojar as principais espécies transmissoras do *T. cruzi* para o homem, mediante borrifação do peri e do intradomicílio com piretróides. O sucesso alcançado recomenda continuação do trabalho para evitar a reinfestação e assegurar o controle da transmissão vetorial da doença de Chagas humana.

Transmissão vetorial da doença de Chagas

Os vetores da doença de Chagas pertencem à subordem Triatominae, e, como todos os hemípteros, desenvolvem-se em diversos estádios. Após a fase de ovo, passam por cinco fases imaturas (ninfas de primeiro a quinto estádio) antes de atingir o estádio adulto (Figura 16.1). Todas as fases são hematófagas estritas. Nos estádios mais jovens, um único repasto pode garantir a muda; a partir do quarto estádio, o inseto precisará alimentar-se mais de uma vez para obter o sangue necessário a seu metabolismo. Esse fato tem importância epidemiológica, uma vez que, quanto mais repastos ele realize, maior é a chance de o inseto se infectar ao ingerir sangue de um hospedeiro infectado, ou de transmitir o *Trypanosoma cruzi*, caso ele próprio já albergue o parasito no seu trato digestório. Em condições controladas de laboratório, sua evolução completa-se em cerca de quatro meses, variando de acordo com a espécie.[1] Na natureza, entretanto, esse período é geralmente mais longo, dependendo das condições de temperatura, umidade e disponibilidade de alimento.[2]

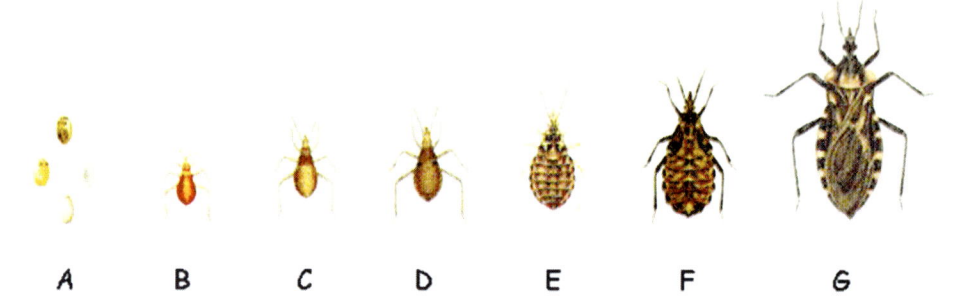

A   B   C   D   E   F   G

Figura 16.1 Ciclo de vida de *Panstrongylus megistus:* ovos, ninfas de primeiro a quinto estádios e fêmea adulta
Fonte: Jurberg et al., 2004

206

Características biológicas dos triatomíneos

Uma fêmea de *Triatoma infestans* (Figura 16.2) é capaz de colocar até seiscentos ovos durante sua vida, que pode durar cerca de um ano e meio. O período médio de incubação é de 18-20 dias. Como as ninfas não possuem órgãos genitais desenvolvidos, somente os adultos são capazes de copular ao longo da vida reprodutiva.

Apesar de resistirem a jejum prolongado em ambiente com temperatura e umidade adequadas,[1] só evoluirão depois de alimentados. A atividade dos triatomíneos é predominantemente noturna, variando o horário com a espécie. Por exemplo, *T. infestans* tem dois picos de atividade, um no início da noite e outro no início do dia, que corresponderiam a movimentações na busca de alimento e de esconderijo, respectivamente. A atividade é controlada pela luz, tendo a temperatura o papel de moduladora do nível de atividade.[3, 4] O estudo de outras espécies tem revelado interessantes variações, como para *Triatoma braziliensis*, espécie relacionada a ambientes secos, com muito calor e luz. No laboratório, a espécie apresenta preferência por temperaturas mais altas quando comparada com outros triatomíneos e apresenta o principal pico de atividade no final do período diurno, como adequação aos hábitos noturnos dos roedores que lhes servem como hospedeiros naturais.[5,6] Vivendo entre frestas de pedras que podem atingir temperaturas muito altas no meio do dia (próximas a 70º C), à tardinha, quando a temperatura ameniza, os triatomíneos saem dos esconderijos e podem atacar, mesmo à luz do dia, possíveis fontes alimentares que estejam disponíveis, inclusive as pessoas ou os animais que descansam à sombra das pedras.

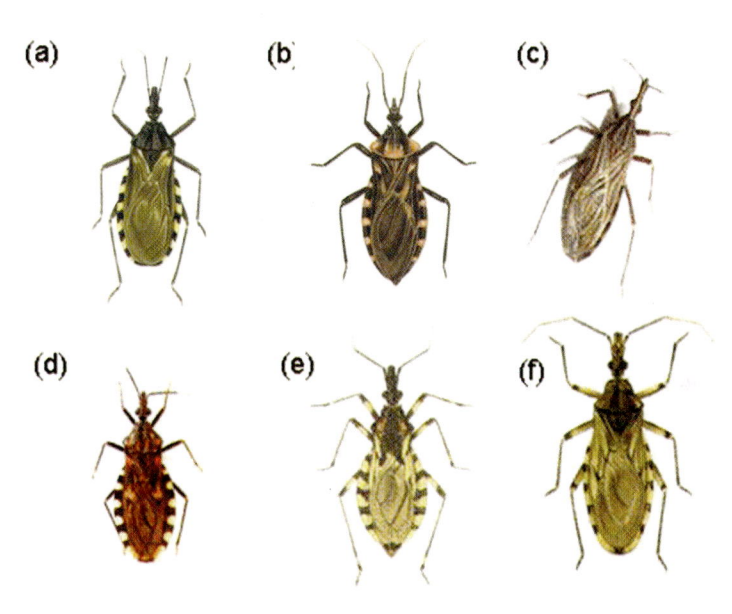

Figura 16.2 Principais espécies de triatomíneos vetores do *Trypanosoma cruzi*: A) *Triatoma infestans;* B) *Panstrongylus megistus;* C) *Rhodnius prolixus;* D) *Triatoma pseudomaculata;* E) *Triatoma brasiliensis;* F) *Triatoma sordida*
Fonte: A, B e D: Jurberg et al., 2004; C e F, arquivo da dra. Liléia Diotaiuti

Hematofagia

O fato de os triatomíneos serem hematófagos obrigatórios em todo o seu desenvolvimento estabelece estreito relacionamento desses insetos com as fontes de alimentação – principalmente aves, mamíferos e, raramente, outros animais, como répteis e anfíbios – influenciando decisivamente sua biologia e comportamento. Algumas espécies são extremamente adaptadas a determinada fonte alimentar, apenas sobrevivendo no microambiente do próprio hospedeiro. Outras são mais ecléticas e podem viver em diferentes ambientes, associadas às diferentes fontes de alimentação. No primeiro grupo encontram-se, por exemplo, as espécies do gênero *Psammolestes*, que colonizam ninhos de aves da família Furnariidae. Nas condições habituais de laboratório, dificilmente ninfas desses insetos chegam à fase adulta ou se mantêm por mais de uma geração. Também o *T. infestans* pode ser considerado bem adaptado ao ambiente representado pela casa e às fontes alimentares ali presentes (homem, cão, gato, roedores, galinhas, etc.), com poucas chances de sobrevivência no ambiente natural, exceto na sua área de origem na Bolívia, onde forma pequenas colônias em associação a roedores silvestres.[7] Diferentemente dos *Psammolestes*, *T. infestans* adapta-se muito bem às condições de insetário, alimentando-se do sangue das mais variadas fontes (aves, roedores, etc.), permitindo sua extensiva propagação. Algumas espécies, como o *Panstrongylus megistus* e o *T. brasiliensis*, possuem fontes alimentares mais diversificadas.

Estudos têm demonstrado relação entre ecletismo e diversidade intra-específica, sendo considerada a adaptação aos ecótopos um processo de evolução com simplificação genética.[8] Naturalmente, essas espécies são mais vulneráveis às variações ambientais, podendo desaparecer da natureza em situações de desequilíbrio ecológico ou tornando-se mais suscetíveis a ações de controle, como ocorre com o *T. infestans* e com o *Rhodnius prolixus* da América Central. Ao contrário de outros triatomíneos de maior valência ecológica, como *P. megistus*,[9] *T. infestans* utiliza interessante mecanismo biológico para compensar essa tendência de simplificação genética, por meio de um sistema de fecundação poliândrico, onde a fêmea copula sucessivamente com vários machos.[10]

O hábito alimentar dos triatomíneos também interferem na sua adaptação aos ambientes. A competição pelo alimento é importante fator a estimular o vôo dos adultos na busca de novos ambientes no período infestante.[11] Para o *P. megistus*[12] e o *T. brasiliensis*,[13] esse período corresponde aos meses chuvosos; para o *T. sordida*, ao contrário, ao início da estação seca.[11]

Adaptação de triatomíneos ao hábitat humano

As alterações ambientais colaboram para a propagação dos triatomíneos no ambiente artificial, podendo gerar situações extremas descritas na literatura, como as representadas pelo encontro de 6.043 *T. infestans* em uma única casa no Brasil[14] e mais de 11 mil *R. prolixus* em uma casa de Honduras.[8] No Estado de Minas Gerais, o aumento da população de *T. sordida* esteve associado à formação de campos de pastagem num primeiro momento[15] e ao aumento da plantação de algodão num segundo momento.[16] O ambiente artificial oferece diversos esconderijos e fartura alimentar durante o ano, sendo altamente estável. Graças a essa estabilidade, as populações domiciliares de triatomíneos podem atingir altas densidades, ao contrário do que usualmente ocorre no ambiente silvestre.[17] Dessa forma, podemos considerar que a colonização do ambiente artificial significa profunda alteração da história natural dos triatomíneos. Para a maioria das espécies, o tamanho da colônia de triatomíneos associada ao homem é fator importante para que a espécie seja um transmissor eficiente da doença de Chagas.[18] O tamanho da colônia, por sua vez, depende do número de hospedeiros, e a adaptação triatomíneo–hospedeiro permite um repasto pleno, que fornece o sangue necessário para que o ciclo vital se desenvolva em intervalo de tempo mais curto.

Peculiaridades associadas ao repasto de sangue

Comparando o processo de obtenção de sangue por *T. infestans* e *R. prolixus* em camundongos não anestesiados,[19] verificou-se que o *T. infestans*, em contato com a fonte alimentar por quatro horas, obtinha um repasto semelhante ao do grupo controle (camundongos anestesiados), enquanto *R. prolixus* havia ingerido apenas 64% do peso obtido pelos insetos do grupo controle. Esses resultados são explicados pela maior irritação provocada pela picada de *R. prolixus*, incomodando o hospedeiro e interferindo no repasto. Além disso, algumas espécies podem apresentar mecanismo de sucção mais rápido. Por meio do monitoramento da bomba cibarial,[6] foi demonstrado que *T. infestans* se alimentava mais rapidamente que *T. brasiliensis* e *T. pseudomaculata*, apesar de essas três espécies requererem maior tempo de contato para obter quantidade similar de sangue quando a alimentação era realizada nos pombos.

A saliva dos triatomíneos tem grande importância nesse processo. Já se sabe, por exemplo, que as proteínas salivares são diferentes entre as espécies,[20, 21] podendo a picada ser menos percebida pelo hospedeiro graças à ação de substâncias anestésicas, ou, ainda, facilitar a obtenção do sangue graças a substâncias anticoagulantes.

Está demonstrado que a saliva de *T. infestans* ou de *T. vitticeps* produz progressiva redução na amplitude da resposta do nervo ciático de ratos a estímulos por meio da inibição dos canais de sódio.[22,23] Essa atividade certamente tem grande importância no processo de adaptação desses insetos a determinadas fontes alimentares, especialmente às intradomiciliares. Certamente, o inseto que tem uma picada perceptível, seria facilmente predado pelo hospedeiro. Por exemplo, espécies cujas picadas sejam muito dolorosas e provoquem reações alérgicas muito violentas, como *Triatoma nitida*, *Panstrongylus geniculatus* e outros, provavelmente terão pouca chance de colonizar as casas ou de produzir colônias mais numerosas em seus ecótopos naturais, pois, sendo mais perceptíveis, terão dificuldade de obter o sangue necessário a seu desenvolvimento.

A atividade anticoagulante tem grande importância, pois a maior fluidez do sangue permite a obtenção do repasto mais rapidamente. Extrato de glândulas salivares de *T. infestans*, *P. megistus*,[20] *T. brasiliensis* e *T. pseudomaculata*[6] alteram os tempos de coagulação do sangue humano, porém os mecanismos podem ser diferentes entre as espécies. Por exemplo, *T. infestans* interfere na via comum e na via intrínseca de coagulação, enquanto *P. megistus*[20] e *R. prolixus*[21] interferem apenas na via intrínseca. Dessa forma, parece claro que as características da saliva podem determinar o potencial biológico dos triatomíneos, permitindo-lhes ou não um comportamento mais ubiquista. As características bioquímicas da saliva dos triatomíneos serão tratadas no Capítulo 18, pois a saliva é um alvo onde a pesquisa poderia gerar uma forma alternativa de controle da transmissão da infecção.

Diversidade das espécies transmissoras do *Trypanosoma cruzi*

Atualmente são reconhecidas 136 espécies de triatomíneos,[23-24] a maioria conservando hábitos exclusivamente silvestres (Figura 16.3). Na natureza, são principalmente encontrados sob cascas soltas de árvores mortas, anfractuosidades e ocos de várias espécies de árvores (tocas ou abrigos de gambás, morcegos e roedores, etc.), fendas ou amontoados de pedras, imbricação das folhas de várias plantas (palmeiras, piteiras, bromeliáceas ou gravatás), ninhos de aves e tocas ou buracos de tatus e outros animais.[25] Na falta de uma fonte alimentar de sangue quente, os triatomíneos podem fazer seus repastos em répteis e anfíbios.[26] Algumas espécies, como *Triatoma rubrovaria*, preservam seus hábitos predatórios ancestrais e podem se alimentar de larvas de outros insetos.[20]

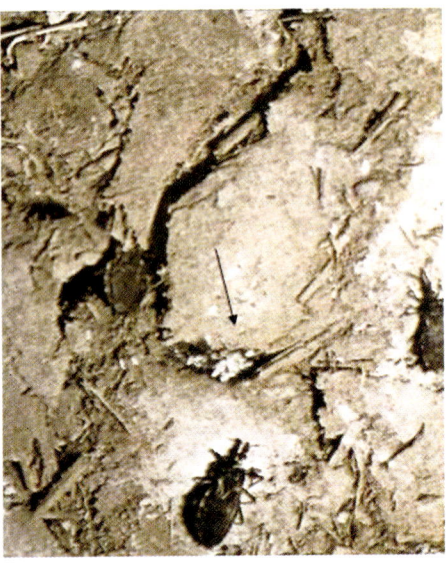

Figura 16.3 Triatomíneos escondem-se nas frestas da parede onde se vê (seta) grupo de ovos
Fonte: dr. João Carlos Pinto Dias

São considerados triatomíneos de *importância primária* os que colonizam as casas de maneira permanente e com marcada antropofilia, sendo encontrados debaixo de colchões, nas frestas das paredes, sob o reboco solto, em fornos ou fogões desativados, caixotes, atrás de quadros e figuras presos nas paredes ou em ninhos de aves e lugares onde dormem cães e gatos dentro da casa. Os triatomíneos de *importância secundária* podem produzir pequenas colônias intradomiciliares de caráter transitório, especialmente na ausência dos vetores primários, com graus de antropofilia variados. Entretanto, eles se adaptam bem aos ecótopos artificiais (Figura 16.4), principalmente os construídos com materiais naturais, como galinheiros (paredes, tetos e ninhos), paióis, postes ou mourões de chiqueiros ou currais, pombais, amontoados de lenhas e pilhas de tijolos ou telhas, etc.[13, 17, 27-29]

A distribuição dos triatomíneos é do tipo focal e a densidade populacional é condicionada pela disponibilidade de alimento. Os ecótopos são considerados *estáveis* quando a presença de fonte alimentar é mais permanente, permitindo o desenvolvimento de colônias maiores, como acontece com os *Rhodnius neglectus* na copa de diferentes palmeiras.[25] Nesse ambiente, a maioria das fontes alimentares são aves. Mesmo que essas migrem, os outros vertebrados que compõem a fauna das palmeiras, como roedores e marsupiais, principais fontes de infecção do *T.cruzi*,[30] e também animais de sangue frio,[17] podem servir de repasto aos triatomíneos. Apesar de haver flutuação na população de *R. neglectus* ao longo do ano,[17] colônias que infestam palmeiras de macaúba não desaparecem nos meses de menor disponibilidade de alimento.

Figura 16.4 Ecótopos peridomiciliares: A) monte de tijolos; B) madeira; C) galinheiro; D) monte de telhas
Fonte: arquivo da dra. Liléia Diotaiuti

Colaboram também para a estabilidade do ecótopo representado pelas palmeiras as insignificantes variações de temperatura na axila das folhas. Para as palmeiras de macaúba, a temperatura média ao longo do ano foi de 22 ± 2 °C.[17] Os babaçus (*Attalea* sp) apresentam as maiores taxas de infestação e altas densidades de triatomíneos por palmeira.[31] Provavelmente, isso é devido à sua complexa arquitetura, que confere grande diversidade de esconderijos aos triatomíneos e de albergue para diferentes espécies de mamíferos (Figura 16.5).

A arquitetura imbricada da base das folhas sobre o tronco da palmeira, local onde os triatomíneos são encontrados em associação a muitos outros artrópodes, permite grande estabilidade microclimática, sendo os limites de temperatura e umidade extremamente amenizados em relação às variações do ambiente externo.[32] Como exemplo oposto, o *Triatoma sordida* é encontrado principalmente sob as cascas de árvores secas

Figura 16.5 Palmeiras freqüentemente infestadas por *Rhodnius:* A) babaçu, *Attalea speciosa*; B) macaúba, *Acrocomia aculeata*; C) buriti, *Mauritia vinifera*; D) *Rhodnius neglectus* sobre resíduos orgânicos; E) carnaúba, *Copernicia prunifera*
Fonte: dra. Liléia Diotaiuti

ou mortas, sofrendo mais diretamente as variações ambientais. Nessas circunstâncias, as colônias de triatomíneos são constituídas por poucos indivíduos, a maioria demonstrando ausência de sangue no tudo digestivo, provavelmente pela escassez de fontes alimentares nesses ecótopos.[26, 33] O conhecimento dos hábitos peculiares de cada espécie de triatomíneo é condição essencial na monitoração do controle vetorial da transmissão da infecção para o homem.

Principais espécies de triatomíneos envolvidos na transmissão da doença de Chagas para o homem no Brasil

Triatoma infestans

T. infestans é o vetor mais importante da doença de Chagas no Cone Sul da América do Sul (Peru, Bolívia, Chile, Paraguai, Uruguai, Argentina e Brasil). Originário do Vale de Cochabamba, Bolívia, e com isolados achados fora dessa região,[34] essa espécie teve sua área de ocorrência ampliada pela dispersão passiva, iniciada desde o período Pré-Colombiano, mas alcançando sua dispersão máxima nas décadas de 1940-1960 em conseqüência da expansão das fronteiras agrícolas e da migração humana[35] (Figura 16.6). Em toda sua área de ocorrência, *T. infestans* está presente no peri e no intradomicílio; no Brasil, é predominantemente intradomiciliar. Como característica geral, apresenta baixa variabilidade genética.[7, 36] Entretanto, comparando duas populações da espécie, uma procedente da Bolívia e outra de Minas Gerais, a população boliviana apresenta maior variabilidade: eles são maiores e apresentam três padrões para a enzima glucosefosfato desidrogenase, em contraste com a monomórfica população brasileira; apresentam maior quantidade de DNA e heterocromatina C em seus autossomas; a genitália dos machos pode ser distinguida pelos detalhes do processo do endossoma e do suporte do falossoma, mas essas diferenças do pênis não interferem na viabilidade do cruzamento entre insetos procedentes das duas regiões.[37,38] Em laboratório, o teste de suscetibilidade biológica de insetos procedentes dessas duas regiões não revelou diferença na taxa de mortalidade; entretanto, um estudo comparando o ciclo evolutivo demonstrou maior taxa de mortalidade para os insetos brasileiros. Já foi comprovada menor suscetibilidade de *T. infestans* procedentes do estado do Rio Grande do Sul, da Argentina e do sul da Bolívia a inseticidas piretróides.[39,40] Nas demais regiões brasileiras, o controle do *T. infestans* pelo uso de piretróides é um sucesso. A partir desses resultados biossistemáticos, reforçou-se a hipótese[41] sobre a existência de um centro de endemismo para essa espécie, a partir do qual se originaram as demais populações de *T. infestans* presentes nos outros países, e onde a espécie apresenta maior variabilidade e potencial genético para o desenvolvimento de mecanismos que tornam seu controle mais difícil, como conseqüência do processo passivo de dispersão.

As novas áreas de ocorrência foram colonizadas a partir de poucos exemplares levados pelos viajantes (efeito fundador). Dessa forma, acredita-se que quanto mais distante o *T. infestans* estiver do seu centro de endemismo maior será sua simplificação genética[42] e mais fácil será seu controle com inseticidas.[43]

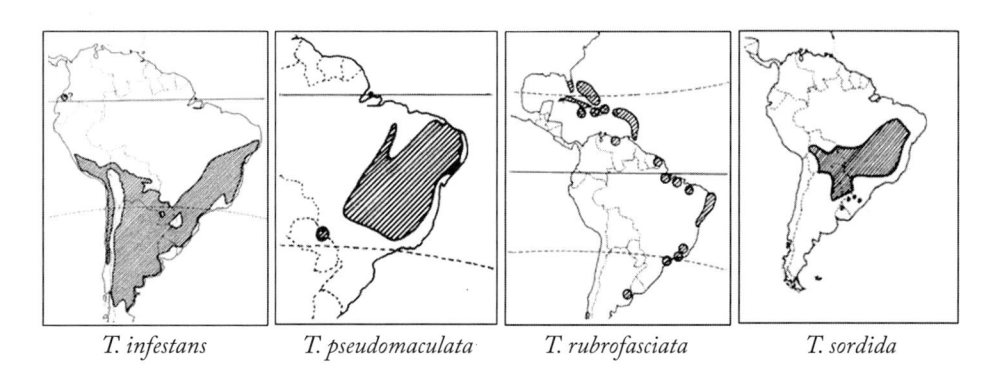

| T. infestans | T. pseudomaculata | T. rubrofasciata | T. sordida |

Figura 16.6 Área de distribuição de *T. infestans, T. rubrofasciata, T. pseudomaculata* e *T. sordida*
Fonte: Carcavallo et al., 1997

Panstrongylus megistus

Grande parte da vegetação do território brasileiro tem origem comum e corresponde aos ambientes abertos do cerrado no Brasil Central e na Região Sudeste e da caatinga e nas depressões interplanálticas semi-áridas do Nordeste. Destacam-se ainda o domínio tropical atlântico, caracterizado pelos ambientes florestados (umbrosos), e as pradarias mistas subtropicais do Sul do país contíguas ao Uruguai e à Argentina.[44] Sobre as atuais feições paisagísticas naturais brasileiras,[41] apresenta-se a distribuição das espécies de triatomíneos de maior importância epidemiológica no Brasil (Figura 16.7). O domínio tropical atlântico representa o centro de dispersão do *P. megistus*, espécie de ampla distribuição, ocorrendo no Nordeste nas áreas serranas (resquícios de mata atlântica inseridos no cerrado ou na caatinga) ou litorâneas de maior umidade, até o Sul do Brasil.[41] É interessante que essa espécie apresenta comportamento peculiar, sendo o principal vetor autóctone da doença de Chagas na Região Sudeste e em parte da Região Nordeste, porém, apresentando uma baixa capacidade de colonização intradomiciliar no Sul do país. Na região de São Felipe, no Recôncavo Baiano, essa espécie somente foi encontrada em domicílio humano e em galinheiros, nunca tendo sido encontrada no entorno silvestre. Ao contrário, no Sul, na Ilha de Santa Catarina, seu comportamento é quase exclusivamente silvestre; nessa região, os adultos chegam a invadir os domicílios no verão, porém sem colonizá-los, exceto em situações muito especiais, como em associação a ninhos de marsupiais.[45] No Estado de Minas Gerais, no norte de São Paulo e em algumas outras regiões, o *P. megistus* revela sua importância epidemiológica por meio da invasão e da colonização das casas por adultos que migram durante o verão. Portanto, sua valência ecológica e, conseqüentemente, epidemiológica é variável de uma região para outra. Isso tem levado a especulações sobre a ocorrência de subespécies. Talvez seu comportamento esteja relacionado aos padrões climático ou ambiental, com sua importância epidemiológica variando nas regiões onde períodos secos e chuvosos são claramente demarcados.

A alta variabilidade genética dessa espécie foi recentemente demonstrada, mas sem nenhuma correlação com sua importância epidemiológica.[46] Foi encontrada, entretanto, uma clara sobreposição entre padrões genéticos característicos e as áreas correspondentes aos domínios paisagísticos da caatinga, do cerrado e da mata atlântica (Figura 16.8), cujas similaridades e diferenças podem ser explicadas biogeograficamente, por meio dos paleoprocessos de expansão e retração das áreas de maior aridez/ umidade, que permitiram a dispersão do *P. megistus*.[46]

Comparado ao *T. infestans*, entretanto, *P. megistus* produz colônias bem menores (no máximo oitocentos insetos). Numa situação de competição, *T. infestans* predomina até o desaparecimento total do *P. megistus* no ambiente domiciliar, só voltando a ser capturado após a eliminação da outra espécie pelas ações de controle.[47] Entretanto, é também muito bom vetor. Áreas do Triângulo Mineiro, cujas casas foram colonizadas exclusivamente por essa espécie, apresentavam taxas de prevalência humana em torno de 20%.[16] É importante lembrar que o *T. cruzi* foi descrito por Carlos Chagas parasitando um exemplar de *P. megistus*, espécie que era associada à transmissão da

Liléia Diotaiuti

enfermidade em Lassance, na ocasião da sua descoberta. Espécie nativa com grande potencial de reinvasão das casas após o controle, exige permanente atividade de controle contra a reinstalação de novas colônias.

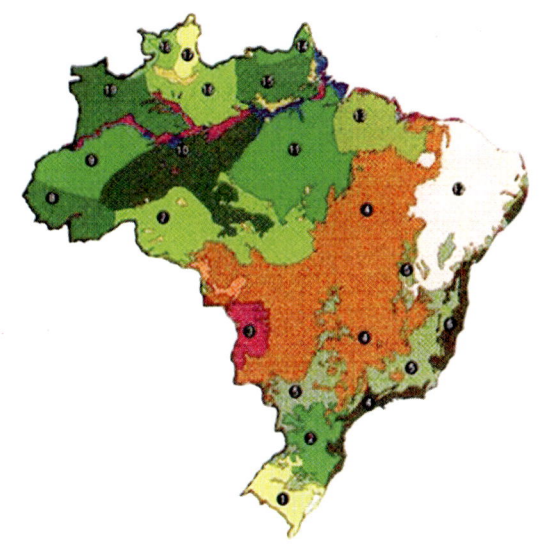

Principais ecossistemas brasileiros

Figura 16.7 1) Savanas; 2) floresta araucária; 3) pantanal mato-grossense; 4) cerrado brasileiro; 5) mata atlântica interior; 6) mata atlântica costal; 7) floresta de várzea; 8) floresta amazônica sudoeste; 9) floresta amazônica Rondônia e Mato Grosso; 10) floresta úmida Darien/Choco; 11) floresta úmida Tapajós/Xingu; 12) caatinga; 13) floresta úmida Tocantins; 14) floresta úmida Guiana; 15) floresta úmida Amapá; 16) floresta úmida uarama; 17) savana guianense; 18) floresta úmida guianense; 19) floresta úmida Japurá/Negro
Fonte: World Wildlife Fund, The World Bank, Washington DC, 1995

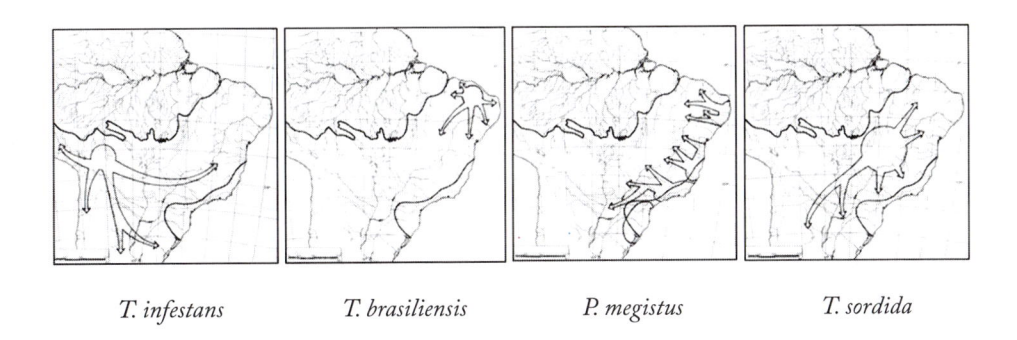

T. infestans	*T. brasiliensis*	*P. megistus*	*T. sordida*

Figura 16.8 Áreas de dispersão de triatomíneos no Brasil[41]
Fonte: Forattini, O. F. *Rev. Saúde Publ.*, 1980

Triatoma vitticeps e *Triatoma tibiamaculata*

Ainda dentro do contexto do ambiente tropical atlântico, merecem destaque as espécies *T. vitticeps* e *T. tibiamaculata*. O *T. vitticeps* coloniza freqüentemente o peridomicílio, preocupando pela sua proximidade com o homem e por suas altíssimas taxas de infecção pelo *T. cruzi*. Um estudo em Minas Gerais[48] revelou uma situação particular: a infestação de porões situados abaixo do assoalho de madeira das casas, que servem de dormitório para animais e parecem funcionar como ambiente de ligação entre o intra e o peridomicílio. O estudo das fontes alimentares revelou grande associação dos triatomíneos com roedores, gambás e aves, sendo ainda minoritariamente positiva para cães, lagartos, gado e homem. Apesar de a densidade triatomínica intradomicilar ser muito baixa, a invasão das casas por exemplares adultos, diariamente, com altas taxas de infecção pelo *T. cruzi* e com uma grande proximidade ao ciclo silvestre, caracteriza um padrão epidemiológico diferente do conhecido para outras espécies. Contudo, existe risco de eventual transmissão da doença de Chagas humana.

O *T. tibiamaculata* é freqüentemente atraído pela luz, mas não forma colônias no ambiente artificial. Provavelmente essa foi uma espécie responsável pela contaminação do caldo-de-cana ingerido por inúmeras pessoas no Estado de Santa Catarina, em fevereiro de 2005, com 25 delas apresentando manifestação clínica da doença de Chagas aguda.[49] A busca de vetores no ambiente em torno do local onde a transmissão ocorreu revelou a presença desse triatomíneo em palmeiras, com altas taxas de infecção pelo *T. cruzi*. Essa foi uma microepidemia chagásica por transmissão oral absolutamente eventual e imprevisível em ambiente com condições sanitárias boas, onde não se antecipava aquele risco de transmissão. Nesse episódio, na ausência de colonização triatomínica intradomiciliar, as ações de controle visaram ao diagnóstico precoce da infecção aguda e ao tratamento imediato dos doentes.

Os triatomíneos nos ecossistemas brasileiros

Cerrado

O cerrado corresponde ao centro de dispersão de várias espécies de triatomíneos (Tabela 16.1), caracterizado por apresentar clima tropical estacional com inverno seco e temperaturas que variam ao longo do ano entre 0 ºC e 40 ºC (média de 22-23 ºC), e pluviometria variando de 1.200 a 1.800 mm/ano. Apesar de pouco conhecida, a fauna é muito diversificada, oferecendo aos triatomíneos muitas alternativas alimentares e de adaptação aos seus ninhos ou covas. Sua flora é relativamente bem conhecida, riquíssima, e de distribuição heterogênea, compondo mosaicos de formas fisionômicas, denominadas campos limpos, cerradão ou savanas. Cortado por importantíssimos rios, o processo de dessecação do solo no período seco é superficial (não mais que 1,5 a 2,0 m de profundidade). Apesar dos solos serem ácidos (pH entre 4 e 5), sua correção pode ser obtida artificialmente. Anteriormente limitado para a agricultura e prestando-se, principalmente, à pecuária (onde foram instalados extensos campos de pastagem até a década de 1970), nos últimos anos os solos do cerrado tornaram-se palco para a expansão da agricultura moderna, servindo para o plantio extensivo de várias culturas, como soja, cana, arroz e outros (Figura 16.9).

Naturalmente essas profundas e extensas alterações ambientais têm reflexo na ecoepidemiologia dos triatomíneos: tanto podem aumentar e concentrar os ecótopos silvestres, incrementando as populações naturais dos vetores da doença de Chagas;[11, 26] quanto substituir completamente o ambiente natural, levando à eliminação do triatomíneo de amplas regiões, como aconteceu com o *Triatoma sordida* em áreas de cultura de cana no Estado de São Paulo, ou com o *P. megistus* nas áreas de plantação de eucalipto no Vale do Jequitinhonha, Minas Gerais. Em outras regiões houve a substituição da vegetação natural por pastagens (Figura 16.9C).

Figura 16.9 A transformação do cerrado. (A) Aspecto típico do cerrado em período seco. B) Destruição do cerrado para cultura de algodão. C) Pastagem
Fonte: arquivo da dra. Liléia Diotaiuti

Dentre os triatomíneos do cerrado (Tabela 16.2), o *T. sordida* representa a espécie mais capturada no Brasil a partir da década de 1980,[50] principalmente no peridomicílio. Oriundo de um ambiente altamente instável (sob as cascas de árvores secas),[26] seu potencial biológico expressa-se no ambiente peridomiciliar, na formação de enormes colônias muito próximas às casas, podendo significar risco de intradomiciliação.[27,28] Esse fato está fundamentalmente relacionado às características normalmente complexas desse ambiente, oferecendo inúmeras possibilidades de esconderijos e de fontes de alimentação, onde muitos exemplares sobrevivem à borrifação por causa da dificuldade de acesso do inseticida a determinados locais. Mesmo assim, o tratamento dessas colônias peridomiciliares com inseticida é muito importante como parte do manejo necessário para a manutenção das densidades de barbeiros em níveis mais baixos, mantendo-os fora do intradomicílio.[16,51]

Ainda no cerrado, a inserção de manchas de mata úmida, como matas residuais ou em galeria, permite a ocorrência secundária de espécies mais exigentes em relação à umidade, como o *P. megistus*, o qual assume grande importância epidemiológica nessas regiões, sendo, em alguns municípios, o único vetor responsável pela transmissão domiciliar do *T. cruzi*. Levantamento triatomínico realizado no município de Bambuí[16] revelou que o *P. megistus* era a única espécie de triatomíneo domiciliada, sendo responsável, na época, por 25 casos agudos autóctones descritos. Além disso, ao longo do rio Paranaíba, na divisa de Minas Gerais com o Estado de Goiás, aonde as taxas de prevalência da infecção humana chegam a 20%, o *P. megistus* sempre foi o único vetor domiciliado.[16]

Merece destaque, ainda, no ambiente do cerrado, o *R. neglectus*, associado a inúmeras espécies de palmeiras nos Estados de São Paulo, Minas Gerais, Goiás e Tocantins. Apesar de ser estritamente silvestre na periferia de Belo Horizonte,[52] no Triângulo Mineiro é capaz de formar colônias no intradomicílio. No Estado de Goiás, no período de 1975-1982, 93 municípios apresentaram infestação por essa espécie no ambiente artificial, sendo 43,1% das capturas realizadas no intradomicílio.[53] Esse fato revela o potencial da espécie, que, de acordo com os relatórios da Secretaria de Estado de Saúde de Tocantins, só não alcança índices maiores graças à manutenção de vigilância permanente contra a formação de novos focos.

Tabela 16.1 Principais características ambientais do cerrado e da caatinga

	Cerrado (1,5 milhão km²)	Caatinga (1 milhão km²)
Clima	Tropical estacional, inverno seco Temperaturas médias anuais entre 22-23 °C Médias pluviométricas: 1.200 a 1.800 mm/ano Rios perenes	Clima semi-árido. Temperatura média anual entre 27 e 29 °C. Média pluviométrica: 250 a 800 mm/ano. Os rios são intermitentes (o leito tem água apenas durante o período de chuva)
Vegetação	Muito diversificada; plantas com raízes pivotantes, flora riquíssima e de distribuição heterogênea; mosaico de formas fisionômicas (campos limpos, cerradão, savanas)	Marcadamente xerófila, arbórea, caducifólia e aberta, com franca penetração de luz solar (caa = mata; tinga = clara, aberta)
Dessecação	Apenas da superfície (1,5 a 2,0 m)	Intermitentes
Solos	Ácidos (pH 4 a 5) e sedimentares	Rasos, pouco sedimento sobre o cristalino

Caatinga

A caatinga (Tabela 16.1) representa a paisagem dominante no sertão do Nordeste brasileiro, com vegetação arbórea marcadamente seca, caducifólia, e com franca penetração de luz solar (Figura 16.10). Apresenta um período de estiagem de sete a nove meses, podendo ocorrer secas catastróficas. No período chuvoso, a vegetação exuberante é singular.[54] Dentre as espécies autóctones de triatomíneos (Tabela 16.2),

Figura 16.10 Aspecto geral da caatinga no sertão cearense
Fonte: arquivo da dra. Liléia Diotaiuti

Tabela 16.2 Triatomíneos encontrados nas regiões de cerrado e caatinga, Brasil

Espécie de triatomíneo	Cerrado	Caatinga
Cavernicola pilosa		
Panstrongylus lutzi	Em áreas de transição	
Panstrongylus diasi		
Panstrongylus geniculatus		
Panstrongylus megistus		
Psammolestes tertius		
Rhodnius nasutus		
Rhodnius neglectus		
Triatoma arthurneivai		
Triatoma brasiliensis	Em áreas de transição	
Triatoma infestans	Espécie introduzida	Espécie introduzida
Triatoma lenti		
Triatoma melanocephala		
Triatoma petrocchiae		
Triatoma pseudomaculata	Em áreas de transição	
Triatoma sordida		Em áreas de transição
Triatoma williami		
Triatoma wygodzinskii		
Tritoma costalimai		Em áreas de transição

o *T. brasiliensis* é seu principal representante, sendo encontrado no ambiente silvestre sob extensos conjuntos de pedras, associado aos roedores, cujas tocas são estáveis ao longo do ano, o que permite o desenvolvimento de grandes colônias, às vezes extremamente próximas às casas. Muito ativos podem ser observados durante o dia saindo das locas de pedras onde se escondem para atacar hospedeiros inadvertidos, expondo-se a intensa luz e altas temperaturas. Podem formar densas colônias intra e peridomiciliares.[55]

Nas unidades domiciliares infestadas, 12 meses após borrifação com piretróide, verifica-se a total reconstituição da população peridomiciliar original a partir de exemplares sobreviventes à borrifação e de adultos procedentes do ambiente natural. Os incontáveis ecótopos silvestres e a proximidade destes das casas oferecem grande problema para o controle da espécie.[13]

Outro triatomíneo do Nordeste brasileiro é o *T. pseudomaculata*.[41] Assim como o *T. sordida*, seus ecótopos naturais são as cascas e os ocos de árvores secas e ninhos de aves. A captura dessa espécie no ambiente silvestre é extremamente exaustiva, exigindo o desmantelamento dos ninhos e das árvores, sendo muito mais difícil de serem localizados que o *T. brasiliensis*. Pouco se sabe sobre as formas de dispersão do *T. pseudomaculata*. O transporte passivo na lenha tem importante papel na introdução do triatomíneo no ambiente artificial (Figura 16.11). Esse inseto pode constituir grandes colônias no peridomicílio, mas de modo geral é mal adaptado ao intradomicílio. Merece destaque uma colonização descrita na periferia da cidade de Sobral,[56] Estado do Ceará, demonstrando um potencial de colonização até então desconhecido.

Figura 16.11 Transporte passivo de *Triatoma pseudomaculata* na lenha utilizada para cozinhar no Ceará. A) Recolhimento da lenha. B) Achado de triatomíneos na lenha posta na casa
Fonte: arquivo da dra. Liléia Diotaiuti

As palmeiras de carnaúba (*Copernicia prunifera*) destacam-se na paisagem da caatinga, permitindo a ocorrência do *Rhodnius nasutus*, espécie filogeneticamente muito próxima do *R. neglectus*.[57] No Ceará, fora as carnaúbas, o encontro do *R. nasutus* em ninhos de aves da família Furnariidae é comum. Eventualmente, constitui colônias em ambiente artificial, geralmente associadas a galinhas.

O *Panstrongylus lutzi* é uma espécie exclusiva do Nordeste. No Estado da Bahia, seu ecótopo artificial é buraco de tatus,[58] também utilizados por *P. geniculatus* no cerrado.

Na caatinga cearense, exemplares adultos de *P. lutzi* foram encontrados em ocos de árvores. A presença de adultos altamente infectados pelo *T. cruzi* invadindo as casas é fato bastante conhecido. Entretanto, nos últimos anos sua ocorrência no ambiente artificial no Estado do Ceará tem sido significativamente maior, inclusive formando colônias.[59]

No interessantíssimo ambiente formado pelas áreas serranas inseridas no contexto da caatinga, com clima mais ameno e úmido, por causa da ocorrência de ventos de origem marítima, o *P. megistus* pode ser encontrado, o que corresponde ao limite máximo da distribuição da espécie no Nordeste. Apesar de o *P. megistus* não apresentar grande potencial de colonização intradomiciliar nessas áreas, sua presença no peridomicílio é freqüente, sendo a terceira espécie mais capturada no Estado do Ceará.[55] No agreste dos Estados da Paraíba e de Pernambuco, esse é o triatomíneo de maior importância epidemiológica, formando colônias intradomiciliares, mas no contexto da mata atlântica, e não da caatinga. Nesses ecossistemas com características ambientais diferentes, o *P. megistus* assume importantes papéis epidemiológicos.

Considerando-se o corredor de dispersão formado pelas áreas abertas da caatinga e do cerrado, é interessante observar a correspondência existente entre as espécies de triatomíneos que ocorrem nas duas regiões: na caatinga do Nordeste, o *T. pseudomaculata*, o *R. nasutus* e o *P. lutzi*; nas regiões de cerrado do Centro-Oeste e do Sudeste, o *T. sordida*, o *R. neglectus* e o *P. geniculatus* nas áreas de menor umidade, e o *P. megistus* e o *P. diasi* nas áreas mais úmidas.[51]

Savanas e pradarias

Nas pradarias do Sul do país, destaca-se o *Triatoma rubrovaria*, espécie que nos últimos anos tem sido cada vez mais encontrada no ambiente artificial, até mesmo colonizando o intradomicílio. No Uruguai, a espécie é encontrada em montes de pedras às vezes muito próximos das casas, em estreita associação com baratas e outros insetos dos quais se alimenta, demonstrando a preservação de primitivos hábitos predatórios.[27]

Floresta tropical úmida

Até recentemente, a Amazônia era considerada fora da área de risco de domiciliação triatomínica. Surpreendentemente, inquéritos sorológicos realizados na década de 1990 revelaram taxas de prevalência humana de cerca de 8%. Dezoito espécies de triatomíneos ocorrem na Bacia Amazônica[60] (Tabela 16.3), com risco de domiciliação decorrente principalmente do mau planejamento do processo de colonização da região por migrantes procedentes das outras regiões brasileiras e do desmatamento incontrolável.

De comportamento voraz, os *Rhodnius brethesi* saem dos locais onde vivem (palmeiras de "piaçava") para atacar as pessoas acampadas em tendas.[61] O *P. geniculatus*, espécie largamente distribuída no Brasil, prevalece no ambiente artificial amazônico onde se encontram insetos adultos que voam até as casas. No Estado do Pará, a espécie tem sido encontrada colonizando não só o peridomicílio, em associação a porcos, mas também sugando sangue humano. Essa espécie destaca-se pela sua ocorrência nos diferentes ecossistemas nas Américas Central e do Sul,[62] fato indicativo de sua biodiversidade.

Tabela 16.3 Espécies de Triatominae encontradas na Amazônia brasileira

Belminus herreri	*Rhodnius nasutus*
Cavernicula lenti	*Rhodnius neglectus*
Cavernicula pilosa	*Rhodnius paraensis*
Eratyrus mucronatus	*Rhodnius pictipes*
Microtriatoma trinidadensis	*Rhodnius prolixus*
Panstrongylus geniculatus	*Rhodnius robustus*
Panstrongylus lignarius	*Triatoma maculata*
Panstrongylus rufotuberculatus	*Triatoma rubrofasciata*
Rhodnius brethesi	*Triatoma rubrovaria**

* Necessita de confirmação, pois trata-se de espécie do Rio Grande do Sul e do Uruguai, cuja ocorrência na Amazônia pode significar introdução passiva por meio da migração de agricultores gaúchos ou simplesmente por identificação equivocada.
Fonte: Coura e cols., 1999

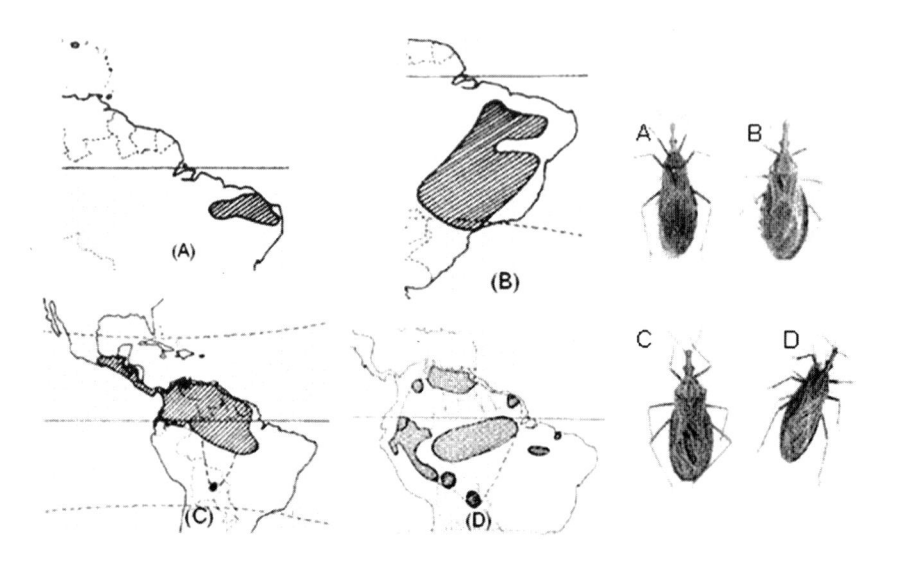

Figura 16.12 Distribuição geográfica do Complexo Rhodnius (Carcavallo et al., 1997). A) *R. nasutus.* B) *R. neglectus.* C) *R. prolixus.* D) *R. robustus*
Fonte: arquivo da dra. Liléia Diotaiuti

Os *Rhodnius* são de interesse especial na epidemiologia da doença de Chagas na Amazônia. O principal representante do gênero, sem dúvida, é o *R. prolixus*, principal vetor da doença de Chagas na Venezuela, na Colômbia e em alguns países da América Central (Figura 16.11), com seu centro de endemismo nas florestas da região do Amazonas–Orinoco.[63] Está associado a palmeiras e a ninhos de garças,[64] a partir de onde coloniza as casas via transporte passivo ou ativo. Sua origem silvestre permanece, entretanto, duvidosa: estudos morfométricos e isoenzimáticos não detectaram identidade entre *R. robustus* encontrados em palmeiras da Venezuela e *R. prolixus* típicos encontrados colonizando casas em Trujillo e outras regiões deste país. É possível diferenciar molecularmente *R. robustus* e *R. prolixus* pela análise do citocromo b mitocondrial;[65] a primeira espécie tem ampla área de ocorrência, e sua consistente variabilidade configura um complexo de espécies; entretanto, os *R. robustus* da Venezuela estão mais próximos dos *R. prolixus*

A variação de nucleotídeos nas populações de *R. prolixus* foi muito baixa, sustentando a hipótese da sua diferenciação recente, a qual teria sido dispersada pelo homem, passivamente.[65] Esse tema tem merecido especial atenção por causa da importância epidemiológica de *R. prolixus* em vários países; a definição das espécies de *Rhodnius* da Amazônia e o potencial epidemiológico de *R. robustus* da Venezuela mostram que ambos estão próximos de *R. prolixus*.[57] No interior das casas, *R. prolixus* é capturado preferencialmente nos tetos de palha, onde alcança elevadas densidades. Eles são muito ativos – particularmente se estiverem com fome – e preferem temperaturas em torno de 25 °C. A umidade parece ser fator fundamental para seu desenvolvimento, afetando dramaticamente a eclosão dos ovos.[3, 66] Estudos populacionais comprovam a hipótese de introdução passiva da espécie na América Central, onde só é encontrada dentro das casas, sendo responsável pela maior taxa de prevalência em habitação humana da região.[67] Pela sua importância epidemiológica e pela facilidade de manutenção em laboratório, tornou-se muito utilizada nos estudos sobre triatomíneos.

Diante da complexidade da Região Amazônica e dos riscos que os triatomíneos amazônicos podem trazer, a área foi reconhecida como situação especial, onde se deverá implantar um estudo piloto de vigilância epidemiológica capaz de identificar as espécies envolvidas na transmissão local do *T. cruzi*.[68]

Aspectos comportamentais de triatomíneos nos ecossistemas brasileiros

O *T. infestans* não apresenta característica típica de qualquer uma das feições paisagísticas brasileiras[44] pois é original da Bolívia, único país onde sua existência no ambiente silvestre foi comprovada, onde vive em associação com roedores sob locas de pedras. Adaptado desde o período pré-colombiano às habitações humanas, dispersou-se passivamente para o Paraguai, a Argentina, o Uruguai, o Peru e o Chile, chegando ao Brasil.[35] No final da década de 1960 atingiu sua expansão máxima no Brasil, apresentando focos em Alagoas, Pernambuco, Paraíba e Piauí, como resultado do retorno de nordestinos às suas regiões de origem após o fracasso do plano econômico que os havia atraído para a Região Sudeste. Predominantemente peridomiciliar, pode apresentar infestações em altíssimas densidades, não sendo raro o encontro de 3 mil ou mais insetos dentro de uma única casa, sendo responsável por altas taxas de prevalência da doença de Chagas nas suas áreas de ocorrência. Essas características conferiram-lhe o título de espécie mais importante em todos os países onde tenha sido assinalado.

O *T. infestans* representa uma espécie altamente especializada em viver associada ao homem e aos animais domésticos. Em seu processo de dispersão, houve uma seleção de populações com características genéticas muito simplificadas, conferindo-lhe baixa plasticidade e poucas ferramentas biológicas que lhe permitissem adaptar-se a ambientes diferentes. Se por um lado essa extrema adaptação ao intradomicílio conferiu-lhe a posição de vetor mais importante na transmissão da doença de Chagas ao homem, por outro também significa grande fragilidade genética, o que torna possível sua completa eliminação das áreas de ocorrência, exceto, naturalmente, do seu centro de endemismo na Bolívia.

O *Triatoma rubrofasciata* pode ser considerado o único triatomíneo estritamente domiciliar. Encontra-se nas regiões costeiras de todo o trópico, intimamente associado ao rato doméstico (*Rattus rattus rattus*), transmitindo-lhe o *Trypanosoma conorrhini*.[62] Com relação ao *T. cruzi*, infecta-se facilmente, mas deve ser considerado um vetor secundário.

Também com ampla distribuição geográfica (Norte da América do Sul e América Central), o *Triatoma dimidiata* tem grande importância epidemiológica. Seus ecótopos naturais são principalmente tocas de marsupiais (o que lhe confere altas taxas de infecção), troncos de árvores ou montes de pedras. Sua introdução passiva nas casas pela lenha foi comprovada na Costa Rica. Entretanto, pouco se sabe sobre sua dinâmica populacional e processos de dispersão ativa. É interessante assinalar dois importantes aspectos da sua ecologia que o distinguem da maioria dos triatomíneos: a freqüência com que é encontrado colonizando áreas urbanas e a capacidade de transmissão do *T. cruzi* ao homem, mesmo quando em muito baixa densidade. Distingue-se ainda pela sua associação com os pisos das casas, onde usa da estratégia de polvilhar-se com a poeira do chão para esconder-se adredemente.[67]

Exceto por *T. dimidiata* e *R. prolixus* na América Central, pouco se sabe sobre ecologia e comportamento das demais espécies de triatomíneos presentes nessa região. Segundo,[69] existem 16 espécies nesse continente. *Rhodnius pallescens* é o principal vetor da doença de Chagas no Panamá, onde sua ocorrência em palmeiras é comprovada, alimentando-se em gambás, tamanduás, preguiças, pássaros e, raramente, lagartos. Dentro das casas, alimenta-se freqüentemente de sangue humano, e no peridomicílio, de pombos e galinhas. O rato de sótão, *Rattus rattus*, foi o terceiro hospedeiro mais comum, podendo representar um reservatório ancestral da doença de Chagas nas áreas rurais.[70] No México estão assinaladas 26 espécies de triatomíneos, entre as quais se destacam pela importância epidemiológica o *R. prolixus, o Triatoma barberi* e o *T. dimidiata*, assinalando-se ainda as espécies dos complexos *phyllosoma* e *protracta. T. barberi* tem ampla distribuição no país, colonizando o intra e o peridomicílio. Apresenta comportamento bastante agressivo, picando durante o dia ou à noite.[71] O *T. phyllosoma* é encontrado nas vivendas humanas e no peridomicílio.

Conclusão

O estudo do comportamento e da ecologia das espécies de triatomíneos poderá fornecer importante informação para subsidiar o controle da transmissão do *T. cruzi* ao homem. Destaque-se ainda que mesmo as espécies cujo comportamento já tenha sido estudado deverão estar sob permanente investigação e vigilância, tendo em vista as rápidas e profundas modificações do meio ambiente, inclusive na complexidade do ambiente urbano, com possibilidade de expansão das áreas colonizadas. Além disso, a variabilidade genética e diferentes formas de interação com esse ambiente em modificação também estão a requerer novas ferramentas para controle dos triatomíneos. Os marcadores genéticos de populações com maior potencial de domiciliação e a identificação de condições ambientais que facilitam a domiciliação podem ser novas ferramentas úteis no combate aos triatomíneos.

Abstract

Triatomines lifecycles involve contamination and transmission of *Trypanosoma cruzi*, agent of the enzootics Chagas disease. The triatomines are intermediate hosts and vectors of the flagellate protozoan to mammals, which represents an evolution adaptation of over 90 million years since the quaternary (mesozoic, cretaceous). There was evidence for the enzootics involving omnivorous mammals, particularly skunks, armadillos and ant-eaters. These mammals living habits have suggested the oral as the main route of contamination and acquisition of *T. cruzi* infections. Nevertheless, vector-transmitted *T. cruzi* infections by contamination of the site of the insect's bite cannot be discarded because triatomines were already hematophagous at that early epoch. Hematophagy is an important nutritional-biochemical requirement to determine the proximity of triatomines to wild mammals and/or humans. Adaptation of several triatomine species to peri- and intra-domicile might have provided the grounds for spreading Chagas disease. Identifying and characterizing the biologic habits of the triatomines has provided basic knowledge and tools for dislodging the main vectors transmitting *T. cruzi* infections to humans. The success that has been achieved by spreading piretroides on peri- and intra-domiciles needs to be emphasized. However, its use with caution is recommended. Insecticide spread in the environment may not be accepted in the long run to control vector-transmitted Chagas disease. Therefore, further knowledge towards development of new tools aiming at an effective control of vector-borne Chagas disease is required.

Notas bibliográficas

1. SZUMLEWICZ, A. P. Laboratory colonies of Triatominae, Biology and population dynamics. Nova Approaches in American Trypanosomiasis Research, Belo Horizonte, Brazil. *PAHO Sci. Publ.*, 318, p. 63-82, 1975.

2. SHERLOCK, I. A. Vetores. In: BRENER, Z.; ANDRADE, Z. *Trypanosoma cruzi e doença de Chagas.* Rio de Janeiro: Guanabara Koogan, 1979. p. 42-88.

3. LÁZZARI, C. R. Circadian organization of locomotion activity in the haematophagous bug Triatoma infestans. *J. Insect. Physiol.*, 38, p. 895-903, 1992.

4. LORENZO, M. G.; LAZZARI, C. R. Activity pattern with relation to refuge exploitation and feeding in *Triatoma infestans* (Hemiptera: Reduviidae). *Acta Trop.*, 70, p. 163-170, 1998.

5. GUARNERI, A.; REISENMAN, C.; LORENZO, M.; DIOTAIUTI, L.; LÁZZARI C. The dayly pattern of locomotion activity of *Triatoma brasiliensis*. *Mem. Inst. Oswaldo Cruz,* 93 (Suppl. II), p. 349, 1998.

6. GUARNERI, A. A.; DIOTAIUTI, L.; GONTIJO, N. F.; GONTIJO, A. F.; PEREIRA, M. H. Comparison of feeding behaviour of *Triatoma infestans, Triatoma brasiliensis* and *Triatoma pseudomaculata* in different hosts by electronic monitoring of the cibarial pump. *J. Insect. Physiol.*, 46, p. 1121-1127, 2000.

7. DUJARDIN, J. P.; BERMUDEZ, H.; SCHOFIELD, C. J. The use of morphometrics in entomological surveillance of sylvatic foci of Triatoma infestans in Bolivia. *Acta Trop.*, 66, p. 145-153, 1997.

8. DUJARDIN, J. P.; SCHOFIELD, C. J.; TIBAYRENC, M. Population structure of Andean *Triatoma infestans*: allozyme frequencies and their epidemiological relevance. *Med. Veter. Entomol.*, 12, p. 20-29, 1998.

9. PIRES, H. H. R.; BORGES, E. C.; ANDRADE, R. E.; LOROSA, E. S.; DIOTAIUTI, L. Peridomiciliary infestation with *Triatoma sordida* Stal, 1859 in the county of Serra do Ramalho, Bahia, Brazil. *Mem. Inst. Oswaldo Cruz,* 94, p. 147-149, 1999.

10. MANRIQUE, G.; LAZZARI, C. R. Sexual behaviour and stridulation during manting in *Triatoma infestans* (Hemiptera: Reduviidae). *Mem. Inst. Oswaldo Cruz,* 89, p. 629-633, 1994.

11. FORATTINI, O. P.; FERREIRA, A. O.; SILVA, E. O. R.; RABELLO, E. X. Aspectos ecológicos da tripanossomose americana. XV- Desenvolvimento, variação e permanência de Triatoma sordida, *Panstrongylus megistus* e *Rhodnius neglectus* em ecótopos artificiais. *Ver. Saúde Públ.*, 13, p. 220-234, 1979.

12. DIAS, E.; DIAS, J. C. P. Variações mensais da incidência das formas evolutivas do *Triatoma infestans* e do *Panstrongylus megistus* no município de Bambuí, Estado de Minas Gerais (IIa nota: 1951 a 1964). *Mem. Inst. Oswaldo Cruz,* 66, p. 211-226, 1968.

13. FORATTINI, O. P.; SILVA, E. O. R.; FERREIRA, A. O.; RABELLO, E. X.; PATTOLI, D. G. B. Aspectos ecológicos da tripanossomose americana.

III- Dispersão local de triatomíneos, com especial referência ao *Triatoma sordida. Rev. Saúde Públ.*, 5, p. 193-205, 1971.

14. DIAS, E.; ZELEDÓN, R. Infestação domiciliária em grau extremo por *Triatoma infestans. Mem. Inst. Oswaldo Cruz*, 53, p. 457-472, 1955.

15. DIAS, J. C. P.; DIOTAIUTI, L. Vectores secundarios de la enfermedad de Chagas em el Brasil y perspectivas para su control. *Curso Taller de Control de Tripanosomosis Americana y Leishmaniosis*: aspectos biológicos, genéticos y moleculares. Universidad de los Andes, Facultat de Ciencias. Departamento de Ciencias Biologicas, Centro de Investigaciones em Microbilogia y Parasitologia Tropical – Cimpat. Santafé de Bogotá, 1998. p. 154-159.

16. DIOTAIUTI, L.; PEREIRA, A. S.; LOIOLA, C. F.; FERNANDES, A. J.; SCHOFIELD, C. J.; DUJARDIN, J. P.; DIAS, J. C. P.; CHIARI, E. A colonização intradomiciliar por triatomíneos altera a história natural do *Trypanosoma cruzi. Rev. Soc. Bras. Med. Trop.*, 27 (Suppl. II), p. 105-107, 1994.

17. DIOTAIUTI, L.; DIAS, J. C. P. Ocorrência e biologia do *Rhodnius neglectus* Lent, 1954 em macaubeiras da periferia de Belo Horizonte, Minas Gerais. *Mem. Inst. Oswaldo Cruz*, 79, p. 293-301, 1984.

18. MARTINS, A. V. Epidemiologia da doença de Chagas. In: CANÇADO, J. R. *Doença de Chagas* (Org.). Belo Horizonte, MG: Imprensa Oficial, 1968. p. 223-237.

19. PEREIRA, H.; PENIDO, C. M.; MARTINS, M. S.; DIOTAIUTI, L. Comparative kinetics of bloodmeal intake by *Triatoma infestans* and *Rhodnius prolixus*, the two principal vectors of Chagas disease. *Med. Vet. Entomol.*, 12, p. 84-88, 1998.

20. PEREIRA, M. H.; SOUZA, M. E. L.; VARGAS, A. P.; MARTINS, M. S.; PENIDO, C. M.; DIOTAIUTI, L. Anticoagulant activity of *Triatoma infestans* and *Panstrongylus megistus* saliva (Hemiptera: Triatominae). *Acta Trop.*, 61, p. 255-261, 1996.

21. HELLMAN, K.; HALKINS, R. I. Anticoagulant and fibrinolytic activities from *Rhodnius prolixus* Stal. *Nature*, 201, p. 1008-1009, 1964.

22. FORERO, D.; WEIRAUCH, C.; BAENA, M. Synonymy of the reduviid (Hemiptera: Heteroptera) genus *Torrealbaia* (Triatominae) with *Amphibolus* (Harpactorinae), with notes on *Amphibolus venator* (Klug, 1830). *Zootaxa*, 670, p. 1-12, 2004.

23. SOUZA, R. C. M.; DIOTAIUTI, L.; PEREIRA, M. H. Ação da Saliva de *Triatoma vitticeps* (Reduviidae: Triatominae) sobre o nervo ciático de rato. Tema livre. In: CONGRESSO BRASILEIRO DE PARASITOLOGIA, XVIII. *Anais...* Rio de Janeiro, 2003.

24. GALVÃO, C.; CARCAVALLO, R.; ROCHA, D. S.; JURBERG, J. A checklist of the current valid species of the subfamily Triatominae Jeannel, 1919 (Hemiptera: Reduviidae) and their geografical distribuion, with nomenclatural and toxonomic notes. *Zootaxa*, 202, p. 1-36, 2003.

25. BARRETTO, M. P. Epidemiologia. In: BRENER, Z.; ANDRADE, Z. *Trypanosoma cruzi e doença de Chagas*. Rio de Janeiro: Guanabara Koogan, 1979. p. 89-174.

26. DIOTAIUTI, L.; LOIOLA, C. F.; FALCÃO, P. L.; DIAS, J. C. P. The ecology of *Triatoma sordida* in natural environments in two different regions of the State of Minas Gerais, Brazil. *Rev. Inst. Med. Trop. São Paulo,* 35, p. 237-245, 1993.

27. SALVATELLA, R.; ROSA, R.; BASMADJIAN, Y.; PUIME, A.; CALEGARI, L.; GUERRERO, J.; MARTINEZ, M.; MENDARO, G.; BRIANO, D.; MONTERO, C.; COLLI, C. Ecology of *Triatoma rubrovaria* (Hemiptera: Triatominae) in wild and peridomestic environments of Uruguay. *Mem. Inst. Oswaldo Cruz,* 90, p. 325-328, 1995.

28. DIOTAIUTI, L.; AZEREDO, B. V. M.; BUSEK, S. C. U.; FERNANDES, A. J. Controle do *Triatoma sordida* no peridomicílio rural do município de Porteirinha, Minas Gerais, Brasil. *Rev. Pan. Salud Pública,* 3, p. 21-25, 1998.

29. DIOTAIUTI, L. Triatomineos da caatinga. In: SCHOFIELD, C. J.; PONCE, C. *Proceedings Second International Workshop on Population Genetics and Control of Triatominae.* México, 1999. p. 96-100.

30. TEIXEIRA, A. R. L.; MONTEIRO, P. S.; REBELO, J. M.; ARGAÑARAZ, E. R.; VIEIRA, D.; LAURIA-PIRES, L.; NASCIMENTO, R.; VEXENAT, C. A.; SILVA, A. R.; AULT, S. K.; COSTA, J. M. Emerging Chagas disease: trophic network and cycle of transmission of *Trypanosoma cruzi* from palm trees in the Amazon. *Emerging Infec. Dis.,* 7, p. 100-112, 2001.

31. ROMAÑA, C.; PIZARRO, J. C.; RODAS, E.; GUILBERT, E. Palm trees as ecological indicators of risk areas for Chagas disease. *Trans. Royal Soc. Trop. Med. Hyg.,* 93, p. 594-595, 1999.

32. LORENZO, M. G.; MINOLI, S. A.; LAZZARI, C. R.; PAULA, A. S.; DIOTAIUTI, L. O microclima dos ecótopos naturais das espécies do gênero Rhodnius no município de Tocantinópolis, Estado de Tocantins, Brasil. Tema livre 36: 425. In: CONGRESSO DA SOCIEDADE BRASILEIRA DE MEDICINA TROPICAL. *Anais...* Belém, 2003.

33. DIOTAIUTI, L. Triatomíneos da caatinga. In: SCHOFIELD, C. J.; PONCE, C. In: SECOND INTERNATIONAL WORKSHOP ON POPULATION GENETICS AND CONTROL OF TRIATOMINAE. Tegucigalpa, 8-11/03, 1998. p. 96-100.

34. NOIREAU, F.; FLORES, R.; GUTIERREZ, T.; DUJARDIN, J. P. Detection of silvatic dark morphs of *Triatoma infestans* in the Bolivian Chaco. *Mem. Inst. Oswaldo Cruz,* 92, p. 583-584, 1997.

35. SILVA, L. J. *Evolução da doença de Chagas no Estado de São Paulo.* (Tese de doutorado.) Ribeirão Preto: USP, 1981. 181 p.

36. DUJARDIN, J. P.; CARDOZO, L.; SCHOFIELD, C. J. Genetic analysis of *Triatoma infestans* following insecticidal control interventions in central Bolivia. *Acta Trop.,* 61, p. 263-266, 1996.

37. PIRES, H. H. R.; LORENZO, M. G.; LAZZARI, C. R.; DIOTAIUTI, L.; MANRIQUE, G. Comportamento sexual de *Panstrongylus megistus.* In: CONGRESSO SOC. BRASIL. PARASITOL., XVI. *Anais...* p. 69, 1999.

38. PIRES, H. H. R.; BARBOSA, S. E.; DIOTAIUTI, L. Comparative developmental and susceptibility to insecticide of bolivian and brazilian populations of *Triatoma infestans*. *Mem. Inst. Oswaldo Cruz*, 95, p. 883-888, 2000.

39. GONZALEZ AUDINO, P.; VASSENA, C.; BARRIOS, S.; ZERBA, E.; PICOLLO, M. I. Role of enhanced detoxication in a deltamethrin-resistant population of *Triatoma infestans* (Hemiptera: Reduviidae) from Argentina. *Mem. Inst. Oswaldo Cruz*, 99, p. 335-339, 2004.

40. VASSENA, C. V.; PICOLLO, M. I.; ZERBA, E. N. Insecticide resistance in Brazilian *Triatoma infestans* and Venezuelan *Rhodnius prolixus*. *Med. Vet. Entomol.*, 14, p. 51-55, 2000.

41. FORATTINI, O. P. Biogeografia, origem e distribuição da domiciliação de triatomíneos no Brasil. *Rev. Saúde Pública*, 14, p. 265-299, 1980.

42. PANZERA, F.; DUJARDIN, J. P.; NICOLINI, P.; CARACCIO, M. N.; TELLEZ, T.; BERMUDEZ, H.; BARGUES, M. D.; MAS-COMA, S.; OCONNOR, J. E.; PEREZ R. Genomic changes of Chagas disease vector, South America. *Emerg. Infect. Dis.*, 10, p. 438-446, 2004.

43. BORGES, E. C.; PIRES, H. H. R.; BARBOSA, S. E.; NUNES, C. M. S.; PEREIRA, M. H.; ROMANHA, A. J.; DIOTAIUTI, L. Genetic variability in Brazilian triatomines and the risk of domiciliation. *Mem. Inst. Oswaldo Cruz*, 94 (Suppl. I), p. 371-373, 1999.

44. CECERE, M. C.; VAZQUEZ-PROKOPEC, G. M.; GURTLER, R. E.; KITRON, U. Reinfestation sources for Chagas disease vector, *Triatoma infestans*, Argentina. *Emerg. Infect. Dis.*, 12, p. 1051-1084, 2006.

45. AB'SÁBER, N. A. *Os domínios morfoclimáticos na América do Sul*. São Paulo: Instituto de Geografia da USO, 1977 (Série Geomorfologia, 52).

46. BARBOSA, S. E.; SOARES, R. P. P.; PIRES, H. H. R.; MELO, M. D.; PIMENTA, P. F. P.; MARGONARI, C.; DUJARDIN, J. P.; CATALÁ, S. S.; PANZERA, F.; ROMANHA, A.; PEREIRA, M. H.; DIOTAIUTI, L. Biossistemática de *Panstrongylus megistus* (Burmeister, 1835). *Rev. Soc. Bras. Med. Trop.*, 31 (Supl. III), p. 29-31, 1998.

47. GRISARD, E. C.; PINTO, C. J. C.; SHOLZ, A. F.; TOMA, H. K.; SCHLEMPER, B. R.; STEINDEL, M. *Trypanosoma cruzi* infection in *Didelphis marsupialis* in Santa Catarina and Arvoredo Islands, southern Brazil. *Mem. Inst. Oswaldo Cruz*, 95, p. 795-800, 2000.

48. DIAS, J. C. P. Reinfestação do município de Bambuí por triatomíneos transmissores da doença de Chagas. *Mem. Inst. Oswaldo Cruz*, 63, p. 107-119, 1965.

49. VALENTE, V. C.; VALENTE, S. A.; NOIREAU, F.; CARRASCO, H. J.; MILES, M. A. Chagas disease in the Amazon Basin: association of *Panstrongylus geniculatus* (Hemiptera: Reduviidae) with domestic pigs. *J. Med. Entomol.*, 35, p. 99-103, 1998.

50. STEINDEL, M.; DIAS, J. C. P.; ROMANHA, A. J. Doença de Chagas. Mal que ainda preocupa. *Ciência Hoje,* 37 (217), p. 3238, 2005.

51. DIOTAIUTI, L.; PEREIRA, A. S.; LOIOLA, C. F.; FERNANDES, A. J.; SCHOFIELD, C. J.; DUJARDIN, J. P.; DIAS, J. C. P.; CHIARI, E. A colonização intradomiciliar por triatomíneos altera a história natural do *Trypanosoma cruzi. Rev. Soc. Bras. Med. Trop.,* 27, p. 65-66, 1994.

52. DIOTAIUTI, L.; CARNEIRO, M.; LOIOLA, C. C. P.; SILVEIRA NETO, H. V.; COUTINHO, R. M.; DIAS, J. C. P. Alternativas de controle do *Triatoma sordida* no Triângulo Mineiro. I. Borrifação parcial (intradomicílio) no município de Douradoquara, MG, Brasil. *Rev. Soc. Brás. Méd. Trop.,* 21, p. 199-203, 1988.

53. DIOTAIUTI, L.; PAULA, O. R.; FALCÃO, P. L.; DIAS, J. C. P. Evaluation of the Chagas disease program in Minas Gerais, Brazil, with special reference to *Triatoma sordida. Bul. Pan. Amer. Health Org.,* 28, p. 211-219, 1994.

54. SILVEIRA, A. C.; DIOTAIUTI, L.; NEIVA, E.; MATOS, C. A. S.; ELIAS, M. Domiciliação do *Rhodnius neglectus* Lent, 1954, no Estado de Goiás, Brasil. In: REUNIÃO ANUAL DE PESQUISA BÁSICA EM DOENÇA DE CHAGAS, X. *Anais...* Caxambu, 1983.

55. FERNANDES, A. A caatinga e sua flora. In: MONTEIRO, S.; KAZ, L. *Caatinga:* sertão, sertanejos. [S. L.]: Ed. Alumbramento, p. 169-176, 1994-1995.

56. ALENCAR, J. E.; SANTOS, A. R.; BEZERRA, O. F.; SARAIVA, T. M. Distribuição geográfica dos principais vetores de endemias no Estado do Ceará. I - Triatomíneos. *Rev. Soc. Bras. Med. Trop.,* 10, p. 261-284, 1976.

57. SOUZA, L. C.; FROTA, F. C. C.; SOUZA, J. A.; ZUZA, C. A. S.; LIMA, J. W. Descrição de um foco urbano de *Triatoma pseudomaculata* (Hemiptera: Reduviidae: Triatominae), na cidade de Sobral, norte do Ceará. Resultados preliminares. *Rev. Soc. Bras. Med. Trop.,* 32 (Suplemento I), p. 84-85, 1999.

58. DUJARDIN, J. P. Population genetics and the natural history of domestication in Triatominae. *Mem. Inst. Oswaldo Cruz,* 93 (Suppl. II), p. 34-36, 1998.

59. LIMA, A. G. D.; MENEZES, D.; SHERLOCK, I.; NOIREAU, F. Wild habitat and related fauna of *Panstrongylus lutzi* (Reduviidae: Triatominae). *J. Med. Ent.,* 40, p. 989-990, 2003.

60. GARCIA, M. H. H. M.; SOUZA, L.; SOUZA, R. C. M.; PAULA, A. S.; BORGES, E. C.; BARBOSA, S. E.; SCHOFIELD, C. J.; DIOTAIUTI, L. Occurence and variability of *Panstrongylus lutzi* in the State of Ceará, Brazil. *Rev. Soc. Bras. Med. Trop.,* 38, p. 410-415, 2005.

61. COURA, J. R.; JUNQUEIRA, A. C. V.; BOIA, M. N.; FERNANDES, O. Chagas disease: from busch to huuts and houses. Is it the case of Brazilian Amazon? *Mem. Inst. Oswaldo Cruz,* 94 (Suppl. I), p. 379-384, 1999.

62. COURA, J. R.; BARRETT, T.; ARBOLEDA, N. M. Ataque de populações humanas por triatomíneos silvestres no Amazonas: uma nova forma de transmissão da infecção chagásica? *Rev. Soc. Bras. Med. Trop.,* 27, p. 251-253, 1994.

63. LENT, H.; WYGODZINSKY, P. Revision of the triatominae (Hemiptera, Reduviidae) and their significance as vectors of Chagas disease. *Bull. Am. Mus. Nat. Hist.,* 163, p. 125-520, 1979.

64. SCHOFIELD, C. J.; DUJARDIN, J. P. Theories on the evolution of *Rhodnius. Actual Biol.,* 21, p. 183-197, 1999.

65. GAMBOA, J. Dispersión de *Rhodnius prolixus* em Venezuela. *Bol. Inform. Dir. Malariol San. Amb.,* 3, p. 262-273, 1962.

66. MONTEIRO, F. A.; BARRETT, T. V.; FITZPATRICK, S.; CORDON-ROSALES, C.; FELICIANGELI, D.; BEARD, C. B. Molecular phylogeography of the Amazonian Chagas disease vectors *Rhodnius prolixus* and *R. robustus. Mol. Ecol.,* 12, p. 997-1006, 2003.

67. SCHILMAN, P. E.; LAZZARI, C. R. Temperature preference in *Rhodnius prolixus,* effects and possible consequences. *Acta Trop.,* 90, p. 115-122, 2004.

68. ZELEDÓN, R. El *Triatoma dimidiata (Latreille, 1811) y su relación com la enfermedad de Chagas.* San José, Costa Rica: Editorial Universidad Estatal a Distancia. 1981. 146 p.

69. PRATA, A.; SILVEIRA, A. C.; DIAS, J. C. P.; DIOTAIUTI, L.; WANDERLEY, D. M. V.; GORLA, D. E.; LAZZARI, C. R.; ZERBA, E. M.; ANTUNES, C. M. F.; PORTO, F. A.; AZEREDO, B. V. M.; BENITEZ, J. A. B.; GOMES, R. S.; VALENTE, A. S.; ACIOLI, R. V.; CARVALHO, J. L.; SEGOVIA, M. A. Estratégias para vigilância epidemiológica da doença de Chagas na perspectiva da descentralização das ações. *Rev. Soc. Bras. Med. Trop.,* 33, p. 118-120, 2000.

70. CEDILLOS, R.; SOUZA, O.; ZELEDÓN, R. Cap. XXVIII – América Central. In: CARCAVALLO, R. U.; RABINOVICH, J.; TONN, R. J. *Centro Panamericano de Ecología Humana y Salud, OPS.* Servicio Nacional de Chagas, Ministério de Salud y Acción Social, Republica Argentina, 1985. p. 339-343.

71. CHRISTENSEN, H. A.; DE VASQUEZ, A. M. Host feeding profiles of *Rhodnius pallescens* (Hemiptera: Reduviidae) in rural villages of Central Panama. *Am. J. Trop. Med. Hyg.,* 30, p. 278-283, 1981.

72. BELTRÁN, F.; CARCAVALLO, R. U. Cap. XXXVII – Mexico. In: CARCAVALLO, R. U.; RABINOVICH, J.; TONN, R. J. *Centro Panamericano de Ecología Humana y Salud, OPS.* Servicio Nacional de Chagas, Ministério de Salud y Acción Social, Republica Argentina, 1985. p. 437-442.

CAPÍTULO 17

O controle da tripanossomíase americana requer vigilância ecológica e social da emergência do risco

Christine A. Romaña

Outros tempos, outras formas de vida; outras formas de vida, outras doenças.[1a]

No século XX, diferentes iniciativas nacionais e internacionais na América Latina implementaram programas intensivos de prevenção e controle da tripanossomíase americana ou doença de Chagas na sua forma zoonótica que continuam ainda sendo desenvolvidos. A finalidade é interromper o ciclo domiciliado da infecção com a eliminação dos triatomíneos responsáveis pela transmissão do parasito *Trypanosoma cruzi* no espaço doméstico ou peridoméstico e a redução e a eliminação da transmissão por transfusão sangüínea. Esses programas foram, em geral e segundo os países, bem-sucedidos, mas na fase de vigilância verificou-se um potencial invasor de espécies de triatomíneos até lá consideradas silvestres ou nativas no espaço domiciliar. No fim do século XX e no começo do XXI, equipes de cientistas vêm também descrevendo, em diferentes países latino-americanos, novas formas de contaminação associadas à presença do inseto infectado nas habitações ou nos alimentos, sem colonização das dependências humanas. A doença começa a emergir, assim, em áreas não declaradas endêmicas, como na Região Amazônica. Entre as causas diretas e indiretas desses fenômenos, é possível ressaltar as dinâmicas sociais de ocupação do solo responsáveis, sobretudo, pelas transformações das paisagens e, conseqüentemente, dos sistemas epidemiológicos. Manter e ampliar uma ação de vigilância permanente e integrada aos serviços, na ausência de transmissão, é o maior desafio para a prevenção da doença no momento, pois o trato que requer um problema do tipo ecológico, sistêmico e complexo como é a doença de Chagas exige a adoção de soluções globais e ecologicamente válidas para que os resultados sejam permanentes ou sustentáveis. Se no século XX tratava-se de controlar uma zoonose instalada nas dependências humanas, hoje em dia trata-se de identificar, caracterizar e gerar um risco sanitário com base em uma enzootia que circula no meio ambiente. As estratégias adaptativas, de evolução rápida, dos componentes do sistema epidemiológico da tripanossomíase americana necessitam ser então caracterizadas, analisadas e acompanhadas no tempo e no espaço com implementação de redes de observação dos impactos da predação do homem sobre a vegetação e o ambiente.

Introdução

As paisagens são as heranças de processos muito antigos, responsáveis, sobretudo, pela compartimentação geral da topografia durante dezenas de milhões de anos, remodelados por processos de atuação no quaternário no mesozóico e no cretáceo. Esse universo paisagístico flutuante[1] fora também profundamente influenciado pelos agrupamentos humanos e suas atividades; as paisagens que se reconhecem na estrutura atual da superfície terrestre são muito próximas daquelas dos últimos 10 mil anos.

Se alguns as descrevem como simples espaços territoriais, em realidade o mundo atual herdara paisagens associadas às ecologias pelas quais todos têm uma parcela de responsabilidade: desde as instituições políticas dos governos até o mais simples colono ou cientista no sentido de uma busca de modelos que valorizem o desenvolvimento sustentável, a preservação dos recursos naturais e, conseqüentemente, a saúde para as novas gerações.[1]

A doença de Chagas é a condição clínica resultante da infecção com o *Trypanosoma cruzi*. A infecção é transmitida pelos triatomíneos hematófagos (Hemiptera: Triatominae) que contaminam o local da picada durante o repasto de sangue em hospedeiros mamíferos. Mais de 1.150 espécies de mamíferos são permissivos ao *T. cruzi*. A Chagas é, pois, uma doença compondo a paisagem resultante das interações do homem com o meio ambiente.[3] Os triatomíneos constituem a principal modalidade de contaminação (80% dos casos). As contaminações por via sangüínea e pela transmissão oral (transfusão, contaminação materno-infantil, transplantes, acidentes de laboratório) constituem os 20% restantes. Na grande maioria dos casos, os humanos são contaminados por insetos domiciliados nas habitações ou nos espaços peridomésticos. Além dessas modalidades intra e peridomiciliares, e de maneira mais secundária, a transmissão pode se dar também na ocasião de deslocamentos dos homens nos biótopos naturais dos triatomíneos silvestres. Um exemplo interessante disso é o caso dos piaçabais formados de palmeiras da espécie *Leopoldinia piassaba* na região do rio Negro, na Amazônia, onde o ataque às populações humanas ou a invasão das moradias pelo triatomíneo *Rhodnius brethesi* foi descrito.[4,5,6]

Não obstante, no fim do século XX e no começo do XXI, equipes de cientistas vêm descrevendo, em diferentes países, como México, Colômbia, Guiana Francesa, Brasil ou Panamá, novas formas de contaminação associadas à presença do inseto infectado pelo *T. cruzi* nas habitações ou nos alimentos, sem colonização das dependências humanas.[7,8,9,10,11] A doença começa a emergir assim em áreas não declaradas endêmicas, como na Região Amazônica.[12,13,14,15,16] Entre as causas diretas e indiretas desses fenômenos, é possível ressaltar o desmatamento para implantações de agropecuária extensiva ou monocultivos, de sistemas agrícolas fundamentados num alto ou médio grau de manejos (agrotóxicos e irrigação). A colonização agrária espontânea ou induzida, a exploração madeireira, a garimpagem, as grandes infraestruturas regionais ou nacionais (estradas, canais, barragens), as migrações de populações, os fenômenos de urbanização fazem parte também hoje desses processos ecossociais.[3]

Essas dinâmicas de origem regional ou nacional levam à constituição de novos mosaicos de paisagem, em geral mais fragmentados que as unidades anteriores.[3] Novos biótopos, nichos ecológicos, surgem ou se ampliam, por exemplo, nos ecótonos. As redes tróficas são alteradas e reconfiguram-se obedecendo às novas modalidades. As regras sociais de circulação no espaço e de uso dos recursos naturais também são readaptadas aos novos contextos. O atual contexto de transformações dos ecossistemas latino-americanos leva a interrogar-se sobre os sistemas de prevenção e de controle das doenças infecciosas e parasitárias em geral, e em particular no caso da doença de Chagas, como hoje se deveria afrontar o risco de sua emergência ou reemergência.

O desafio atual para os serviços de saúde

O risco em saúde pública é definido como "todos os eventos indesejáveis que possam afetar a saúde dos indivíduos, grupos ou populações a partir de comportamentos, atividades humanas e situações".[17] Com a recente emergência de doenças infecciosas, como Aids, hantaviroses, ou ainda a exposição a agentes químicos nocivos, como o amianto, o mercúrio, o radon ou diversos inseticidas, a opinião pública ficou sensibilizada à noção de risco e demonstrou a capacidade de se mobilizar para exigir a intervenção dos responsáveis nos diversos setores envolvidos. Porém, no que se refere às doenças tropicais transmitidas por vetores, há pouco diálogo entre as populações envolvidas que percebem pouco ou nada os riscos sanitários sem exigir uma resposta adequada dos poderes públicos.[17] Atualmente, o risco sanitário é um fenômeno dinâmico associado às alterações climáticas e a modelos geográficos que implicam, por exemplo, variações topográficas ou ecológicas.[18]

O desafio para os serviços de saúde, em particular nos países em desenvolvimento, é o de descobrir antecipadamente esses riscos, considerando os efeitos não uniformes do ambiente físico no espaço e no tempo associados à diversidade sociocultural. Nesse contexto geográfico, social e econômico diante de fenômenos como o desmatamento, o crescimento urbano ou as mudanças climáticas globais, a análise do risco para a tripanossomíase americana deve estimular a construção de modelos de prognóstico. No entanto, a contextualização do objeto de estudo num espaço definido, com seus componentes bióticos e abióticos e seus processos de transformação, ocorre em várias escalas de tempo; o homem que ocupa e forja representações desse espaço e dos acontecimentos que nele ocorrem dá aos programas de controle e de vigilância um enfoque ecológico, principalmente de ecologia da paisagem aplicada à saúde pública.

Nesse enfoque de tipo ecológico, o homem é considerado um dos elementos de um sistema que se desenvolve entre dinâmica social e meio ambiente. A análise ecológica do risco caracteriza-se então pela identificação da estrutura e do funcionamento desse sistema no meio ambiente.[3, 19, 20, 21] Na epidemiologia, parte-se da análise das populações humanas e de sua estrutura para avaliar suas condições sanitárias e de risco. Não obstante, o controle do risco faz-se não basicamente no nível da população ou do indivíduo, mas também dos ecossistemas. Não se trata então de incorporar a variável ambiental ao estudo epidemiológico, mas de ter no ambiente o suporte dos fenômenos, o palco das interações entre as sociedades e os meios.

A iniciativa do Cone Sul e o controle da doença de Chagas

A doença de Chagas foi controlada até hoje com uma abordagem de tipo epidemiológico. No século XX, o Brasil, a Argentina, a Bolívia, o Chile, o Paraguai e o Uruguai fazem parte da iniciativa dos países do Cone Sul desde 1991 para implementar programas intensivos de prevenção e controle da doença na sua forma zoonótica, programas que continuam ainda sendo desenvolvidos.[22] A finalidade é interromper o ciclo domiciliado da infecção pelo *Triatoma infestans*, principal espécie responsável pela transmissão da doença no espaço doméstico ou peridoméstico, a redução da infestação domiciliar de outras espécies de triatomíneos presentes nas áreas ocupadas pelo *T. infestans* e, finalmente, a eliminação da transmissão por transfusão sangüínea.[23, 24, 25] O que justificava uma abordagem comum a todos os países para controle da transmissão da doença era que *T. infestans* constituía a principal espécie vetor domiciliada em quase toda a sub-região do Cone Sul.

Nessa história do controle vetorial de Chagas no Cone Sul, descrevem-se três períodos bem distintos:[25]

- 1950-1970: etapa considerada de controle irregular, com cobertura limitada e assistemática e com resultados pouco conseqüentes. Nesse período, o *T. infestans* continua sua expansão nos países do Cone Sul fora de seu nicho de origem na Bolívia, incrementando a transmissão domiciliar do parasito.
- 1970-1990: o controle é regular, com maior cobertura e um incremento da sistematização das ações baseadas em indicadores entomológicos e imunológicos. Os resultados mostraram no caso de alguns países importante redução nos níveis de transmissão.
- 1991-2006: o controle continua regular e sistematizado, com uma clara integração sub-regional.[25, 26, 27, 28] O programa consolida os resultados adquiridos no âmbito nacional. Considera-se hoje que a incidência da doença caiu de 70% no conjunto das áreas endêmicas. Entre 1997 e 2000, Uruguai, Chile e 10 dos 12 estados brasileiros endêmicos foram declarados livres da transmissão vetorial e transfusional da doença de Chagas.[29, 30] No caso da interrupção da transmissão

transfusional de *T. cruzi*, o terceiro e último objetivo do Programa do Cone Sul, a meta foi atingida em todos os países com uma cobertura próxima de 100%, à exceção da Bolívia.[25]

Como existiam várias limitantes desde o ponto de vista epidemiológico, o controle era possível principalmente pela intervenção direta, em grande escala, sobre as populações domiciliadas de triatomíneos por meio do tratamento químico das habitações infestadas. Esse fato deu início a uma longa discussão, que ainda agora não está concluída, sobre os inseticidas, o risco de poluição ambiental, sua eficácia transitória, o alto custo de compra e as possibilidades de aplicações de outro tipo de inseticida, como os bioinseticidas.[25, 31]

Não obstante, avalia-se que as operações foram, em geral e segundo os países, bem-sucedidas nas áreas endêmicas com respeito ao vetor *T. infestans*, mas na fase de vigilância apontou-se para um potencial invasor no espaço domiciliar de espécies de triatomíneos até lá consideradas silvestres ou nativas.[25, 32, 33] Das 137 espécies de triatomíneos hoje descritas,[34] quase trinta parecem ter um potencial invasivo para as habitações humanas, particularmente espécies como *T. brasiliensis*, *T. pseudomaculata*, *T. sordida* ou *R. neglectus*. Essas espécies são chamadas de "espécies secundárias" ou de "candidatos vetores" dependendo da extensão de sua distribuição, do avanço do processo de domiciliação e de sua capacidade de transmissão do *T. cruzi*.[35] Independentemente do seu *status* atual, todas devem ser levadas em conta no âmbito de operações de vigilância, já que se constata hoje uma aceleração do processo de domiciliação de várias dessas espécies silvestres.[25]

Em 1997 e 1998, foram aprovadas novas iniciativas similares nas regiões do Pacto Andino e da América Central e Caribe.[25, 36, 37]

Na atual situação em que a magnitude do problema foi grandemente reduzida, sobretudo pelo controle de *T. infestans*, *T. dimidiata* e *Rhodnius prolixus*, em função da sua pouca expressão clínica na fase aguda, da evolução crônica e dos grupos populacionais afetados ou sob risco, diante da pouca ou nenhuma capacidade de reivindicação das populações envolvidas e da ocorrência de outras enfermidades de caráter agudo e transmissão epidêmica, como dengue e hantavirus, a doença de Chagas tende a receber menor prioridade. A análise dos fatos sugere que os resultados alcançados e todo o investimento feito podem ser comprometidos.

Manter e ampliar uma ação de vigilância permanente e integrada aos serviços, na ausência de transmissão, é o maior desafio para a prevenção e o controle da doença no momento, pois o trato que requer um problema de tipo ecológico, sistêmico e complexo como é a doença de Chagas exige a adoção de soluções globais ecologicamente válidas, para que os resultados sejam permanentes ou sustentáveis. É óbvio que atualmente se vive uma etapa diferente na história do controle da doença. Se no século XX tratava-se de controlar uma zoonose instalada nas dependências humanas, hoje em dia se trata de identificar, caracterizar e gerar um risco sanitário a partir de uma enzootia que circula no meio ambiente.

Abordagem ecoepidemiológica do problema

Assim, desde um ponto de vista ecoepidemiológico e baseado nas teorias de Beklemishev[38] e de Rioux et al.,[39] considera-se um foco de tripanossomíase americana um sistema complexo de populações que interagem: agentes patogênicos, insetos vetores, hospedeiros vertebrados ou reservatórios de *T. cruzi*. Esse conjunto de organismos que participam da expressão de uma doença num instante dado e num contexto geográfico definido constitui um sistema epidemiológico, considerado como um caso particular num sistema ecológico. A interdependência dos elementos bióticos desses sistemas (agente patogênico, reservatório humano ou animal) confere-lhes propriedades definidas de estrutura e de estabilidade. As interconexões presentes são de tipo co-adaptativo e, portanto são mantidas por processos de co-evolução. O funcionamento do conjunto (com a circulação do agente patogênico de um hóspede para outro) depende de fatores endógenos e exógenos.

Indicadores ecológicos e cartografia do risco: o modelo no Panamá

É possível então reconhecer dois tipos principais de sistemas na doença de Chagas, os focos naturais e os sinantrópicos, interativos e, ao mesmo tempo, autônomos (*self-supporting*).[40] Os focos naturais ocupam espaços particulares na paisagem, e seus limites podem ser determinados pela biogeografia dos biótopos dos insetos vetores. Por exemplo, no Panamá e na Colômbia, um foco natural de tripanossomíase americana é representado por um sistema predominante de populações selvagens de *T. cruzi*, de *R. pallescens* e de hospedeiros e reservatórios vertebrados; todos esses elementos coexistem nas palmeiras da espécie *A. butyracea* [41] (Figura 17.1).

Em realidade, entre as diferentes espécies de Rhodnius, *R. nasutus, R. neglectus, R. pallescens, R. robustus* e *R. pictipes* estão estreitamente associadas as palmeiras do gênero

Figura 17.1 *Attalea butyracea*, palmeira do gênero Attalea, principal biótopo do triatomíneo *Rhodnius pallescens* vetor do parasito *Trypanosoma cruzi* e indicador ecológico do risco de transmissão da tripanossomíase americana na região metropolitana central de Panamá
Fonte: D. Brunstein, CNRS

Attalea,[42] e é possível considerar as espécies como indicadores ecológicos de um risco epidemiológico para a tripanossomíase americana. A cartografia de sua distribuição (e de suas dinâmicas populacionais) constitui assim o elemento de definição dos espaços de risco para a presença dos insetos e para a transmissão do *T. cruzi*.[43] No Panamá, por exemplo, *A. butyracea* está presente nas áreas rurais e urbanas da depressão central do país, áreas onde moram 2/3 da população total do país[44, 45, 46, 47] (Figuras 17.2, 17.3 e 17.4). Nessa área, concentram-se numerosos casos clínicos da doença, com alta prevalência entre cães e crianças menores de 15 anos.[48, 49, 50, 51, 52, 53]

Figura 17.2 Fenômenos de frentes pioneiras na periferia oeste da cidade de Panamá. Urbanização invasora da floresta tropical úmida da bacia hidrográfica do Canal de Panamá. Introdução do risco de transmissão no interior da urbanização por intermédio da palmeira *Attalea butyracea*, principal biótopo do triatomíneo *Rhodnius pallescens*
Fonte: J. F. Cornu, CNRS

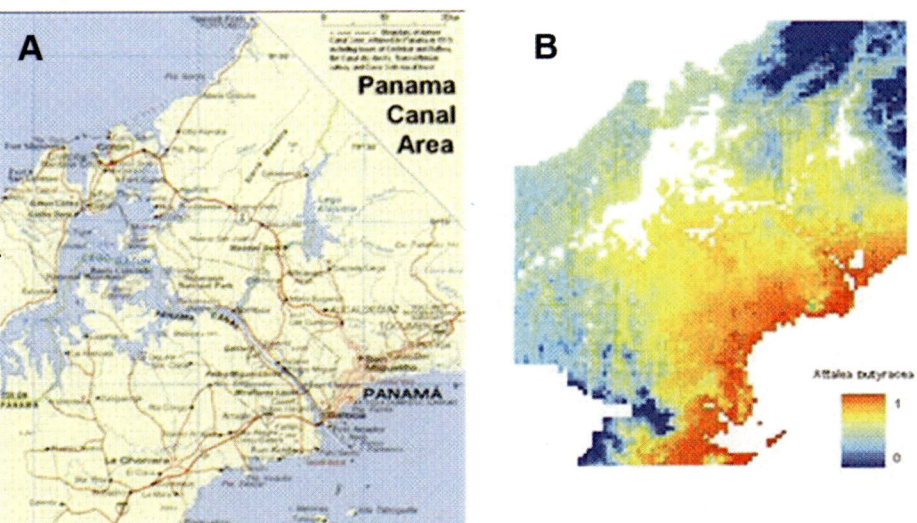

Figura 17.3 Biogeografia de *Attalea butyracea* na região metropolitana central de Panamá e cartografia da área de risco de transmissão da tripanossomíase americana para as populações humanas. A) Cartografia da região central de Panamá. B) Modelo regional de distribuição espacial da palmeira *A. butyracea* baseado em uma regressão logística binária simples. Determina a probabilidade de observação da palmeira a partir da altimetria (SRTM) e da pluviometria[62]
Fonte: www.boyds.org/canal.htm

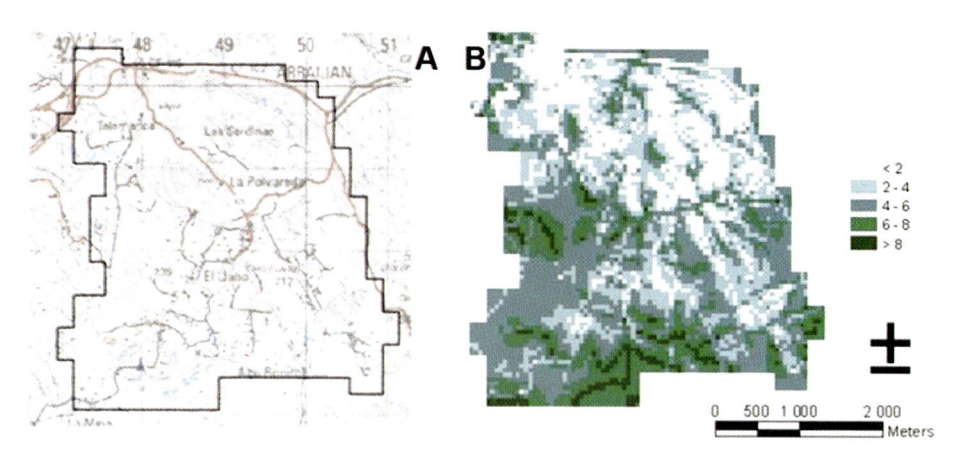

Figura 17.4 Cartografia da área de risco de transmissão da tripanossomíase americana na cidade de Arraiján, na periferia oeste da capital de Panamá. A) Cartografia da cidade de Arraiján (Instituto de Geografia Nacional Tommy Guardia, 1999). B) Modelo local probabilístico de presença da palmeira *Attalea butyracea* na cidade de Arraiján baseado numa regressão logística ordinal de tipo cumulativo *odd ratio*, que determina a probabilidade de observação de classes ordenadas da palmeira em quadrantes de 0,50 hectares com base em dados de tipo ordenamento territorial[43]

Fonte: Romaña et al., *Trans. R. Soc. Trop. Med. Hyg.*, 1999

Considerando que toda vida é uma adaptação ou, em outras palavras, é uma adequação individual ou populacional a fatores mesológicos determinantes,[42] deve-se dar ênfase aos elementos do meio ambiente para caracterizar um risco a partir de indicadores ambientais e integrar a dimensão ecológica numa abordagem epidemiológica aplicada ao controle da doença.

O método ecoepidemiológico com três enfoques, espacial, estacional e populacional, permite caracterizá-los com a finalidade de estabelecer mapas nosológicos a partir de uma ou mais variáveis significativas da presença de risco.[19, 21] De caráter holístico, esse tipo de abordagem permite definir modelos de interações insetos vetores–unidades de paisagem e estratégias realistas e eficazes de luta, prevenção e vigilância baseadas sobre o conceito de antropossistema de risco (Figura 17.5). Um dos pontos-chave desse tipo de abordagem é que a paisagem ultrapassa a noção de ecossistema (reconhecida como uma biocenose homogênea num biótopo homogêneo) e permite observar a homogeneidade e a heterogeneidade do espaço de risco e as escalas pertinentes de análise e de atuação no atual contexto de definição de políticas ambientais sustentáveis.

O uso dos sistemas de informações geográficas (SIG) e de modelos de redes sociais nas comunidades, apesar de serem técnicas bem conhecidas, são instrumentos ainda pouco utilizados nos países latino-americanos. O SIG leva em consideração a diversidade dos aspectos ecológicos e humanos ligados à transmissão das doenças e a definição de áreas de risco nos diferentes ecossistemas ou biomas. Inclui bases de

Christine A. Romaña

dados atualizados, espaciais e temporais, que podem conter as localizações geográficas, os aspectos bióticos e abióticos do meio ambiente, os registros clínicos, entomológicos, imunológicos, demográficos, etc. (Figuras 17.6A e 17.6B). Os modelos de redes permitem reconhecer os atores sociais e seus papéis na comunicação das informações.[54]

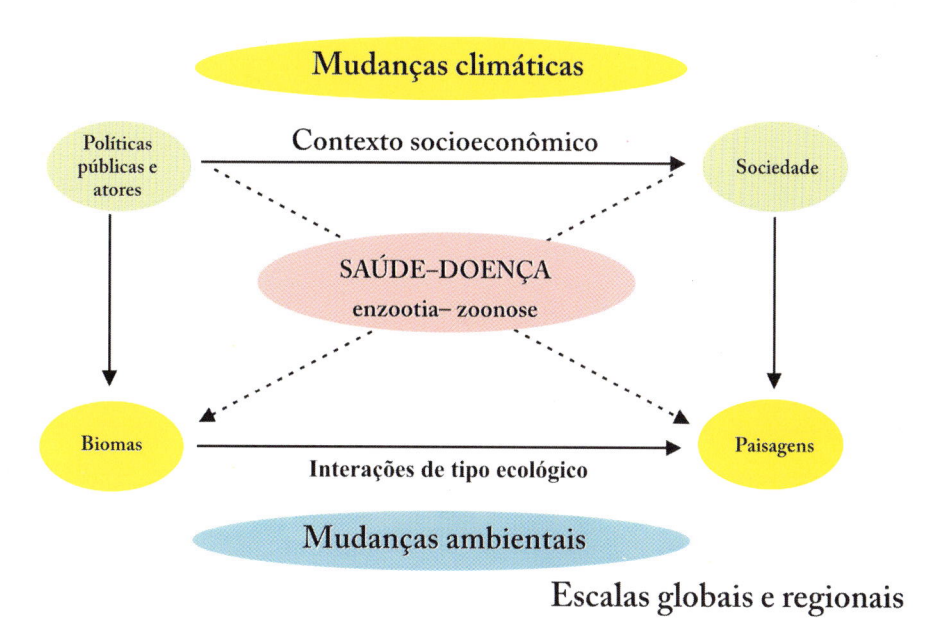

Figura 17.5 Esquema mostrando os elementos constitutivos de um antropoecossistema de risco de emergência da tripanossomíase americana associada às interações entre palmeiras do gênero Attalea e espécies de triatomíneos do gênero Rhodnius em ecossistemas de floresta tropical úmida

Fonte: arquivo da dra. Christine Romaña

Ações antrópicas, mudanças da paisagem e doença na Amazônia

No caso do macrodomínio de florestas úmidas tropicais como é a Amazônia, cinturão de máxima diversidade biológica do planeta e de máxima diversidade de populações de parasitos, insetos e vertebrados, o modelo de prevenção e de controle da doença de Chagas, útil nos macrodomínios de florestas secas tropicais onde os triatomíneos estão domiciliados, é inadaptável. A Amazônia é um bioma complexo, onde se encontram aproximadamente 25 espécies de triatomíneos silvestres, todas consideradas potencialmente vetoras do *T. cruzi* que invadem as habitações humanas, contaminam alimentos ou atacam as pessoas que trabalham e dormem no meio da floresta.[55] Certas populações de triatomíneos já estão adaptadas aos ecótopos naturais, mas são exceções *T. maculata*, *Panstrongylus geniculatus*, *P. herreri* e *R. stali*. Em realidade, são espécies associadas freqüentemente aos meios abertos, como as savanas naturais ou

Figura 17.6A Cartografia do risco de transmissão da tripanossomíase americana na Amazônia oriental brasileira. Imagem de satélite de áreas desflorestadas na região amazônica em 2004
Fonte: Inpe

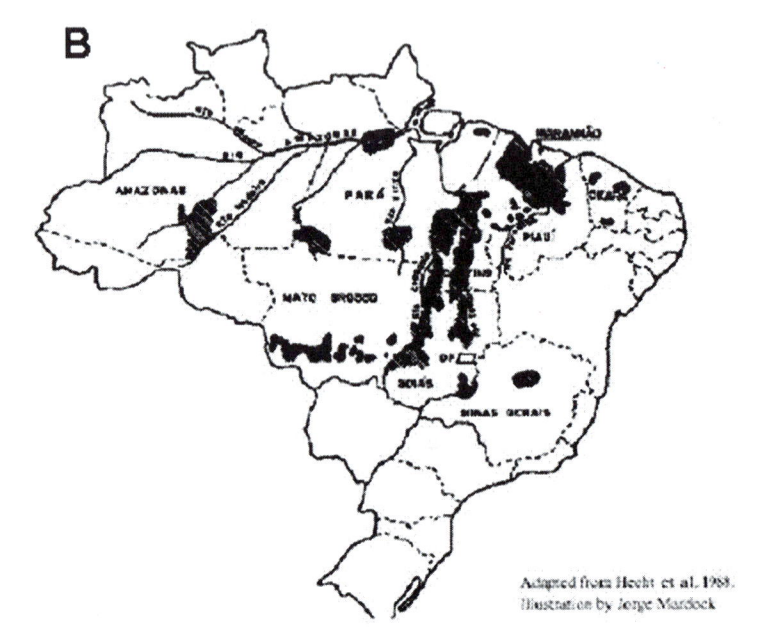

Figura 17.6B Superposição das áreas desflorestadas tomadas por satélite. Desenho da distribuição espacial de *Attalea speciosa* (babaçu) na Região Amazônica

após desflorestação, e se assemelham no comportamento às espécies de triatomíneos domiciliados das florestas secas da América Latina. A prevalência da infecção na Amazônia é aproximadamente de 1% a 5% segundo as áreas.[55] As microepidemias familiares estão associadas ao consumo de alimentos contaminados, e o número de casos agudos faz pensar que a transmissão vetorial deve ser importante.

Mas a Amazônia é sede de rápidas transformações do meio ambiente em relação com as atividades produtivas (agricultura, extrativismo, etc.) e com o uso dos recursos naturais.[56, 57] Em particular, os desmatamentos avançam nas fronteiras agrícolas da Amazônia oriental e são poucos os elementos indicadores dos impactos desses processos sobre a doença de Chagas. Esse aspecto é particularmente importante, pois diversas espécies de palmeiras do gênero Attalea, consideradas invasoras das áreas antropizadas são biótopos preferenciais para os triatomíneos do gênero Rhodnius. Nessas regiões, as relações palmeiras–Rhodnius é um elemento de peso na implementação de novas formas de avaliação e gestão do risco para a doença, em particular nas áreas das periferias urbanas da Amazônia oriental (Figura 17.7). No Brasil, por exemplo, palmeiras *A. speciosa* (babaçu) cobrem extensas superfícies da região periamazônica

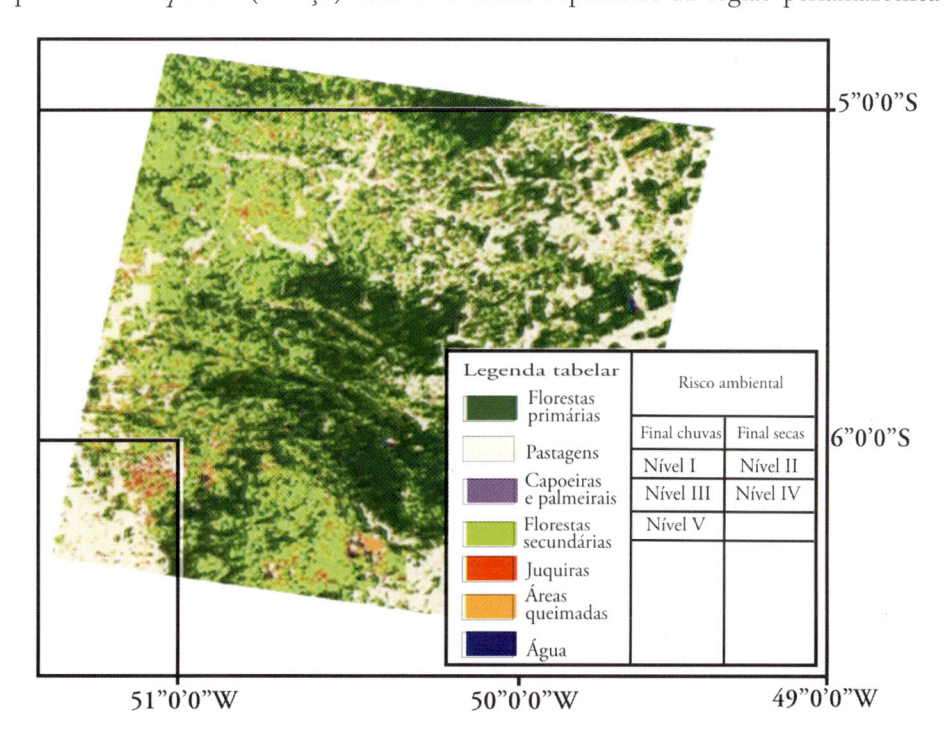

Figura 17.7 Representação gráfica da espacialização do risco ambiental para a tripanossomíase americana baseada na heterogeneidade das densidades totais de palmeiras *Attalea speciosa* segundo as atividades antrópicas em uma frente pioneira de desmatamento no município de Itupiranga, Estado do Pará.[55] O modelo determina os níveis de risco espaço-temporal em diferentes unidades da paisagem representadas na imagem. Área coberta: 32.400 km²
Fonte: satélite Landsat 7 Sensor ETM-09/07/2001, via 224, esteira 24

e são o principal elemento florístico dos 200.000 km^2 da "zona dos cocais" localizada em regiões dos Estados do Maranhão e do Piauí, cuja economia regional é em grande parte fundamentada sobre a exploração dessa espécie. Estudos recentes apontam para uma relação entre estratégias adaptativas e comportamentos demográficos da palmeira *Attalea* com a espécie *R. robustus* em áreas de recente desflorestação[58] (Figura 17.7). Essas palmeiras, originalmente pertencentes ao sistema florestal da região, são estimuladas pelas dinâmicas sociais de ocupação do solo, resistem aos impactos moderados da agricultura familiar e podem, em função dos modos de gestão das terras, transformarem-se em espécies invasoras e formar florestas secundárias monoespecíficas após trinta anos.[59] Esse fenômeno, que vem ocorrendo nos países da Bacia Amazônica (Equador, Colômbia, Venezuela, Bolívia, Peru e Guianas), parece ocorrer, também, em países da América Central.

Modelos territoriais de estimativa do risco

Nesse contexto surge um grande desafio: como dar conta da complexidade ambiental das diversas situações locais que permeiam e medeiam as ações e as intervenções no campo da saúde, do meio ambiente, das políticas públicas e do desenvolvimento socioeconômico? É óbvio que as estratégias adaptativas, de evolução rápida, dos componentes do sistema epidemiológico da tripanossomíase americana necessitam não só ser caracterizadas, analisadas, mas fundamentalmente ser acompanhadas no tempo e no espaço com implementação de redes de observação dos impactos antrópicos sobre o ambiente. O objetivo dessas redes seria a identificação dos parâmetros que levem em conta os fatores humanos, a construção da paisagem e os dados epidemiológicos com a finalidade de conceber modelos territoriais de estimativa do risco.[60] Então, a partir daí seria possível criar uma plataforma comum de informações para negociação entre os diferentes atores sociais envolvidos (populações locais, instituições de saúde pública e de manejo do meio ambiente e pesquisadores de diversas disciplinas).[61] Porém esses elementos poderão ser corretamente interpretados e utilizados numa perspectiva de identificação do risco, se inseridos nos contextos cultural, socioeconômico, político e sanitário das populações locais envolvidas, levando em conta sua diversidade sociocultural e sua evolução histórica. As redes, que se encontram na interface das esferas da pesquisa científica e do político e social, tornam-se instrumentos de manejo do meio ambiente e de apoio à tomada de decisão política. Uma reflexão sobre a organização de um sistema de vigilância ecológica e social adaptado ao risco de transmissão da doença de Chagas na Amazônia deve ser hoje em dia uma meta a curto prazo.

A vigilância na saúde ambiental

No Brasil, instituições competentes como o Sistema Único de Saúde (SUS) do governo tentam fundamentar suas ações de vigilância privilegiando a idéia da geração de informações, tratando de elaborar outros tipos de planejamentos em áreas diferentes da epidemiológica ou da saúde do trabalhador. A vigilância na saúde ambiental compreende um conjunto de ações que proporciona conhecimento e detecção de qualquer mudança nos fatores do meio ambiente suscetíveis de interferir na saúde humana. Trata-se de uma nova área que começa a desenvolver-se no próprio setor da saúde pública e vem consolidar os enfoques sistêmicos sobre os processos saúde-doença.[62] Isso é fundamental no caso da tripanossomíase americana, em que a dificuldade de prognosticar uma situação de risco é real. Tal fato decorre de duas razões. A primeira refere-se à insuficiência de dados existentes sobre a situação da doença e temas correlacionados; daí a urgência de realizar trabalhos de pesquisa multidisciplinares a fim de que sejam encontradas soluções apropriadas e tomadas medidas eficazes no momento da implementação de projetos de desenvolvimento ou de políticas públicas. A segunda trata da necessidade de analisar as informações atuais sob uma ótica de novos paradigmas, permitindo valorizar o conhecimento vigente sobre as doenças tropicais. Isso implica a elaboração de modelos de estudo que considerem muitas doenças como expressões do desequilíbrio entre a relação homem–meio ambiente.

Interação meio ambiente e saúde

Muitos esforços teóricos vêm sendo empreendidos no sentido de buscar soluções para os problemas na área das interações meio ambiente e saúde, muitos debates promovidos sobre o paradigma da sustentabilidade e o desenvolvimento socioeconômico.[63] Tais características indicam uma revolução, uma transição de uma situação normal para uma "extraordinária" e provocam, além de mudanças paradigmáticas, rupturas estruturais.[64] "Quando a ciência muda com uma revolução, a percepção do cientista deve ser reeducada."[64] Para que isso aconteça, os cientistas precisam "reconhecer as anomalias e explorar intensamente o campo de estudo com novos olhares" e reconstruí-lo, modificando as teorias, os métodos e as aplicações.[65] Este capítulo demonstra que nosso envolvimento com a doença de Chagas no âmbito da sua complexidade socioambiental ainda não está concluído. Pelo contrário, está apenas iniciado. Novos caminhos de reflexão e de geração de conhecimentos deverão ser abertos para construir estratégias alternativas de vigilância e controle, integradas e participativas. Estamos diante de uma questão epistemológica[63] que tem como finalidade a assimilação de um novo objeto do conhecimento e a reintegração do saber, a qual visa dar sustentabilidade à vida.[63]

Abstract

National and international initiatives in Latin America implemented different intensive programs for the control and prevention of Chagas disease by the end of the twentieth century. Aimed at the control of the enzootic American Trypanosomiasis, these programs have been continuously developed. The ultimate goals are the interruption of the cycle of vector-borne infections by *Trypanosoma cruzi* in domestic and peri-domestic space and the elimination of blood transfusion-borne Chagas disease. Accordingly, some well succeeded field operations took place within each specific country. However, a second phase requiring entomological vigilance showed subsequent invasion of peri-domiciles by triatomine species that had been previously captured in the wild life only. By the end of the last century and beginning of XXIst, scientists working in the field described, in different Latin America countries, new forms of human contamination by *T. cruzi*. They are usually associated with the presence of *T. cruzi*-transmitter triatomines in households and/or in food stocks, without forming colonies in the human dwellings. Chagas disease has now emerged in areas that had been declared non-endemic, such as in the Amazon. Among direct and indirect causes, we can emphasize the importance of social dynamics of territory occupation. These occupations have introduced profound landscape modifications, which reflect into epidemiologic systems. Therefore it appears that maintaining and augmenting the epidemiologic vigilance integrated to health service programs today, in the absence of massive *T. cruzi* transmission, are an enormous challenge towards prevention of Chagas disease. Additionally, Chagas disease, as a systemic and complex ecologic problem, requires global solutions, which are ecologically valid and whose practices should be permanent or sustainable. If in the twentieth century the goal was to control the enzootics installed in human households, today the aim is the identification of a changing situation and characterization of a risk factor existing in the environment. Characterizing quick-changing space and temporal components of an ecologic system is essential for the development of new strategies to determine observation networks associating human predation impacts in the ecosystem and outbreaks of Chagas disease.

Notas bibliográficas

1a. NICOLLE, C. *Naissance, vie et mort des maladies infectieuses.* Paris, 1930.

1. AB'SÁBER, A. Os domínios da natureza no Brasil: potencialidades paisagísticas. São Paulo: Ateliê Editorial, 2002. 160 p.

2. CHAGAS, C. Nova tripanossomíase. Morfologia e ciclo de vida do *Schyzotrypanum cruzi*, agente de uma nova doença humana. *Memórias do Instituto Oswaldo Cruz,* 1, p. 159-218, 1909.

3. ROMAÑA, C. A.; EMPERAIRE, L.; JANSEN, A. M. Conceptual and methodological approaches for the study of the interactions between environment and health: the case *of the American trypanosomiasis. Cadernos de Saúde Pública,* 19, p. 945-953, 2003.

4. COURA, J. R.; JUNQUEIRA, A. C. V.; GIORDANO, C. M.; FUNATSU, I. R. K. Chagas disease in the Brazilian Amazon. I - A short review. *Revista do Instituto de Medicina Tropical de São Paulo,* 36, p. 363-368, 1994.

5. COURA, JR.; JUNQUEIRA, A. C. V.; BÓIA, M. N.; Fernandes O. Chagas disease: from Bush to Huts and Houses. Is it the case of the Brazilian Amazon? *Memórias do Instituto Oswaldo Cruz*, 94 (Supl. I), p. 379-384, 1999.

6. COURA, JR.; JUNQUEIRA, A. C. V.; FERNANDES, O.; VALENTE, S. A. S.; MILES, M. A. Emerging Chagas disease in Amazonian Brazil. *Trends in Parasitology*, 18, p. 171-176, 2002.

7. SHIKANAI-YASUDA, M. A.; BRISOLA MARCONDES, C.; GUEDES, L. A.; SIQUEIRA, G. S.; BARONI, A. A.; DIAS, J. C. P.; AMATO NETO, V.; TOLEZANO, J. E.; PERES, B. A.; ARRUDA JR., E. R.; LOPES, M. H.; SHIROMA, M.; CHAPADEIRO, E. Possible oral transmission of acute Chagas disease in Brazil. *Revista do Instituto de Medicina Tropical de São Paulo*, 33, p. 351-357, 1991.

8. VALENTE, S. A. S.; VALENTE, V. C.; FRAINHA NETO, H. Considerations on the epidemiology and transmission of Chagas disease in the Brazilian Amazon. *Memórias do Instituto Oswaldo Cruz*, 94 (Supl. I), p. 395-398, 1999.

9. WHO – World Health Organization. Control of Chagas disease. Second Report of the WHO Expert Committee. *WHO Technical Report Series*, 905, p. 1-109, 2002.

10. ROMAÑA, C. A.; BRUNSTEIN, D.; COLLIN-DELAVAUD, A.; SOUSA, O.; ORTEGA-BARRIA, E. Public policies of development in Latin America and Chagas disease. *Lancet*, 362, p. 579, 2003.

11. MINISTÉRIO DA SAÚDE, Secretaria de Vigilância em Saúde. *Doença de Chagas aguda relacionada à ingestão de caldo de cana em Santa Catarina*. Nota técnica, Brasília, 2005.

12. TEIXEIRA, A. R.; MONTEIRO, P. S.; REBELO, J. M.; ARGANARAZ, E. R.; VIEIRA, D.; LAURIA-PIRES, L.; NASCIMENTO, R. J.; VEXENAT, C. A.; SILVA, A. R.; AULT, S. K.; COSTA, J. M. Emerging Chagas disease: Trophic Network and Cycle of Transmission of *Trypanosoma cruzi* from Palm Trees in the Amazon. *Emerging Infectious Diseases*, 7, p. 100-112, 2001.

13. DIAS, J. C. P.; PRATA, A.; SCHOFIELD, C. J. Doença de Chagas na Amazônia: esboço da situação atual e perspectivas de prevenção. *Revista da Sociedade Brasileira de Medicina Tropical*, 35, p. 669-678, 2002.

14. GUHL, F.; SCHOFIELD, C. J (Ed.) *Proceedings of the ECLAT-AMCHA International Workshop on Chagas disease surveillance in the Amazon region, Palmari, Brazil*. Universidad de los Andes, Bogotá, Colombia, 2004. 174 p.

15. OPS – Organización Panamericana de la Salud. *International Meeting on surveillance and prevention of Chagas disease in the Amazon region, Manaus, Brazil, September 2004*. Documento OPS/DPC/CD/321/05, 2005. 16 p.

16. LUITGARDS-MOURA, J. F.; BORGES-PEREIRA, J.; COSTA, J.; LAGO ZAUZA, P.; ROSA-FREITAS, M. G. On the possibility of autochthonous Chagas disease in Roraima, Amazon region, Brazil, 2000-2001. *Revista do Instituto de Medicina Tropical de São Paulo*, 47, p. 45-54, 2000-2001.

17. CNRS (Centre National de la Recherche Scientifique). *Les risques sanitaires et leurs enjeux dans les démocraties pluralistes:* perception, evaluation et gestion. Quelles Recherches Développer? Paris: CNRS, 1998. 48 p.

18. WHO – World Health Organization. Climate change and human health: risks and responses. Summary. *World Health Organization*, Geneva, 2003. 37 p.

19. RIOUX, J. A.; DEREURE, J.; PERIERES, J. Approche écologique du risque épidémiologique. L'exemple des leishmanioses. *Bulletin d'Ecologie*, 21, p. 1-9, 1990.

20. DIAS DE AVILA-PIRES, F. *Princípios de ecologia médica*. Florianópolis: Editora da UFSC, 2000. 328 p.

21. ROMAÑA, C. A. Eco-épidémiologie. In: LECOURT, D. (Ed.). *Dictionnaire de la pensée médicale*. Paris: Presses Universitaires de France, 2004. p. 378-382.

22. PAHO – Pan American Health Organization. *Iniciativa del Cono Sur*. PAHO document number PNSP/92-18, rev. 1. Washington, 1993. 36 p.

23. DIAS, J. C. P.; SCHOFIELD, C. J. The evolution of Chagas disease (American trypanosomiasis). Control after 90 Years since Carlos Chagas discovery. *Memórias do Instituto Oswaldo Cruz*, 94, p. 103-121, 1999.

24. DIAS, J. C. P.; SILVEIRA, A. C.; SCHOFIELD, C. J. The impact of Chagas disease control in Latin America, a review. *Memórias do Instituto Oswaldo Cruz*, 16, p. 35-42, 2000.

25. SILVEIRA, A. C. O controle da doença de Chagas nos países do Cone Sul da América. *História de uma iniciativa internacional, 1991-2001.* Pan American Health Organization, 2002. p. 15-42.

26. SCHMUNIS, G. A.; ZICKER, F.; MONCAYO, A. Interruption of Chagas disease tranmission through vector elimination. *Lancet*, 248, p. 1171, 1996.

27. MONCAYO, A. Progress towards the elimination of transmission of Chagas disease in Latin America. *Wld Statist Quart*, 50, p. 195-197, 1997.

28. SILVEIRA, A. C. Situação do controle da transmissão vetorial da doença de Chagas nas Américas. *Cadernos de Saúde Pública*, 16, p. 35-42, 2000.

29. WHO – World Health Organization. Chagas disease. Elimination of transmission, Uruguay. *Weekly Epidemiological Record*, 59, p. 38-40, 1994.

30. WHO – World Health Organization. Chagas disease. Elimination of transmission, Chile. *Weekly Epidemiological Record*, 70, p. 13-16, 1995.

31. ROMAÑA, C. A. *Recherches sur les potentialités des Hyphomycètes entomopathogènes* (Fungi imperfecti) *dans la lutte microbiologique contre les* Triatominae (Heteroptera). Thèse de Doctorat, Université de Montpellier I, 1992. 134 p.

32. DIAS, J. C. P.; SIVEIRA, A. C.; SCHOFIELD, C. J. The impact of Chagas disease control in Latin America. *Memórias do Instituto Oswaldo Cruz*, 97, p. 603-612, 2002.

33. YAMAGATA, Y.; NAKAGAWA, J. Control of Chagas disease. *Advances in parasitology* (no prelo), 2005.

34. GALVÃO, C.; CARCAVALLO, R.; DA SILVA ROCHA, D.; JUBERG, J. A checklist of the current valid species of the subfamily Triatominae Jeannel, 1919 (Hemiptera: Reduviidae) and their geographical distribution, with nomenclatural and taxonomic notes. *Zootaxa,* 202, p. 1-36, 2003.

35. NOIREAU, F.; BOSSENO, M. F.; CARRASCO, R.; TELLERIA, J.; VARGAS, F.; CAMACHO, C.; YAKSIC, N.; BREBIÈRE, F. Sylvatic triatomines (Hemiptera: Reduviidae) in Bolivia. Trends towards domesticity and possible infection with *Trypanosoma cruzi* (Kinetoplastida: Trypanosomatidae). *Journal of Medical Entomology,* 32, p. 594-598, 1995.

36. GUHL, F.; VALLEJO, G. A. Interruption of Chagas dis0ease transmission in the Andean Countries. *Memórias do Instituto Oswaldo Cruz,* 94 (Suppl. I), p. 413-415, 1999.

37. WHO – World Health Organization. *Global Collaboration for Development of Pesticides for Public Health (GCDPP). Challenges of Chagas Disease Vector Control in Central America.* WHO/CDS/WHOPES/GCDPP/2000, 2000-2001. 36 p.

38. BEKLEMISHEV, V. N. Biobenologicheskiie osnovy sravnitel'noi parazitologii. *Nauka.* Moscow (in Russian), 1970.

39. RIOUX, A.; CROSET, H.; LANOTTE, G. Ecologie d'un foyer méditérranéen de leishmaniose viscérale. Essai de modélisation. Centre National de la Recherche Scientifique (Ed.). *Ecologie des leishmanioses,* 1977. p. 295-304.

40. LYSENKO, A. J.; LUBOVA, V. V. Epidemiology and geography of visceral leishmaniasis in USSR. Centre National de la Recherche Scientifique (Ed.). *Ecologie des leishmanioses,* 1977. p. 253-256.

41. PIZARRO, J. C.; ROMAÑA, C. A. Variación estacional de una población silvestre de Rhodnius pallescens Barber, 1932 (Heteroptera: Triatominae) en la Costa Caribe Colombiana. *Bulletin de l'Institut Français d'Etudes Andines,* 27, 2, p. 309-325, 1998.

42. HENDERSON, A.; GALEANO, G.; BERNAL, R. *Field Guide to the Palms of the Americas.* Princeton, New Jersey: Princeton University Press, 1995. p. 153-164.

43. ROMAÑA, C. A.; PIZARRO, J. C.; RODAS, E.; GUILBERT, E. Palm trees as ecological indicators of risk areas for Chagas disease. *Transactions of The Royal Society of Tropical Medecine and Hygiene,* 93, p. 594-595, 1999.

44. WHITLAW, J. T.; CHANIOTIS, B. N. Palm Trees and Chagas disease in Panamá. *American Journal of Tropical Medicine and Hygiene,* 27, p. 873-881. Caballero Z, 1978.

45. JABIN, D.; UREÑA, L.; CABALLERO, Z.; FATEHI, M.; ROMAÑA, C. A.; ORTEGA-BARRIA, E. The palm trees species *Attalea butyracea* as ecological indicators of risk areas for Chagas disease in Panama. In: ANNUAL MEETING OF THE AMERICAN SOCIETY OF TROPICAL MEDECINE AND HYGIENE. Denver, USA, 1p., 2002.

46. CORNU, J. F.; COLLIN-DELAVAUD, A.; BRUNSTEIN, D.; NAIZOT, T.; ORTEGA-BARRIA, E.; ROMAÑA, C. A. *Spatial distribution models of the*

principal biotope of Rhodnius pallescens – Attalea butyracea palm trees - in an urban environnement of Panama city. In: IX EUROPEAN MULTICOLLOQUIUM OF PARASITOLOGY. Valencia, Spain, 2004.

47. BRUNSTEIN, D.; GRANCHER, D.; NAIZOT, T. *Biogéographie du palmier Attalea butyracea.* Rapport technique, Programme Roverta-CNRS, non publié, Paris, 2006. 14 p.

48. SOUSA, O. Notes on Chagas disease in Panama: incidence and distribution of *Trypanosoma cruzi* and *Trypanosoma rangeli. Revista de Biología Tropica,* 20, 2, p. 167-169, 1972.

49. SAMUDIO, F.; JABIN, D.; CALZADA, J. E.; ROMAÑA, C. A.; ROMERO, L. I.; ORTEGA-BARRIA, E. Molecular characterization of *Trypanosoma cruzi* isolated from *Rhodnius pallescens* in Panama. In: ANNUAL MEETING OF THE *AMERICAN SOCIETY OF TROPICAL MEDECINE AND HYGIENE,* 51st. Denver, CO, USA, 1 p., 2002.

50. ARENAS, E. *Epidemiología de la enfermedad de Chagas en Panamá.* OPS/DPC/CD/273/03, 2002, Taller Técnico de Estudio sobre *Rhodnius pallescens,* su vigilancia y control, Panamá, 7 p., 2002.

51. BARAHONA DE MOSCA, I. Enfermedad de Chagas. *Informe de la Comisión Nacional para la Prevención y Control de la Enfermedad de Chagas.* OPS/DPC/CD/273/03 (2002). Taller Técnico de Estudio sobre *Rhodnius pallescens,* su vigilancia y control, Panamá, p. 4-7, 2002.

52. VASQUEZ, A. M.; SAMUDIO, F.; SALDAÑA, A.; PAZ, H. M.; CALZADA, J. E. Eco-epidemiological aspects of *Trypanosoma cruzi, Trypanosoma rangeli* and their vector (*Rhodnius pallescens*). Panamá. *Revista del Instituto de Medicina Tropical de São Paulo,* 46, p. 217-222, 2004.

53. SALDAÑA, A.; SAMUDIO, F.; MIRANDA, A.; HERRERA, L. M.; SAAVEDRA, S. P.; CÁCERES, L.; BAYARD, V.; CALZADA, J. E. Predominance of *Trypanosoma rangeli* infection in children from a Chagas disease endemic area in the west-shore of the Panama canal. *Memórias do Instituto Oswaldo Cruz,* 100, p. 729-731, 2005.

54. HAYTHORNTHWAITE, C. Building social networks via computer networks: creating and sustaining distributed learning communities. In: RENNINGER, K. A.; SHUMAR, W. *Building virtual communities:* learning and change in cyberspace. Cambridge, UK: Cambridge University Press, 2002. p. 159-190.

55. ABAD-FRANCH, F. Complejidad ecológica y enfermedad de Chagas en la Amazonia. In: 2ÈME REUNIÓN DE L'INICIATIVE INTERGOUVERNEMENTALE DE SURVEILLANCE ET PRÉVENTION DE LA MALADIE DE CHAGAS EN AMAZONIE. Cayenne, 2005. p. 19-31.

56. BECKER, B. K. *Amazônia*: geopolítica na virada do III milênio. Rio de Janeiro: Garamond Universitaria, 2004. 168 p.

57. THÉRY, H.; MELLO, N. A. *Atlas do Brasil*: disparidades e dinâmicas do território. São Paulo: Editora da Universidade de São Paulo, 2005. 312 p.

58. MEJÍA, G.; VULPE, G.; BAROT, S.; MITJA, D.; MIRANDA, I.; BRUNSTEIN, D.; CUBA-CUBA, C.; ROMAÑA, C. A. Landscape and estimation of the environmental risk for the American trypanosomiasis in the State of Pará, Brazil. In: EUROPEAN MULTICOLLOQUIUM OF PARASITOLOGY, IX .Valencia, Spain, 2004.

59. MITJA, D.; FERRRAZ, I. D. K. Establishment of Babassu in Pastures in Pará, Brazil. *Palms.*, 45, p. 138-147, 2001.

60. MEDRONHO, R. A. *Geoprocessamento e saúde: uma nova abordagem do espaço no processo saúde doença*. Rio de Janeiro: Fundação Oswaldo Cruz, 1995. 136 p.

61. ROMAÑA, C. A.; COLLIN-DELAVAUD, A. Las consecuencias contradictorias del desarrollo agrícola y urbano sobre la salud pública en la región metropolitana central de Panamá: el caso de la tripanosomosis Americana. In: CONGRÈS INTERNATIONAL DES AMÉRICANISTES, 52. Seville, 2006. 7 p.

62. NETTO, F. N.; FERREIRA CARNEIRO, F. Ministério da Saúde. Fundação Nacional de Saúde. Centro Nacional de Epidemiologia. Coordenação-Geral de Vigilância Ambiental. *Planejamento para 2003*. Brasília, 2002.

63. VENÂNCIO, A. F.; CARVALHO, L.; VIANNA, J. N.; ROMAÑA, C. A. *Contradições saúde–ambiente*: a importância socioeconômica do babaçu na Amazônia e os riscos epidemiológicos (no prelo), 2006.

64. KUHN, T. A. *Estrutura das revoluções científicas*. São Paulo: Perspectiva, 1990. p. 107-123.

65. LEFF, E. *Aventuras da epistemologia ambiental*: da articulação das ciências ao diálogo de saberes. Rio de Janeiro: Garamond, 2004. 85 p.

O controle da transmissão da doença de Chagas e a pesquisa sobre triatomíneos

Silene P. Lozzi
Teresa Cristina d'Assumpção

Na sua atividade, triatomíneos parecem seringas voadoras.

O controle da transmissão das infecções pelo *Trypanosoma cruzi* tem sido feito por meio de inseticidas. Há necessidade de desenvolver método eficiente de controle biológico da transmissão. Uma abordagem visando a esse objetivo consiste na identificação de alvos específicos no corpo do inseto transmissor do protozoário flagelado para o hospedeiro vertebrado, com possibilidade de inibir o repasto do inseto e, conseqüentemente, interferir no seu ciclo de vida. Dois alvos preferenciais têm sido usados para alcançar o objetivo. De um lado, a pesquisa concentra-se na busca de proteínas farmacologicamente ativas nas glândulas salivares dos triatomíneos. Do outro, ela tem-se focalizado nas proteases do inseto associadas com a digestão do sangue. Essas linhas de pesquisa têm revelado aspectos fundamentais sobre as aminas bioativas das glândulas salivares, tais como vasodilatadores, fatores antiagregadores de plaquetas e fatores anticoagulantes. Essas moléculas têm alto interesse biotecnológico. Também atividades proteolíticas no intestino dos triatomíneos são consideradas alvos importantes. De igual interesse, insetos hematófagos têm desenvolvido mecanismos de escape altamente eficientes; daí a garantia do repasto de sangue obtido de um hospedeiro imunizado após várias décadas de exposição às picadas de insetos. Um mecanismo de escape eficiente é a redundância de múltiplas proteínas farmacologicamente ativas nas glândulas salivares do inseto, cada uma delas pronta para efetuar aquelas funções cruciais, as quais têm sido associadas com a ruptura da homeostasia e a garantia do repasto de sangue. Desafortunadamente, as tentativas de inibir esses fatores cruciais não produziram dano ao inseto porque ele possui uma gama de diferentes moléculas que exerce atividade similar. Isso explica por que os triatomíneos têm sido tão bem-sucedidos ao longo de 90 milhões de anos. Entretanto, o papel da ciência é reverter essa vantagem em favor da preservação da saúde humana.

Introdução

Silene P. Lozzi • Teresa Cristina d'Assumpção

Existem mais de 1 milhão de espécies de insetos, com 14.000 delas praticando o hábito de se alimentar de sangue de várias classes de vertebrados. Os triatomíneos, também conhecidos como "barbeiros" ou "chupões", são insetos hematófagos transmissores da doença de Chagas. A maior parte das espécies dos triatomíneos é silvícola, entretanto algumas espécies (notadamente *Triatoma infestans*, *Triatoma brasiliensis*, *Panstrongylus megistus e Rhodnius prolixus)* ocupam áreas peridomésticas, como galinheiros e currais, alcançando algumas vezes áreas residenciais precárias, demonstrando tendências antropofílicas. Essa característica confere a essas espécies extraordinária importância epidemiológica.[1]

Os insetos transmissores do *T. cruzi* alimentam-se do sangue de vertebrados pertencentes a várias classes de mamíferos.[2.] Uma hematofagia estabelecida com a evolução dos triatomíneos tem sido fundamental para sua sobrevivência e desenvolvimento ao longo de cinco estádios ninfais até o estádio adulto. Na classe Insecta a hematofagia teria surgido, independentemente, em várias ocasiões.[3] O processo de evolução convergente explica vários fenômenos característicos desses animais, como, por exemplo, a duplicação de genes que codificam proteínas relacionadas com a prevenção da hemostasia por parte do hospedeiro. A redundância resultante na presença de vários fatores relacionados com uma mesma função na saliva assegura a obtenção do sangue da presa essencial para a sobrevivência dos triatomíneos, pois se um fator for inibido seu homólogo entra prontamente em ação.

254

Como os barbeiros ingerem sangue?

Ao longo da evolução, os barbeiros adquiriram várias características morfológicas e fisiológicas que possibilitaram sua adaptação plena à hematofagia. Uma delas foi o desenvolvimento de um proboscídeo ou ferrão, especializado na sucção de sangue, constituído por dois canais, um alimentar e um salivar, e finos estiletes que perfuram a pele do hospedeiro para atingir os vasos sangüíneos.[1] Além disso, sabe-se que vários fatores físicos e químicos influenciam a alimentação dos insetos hematófagos. No caso do *R. prolixus*, o processo alimentar é descrito como uma cadeia de reflexos em que o inseto é atraído ao repasto pelos receptores de calor e correntes de ar. Esses receptores estão presentes nas antenas do inseto. Após a identificação da presa, o inseto aplica seu ferrão na pele e inicia movimentos sincronizados de penetração e retração do aparelho sugador. Nesse ínterim, inicia-se a fase exploratória de busca e localização do sangue, dentro de vasos de pequeno calibre na pele. Em seguida à localização e à perfuração do vaso sangüíneo, o inseto inicia o bombeamento do sangue. A ingestão de sangue continua até que o inseto se transforme de achatado em globular, quando alcança a completa saturação dos receptores de estiramento dos músculos da parede abdominal. Entre os vários fagoestimulantes que influenciam no processo de alimentação do *R. prolixus* encontram-se gradientes de temperatura, CO_2, odores e estímulos visuais, composição da dieta, pressão osmótica, pH, íons, longo intervalo de tempo entre as refeições e o grau de distensão abdominal.[4]

As glândulas salivares com seus conteúdos protéicos (aminas bioativas) exercem notável papel no processo de localização dos vasos e na ingestão de sangue. A ablação das glândulas salivares implica dificuldade na identificação dos vasos e menor volume de sangue ingerido por unidade de tempo. Isso implica diminuição da freqüência e do volume de defecação e, conseqüentemente, menor chance de transmissão do protozoário para o vertebrado. A importância das glândulas salivares na alimentação dos reduvídeos hematófagos foi satisfatoriamente ilustrada.[5] Foi demonstrado que *R. prolixus* que tinham as glândulas salivares removidas sugavam menor volume de sangue por unidade de tempo, comparativamente com os insetos não salivarectomizados. Essa observação é interessante, porque além das funções anti-hemostásicas a saliva dos triatomíneos também contribui para a digestão, diluindo e ajustando o conteúdo de íons (pH) no sangue ingerido. Além disso, a secreção salivar tem papel central na regulação e na ativação de eventos endócrinos que regulam a diurese, mudanças no exoesqueleto, acasalamento e reprodução dos triatomíneos. Por exemplo, a passagem de um estádio de ninfa para o seguinte só acontece se precedida por uma alimentação com sangue.

As glândulas salivares dos triatomíneos

A descrição anatômica de glândulas salivares do *Triatoma infestans* evidencia um par de glândulas composto pelas subunidades D1, D2 e D3 (Figura 18.1). Os ductos principais dessas glândulas atravessam a cabeça do triatomíneo em linha reta, acompanhando o esôfago por todo o protórax. Esses canais são separados do esôfago por partes da camada visceral do corpo gorduroso. As três unidades salivares da glândula de *T. infestans* sofrem modificações de volume de acordo com a atividade alimentar do inseto.

A unidade glandular anterior (D1) encontra-se lateralmente ao esôfago, o par mediano (D2) situa-se, em comparação com D1, mais próximo ao proventrículo e o par D3 posteriormente em relação aos primeiros, geralmente paralelo ao proventrículo. Vale lembrar que a posição dos ductos e das glândulas salivares pode variar, dependendo do volume de secreção acumulado, assim como do grau de distensão do intestino após o repasto. A organização tecidual das três unidades das glândulas salivares de *T. infestans* mostra revestimento de epitélio de células em camada única, apoiado em lâmina basal, revestidas externamente por músculos estriados, que auxiliam na saída da saliva acumulada no lúmen das glândulas. A ultra-estrutura exibe microvilosidades apicais nas células epiteliais, além de eventuais microvesículas junto a elas. Ocasionalmente, as vesículas são encontradas entre as microvilosidades com volumes consideráveis de secreção associada a componentes citoplasmáticos, indícios de secreção apócrina das células glandulares.

Capítulo 18 – O controle da transmissão da doença de Chagas...

255

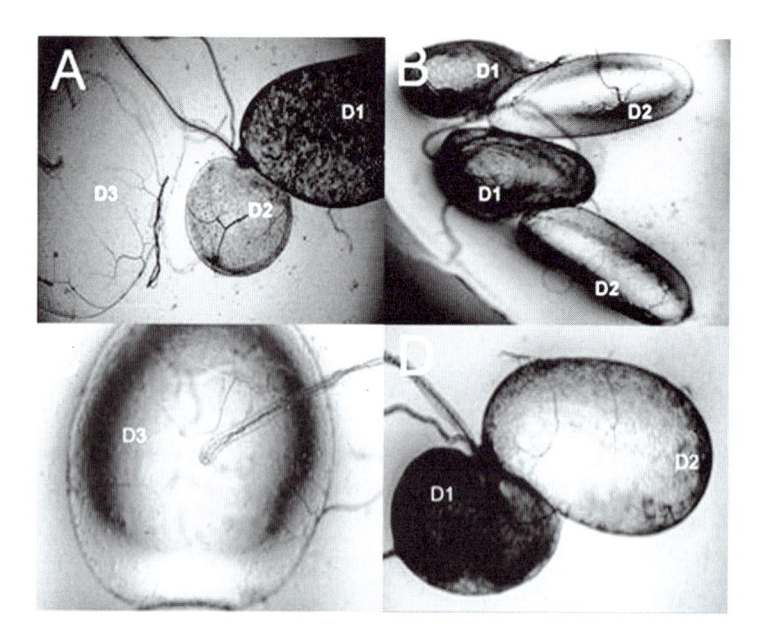

Figura 18.1 Aspectos microscópicos das três unidades da glândula salivar de *T. infestans*. A) Localização das glândulas D1, D2 e D3. B) Detalhes de D1, anterior e globosa, e de D2, posterior e ovalada. C) Detalhe de D3. D) Proximidade entre D1 e D2

Fonte: Fernandes, E. S., tese, Universidade de Brasília, 2005

Existem diferenças funcionais entre as unidades das glândulas salivares de *T. infestans*. A função anticoagulante está presente nas unidades D1, hemolítica nas unidades D2 e as propriedades emolientes nas unidades D3. A descrição dos três pares de unidades glandulares para *T. infestans* propiciou a citolocalização de alguns componentes salivares. Exemplo disso foi uma identificação de significativa atividade sialidásica nas unidades D1 e D2 e atividade residual nas unidades D3.[6] Essa enzima

remove os resíduos de ácido siálico do sangue dos hospedeiros vertebrados, prevenindo, assim, sua coagulação no aparelho bucal do inseto (Figura 18.2). Uma protease[7] denominada triapsina foi identificada, a qual é secretada em sua *pro forma* inativa pelas unidades D2. Aparentemente, essa protease não apresenta função digestiva típica, necessitando, para sua atuação, de uma clivagem pela trialisina, outra enzima da saliva.

Figura 18.2. Saliva excretada espontaneamente via proboscídea (seta) do *Triatoma infestans* em contato com a mão do pesquisador

Fonte: Fernandes, E. S., tese, Universidade de Brasília, 2005

Uma apirase foi purificada também e localizada nas glândulas salivares D2 de *T. infestans*,[8-10] corroborando a idéia de que as unidades apresentam atividades funcionais distintas. O conhecimento desse fato e o isolamento das unidades podem facilitar a purificação dos diversos componentes da secreção salivar.

Identificação de moléculas de interesse na saliva

Uma das estratégias mais utilizadas ultimamente para identificação molecular das substâncias bioativas da saliva de artrópodes hematófagos tem sido a obtenção do total de RNA mensageiros (sialoma) destes. Assim, vários pesquisadores apresentaram o sialoma de suas espécies de estudo, ou seja, um conjunto de seqüências de mRNA das proteínas encontradas nas glândulas salivares desses invertebrados, a saber: *Aedes aegypti*,[11] *Ixodes scapularis*,[12] *Anopheles stephensi*,[13] *Anopheles darlingi*,[14] *Culex quinque-fasciatus*[15] e *R. prolixus*.[16] De modo geral, os pesquisadores verificaram que o sialoma desses invertebrados é mais complexo do que o esperado. Exemplo desses achados inesperados é a presença, no sialoma de *R. prolixus*, de uma considerável família de proteínas conhecidas como lipocalinas. Essas moléculas exercem muitas funções diferentes, mas, em comum, atuam como carreadores de pequenos ligantes nos vertebrados e nos invertebrados.[17] Pesquisadores da Universidade de Brasília[18] fizeram um inventário das proteínas (proteoma) na saliva do *T. infestans*. O conjunto das proteínas identificadas foi agrupado em 13 diferentes categorias funcionais, propiciando o estabelecimento de uma classificação funcional proteômica. Nessa classificação, foram consideradas atividades funcionais já descritas e caracterizadas, além de outras que foram obtidas mediante consultas em bancos de dados que correlacionavam função, similaridade e presença de domínios conservados nas proteínas. Na classificação proposta, as proteínas salivares foram separadas em grupos funcionais relacionados com:

a) comportamento, incluindo aquelas proteínas relacionadas às percepções, aos estímulos externos por meio de receptores odorantes, a transdução de sinal, neuropeptídios, etc.;

b) biogênese e/ou biossíntese, agrupando as proteínas envolvidas na síntese, no controle, na organização celular (histonas), nos fatores de iniciação de transcrição, nos fatores de elongação e de manutenção da estrutura de cromossomos;

c) crescimento e/ou manutenção celular, proteínas associadas com possíveis fatores de transcrição; os fatores de crescimento epidermal, a exportação de proteínas (translocases, tireodoxinas), o metabolismo mitocondrial (citocromos e ATP sintases), e o complexo proteassoma envolvidos na degradação de proteínas foram incluídos neste grupo;

d) defesa, proteínas envolvidas no sistema imune inato do inseto (sistema de ativação e sinalização das profenoloxidases, cecropinas, defensinas, serino-proteases e seus inibidores);

Capítulo 18 – O controle da transmissão da doença de Chagas...

257

e) desenvolvimento, incluindo principalmente os fatores que atuam na regulação da transcrição e alguns mecanismos neuro-hormonais complexos e ainda não totalmente esclarecidos;

f) digestão, proteínas (serino proteases, tripsinas, alfa-amilases, maltases, etc.) envolvidas na digestão;

g) regulação gênica, incluindo principalmente as transposases e outras proteínas codificadas por retrotransposons;

h) hematofagia, proteínas envolvidas na facilitação da alimentação de sangue presentes na glândula salivar;

i) resistência a inseticidas, detoxificação envolvendo citocromo P450, outras detoxificações, glutationa S-transferase;

j) nutrição, proteínas envolvidas na facilitação de transporte de lipídios, de ferro e outros mecanismos de transportes que auxiliam na nutrição;

l) miscelânea, proteínas que participam de muitas atividades funcionais, assumindo papéis variados, seja na facilitação do transporte, como componente da organização estrutural da célula, etc.;

m) estrutura, proteínas da cutícula relacionadas com citoesqueleto e metabolismo de carboidratos;

n) desconhecida, que apesar de estar anotada em bancos de dados ainda é desconhecido seu papel molecular e biológico.

Muitas das funções relacionadas às proteínas ejetadas na saliva do *T. infestans* não estão diretamente ligadas à atividade sugadora do inseto. Assim, tais proteínas podem ser eventuais contaminantes ou, ainda, podem também existir de fato na saliva, onde teriam papel a esclarecer.

O potencial farmacológico na saliva dos triatomíneos

A indiscutível importância da ação de componentes farmacologicamente ativos na saliva de triatomíneos pode ser apreciada nas propriedades anti-hemostásicas ou modificadoras dos fatores que impedem a coagulação do sangue, uma vez que sua fluidez é essencial para o fluxo através do aparelho sugador. Tais propriedades modificadoras ou anti-hemostásicas resultam das atividades anticoagulante, antiagregadora de plaquetas e vasodilatadora mediada por moléculas ativas na saliva do triatomíneo.[5] Diferentes atividades farmacológicas potenciam diretamente os sistemas imunológico e inflamatório do hospedeiro vertebrado.[19] Assim, a saliva pode produzir um ambiente favorável à entrada de patógeno transmitido pelo inseto-vetor, uma vez que a reação infamatória no local da picada e a atividade anti-hemostásica do hospedeiro estejam prejudicadas. Por exemplo, tais atividades podem ser induzidas por enzimas hidrolásicas (apirases) presentes na saliva do triatomíneo.[8-10] Também já foi encontrada atividade microbicida na saliva de triatomíneos. Uma proteína recombinante da saliva de *T. infestans* apresentou efeito microbicida sobre *Escherichia coli*, *T. cruzi*, *Leishmania donovani.*[20] Essa molécula foi também caracterizada na proteína nativa de 22 kDa presente na saliva de *T. infestans*[21] tendo recebido o nome de trialisina, capaz de lisar parasitas e bactérias.[20] Uma soma dessas observações permite sugerir que essa proteína é um componente da imunidade inata de *T. infestans*, prevenindo a ocorrência e a proliferação de microorganismos no trato alimentar do inseto.

Vasodilatadores

A sobrevivência do triatomíneo depende da sua eficácia na obtenção do repasto, e isto depende de bioaminas ativas na saliva injetada na pele do hospedeiro. Essa saliva contém moléculas de ação vasodilatadora que facilitam a localização de vasos pelo proboscídeo do inseto, à medida que também aumenta o fluxo sangüíneo local. Essa ação ocorre mediante moléculas com efeito antagônico àqueles de substâncias vasoconstrictoras produzidas pelo hospedeiro mamífero após abrasão produzida nos tecidos da pele pelo aparelho sugador do inseto.[19, 8] Os vasodilatadores da saliva do inseto agem direta ou indiretamente sobre células musculares lisas ativando enzimas intracelulares, como adenilato ciclase e guanilato ciclase, que, por sua vez, levam à formação de AMPc e GMPc, respectivamente.[22]

O primeiro peptídeo vasoativo identificado, clonado e expressado na saliva de triatomíneos, foi o maxadilan, considerado cem vezes mais potente que a calciotonina.[23-25] A ação vasodilatadora associa-se na modulação de reações imunes de importância crucial, por exemplo, na patogênese das Leishmanioses Tegumentar e Visceral, causadas, respectivamente, por *Leishmania brasiliensis* e *L. chagasi*, ambas transmitidas pelo mosquito-palha.[25]

Um grupo de moléculas com efeito vasodilatador importante são as nitroforinas, identificadas na saliva de *R. prolixus*, uma espécie transmissora do *T. cruzi* em vários ecossistemas na América do Sul (vide Capítulo 17). Essas moléculas são hemeproteínas, também descritas para o hemíptero hematófago *Cimex lectularius*. Quatro formas homólogas foram identificadas na saliva de *R. prolixus*, denominadas NP1 a NP4, de acordo com sua relativa abundância nas glândulas. Nessas moléculas, o óxido nítrico (NO) liga-se ao ferro do grupamento heme ($Fe3+$), sendo transportado para exercer seu efeito vasodilatador no local da picada. Fatores como a ligação das nitroforinas com histamina ou aumento do pH (o pH salivar é próximo de 5, e o dos tecidos do hospedeiro é de 7,4) facilita a liberação do NO nos tecidos vasculares, induzindo a vasodilatação e, com isso, aumentando o fluxo sangüíneo local. A cristalização de nitroforinas revelou uma estrutura do tipo-lipocalina em forma de barril, com três hélices-alfa e duas pontes dissulfeto, sendo o pigmento heme inserido em um dos pólos do barril.[26] As nitroforinas consistem em quatro proteínas de aproximadamente 20 kDa que se ligam ao grupo heme em sua estrutura, podendo armazenar e transportar moléculas de óxido nítrico. Quando essas moléculas são liberadas, ligam-se à enzima guanilato ciclase, produzindo relaxamento muscular e vasodilatação. Além disso, a atividade tiol-oxidase das nitroforinas pode provocar a destruição de moléculas de noradrenalina, integrantes

Capítulo 18 – O controle da transmissão da doença de Chagas...

259

de uma das vias de vasoconstrição.[27] Uma lipocalina adicional remove a serotonina e os mediadores adrenérgicos da vasoconstrição.[28-30] Essas proteínas têm alta afinidade de ligação com a histamina, alterando a resposta inflamatória do hospedeiro.[31]

Inibidores da coagulação sangüínea

A cascata coagulação do sangue é um sistema com vários pontos de amplificação e controle complexos.[29-32] Várias foram as substâncias com ação anticoagulante descritas na saliva de artrópodes hematófagos, geralmente atuando sobre proteases, como a trombina, e sobre fatores da coagulação, principalmente fator VIII e Xa. Foram identificadas[31] no homogeneizado de glândulas salivares do mosquito *Cimex lectularius* proteína com massa molecular de 17 kDa que impedia a clivagem do fator X no fator Xa da coagulação. Mais recentemente, peptídeo com atividade antitrombina, a anofelina, foi isolado das glândulas salivares do mosquito *Anopheles albimanus*. A clonagem do gene e a síntese peptídica correspondente confirmaram a especificidade da molécula em relação à trombina, apesar de similaridades com outras seqüências em bancos de dados não terem sido detectadas.[32]

Nas glândulas salivares de *R. prolixus* foram identificados e purificados o inibidor do fator VIII da coagulação[19] e o inibidor da trombina.[33] Além disso, uma proteína isolada de glândulas salivares de *Triatoma pallidipenis*,[34] denominada triabina, mostrou atividade anticoagulante porque formou um complexo molecular com a trombina e prolongou o tempo de coagulação do sangue. Também foi encontrada nas glândulas salivares de *T. infestans* uma molécula com atividade anticoagulante similar à triabina.[35] De interesse, foi demonstrado que uma das nitroforinas que apresenta ação vasodilatadora foi também capaz de inibir a via intrínseca de coagulação do sangue ao bloquear a clivagem do fator X.[36, 37]

Antiagregadores de plaquetas

A atividade antiagregadora de plaquetas consiste em uma etapa crucial na prevenção da hemostasia por parte do hospedeiro vertebrado. A atividade de agregação e formação de um trombo plaquetário requer que esses elementos figurados do sangue possam ser ativados por moléculas agonistas, tais como ADP (adenosina difosfato), fator ativador de plaquetas (FAP), trombina e colágeno. A partir da agregação das plaquetas há liberação de substâncias vasoconstritoras. Essa observação sugere que o bloqueio dessa alça da cascata da coagulação amplifica a rede de eventos anti-hemostásicos, impedindo também a vasoconstrição. A inibição dos efeitos de trombina e colágeno estimulando a agregação de plaquetas foi relatada.[9] Já a ação antiagregadora pela hidrólise de FAP foi identificada mais recentemente.[38, 39] Apesar da inquestionável significância desses antagonistas da agregação plaquetária identificados na saliva de insetos hematófagos, atribui-se importância especial às hidrolases. Essas enzimas conhecidas como apirases promovem a hidrólise do ADP, principal indutor dessa alça hemostásica; moléculas de ADP são liberadas pelas plaquetas durante fenômeno de agregação. As apirases, enzimas também conhecidas como ATP-difosfohidrolases geralmente convertem o ATP em ADP, e este, em AMP, diminuindo drasticamente os níveis dessas moléculas no sangue e, com isso, aumentando as chances de inibição da formação de trombo plaquetário.[8-10, 32] As apirases já foram descritas em mosquitos como *Aedes aegypti*,[40] *Anopheles gambiae*[41] e *Cimex lectularius*.[42] Em triatomíneos foi identificada atividade apirásica na secreção salivar de *R. prolixus*[43] e, mais recentemente, de *T. infestans*.[8-10] Nesse triatomíneo, tal atividade foi atribuída a cinco apirases, pertencentes à família das 5-nucleotidases, semelhantes à apirase de *A. aegypti*, anteriormente citada. A aparente redundância de múltiplas apirases pode representar, em *T. infestans*, mecanismos para a garantia da obtenção do alimento, desenvolvidos durante a evolução do hábito hematofágico. Outro exemplo de expansão de proteínas da saliva de triatomíneos ocorre no triatomíneo *R. prolixus*, no qual as lipocalinas constituem uma família de muitos membros e com várias funções, desde a de transportar o óxido nítrico, até a formação de complexos moleculares com nucleotídeos e aminas, inibindo a coagulação sangüínea.[5, 19, 26, 29, 44]

Outro mecanismo que colabora para a inibição da agregação das plaquetas é o bloqueio do PAF, também envolvido em reações alérgicas e inflamatórias. Uma fosfolipase C identificada na saliva do *Culex quinquefasciatus* promove a clivagem desse fator, diminuindo a agregação de plaquetas do sangue.[39] Com atividade semelhante, foi identificada fosfolipase A2 na saliva de *T. infestans*, atuando sobre o PAF.[45] Como mencionado, antiagregadores de plaquetas identificados na saliva de insetos hematófagos podem atuar sobre outros agonistas, como colágeno[34] e tromboxano A2.[46]

O sistema digestório dos triatomíneos

Os hemípteros apresentam adaptações fisiológicas em relação a vários outros artrópodes hematófagos, entre elas a hematofagia obrigatória em todas as fases de desenvolvimento (Figura 18.3). Esses insetos são conhecidos por ingerir volume de sangue muitas vezes superior a seu próprio peso, sendo essa ingestão seguida por uma rápida e acentuada diurese, digestão muito lenta e, eventualmente, grandes períodos de jejum. Com todas essas particularidades, esses animais sobrevivem durante vários meses sem novo repasto, como foi comprovado para ninfas de terceiro estádio de *Dipetalogaster maximus*, onde o sangue ingerido permite sua sobrevivência em até 125 dias.[47]

Na evolução dos insetos há evidências de que inicialmente houve uma diferenciação no padrão estrutural do intestino nas diferentes ordens e, depois, especialização em relação à dieta. Assim, verifica-se maior semelhança entre o processo digestivo de membros de uma mesma ordem do que entre membros de diferentes ordens que adotaram a mesma dieta alimentar. Isso se observa quando *Dysdercus peruvianus* (não hematófago) e *R. prolixus* (ambos da ordem Hemiptera) são comparados quanto à organização estrutural de seu sistema digestório. Neles, verifica-se maior similaridade do que na comparação de *R. prolixus* (ordem Hemiptera) e *Ae. aegypti* (ordem Diptera).[48]

Nos insetos, em geral, reconhecem-se três regiões do intestino: anterior, médio e posterior, a partir de suas origens embriológicas, sendo os intestinos anterior e posterior derivados do ectoderma e o intestino médio tem origem endodérmica. Em todos os insetos, independentemente da ordem a que pertença, o alimento percorre inicialmente a cavidade bucal (onde são encontradas as glândulas salivares), depois a faringe e o esôfago (intestino anterior), o estômago e o intestino delgado (intestino médio anterior e médio posterior, respectivamente) e o intestino posterior.

O intestino médio do *R. prolixus*[49] tem duas regiões funcionais: uma região anterior, de estocagem e concentração do alimento, e uma região posterior, onde se inicia a função digestória. Sabe-se que no intestino médio anterior, além do armazenamento e da concentração do sangue com perda de água, também ocorre lise da membrana de eritrócitos e armazenamento intracelular de lipídios. Também a digestão de glicídios se inicia no estômago. A função secretora concentra-se no intestino médio anterior, enquanto a absorção se faz na parte posterior desse segmento,[50] ainda que não se encontrem diferenças teciduais que justifiquem a diferença funcional existente. Várias enzimas são encontradas no intestino médio anterior, sendo algumas delas provenientes da secreção salivar (apirase) ou de organismos simbiontes (amilase). As enzimas secretadas pelas próprias células epiteliais desse compartimento são β-acetilglicosaminidase, α-galactosidase, α-glicosidase, α-manosidase, lisozima, fosfatase alcalina e aminopeptidase.

O intestino médio posterior é o local onde ocorrem a síntese e a secreção de enzimas, a absorção de nutrientes e a maior parte da digestão do sangue.[51] Além das enzimas anteriormente mencionadas para o intestino médio anterior, são ali encontradas β-glicosidase, β-manosidase, fosfatase ácida, proteases do tipo catepsina B e D e as carboxipeptidases A e B.[52]

Os hemípteros não têm uma matriz peritrófica semelhante àquela presente no intestino médio de outros insetos hematófagos. A matriz peritrófica é secretada por células de revestimento do intestino médio[53] e tem a função de proteger o epitélio do intestino dos insetos contra danos mecânicos e injúrias por patógenos, toxinas e compostos químicos. Assim, essa matriz agiria como uma membrana semipermeável que regula a passagem de moléculas entre os diferentes compartimentos do intestino médio, separando-os do seu

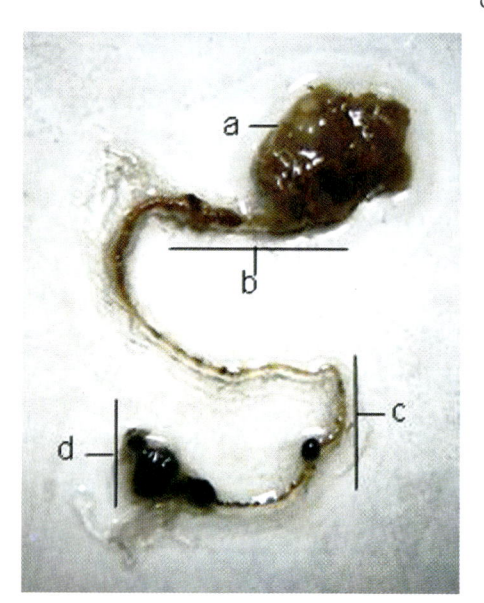

Figura 18.3 Morfologia interna do intestino do *Dipetalogaster maximus* mostrando: a) porção anterior do intestino médio; b) intestino médio posterior; c) parte distal do intestino médio posterior; d) reto com túbulos de Malpighi
Fonte: arquivo da dra. Silene P. Lozzi

lúmen.[54] Em vez de apresentarem essa membrana de natureza quitino-protéica (matriz peritrófica) revestindo a luz do intestino, os hemípteros apresentam uma membrana perimicrovilar, que consiste em um conjunto de películas de composição protéico-lipídica aderidas às microvilosidades das células epiteliais de revestimento, apresentando funções análogas às desempenhadas pela matriz peritrófica.[50, 55-57] Acredita-se que a matriz peritrófica tenha sido perdida nos prováveis ancestrais hemípteros durante o processo de adaptação à sucção do floema.[48, 55]

Na região de divisão entre o intestino médio e o posterior situam-se os túbulos de Malpighi, órgãos excretores que se ramificam do intestino em seguida ao esfíncter pilórico. O intestino posterior é circundado por uma cutícula e inclui o íleo e o reto, este último envolvido na absorção de água e íons, terminando no ânus.[51] No reto encontra-se o material fecal onde podem ser encontrados os tripomastigotas metacíclicos de *T. cruzi*.[1]

Diferentes tipos de células compõem o epitélio de revestimento do intestino médio, porém as células colunares são as mais encontradas. Essas células participam dos processos de absorção e secreção de água, secreção de enzimas digestivas, digestão (enzimas associadas com as membranas perimicrovilares) e absorção de nutrientes.[58] Ao longo do canal alimentar há um epitélio com uma só camada de células apoiada na membrana basal e uma fina e descontínua camada de músculos externos longitudinais e circulares.[56]

O que acontece no intestino dos triatomíneos durante o processo digestivo

As regiões do intestino médio e posterior dos triatomíneos diferem morfologicamente conforme seu estado nutricional. Maiores variações entre os diferentes hemípteras e entre os vários segmentos do órgão são verificadas quanto ao epitélio de revestimento, onde são encontradas células colunares (mais numerosas, podendo assumir diferentes formas), células fonte ou de reserva e células endócrinas.[50, 51] Embora em todas as fases de digestão possam ser visualizados os mesmos tipos celulares, há variações morfológicas e de proporção numérica entre estes. Verificou-se[57] que *R. prolixus* não alimentados apresentam células colunares altas na porção anterior do intestino médio, com aspecto achatado nos cinco dias seguintes à alimentação sangüínea. Já as células de revestimento do intestino médio posterior apresentam forma cúbica.

As modificações observadas no intestino médio de *R. prolixus* não são exclusivas de triatomíneos, também sendo observadas em mosquitos hematófagos. Logo após a ingestão de sangue, as células de revestimento do intestino de *Culex tarsalis* medem 2-5 µm, apresentando-se achatadas e com microvilosidades esparsas. No intestino do mesmo inseto em jejum, as mesmas células chegam a medir 20-25 µm de altura.[59] Também a lâmina basal do *C. tarsalis* apresenta alteração em sua espessura em resposta à dieta sangüínea, fornecendo indícios de aumento de permeabilidade.[60] Observações semelhantes foram feitas[61] para *Ae. aegypti*.

Um estudo histológico verificou modificações ocorridas no intestino médio de *D. maximus* durante a digestão do sangue, semelhantes àqueles aspectos descritos para *R. prolixus*, com algumas diferenças.[62] Nesses animais a membrana perimicrovilar foi identificada no intestino médio anterior do primeiro ao vigésimo dia e no intestino posterior do terceiro em diante, o que demonstra a relação direta dessa membrana com o processo digestivo e absortivo. Após ingestão e chegada do sangue no intestino médio posterior, observa-se o aparecimento de um labirinto nas células epiteliais basal de revestimento, com papel na absorção de nutrientes. De modo geral, a altura das células colunares de revestimento varia de modo inversamente proporcional ao conteúdo alimentar existente nos compartimentos funcionais do intestino.

As proteases e a digestão em insetos

As proteínas são componentes essenciais do sangue, e, então, a presença e a ação de proteases têm fundamental importância no processo digestivo nos insetos hematófagos. A atuação dessas enzimas na digestão do sangue possibilita a absorção dos produtos da digestão e afeta o crescimento, a maturação sexual e a ovoposição dos insetos. Particularmente, nos mosquitos há uma participação majoritária de serino-proteases na digestão do sangue. Em contraste, nos triatomíneos a principal atividade proteolítica é do tipo catepsina. Essa diferença pode ser explicada pela história evolutiva dos homópteros à alimentação com seiva (carboidratos), quando esses reduvídeos teriam perdido as serino-proteases, já que, então, a digestão protéica não era significativa. No decorrer da evolução, com o aparecimento dos hábitos hematofágicos em alguns hemípteros, teria havido necessidade de ação proteolítica na digestão do sangue. Então, a ação serino-proteásica foi substituída pela atividade de enzimas lisossomiais.[63] Uma presença das diferentes classes de enzimas proteolíticas envolvidas na digestão de insetos, normalmente, correlaciona-se com o tipo de dieta alimentar e com aspectos da filogenia destes.

As principais proteases[51] presentes no intestino médio de triatomíneos são cisteína-proteases, catepsinas D (aspártico-proteinases) e aminopeptidases (metaloproteases). Tais atividades proteolíticas somam-se àquelas de carboxipeptidase A e B.[64, 65] O triatomíneo *R. prolixus* tem sido o mais estudado no que se refere à digestão, sendo a atividade endoproteolítica predominante exercida por cisteína-proteases, como a do tipo catepsina B e catepsina L. Foi identificado um gene de catepsina L em *R. prolixus*.[65, 66] Atividades proteolíticas dos tipos aspártico-proteásica, representadas por uma tiol protease do tipo pepsina,[64] e catepsina D,[66] também foram identificadas em *Rhodnius*. Verificou-se que a ingestão de sangue contaminado com *T. cruzi* regula o nível de atividade da catepsina D no intestino médio posterior do triatomíneo. Atividade análoga foi descrita na mosca *Glossina morsitans*, onde a expressão do gene de catepsina B foi aumentada após sua infecção com tripanossomos africanos.[67]

A cinética das proteases envolvidas na digestão do sangue ainda não foi completamente elucidada.[68] Entretanto, sabe-se que após a hidrólise de eritrócitos na parte anterior do intestino médio de *R. prolixus* as proteínas sofrem a ação de cisteína-proteinases e os oligopeptídeos resultantes dessa ação são transportados para dentro do espaço perimicrovilar (entre a membrana perimicrovilar e os microvilos das células epiteliais), onde há atuação de aminopeptidases. Os produtos da digestão sofrem ação de dipeptidases, e só então os componentes finais do processo são absorvidos.

As aminopeptidases do intestino médio de insetos possuem uma importante função na digestão intermediária das proteínas.[51] Essas enzimas são exopeptidases que hidrolisam ligações peptídicas na porção N-terminal extrema de proteínas ou peptídeos, sendo geralmente ativadas pela presença de cátions divalentes. Em sua maioria, as aminopeptidases do intestino dos hematófagos possuem massa relativa entre 61 e 240 kDa e valores de ponto isoelétrico entre 3,5 e 5. O pH ótimo para a atuação das enzimas é básico, situando-se entre 7,2 e 8,5. As principais aminopeptidases descritas foram a dos dípteros *Rhynchosciara americana*,[69] *Anopheles stephensi*,[57] a do hemíptero *Rhodnius prolixus*[64, 70] e a do lepdóptera *Manduca sexta*.[71] Uma leucil-aminopeptidase do intestino de *D. maximus* também foi identificada e purificada.[72]

As carboxipeptidases também são exopeptidases, hidrolisando ligações peptídicas na porção carboxi-terminal das proteínas, sendo o nucleófilo catalítico o hidroxil reativo da cadeia lateral do aminoácido serina. Em sua maioria, as carboxipeptidases de intestino dos hematófagos possuem massa relativa entre 26 e 90 kDa e valores de ponto isoelétrico situados entre 3,5 e 5. O melhor pH para atuação dessas enzimas costuma ser básico, situado na faixa entre 7,5 e 9,0. Aparentemente, por apresentarem atividade relativamente baixa, quando comparadas a enzimas de outras classes, as carboxipeptidases não são descritas com freqüência. Carboxipeptidases dos tipos A e B são encontradas no intestino de *R. prolixus*.[64, 66]

Os hemípteros apresentam hematofagia obrigatória em todas as fases de seu crescimento. Eles ingerem volume de sangue muito superior a seu próprio peso, digerindo-o lentamente. Por causa do lauto repasto, ninfas de terceiro estádio de *D. maximus* sobrevivem até 125 dias sob jejum. Foi caracterizado bioquimicamente no intestino desses insetos um inibidor de trombina,[73] com propriedade anticoagulante; o gene codificante dessa proteína foi clonado e a proteína recombinante[74, 75] recebeu a designação de dipetalogastina. A identificação, a purificação e a caracterização molecular de leucil-aminopeptidase no intestino de *D. maximus*[72] acrescentou evidência de sua participação na digestão do sangue. A enzima purificada do intestino médio foi testada contra substratos fluorogênicos, apresentando seus níveis mais significativos em pH 7,0 e temperatura 50 °C, em concordância com as características cinéticas de outras leucil-aminopeptidases. Além disso, foi visto que essa enzima possui estrutura oligomérica, pois a perda de sua atividade estava relacionada à redução de sua massa molecular.

Capítulo 18 – O controle da transmissão da doença de Chagas...

265

Profilaxia da transmissão do *T. cruzi* pelo inseto vetor

As características de grande endemicidade das infecções pelo *T. cruzi* transmitidas pelos triatomíneos aos mamíferos e, particularmente, ao homem são elementos do cotidiano na vida das famílias em alguns ecossistemas do continente latino-americano. A infecção pelo *T. cruzi* e a doença de Chagas que se manifesta clinicamente em um terço dos indivíduos infectados produzem pesados ônus social e econômico. Diante da definição do problema, a ciência oferece caminhos na busca de uma solução. As abordagens visando ao controle da transmissão da infecção pelo *T. cruzi* para o homem têm sido adotadas em vários níveis da cadeia epidemiológica. De um lado, a possibilidade de produzir uma vacina para proteger as pessoas já infectadas pelo *T. cruzi* não parece promissora pelas razões explicadas no Capítulo IV. De outro, os cientistas têm pensado em encontrar um meio efetivo de interromper o ciclo de transmissão da infecção do *T. cruzi* durante o repasto do triatomíneo no corpo humano.

A ética na ciência encaminha a pesquisa para a abordagem do problema, sempre visando à interrupção da transmissão da infecção chagásica para o homem. A pesquisa que visa a direcionar o combate ao *T. cruzi* profundamente arraigado na natureza há mais de 90 milhões de anos é tarefa difícil, pois o conhecimento científico básico relatado neste capítulo ainda é insuficiente para resolver aspectos intrincados na interação do inseto com o hospedeiro vertebrado.

A trombina é uma enzima importante na cascata de coagulação sangüínea e, conseqüentemente, um interessante alvo para inibição pelos insetos hematófagos. Algumas substâncias com propriedades inibitórias no intestino de insetos hematófagos já foram descritas. A infestina, um inibidor de trombina encontrado na porção anterior do intestino do *T. infestans*, e a dipetalogastina,[74] descrita em *D. maximus*, inibem tanto a trombina quanto a tripsina.[73] Um inibidor do fator XIIa também já foi descrito no intestino do *T. infestans*.[75, 76] Essas moléculas inibem a formação do coágulo no trato digestivo desses insetos. Muitas dessas moléculas poderiam servir de alvo para a inibição do ciclo de vida do triatomíneo, mas existe redundância de proteínas diferentes para o exercício das mesmas funções na alimentação e na digestão do inseto. Isso explica porque ainda não foi possível inibir o repasto de sangue por meios bioquímicos e imunológicos efetivos contra o inseto. Há necessidade de produzir e aprofundar o conhecimento sobre os mecanismos de escape do inseto, visando à interrupção da transmissão.

Controle da transmissão do *Trypanosoma cruzi*

A idéia básica neste tópico sugere a possibilidade de controlar a transmissão do *T. cruzi* pela picada do inseto. Um coquetel de aminas bioativas na saliva do barbeiro é injetado no homem no momento da obtenção do repasto de sangue. Numa área de transmissão endêmica da infecção, ocorrem inoculações repetidas de uma gama de proteínas imunogênicas que poderiam induzir a um processo imunizante natural. De fato, existe relação entre as reações imunes de anticorpos e células em alguns indivíduos sujeitos à picada de triatomíneos. Essas reações sugeriram a possibilidade de o estado imune do hospedeiro interferir no hábito alimentar do inseto. Tal interferência seria uma prova em favor de uma vacina que mudaria a dinâmica de transmissão das infecções do *T. cruzi* para o homem.[74]

Pesquisadores da Universidade de Brasília[77] imunizaram galinhas com proteínas da saliva do *T. infestans*. As aves desenvolveram respostas imunes que foram caracterizadas. Então, foram estabelecidos parâmetros para avaliar os efeitos desse procedimento sobre o ciclo de vida do inseto. Ao contrário do que se esperava, verificou-se que o *T. infestans* obtinha seu repasto de sangue de galinhas imunes em apenas 15 minutos, mas necessitava de 40 minutos para completar seu repasto em galinhas não imunes. Verificou-se também que os triatomíneos procuravam as galinhas imunes para se alimentar. Os insetos alimentados em galinhas imunes cresciam mais rápido que aqueles alimentados em galinhas não imunes, e aqueles alcançavam o estádio adulto quarenta dias antes destes últimos. Esses achados sugerem que o estado imunológico da população de hospedeiros vertebrados favorece o hábito alimentar do *T. infestans* transmissor do *T. cruzi*. Tais resultados mostram que a perspectiva de alcançar imunoprofilaxia das infecções pelo *T. cruzi* ainda não pode ser obtida com base no conhecimento até então disponível.

Não obstante, os cientistas continuam as investigações na busca de alvos mais adequados para impedir a transmissão do *T. cruzi* para o homem. O trabalho tem base no conhecimento de que a saliva e o trato digestivo dos triatomíneos são importantes no processo de sua alimentação e metabolismo. Existe a expectativa de identificação de um alvo promissor para agir por meios bioquímicos visando à interrupção da continuidade do ciclo de vida do *T. cruzi*. Nesse ínterim, a estratégia mais efetiva no controle da doença de Chagas continua sendo o combate ao inseto vetor com inseticidas. Porém, os danos que esses químicos causam ao meio ambiente os tornam inaceitáveis e impraticáveis para uso por tempo indeterminado. Uma solução prática, efetiva e aceitável pelos ambientalistas e pela sociedade ainda não foi encontrada. O conhecimento adquirido sobre o assunto é um patrimônio social de valor inestimável, pois, mais cedo ou mais tarde, a ciência encontrará a melhor solução para o problema. Por isso mesmo, é importante continuar a busca de novos meios de profilaxia da picada do inseto e da transmissão do *T. cruzi*. Nesse sentido, a saliva e o intestino dos triatomíneos devem ser mais estudados como alvos visando ao encontro de novos meios de profilaxia da transmissão da doença de Chagas.

Abstract

The control of the insect-transmmitted *Trypanosoma cruzi* infections have basis on the employment of insecticides. There is a need to develop a method aiming at the biologic control of the disease transmission. The search for an effective tool to prevent and control the triatomine-vector's transmission of *T. cruzi* infections to humans is a key objective of fundamental scientific research. An approach aiming at this objective consists in identifying specific targets in the body of an insect-transmitter of flagellate protozoan to vertebrate host, which could possibly inhibit the insect's feeding and, consequently, interfering with its lifecycle. Two preferential targets have aimed at achieving this objective. In one hand, it has been conducted searches for pharmacologically active proteins in salivary glands of triatomines. On the other, it has focused on the proteases associated with insect's digesting blood fills. These research lines have revealed fundamental features showing that the salivary glands of triatomines possess active bioamines with vasodilator, anti-platelet aggregation and anti-clotting factors. These are moieties with high biotechnologic interest. Also, proteolytic enzymes in the intestines of triatomines are considered as important targets. Meanwhile, hematophagous insects have developed highly efficient escape mechanism; hence warranting blood fills from a fully immune host after several decades of exposure to insect's bites. An efficient escape mechanism is a redundancy of pharmacologically active proteins in the insect's salivary glands, each ready to undertake those crucial activities, which have been associated with rupture of homeostasis thus allowing blood feeding. Unfortunately, attempts to inhibit a key factor have not resulted in the insect's jeopardy, because it possesses a gamut of different molecules exerting a similar activity. This explains why these triatomines have well succeeded so after 90 million years. However, the science role is to counteract and make an advantage in favor of preservation of human's health.

Notas bibliográficas

1. BRENER, Z.; ANDRADE, Z. A.; BARRAL-NETTO, M. *Trypanosoma cruzi e doença de Chagas*. 2. ed. Rio de Janeiro: Ed. Guanabara Koogan, 2000.
2. LEHANE, M. J. *Blood-sucking insects:* the blood-sucking insects groups. 1st ed. London: Harper Collins Academic, 1991. p. 199-204.
3. LAW, J. H.; RIBEIRO, J. M. C.; WELLS, M. A. Biochemical insights derived from insect diversity. *An. Ver. Biochem.*, 61, p. 87-111, 1992.
4. FRIEND, W. G.; SMITH, J. J. B. Factors affecting feeding by blodsucking insects. *Ann. Rev. Entomol.*, 22, p. 309-310, 1977.
5. RIBEIRO, J. M. C.; GARCIA, E. S. The role of salivary-glands in feeding in *Rhodnius prolixus. J. Exp. Biol.*, 94, p. 219-230, 1981.
6. AMINO, R.; PORTO, R. M.; CHAMMAS, R.; EGAMI, M. I.; SCHENKMAN, S. Identification and characterization of a sialidase released by the salivary gland of the hematophagous insect *Triatoma infestans. J. Biol. Chem.*, 273, p. 24575-24582, 1998.
7. AMINO, R.; TANAKA, A. S.; SCHENKMAN, S. Triapsina, an unusual activatable serine protease from the saliva of the hematophagous vector of Chagas disease *Triatoma infestans* (Hemiptera: Reduvidae). *Insect Biochem. Mol. Biol.*, 31, p. 465-472, 2001.
8. FAUDRY, E.; ROCHA, P. S.; VERNET, T.; LOZZI, S. P.; TEIXEIRA, A. R. Kinetics of expression of the salivary apyrases in *Triatoma infestans. Insect Biochem. Mol. Biol.*, 34, p. 1051-1058, 2004.

9. FAUDRY, E.; LOZZI, S. P.; SANTANA, J. M.; D'SOUZA-AULT, M.; KIE-FFER, S.; FELIX, C. R.; RICART, C. A.; SOUSA, M. V.; VERNET, T.; TEI-XEIRA, A. R. *Triatoma infestans* apyrases belong to the 5'-nucleotidase family. *J. Biol. Chem.*, 7, p. 19607-19613, 2004.

10. FAUDRY, E.; SANTANA, J. M.; EBEL, C.; VERNET, T,; TEIXEIRA, A. R. Salivary apyrases of *Triatoma infestans* are assembled into homo-oligomers. *Biochem. J.*, 396, p. 509-515, 2006.

11. VALENZUELA, J. G.; PHAM, V.; GARFIELD, M.; FRANCISCHETTI, I.; RIBEIRO, J. M. Toward a description of the sialome of the adult female mosquito *Aedes aegypti. Insect Biochem. Mol. Biol.*, 32, p. 1101-1122, 2002a.

12. VALENZUELA, J. G.; FRANCISCHETTI, I. M.; PHAM, V. M.; GAR-FIELD, M. K.; MATHER, T. N.; RIBEIRO, J. M. Exploring the sialome of the tick *Ixodes scapularis. J. Exp. Biol.*, 205, p. 2843-2864, 2002.

13. VALENZUELA, J. G.; FRANCISCHETTI, I. M. B.; PHAM, V. M.; GAR-FIELD, M. K.; RIBEIRO, J. M. C. Exploring the salivary gland transcriptome and proteome of the *Anopheles stephensi* mosquito. *Insect Biochem. Mol. Biol.*, 33, p. 717-732, 2003.

14. CALVO, E.; ANDERSEN, J.; FRANCISCHETTI, I. M.; DE'BIANCHI, A. G.; JAMES, A. A.; RIBEIRO, J. M. C.; MARINOTTI, O. The transcriptome of adult female *Anopheles darlingi* salivary gland. *Insect Mol. Biol.*, 13, p. 73-88, 2004.

15. RIBEIRO, J. M. C.; CHARLAB, R.; PHAM, M. P.; GARFIELD, M.; VA-LENZUELA, J. G. An insinght into salivaru transcriptome and proteome of adult female mosquito *Culex pipiens quinquefasciatus. Insect Biochem. Mol. Biol.*, 34, p. 543-563, 2004.

16. RIBEIRO, J. M. C.; ANDERSEN, J.; SILVA-NETO, M. A.; PHAM, V. M.; GARFIELD, M. K.; VALENZUELA, J. G. Exploring the sialome of the blood-sucking bug *Rhodnius prolixus. Insect Biochem. Mol. Biol.*, 34, p. 61-79, 2004.

17. FLOWER, D. R.; NORTH, A. C.; SANSOM, C. E. The lipocalin protein family: structural and sequence overview. *Biochim. Biophys. Acta*, 1482, p. 9-24, 2000.

18. FERNANDES, E. S. O. *Aspectos funcionais das 5'-nucleotidases na saliva do* Triatoma infestans. Tese Doutorado – Universidade de Brasília, Brasília, 2005.

19. RIBEIRO, J. M. C. Blood-feeding arthropods: live syringe or invertebrate pharmacologists? *Infect. Agents Dis.*, 4, p. 143-152, 1995.

20. CORRÊA, P. S. *Efeito antimicrobiano e citolítico da trialisina recombinante da saliva de* Triatoma infestans. Tese de Doutorado – Faculdade de Medicina, Universidade de Brasília, Brasília, 2002.

21. AMINO, R.; MARTINS, R. M.; PROCÓPIO, J.; HIRATA, I. Y.; JULIANO, M. A.; SCHENKMAN, S. Trialysin, a novel pore-forming protein from saliva of hematophagous insects activated by limited proteolysis. *J. Biol. Chem.*, 277, p. 6207-6213, 2002.

Capítulo 18 – O controle da transmissão da doença de Chagas...

269

22. RANG, H. P.; DALE, M. M.; RITTER, J. M. *Farmacologia*, 3. ed. Rio de Janeiro: Ed. Guanabara Koogan, 1997.

23. LERNER, E. A.; RIBEIRO, J. M.; NELSON, R. J.; LERNER, M. R. Isolation of maxadilan, a potent vasodilatory peptide from the salivary glands of the sand fly *Lutzomyia longipalpis. J. Biol. Chem.*, 266, p. 11234-11236, Jun. 1991.

24. LERNER, E. A.; SHOEMAKER, CB. Maxadilan. Cloning and functional expression of the gene encoding this potent vasodilator peptide. *J. Biol. Chem.*, 267, p. 1062-1066, 1992.

25. QURESHI, A. A.; ASAHINA, A.; OHNUMA, M.; TAJIMA, M.; GRANSTEIN, R. D.; LERNER, E.A. Immunomodulatory properties of maxadilan, the vasodilator peptide from sand fly salivary gland extracts. *Am. J. Trop. Med. Hyg.*, 54, p. 665-711, 1996.

26. MONTFORT, W. R.; WEICHSEL, A.; ANDERSEN, J. F. Nitrophorins and related antihemostatic lipocalins from *Rhodnius prolixus* and other bloodsucking arthropods. *Biochim. Biophys. Acta*, 1482, p. 110-118, 2000.

27. VALENZUELA, J. G.; RIBEIRO, J. M. C. Purification and cloning of the salivary nitrophorin from the hemipteran *Cimex lectularius. J. Exp. Med.*, 201, p. 2659–2664, 1998.

28. WEICHSEL, A.; MAES, E. M.; ANDERSEN, J. F.; VALENZUELA, J. G.; SHOKHIREVA, T. K.; WALKER, F. A.; MONTFORT, W. R. Heme-assisted S-nitrosation of a proximal thiolate in a nitric oxide transport protein. *Proc. Natl. Acad. Sci. USA*, 102, p. 594-599, 2005.

29. ANDERSEN, J. F.; FRANCISCHETTI, I. M.; VALENZUELA, J. G.; SCHUCK, P.; RIBEIRO, J. M. Inhibition of hemostasis by a high affinity biogenic amine-binding protein from the saliva of a blood-feeding insect. *J. Biol. Chem.*, 278, p. 4611-4617, 2003.

30. RIBEIRO, J. M. C.; WALKER, F. A. High affinity histamine-binding and antihistaminic activity of the salivary nitric oxide-carrying heme protein (nitrophorin) of *Rhodnius prolixus. J. Exp. Med.*, 180, p. 225-257, 1994.

31. VALENZUELA, J. G.; GUIMARÃES, J. A.; RIBEIRO, J. M. C. A novel inhibitor of factor X activation from the salivary glands of the bed bug *Cimex lectularius Exp. Biol.*, 83, p. 184-190, 1996.

32. RIBEIRO, J. M. C.; SCHNEIDER, M.; GUIMARÃES, J. A. Purification and characterization of prolixin S (nitrophorin 2), the salivary anticoagulant of the blood-sucking bug *Rhodnius prolixus. Biochem. J.*, 308, p. 243-249, 1995.

33. FRIDERICH, T.; KROGER, B.; BIALOJAN, S.; LEMAIRE, H. G.; HOFFEN, H. W.; REUSCHENBACH, P.; OTTE, M.; DODT, J. A. Kazal-type inhibitor with thrombin specificity from *Rhodnius prolixus. J. Biol. Chem.*, 268, p. 16216-16222, 1993.

34. NOESKE-JUNGBLUT, C.; HAENDLER, B.; DONNER, P.; ALAGON, A.; POSSANI, S.; SCHLEUNING, W. D. Triabin, a highly potent exosite inhibitor of thrombin. *J. Biol. Chem.*, 270, p. 28629-28634, 1995.

35. FEIJÓ, G. C. *Proteínas recombinantes da saliva do* Triatoma infestans. Tese de Doutorado – Universidade de Brasília, Brasília, 2001.

36. SANT'ANNA, C. M.; VIANA, A. S.; NASCIMENTO JUNIOR, N. M. A semiempirical study of acetylcholine hydrolysis catalyzed by Drosophila melanogaster acetylcholinesterase. *Bioorg. Chem.*, 34, p. 77-89, 2006.

37. ZHANG, Y.; RIBEIRO, J. M.; GUIMARAES, J. A.; WALSH, P. N. Nitrophorin-2: a novel mixed-type reversible specific inhibitor of the intrinsic factor-X activating complex. *Biochem.*, 37, p. 10681-10690, 1998.

38. RIBEIRO, J. M. C.; SHNEIDER, M.; ISAIAS, T.; JURBERG, J.; GALVÃO, C.; GUIMARÃES, J. A. Role of antihemostatic components in blood feeding by triatomine Bugs (Heteroptera). *J. Med. Entomol.*, 35, p. 599-610, 1998.

39. RIBEIRO, J. M. C.; FRANCISCHETTI, I. M. B. Platelet-activating-factor-hydrolyzing phospholipase C in the salivary glands and saliva of the mosquito *Culex quinquefasciatus. J. Exp. Biol.*, 204, p. 3887-3894, 2001.

40. CHAMPAGNE, D.; SMART, C. T.; RIBEIRO, J. M.; JAMES, A. A. The salivary gland-specific apyrase of the mosquito *Aedes aegypti* is a member of the 5'-nucleotidase family. *Proc. Natl. Acad. Sci. USA*, 92, p. 694-698, 1995.

41. ARCA, B.; LOMBARDO, F.; DE LARA CAPURRO, M.; DELLA TORRE, A.; DIMOPOULOS, G.; JAMES, A. A.; COLUZZI, M. Trapping cDNAs encoding secreted proteins from the salivary glands of the malaria vector *Anopheles gambiae. Proc. Natl. Acad. Sci. USA,* 96, p. 1516-1521, 1999.

42. VALENZUELA, J. G.; CHARLAB, R.; GALPERIN, M. Y.; RIBEIRO, J. M. C. Purification, cloning, and expression of an apyrase from the bed bug *Cimex lectularius.* A new type of nucleotide-binding enzyme. *J. Biol. Chem.*, 273, p. 30583-30590, 1998.

43. SARKIS, J. J. F.; GUIMARÃES, J. A.; RIBEIRO, J. M. C. Salivary apyrase of *Rhodnius prolixus*: kinetics and purification. *Biochem. J.*, 233, p. 885–891, 1986.

44. FRANCISCHETTI, I. M. B.; ANDERSEN, J. F.; RIBEIRO, J. M. C. Biochemical and functional characterization of recombinat *Rhodinius prolixus* platelet aggregation inhibitor 1 as a novel lipocalina with high affinity for adenosine diphosphate and other adeninie. *Nucleotides Biochem.*, 41, p. 3810-3818, 2002.

45. ASSUMPÇÃO, T. C. F. *Identificação e purificação de PAF-acetil hidrolase da saliva de Triatoma infestans.* Dissertação de Mestrado – Universidade de Brasília, Brasília, 2001.

46. NOESKE-JUNGBLUT, C.; KRATZSCHMAR, J.; HAENDLER, B.; ALAGON, A.; POSSANI, L.; VERHALLEN, P.; DONNER, P.; SCHLEUNING, W. D. An inhibitor of collagen-induced platelet aggregation from the saliva of *Triatoma pallidipenis. J. Biol. Chem.*, 269, p. 5050-5053, 1994.

47. BARRETO, A. C.; PRATA, A. R.; MARSDEN, P. D.; CUBA, C. C.; TRIGUEIRA, P. C. Aspectos biológicos e criação em massa de *Dipetalogaster maximus* (Triatominae). *Rev. Inst. Med. Trop.*, 23, p. 18-27, São Paulo, 1981.

48. SILVA, C. P.; TERRA, W. R. Digestive and absorptive sites along the midgut of the cotton seed sucker bug *Dysdercus peruvianus* (Hemiptera: Pyrrhocoridae). *Insect Biochem. Molec. Biol.*, 34, p. 493-505, 1993.

CAPÍTULO 18 – O controle da transmissão da doença de Chagas...

271

49. WIGGLESWORTH, V. B.; GILLET, J. D. The function of the antennae in Rhodnius prolixus (Hemiptera) and mechanism of orientation to the host. *J. Exp. Biol.*, 2, p. 120-139, 1934.

50. BILLINGSLEY, P. F.; DOWNE, A. E. R. Ultrastructural changes in posterior midgut cells associated with blood feeding in adult female *Rhodnius prolixus* Stal (Hemiptera: Reduviidae). *Can. J. Zool.*, 61, p. 2574-2586, 1983.

51. TERRA, W. R.; FERREIRA, C. Insect digestive enzymes: properties compartmentalization and function. *Comp. Biochem. Physiol.*, 109b, p. 1-62, 1994.

52. KOLLIEN, A.; SCHAUB, G. Development of *Trypanosoma cruzi* in triatomine. *Parasitol. Today*, 16, 381-387, 2000.

53. BALBIANI, E. G. Études anatomiques et histologiques sur le tube digestif dês *Crytops Arch. Zool. Exp. Gen.*, 8, p. 1-82, 1890.

54. LEHANE, M. T. Peritrophic membrane structure and function. *Annu. Rev. Entomol.*, 42, p. 525-550, 1997.

55. SILVA, C. P.; RIBEIRO, A. F.; GULBENKIAN, S.; TERRA, W. R. Organization, origin and function of the outer microvillar (perimicrovillar) membranes of *Dysdercus peruvianus* (Hemiptera) midgut cells. *J. Insect Physiol.*, 41, p. 1093- 1103, 1995.

56. DOW, J. A. T. Insect midgut function. *Adv. Insect Physiol.*, 19, p. 188–328, 1986.

57. BILLINGSLEY, P. Blood digestion in the mosquito, *Anopheles stephensi* Liston (Diptera: Culicidae): partial characterization and post-feeding activity of midgut aminopeptidase. *Arch. Insect Biochem. Physiol.*, 15, 149-163, 1990.

58. TERRA, W. R.; FERREIRA, C.; GARCIA, E. S. Origin, distribution, properties and functions of the major *Rhodnius prolixus* midgut hydrolases. *Insect Biochem.*, 18, p. 423-434, 1988.

59. HOUK, E. J.; HARDY, J. L. Midgut cellular responses to bloodmeal digestion in the mosquio *Culex tarsalis* Coquilett (Diptera: Culicidae). *Int. J. Insect Morphol. Embriol.*, 11, p. 109-119, 1982.

60. HOUK, E. J. Midgut ultrastructure of *Culex tarsalis* (Diptera: Culicidae) before and after a bloodmeal. *Tissue Cell*, 9, p. 103-118, 1977.

61. REINHARDT, C.; HECKER, H. Structure and fucntion of the basal lamina and of the cell junctions in the midgut epithelium (stomach) of female *Aedes aegypti* L. (Insecta: Diptera). *Acta Tropica*, 30, p. 213-236, 1973.

62. CALIXTO, C. C. *Aspectos histológicos do intestino médio de Dipetalogaster maximus antes e após a ingestão de sangue*. Dissertação de Mestrado – Universidade de Brasília, Brasília, 2005.

63. BILLINGSLEY, P. F.; DOWNE, A. E. R. Ultrastructural localization of cathepsin B in the midgut of *Rhodnius prolixus* Stal (Hemiptera: Reduviidae) during blood digestion. *Intern. J. Insect Morphol. Embryol.*, 17, p. 295-302, 1988.

64. GARCIA, E. S.; GUIMARÃES, J. A.; PRADO, J. L. Purification and characterization of a sulfhydryl-dependent protease from *Rhodnius prolixus* midgut. *Arch. Biochem. Biophys.*, 188, p. 315-322, 1978.

65. LOPEZ-ORDONEZ, T.; RODRIGUEZ, M. H.; HERNANDEZ-HER-NANDEZ, F. D. Characterization of a cDNA encoding a cathepsin L-like protein of Rhodnius prolixus. *Insect Mol. Biol.*, 10, p. 505-511, 2001.

66. BORGES, E. C.; MACHADO, E. M.; GARCIA, E. S.; AZAMBUJA, P. *Trypanosoma cruzi*: effects of infection on cathepsin D activity in the midgut of *Rhodnius prolixus*. *Exp. Parasitol.*, 112, p. 130-133, 2006.

67. YAN, J.; CHENG, Q.; LI, C. B.; AKSOY, S. Molecular characterization of three gut genes from *Glossina morsitans* morsitans: cathepsin B, zinc-metalloprotease and zinc-carboxypeptidase. *Insect Mol. Biol.*, 11, p. 57-65, 2002.

68. BILLINGSLEY, P. F.; DOWNE, A. E. R. Cellular localization of aminopeptidase in the midgut of *Rhodnius prolixus* Stal (Hemiptera: Reduviidae). *Cell Tissue Res.*, 241, p. 421-428, 1985.

69. KLINKOWSTROM, A. M.; TERRA, W. R.; FERREIRA, C. Aminopeptidase a from *Rhynchosciara americana* (Diptera) larvae midguts. Properties and midgut distribution. *Arch. Insect Biochem. Physiol.*, 27, p. 301-315, 1994.

70. GARCIA, E. S.; GUIMARAES, J. A. Proteolytic enzymes in the *Rhodnius prolixus* midgut. *Experientia*, 35, p. 305-306, 1979.

71. STEPHENS, E.; SUGARS, J.; MASLEN, S. L.; WILLIAMS, D. H.; PACKMAN, L. C.; ELLAR, D. J. The N-linked oligosaccharides of aminopeptidase N from Manduca sexta: site localization and identification of novel N-glycan structures. *Eur. J. Biochem.*, 271, p. 4241-4258, 2004.

72. MACEDO, T. C. Identificação, purificação e caracterização bioquímica e molecular de leucil-aminopeptidase do intestino de *Dipetalogaster maximus*. Dissertação de Mestrado – Universidade de Brasília, Brasília, 2005.

73. LANGE, U.; KEILHOLZ, W.; SCHAUB, G. A.; LANDMANN, H.; MARKWARDT, F.; NOWAK, G. Biochemical characterization of a thrombin inhibitor from the bloodsucking bug *Dipetalogaster maximus*. *Haemostasis*, 29, p. 204-211, 1999.

74. MENDE, K.; PETOUKHOVA, O.; KOULITCHKOVA, V.; SCHAUB, G. A.; LANGE, U.; KAUFMANN, R.; NOWAK, G. Dipetalogastin, a potent thrombin inhibitor from the blood-sucking insect. *Dipetalogaster maximus* cDNA cloning, expression and characterization. *Eur. J. Biochem.*, 266, p. 583-590, 1999.

75. CAMPOS, I. T.; TANAKA-AZEVEDO, A. M.; TANAKA, A. S. Identification and characterization of a novel factor XIIa inhibitor in the hematophagous insect, *Triatoma infestans* (Hemiptera: Reduviidae). *FEBS Lett.*, 577, p. 512-516, 2004.

76. CAMPOS, I. T.; AMINO, R.; SAMPAIO, C. A.; AUERSWALD, E. A.; FRIEDRICH, T.; LEMAIRE, H. G.; SCHENKMAN, S.; TANAKA, A. S. Infestin, a thrombin inhibitor presents in *Triatoma infestans* midgut, a Chagas disease vector: gene cloning, expression and characterization of the inhibitor. *Insect Biochem. Mol. Biol.*, 32, p. 991-997, 2002.

77. HECHT, M. M.; BUSSACOS, A. C.; LOZZI, S. P.; SANTANA, J. M.; TEIXEIRA, A. L. The *Triatoma infestans* chooses the immune prey to feeding upon. *Am. J. Trop. Med. Hyg.*, 75, p. 893-900, 2006.

CAPÍTULO 19

Análise econômica da doença de Chagas

Antonio Teixeira
Ana Carolina Bussacos

Neste capítulo são apresentados dados e argumentos que mostram que, diferentemente do que vem sendo preconizado por setores do Ministério da Saúde e por órgãos internacionais, a doença de Chagas ainda não foi controlada, superada ou erradicada no Brasil. Aceita essa premissa, demonstra-se que os investimentos para o controle da endemia e para pesquisas não são condizentes com a meta de se alcançar níveis mínimos de transmissão.

Introdução

A classificação do mal de Chagas pelo poder público brasileiro atinge um amplo espectro: desde uma doença sob controle ou superação até uma endemia negligenciada. A princípio, os dados epidemiológicos sobre doença de Chagas no Brasil referentes ao período entre 1975 e 1985[1] mostram que tal endemia se encontra sob controle nos ecossistemas cerrado e caatinga. Esse fato seria corroborado por taxas de incidência relativamente baixas, longa sobrevida anterior à manifestação clínica da doença e redução do número de casos novos. Em vista dessas evidências, a Secretaria de Vigilância em Saúde (SVS) do Ministério da Saúde classifica a doença de Chagas no grupo de doenças transmissíveis com tendência ao declínio. Ademais, o Programa de Controle de Doenças Endêmicas, subprograma de Doenças Tropicais da Organização Mundial de Saúde, e a Secretaria de Ciência e Tecnologia do Ministério da Saúde consideram que a doença de Chagas, a dengue, a leishmaniose, a hanseníase e a tuberculose pertencem ao grupo das doenças negligenciadas.

Essas declarações merecem reflexão: se a doença de Chagas está sob controle, ela deveria ser considerada uma doença negligenciada? Parece haver uma contradição na classificação de uma doença tida sob controle, pois o fato de ela ser negligenciada deveria ser o primeiro indício de que a doença de Chagas não vem merecendo a atenção necessária das autoridades sanitárias brasileiras.

Neste capítulo são examinados os dados que descrevem o que efetivamente foi feito no passado, o que tem sido feito no presente em relação à doença de Chagas e, particularmente, são analisados os investimentos efetuados no combate a essa grande endemia. Cabe frisar, no entanto, que essa é apenas uma tentativa preliminar de trazer o assunto ao exame dos especialistas em economia da saúde e da sociedade.

As ações no combate à doença de Chagas

A antiga Superintendência das Campanhas do Ministério da Saúde (Sucam) desenvolveu um notável programa de combate à doença de Chagas entre os anos 1975 e 1985 (Figura 19.1). Com recursos de diversas fontes, promoveu-se uma ação em larga escala iniciada com um inquérito nacional de prevalência da doença de Chagas.[1] Tal inquérito, que teve como base o teste sorológico de identificação de anticorpos contra o *Trypanosoma cruzi* no sangue de pessoas de uma amostragem significativa da população e cobriu grande parte do território brasileiro, revelou uma prevalência de 5,8% de soropositividade. Esse dado mostrou que o Brasil tinha àquela época aproximadamente 6 milhões de chagásicos.

O período considerado na Figura 19.1 inclui duas épocas institucionais distintas: a da Superintendência de Campanhas (Sucam, 1975-1990) e a da Fundação Nacional de Saúde (FNS, 1991-1995).

Em geral, entende-se que o período da Sucam correspondeu às grandes ações de combate aos triatomíneos domiciliados, que consistiu na borrifação de inseticida nas residências e nos peridomicílios que tinham o *T. infestans*. Considerando a magnitude dessa endemia, foi tomada a decisão política de enfrentar o mal de Chagas, no período entre 1975 e 1985, pelo combate ao *T. infestans*, a principal espécie de triatomíneo encontrada nos domicílios nas áreas endêmicas dos ecossistemas cerrado e caatinga, representando aproximadamente 1/3 do território brasileiro. Uma quase-réplica do exército verde-oliva foi criada e espalhada nos longínquos rincões do país por onde os guardas da Sucam passavam, de casa em casa, fazendo o inventário triatomínico que precedia a borrifação de inseticida no peri e no intradomicílio.

O trabalho realizado com incrível tenacidade pode ser confirmado pelos cientistas, que, em seguida, fizeram trabalhos de campo para avaliar os diversos aspectos clínicos evolutivos da doença de Chagas.[2] As últimas avaliações mostram a efetividade do programa estimada pelo desalojamento do *T. infestans* das habitações humanas naqueles ecossistemas de clima seco.[3]

O período da FNS foi marcado pelo esforço de interrupção da infecção pela transfusão de sangue. Naquela época, a hemorrede cuidava do monitoramento dos exames sorológicos dos candidatos à doação de sangue nos hemocentros da rede pública.

Em conseqüência dessas ações, os índices de transmissão da infecção pelo inseto vetor caíram espetacularmente. Publicação da OMS[3] cita que a incidência da infecção nos municípios submetidos às ações de combate caiu de 5,0%, em 1983, para 0,28% em crianças dos grupos etários até 5 anos, em 2000.[3]

Contudo, esse dado deve ser analisado com cautela, já que outras pesquisas encontram resultados diferentes quanto à taxa de incidência da doença de Chagas. Inquérito sorológico em três municípios do norte do Estado de Goiás, por exemplo, revelou a incidência da infecção chagásica em 4,5% das crianças abaixo de 10 anos de idade no ano de 1996 (SILVEIRA, A. C.; TEIXEIRA, A., dados não publicados).

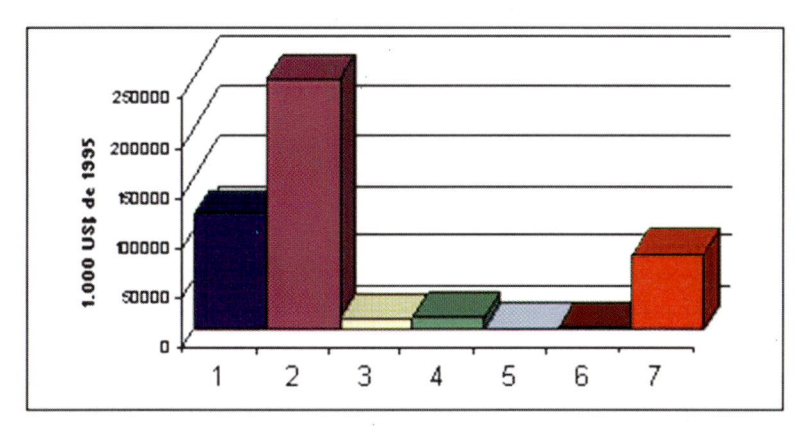

Figura 19.1 Total de gastos com o combate à doença de Chagas no período entre 1975 e 1995
Fonte: Ministério da Saúde, Brasil

Os gastos com atividades de controle e prevenção da doença de Chagas, entre 1975 e 1995, totalizaram cerca de 520 milhões de dólares americanos, o que representa uma média de gastos anuais de US$ 26 milhões. Do total, 23,6% foram provenientes do Programa de Chagas da Fundação Nacional de Saúde, 49,4% eram recursos do período da Sucam e 3,8% do total eram oriundos do programa de melhoria habitacional. O programa de capacitação de recursos humanos foi responsável por 4,5% desses gastos. A profilaxia da transmissão por transfusão de sangue do programa hemorrede pública detinha 18,5% do total.

Os benefícios estimados do programa no período 1975-1995 foram calculados em aproximadamente 850 milhões de dólares de gastos prevenidos[1] – isto é, gastos evitados em decorrência da diminuição da transmissão da doença, alcançada pelas ações executadas –, dos quais 64% da redução dos gastos seria decorrente da queda das despesas médico-hospitalares e 36% de gastos previdenciários. Desse total, os bancos de sangue trouxeram benefícios de mais de 18 milhões de dólares, sendo 81% em gastos médico-hospitalares prevenidos e 19% em gastos previdenciários prevenidos.

Essa análise de custo-efetividade do programa de controle da doença de Chagas no Brasil mostrou claramente sua relevância social e os benefícios à saúde da população. Chegou-se à conclusão de que as ações de controle da doença de Chagas implicaram uma economia de US$ 7,16 para cada dólar gasto no programa. Mais importante ainda são os benefícios que se tornarão evidentes a partir de agora, vinte anos após o pico das atividades de desalojamento dos triatomíneos com uso de inseticida, e, principalmente, nas próximas décadas, quando ficar patente a queda abrupta da mortalidade em decorrência dos casos de Chagas que foram prevenidos pela ação do combate ao barbeiro. Isso porque estudos preditivos longitudinais demonstram que o tempo médio de evolução entre o estabelecimento da infecção e o aparecimento da doença de Chagas crônica é de 27 ± 8 anos.[4]

Em que pese o sucesso do Programa de controle, seria precipitado concluir que a doença de Chagas já foi controlada ou superada no Brasil. Observe-se que a avaliação quanto à sua erradicação é complexa, haja vista que a manifestação da doença se verifica vinte ou trinta anos após ser adquirida.

O panorama atual das ações de combate à doença de Chagas no Brasil

Na última década, o quadro descrito anteriormente foi modificado. Atualmente, as ações de combate ao barbeiro consistem em discretas atividades públicas que, em linhas gerais, se restringem ao monitoramento entomológico e ao uso de inseticida motivado pela demanda da comunidade ou por liderança local. Freqüentemente, a ação resume-se à transferência do inseticida para o demandante, pois não há viatura ou combustível para a visita do agente de saúde à localidade.

Nos últimos dez anos, novas espécies de triatomas (*T. sordida* e *P. megistus* e outros) têm assumido crescente importância epidemiológica, exigindo a mudança de paradigma quanto às ações de controle da doença. A presença dessas espécies em residências humanas foi observada em visitas recentes a municípios do interior dos Estados de Goiás, de Minas Gerais e da Bahia (Teixeira, dados não publicados). Até mesmo no Distrito Federal foram capturados oitocentos exemplares de *P. megistus* (Figura 19.2). Estudos prévios do nosso laboratório demonstraram que 2,5% dos triatomíneos capturados no DF estavam contaminados com o *T. cruzi*. Não obstante, o mapeamento da doença de Chagas pelos órgãos que recentemente confirmaram a erradicação da doença de Chagas levou em consideração apenas algumas espécies de triatomas (vide Capítulos 16 e 17) tipicamente encontradas nas regiões endêmicas.

Outra modificação no panorama atual concernente ao controle da doença de Chagas diz respeito à necessidade de se prevenir completamente a transmissão da infecção por transfusão de sangue.[5] O sucesso da prevenção da transmissão da doença de Chagas por transfusão de sangue depende da exclusão do candidato pela sua história epidemiológica e pelos testes sorológicos, disponíveis há mais de quarenta anos.[6-9]

Até o início da década de 1990, os dados disponíveis sugeriam que 55% dos bancos de sangue, nas cidades de grande e médio portes, já faziam os testes de imunofluorescência, hemaglutinação ou ELISA para triagem dos candidatos à doação de sangue.[9] Não obstante, os dados naquela ocasião sugeriam que havia 20 mil casos novos de aquisição da infecção pelo *T. cruzi*, agente da doença de Chagas, por transfusão de sangue contaminado, configurando, assim, a segunda via mais importante de aquisição da doença.[5]

Figura 19.2 Triatomíneos encontrados em centros urbanos. A) Rua de cidade-satélite do Distrito Federal, Brasil, onde foram encontrados barbeiros. B) Canil onde se abrigavam centenas de *Panstrongylus megistus*. C) Aspecto doentio do cão que servia de fonte de alimento para os barbeiros hematófagos. D) Galinheiro onde se encontravam as aves que serviam de presa para centenas de barbeiros no quintal da casa. E) Captura dos barbeiros para análise no Laboratório Multidisciplinar de Doença de Chagas, Universidade de Brasília. F) Amostragem de *P. megistus* submetida a análise. Nenhum desses insetos estava contaminado com o *Trypanosoma cruzi*, agente da doença de Chagas. Apenas sangue de galinha e de cão foi identificado no intestino dos insetos, indicando que eles não invadiam o intradomicílio
Fonte: arquivo do dr. Antonio Teixeira

É possível que esse quadro tenha mudado, mas isso não pode ser comprovado, visto que não há dados quantitativos acessíveis referentes à transmissão do *T. cruzi* por transfusão de sangue na última década. Na ausência de dados que indiquem tendência contrária àquela conhecida na literatura científica,[5-9] fica impossível sugerir que a transmissão da doença de Chagas por transfusão de sangue tenha sido superada, apesar do progresso no controle da transmissão vetorial e por transfusão de sangue.

Outro aspecto vai de encontro à tese de que a doença de Chagas está sob controle. Apesar de o êxodo rural ter diminuído o percentual da população brasileira que vive em áreas rurais hiperendêmicas e está exposta aos insetos vetores, o risco de transmissão continua, já que as ações de combate ao inseto vetor só são feitas pontualmente, limitadas pelas dotações orçamentárias destinadas ao controle e ao combate à doença de Chagas.

A esse respeito, observa-se na Figura 19.3, que a doença de Chagas recebeu, entre 1994 e 1999, 2,5 e 7,5 vezes menos investimentos do que, respectivamente, a malária, a febre amarela e a dengue.

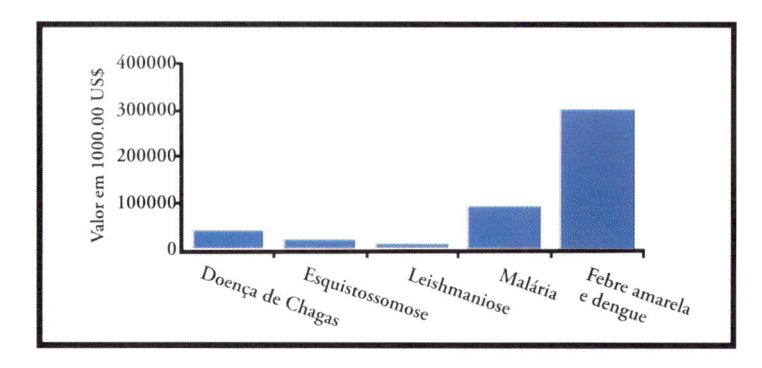

Figura 19.3 Gastos do Ministério da Saúde no período entre 1994 e 1999 para prevenir doenças endêmicas persistentes no Brasil
Fonte: Execução Orçamentária do Ministério da Saúde, Brasil

Na Figura 19.3 estão expressos os investimentos do Ministério da Saúde para o controle da dengue/febre amarela, malária e doença de Chagas. Note-se que a doença de Chagas recebeu, proporcionalmente, recursos progressivamente inferiores àqueles alocados para as outras duas doenças. Por exemplo, em 1997 o orçamento efetivamente executado no combate à Chagas foi quase dez vezes menor que o destinado ao controle da dengue.

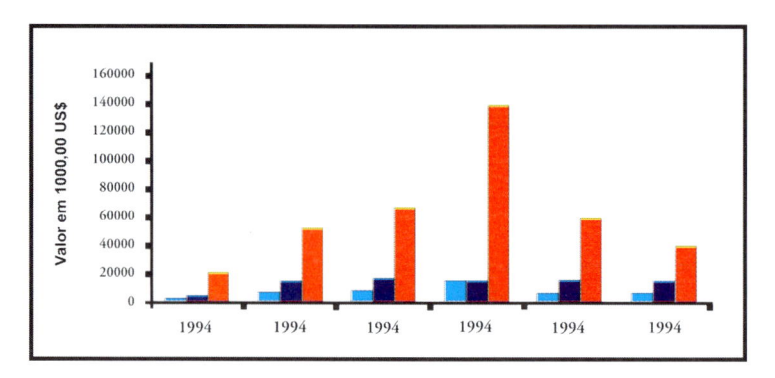

Figura 19.4 Dotações orçamentárias do Ministério da Saúde para o controle da doença de Chagas (azul claro), malária (azul escuro), dengue e febre amarela (vermelho) – 1994 a 1999
Fonte: Execução Orçamentária, Ministério da Saúde

A tabela seguinte fornece o número de casos e de óbitos relacionados à dengue, à febre amarela, à malária e à leishmaniose nos anos de 1994 e 2005. Comparando-se essas informações com os dados mostrados na Figura 19.4, pode-se concluir que o critério que determina o investimento no controle de uma endemia não está necessariamente relacionado com as taxas de letalidade que a doença produz. Pelo contrário, a relação que se encontra é entre investimento e morbidade durante o surto epidêmico, o que pode estar associado com a pressão social exercida, nesses momentos, sobre os tomadores de decisão.

Tabela 19.1 Letalidade repertoriada no território nacional para dengue, febre amarela, malária e leishmaniose, entre os anos de 1994 e 2005

Endemia	Casos 1994-2005	Óbitos 1994-2005
Dengue	3.590.504	309
Febre amarela	364	164
Malária*	5.898.957	2100
Leishmania**	416.493	2051

Fonte: Ministério da Saúde, Brasil

* Dados disponibilizados até 2003.

** Leishmaniose visceral.

A comparação dos números relativos à morbidade e à letalidade referentes a cada uma das endemias com aqueles dos investimentos apresentados na Figura 19.4 sugerem que a morbidade é o principal critério definidor do montante do investimento.

Há de se destacar, entretanto, que ações importantes foram mantidas, visando às melhorias habitacionais nas áreas rurais endêmicas da doença de Chagas. Como foi visto na Figura 19.1, o Ministério da Saúde já havia investido 20 milhões de dólares no programa de melhorias habitacionais no período entre 1975 e 1995. Na Figura 19.5, observa-se que o valor médio anual aproximado de 3,25 milhões de dólares foi gasto entre 1995 e 1998. Entretanto, a partir de 1999 o dispêndio médio aumentou para

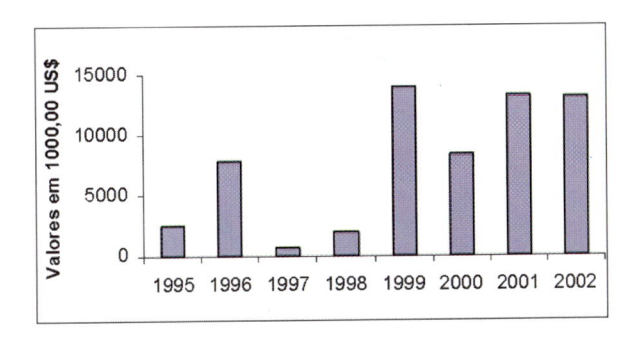

Figura 19.5 Gastos do governo federal para melhoria das habitações da população rural nas áreas endêmicas, visando à prevenção da doença de Chagas – 1995 a 2002

Fonte: Execução Orçamentária, Ministério da Saúde

cerca de 12 milhões de dólares por ano. Esse dado representa um avanço substancial nas ações de combate à endemia mediante as melhorias habitacionais, como pode ser visto no gráfico a seguir.

Outra iniciativa marcante na evolução das ações referentes ao controle da doença de Chagas foi a Iniciativa dos Países do Cone Sul.[10] Diante do sucesso das ações de combate ao *T. infestans* no domicílio e no peridomicílio dos ecossistemas de clima seco, cerrado e caatinga, no território brasileiro, as comunidades científicas nos diversos países mobilizaram-se, visando a encetar iniciativa semelhante na Bolívia, no Chile, no Paraguai, na Argentina e no Uruguai.

Existe uma suposição de que o *T. infestans* teria tido seu nicho original na Bolívia, de onde foi irradiado para os países vizinhos. Independentemente de ter sido ou não originado na Bolívia, o certo é que o *T. infestans* desconhece as fronteiras das regiões geopolíticas. Isso significa que o desalojamento da espécie deve ser feito sem descontinuidade nos ecossistemas onde ela existe, pois só haverá controle efetivo da doença de Chagas quando o cidadão informado expulsar o inseto, impedindo-o de voltar a co-habitar nas residências humanas.[11]

Quanto a esse aspecto, cabe ressaltar que a prevenção e o controle da doença de Chagas são o que se denomina na literatura econômica de bem público global. Como bem público global entende-se todo programa, política ou serviço cuja produção gera impactos que transcendem as fronteiras nacionais e regionais e, portanto, requer solidariedade internacional.

Apresentam-se, a seguir, dados de investimentos (Figura 19.6) nas ações de combate à doença de Chagas nos países do Cone Sul do continente.

Os dados da Figura 19.6 mostram alocações de recursos cujos totais não podem ser relacionados com critérios demográficos, de extensão territorial ou de prevalência da doença. Essa análise sugere que o comprometimento dos países latino-americanos com o combate à endemia chagásica é assunto aberto para discussão.

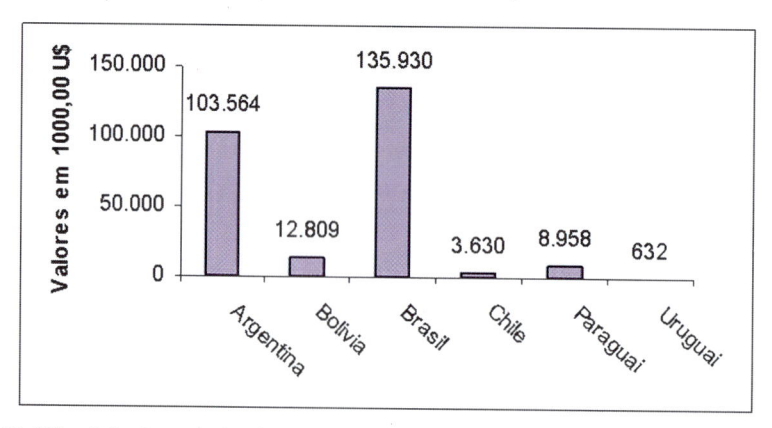

Figura 19.6 Total do desembolso feito pelos países do Cone Sul visando à eliminação do *Triatoma infestans* e à interrupção da transmissão do *Trypanosoma cruzi* pela transfusão de sangue entre os anos de 1991 e 1998

Fonte: informe técnico da VIII Reunião da Comissão Intergovernamental da Iniciativa do Cone Sul, Tarija, Bolívia, 1999

Não obstante a implementação de ações de combate à transmissão do *T. cruzi* para as populações dos países vizinhos, existem evidências sugestivas de que o problema persiste e tende a se difundir além-fronteiras nos ecossistemas onde a estratégia de uso de inseticida pode não dar resultados satisfatórios. Além disso, vários outros pontos sugestivos de ampliação das fronteiras dessa grande endemia precisam ser cuidadosamente analisados, visando ao planejamento e à orçamentação de gastos.

Expansão da endemia no continente

Análise cuidadosa de alguns aspectos gerais da endemia revela uma realidade que precisa ser considerada cuidadosamente. A partir da metade da década de 1980, tem sido possível observar as seguintes tendências da doença de Chagas:

1) **Desalojamento do *Triatoma infestans* das habitações humanas nos ecossistemas do cerrado e da caatinga**. Indubitavelmente, essa foi a grande conquista da ciência levada ao campo por um exército de agentes de saúde, sistematicamente, durante uma década. Essa ação reduziu para níveis mínimos a transmissão da infecção nos grupos etários abaixo de 15 anos de idade.

   Não obstante o sucesso alcançado em decorrência da suspensão das ações de combate ao barbeiro transmissor do *T. cruzi*,[*] atualmente cientistas têm encontrado o *T. infestans* e outras espécies de triatomíneos, ocasionalmente, em casas situadas nos ecossistemas secos, cerrado e caatinga, o que indica que a doença de Chagas ainda não foi controlada.

2) **Ampliação da área de abrangência dos triatomíneos**. Os dados citados nos capítulos XVI e XVII deste livro mostram que triatomíneos transmissores da doença de Chagas são encontrados em praticamente todos os ecossistemas no território brasileiro. Existem mapas, oficiais ou não, mostrando ausência de doença de Chagas na Amazônia. Entretanto, já foram identificadas tribos de triatomíneos na Amazônia, potencialmente transmissores do protozoário flagelado para o homem.[12] Trabalhos recentes[12, 13] mostram a exposição humana à infecção pelo *T. cruzi* e casos clínicos agudos e crônicos da doença de Chagas, autóctones da região, têm sido descritos na literatura.[12-17]

3) **Doença de Chagas na Amazônia**. Há pouco mais de três décadas foi descrita uma microepidemia da doença urbana no Estado do Pará.[18] Desde então foram narradas várias dezenas de episódios semelhantes nos estados que compõem a Bacia Amazônica no Brasil.[12-16] Também são conhecidos dados epidemiológicos

---

* Hoje em dia, essa ação de combate aos triatomíneos domiciliados está sendo feita de forma pontual, motivada pela reclamação de pessoas que localizam os insetos dentro de suas casas. Quando é possível, o agente de saúde vai até o local e expulsa das casas os triatomíneos, borrifando o inseticida piretróide. Mas, freqüentemente, a ação consiste apenas em transferir o inseticida para o reclamante.

que mostram cifras preocupantes de doença de Chagas humana na Amazônia Colombiana.[19] Uma característica central dessas epidemias focais em famílias ou agrupamentos está uma plausível contaminação das pessoas pela via oral. Em um episódio na cidade de Belém,[16] a possível fonte de contaminação teria sido o suco de açaí, moído juntamente com barbeiros contaminados. Acredita-se que os barbeiros atraídos pela luz voam de seus nichos silvestres para os locais.

4) **Urbanização da doença de Chagas**. O êxodo rural que trouxe contingente de chagásicos para as cidades de médio e grande porte e também para capitais do continente latino-americano tornou a doença de Chagas uma endemia também urbana. Há estimativas sugerindo que existe aproximadamente 1 milhão de chagásicos nas cidades de São Paulo, Rio de Janeiro e Belo Horizonte.[20] Hoje a doença de Chagas atinge todas as classes sociais, estando marcadamente presente na vida dos brasileiros. A esse respeito, a distribuição mais ampla da doença de Chagas nas diversas classes sociais, todavia, precisa ser reanalisada cuidadosamente, em vista das evidências de transmissão ativa do *T. cruzi* pelo inseto vetor nas áreas urbanas do continente.[22-28]

Há comprovação da ocorrência de uma microepidemia de doença de Chagas em um bairro da periferia da cidade de Salvador, Bahia.[21] Também foi encontrado foco de transmissão do *T. cruzi* pelo *P. megistus* com a doença humana autóctone na cidade de São Paulo.[22] No Capítulo 17 foram descritas as condições demográficas associadas ao crescimento da periferia das grandes metrópoles, impossibilitando a demarcação entre áreas rurais e urbanas. A impossibilidade de demarcação entre áreas rurais e urbanas, em razão do crescimento da periferia das grandes metrópoles, faz com que seja necessário prevenir a transmissão do *T. cruzi* por triatomíneos silvestres.[22]

5) **Transmissão oral da infecção**. Em fevereiro do ano 2005, a imprensa de vários estados brasileiros noticiou a ocorrência de casos agudos de doença de Chagas em um balneário no Estado de Santa Catarina. O cerne do estudo epidemiológico levado ao conhecimento público sugere que a infecção pelo *T. cruzi* teria sido veiculada pelo caldo de cana e levou em conta apenas os pacientes que tinham manifestação clínica. Esse é um aspecto preocupante porque se tem verificado que para cada caso de doença de Chagas clinicamente manifesto existiriam pelo menos cem outros que passariam despercebidos por falta de sintomas clínicos. Nesse contexto, a epidemia poderia ter alcançado até um total de 3 mil pessoas ou mais.

Evidentemente, as pessoas foram infectadas porque estiveram expostas à fonte de contaminação pelo *T. cruzi*, o que foi sugerido pela identificação de exemplares de *Triatoma tibiamaculata* em palmeiras situadas na proximidade do quiosque onde se fazia a moagem da cana de açúcar, provável fonte de contaminação. Naquela ocasião, ainda que não tivesse ficado comprovado, barbeiros contaminados com *T. cruzi* devem ter sido triturados com a cana, misturando-se ao caldo ingerido pelas pessoas. Trata-se, pois, de um flagrante importante da deficiência no controle epidemiológico da doença de Chagas.[29-32]

Doença de Chagas e Aids: aspectos econômicos para reflexão

Atualmente, cerca de 1,5 milhão de pessoas têm a infecção pelo HIV/Aids na América Latina, o que representa 5% dos casos reportados em todo o mundo. Nessa região, um total de 18 milhões de pessoas tem a infecção pelo *T. cruzi*.[3] Os dados mostram que o total de pessoas com a infecção chagásica é 12 vezes superior ao número de pessoas infectadas com o vírus da Aids.[33-35]

As estatísticas indicam um total de 15 mil óbitos por causa da Aids em 1995 e de 11 mil óbitos no ano de 2002. A redução do número de óbitos pela Aids é explicada pelo decréscimo da taxa de mortalidade em decorrência dos novos esquemas de tratamento disponibilizados aos portadores do vírus HIV na rede pública de saúde. Esse dado evidencia o sucesso da ciência na luta contra a Aids, aliviando o clima de tensão e insegurança que a epidemia representava para a população brasileira.

Análise comparativa de dados (Tabela 19.2) mostra que, hoje em dia, para cada indivíduo que morre de Aids, quatro falecem de Chagas de acordo com os dados da Secretaria de Vigilância em Saúde do Ministério da Saúde.

Resultados diferentes, que apontam para um número de óbitos por Chagas superior ao informado pelo MS, foram obtidos mediante análise com base em estudos clínico-epidemiológicos preditivos[4, 36, 37] que mostram que a letalidade da doença de Chagas, para todos os infectados, alcança 0,56% ao ano. Esses estudos mostram que a mortalidade do chagásico acontece entre vinte e trinta anos depois de adquirida a infecção aguda, o que possibilita afirmar que o dado de 1985 não pode ser substancialmente diferente da ocorrência trinta anos depois. Então, considerando a informação clínico-epidemiológica, o número de óbitos por ano no Brasil totaliza 33.600 (0,56% de 6 milhões de casos). De acordo com os estudos preditivos supramencionados, para cada indivíduo que morre de Aids, vinte morrem de Chagas, cifra cinco vezes superior àquela divulgada pelo Ministério da Saúde.

O número de casos novos de Aids tem sofrido declínio sensível nos últimos anos. De um total de 25 mil casos novos de Aids, em 1998, estima-se em 15 mil o número de casos novos em 2003. Porém, em 1996, o World Health Report[38] estimou que a cada ano há 300 mil novos casos de doença de Chagas na América Latina. Considerando que cerca de um terço dos chagásicos (6 milhões) são brasileiros, foram estimados que pudessem ocorrer 100 mil novos casos de doença de Chagas por ano no Brasil.[38] Felizmente, esse quadro sombrio tem sido gradualmente modificado pelo combate ao inseto transmissor com o inseticida. Espera-se que o principal benefício resultante da ação de combate ao barbeiro fique mais evidente a partir da próxima década.

Como dito anteriormente, as taxas de sobrevida de pacientes com Aids aumentaram dramaticamente com a introdução da terapia anti-retroviral. Antes, a sobrevida era de menos de seis meses, e agora é de cerca de cinco anos. A sobrevida de um paciente chagásico que manifesta clinicamente a insuficiência cardíaca é, em média, de apenas sete meses a dois anos.

Nos últimos anos da década de 1990, o gasto anual do Ministério da Saúde com Aids foi, em média, de mais de US$ 300 milhões.[36, 37] Dados disponíveis sobre a dotação de recursos do Ministério da Saúde para doença de Chagas, nesse mesmo período, registram que as cifras giraram em torno de U$ 15 a 20 milhões por ano (Tabela 19.2).

O cálculo da *Disalibility-Adjusted Life Years* (DALY) – unidade de medida da carga ou impacto agregado da doença – perdido por causa da doença de Chagas varia entre 1,6 e 2,7 milhões. Considerando uma renda *per capita* anual média na América Latina de US$ 2.390, a perda econômica para o continente em decorrência da doença de Chagas varia entre 4 e 6 bilhões de dólares anuais.[1, 38]

Tabela 19.2 Dados comparativos entre a Aids e a doença de Chagas*

Dado	Aids	Doença de Chagas
Total de indivíduos infectados*	2 milhões	18 milhões
População em risco	?	20%
Número de óbitos por ano	11 mil	33,6 mil
Número de novos casos por ano	15 mil	> de 100 mil
Taxa média de sobrevida**	5 anos	sete meses a dois anos
Gastos anuais com a doença no Brasil	US$ 300 milhões	US$ 15 a 20 milhões

* Somente na América Latina. Um terço do total está no Brasil.
** Sobrevida do paciente chagásico que manifesta a doença clinicamente.

Fonte: Ministério da Saúde

A análise comparativa apresentada tem a finalidade de realçar a qualidade e a importância do programa de Aids. Sem esse programa, a Aids teria causado um ônus social ao país impossível de ser reparado em termos de perda de vidas. Por isso mesmo, o programa de Aids serve de paradigma para outras doenças. Sobretudo, mostra que o combate à doença de Chagas tem sido negligenciado.

Fomento à pesquisa

A pesquisa sobre a doença de Chagas no Brasil recebeu um grande incentivo durante o Plano Integrado de Doenças Endêmicas (Pide), administrado pelo CNPq, durante os anos de 1975 e 1985. Sob a liderança de pesquisadores já estabelecidos e com a chegada de novos pesquisadores, a pesquisa científica no Brasil nas áreas de bioquímica, imunologia, genética e biologia molecular avançou celeremente. Com o término do Pide, foi priorizado o controle da doença de Chagas em detrimento da pesquisa, como se essas ações fossem excludentes e não complementares. Como disse um pesquisador experiente nos estudos de campo sobre Chagas: "Hoje em dia é difícil continuar a pesquisa, pois não há onde buscar o apoio". A partir desse período, a doença de Chagas foi considerada "doença fora de moda". Diante desse cenário, a pesquisa passou a receber apoio insuficiente da Unesco e do Fundo Nacional de Saúde (FNS), instituições que não apresentavam tradição nesse tipo de ação.

A natureza encarregou-se de reverter o jargão, à medida que surgiram várias microepidemias de Chagas na Amazônia, no Nordeste e, mais recentemente, no Estado de Santa Catarina. Com base no conhecimento de que para cada caso da infecção chagásica existe possivelmente uma centena ou mais de casos de Chagas aguda que passam despercebidos, pode-se supor que o quantitativo dessas microepidemias mostra apenas uma parcela do grande *iceberg* que pode estar submerso.

Em conseqüência, o assunto foi reexaminado pela comunidade científica reunida sob a égide do Ministério da Saúde. Diante da compreensão dos fatos, houve um incremento significativo de 450% no volume de recursos financeiros direcionados ao controle da doença de Chagas pelo Departamento de Ciência e Tecnologia do Ministério da Saúde entre 2003 e 2004, que passou de 14 milhões para 66 milhões de reais (Figura 19.7).

No ano em curso, tendo como base uma nova realidade orçamentária e financeira, a Secretaria de Ciência e Tecnologia do Ministério da Saúde estabeleceu parceria com o Ministério da Ciência e Tecnologia (MCT) com o propósito de viabilizar o fomento a projetos de pesquisa com mecanismos já estabelecidos de financiamento. Um acordo de cooperação técnica estabeleceu que o Conselho Nacional de Desenvolvimento Científico e Tecnológico (CNPq) e a Financiadora de Estudos e Projetos (Finep) tornam-se parceiros nas ações de fomento. A boa nova apareceu no setor na forma de Edital, projetos sobre doenças negligenciadas – doença de Chagas, malária, dengue, hanseníase, leishmaniose – com investimento total de 20 milhões de reais. Esse pode ser o caminho para levar à conquista célere de conhecimentos novos, único meio capaz de superar as dificuldades opostas ao controle da doença de Chagas no Brasil.

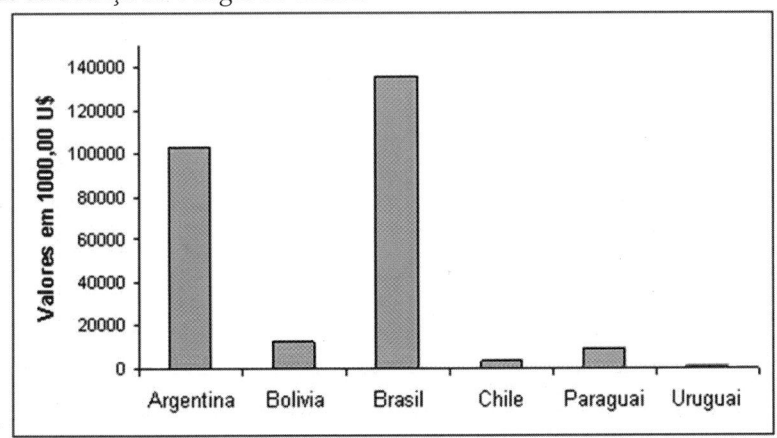

Figura 19.7 Distribuição dos recursos destinados a doenças transmissíveis no período 2004-2005
Fonte: Decit, Ministério da Saúde, Brasil, 2004-2005

Conclusões

Diferentemente das conclusões a que chegaram o Ministério da Saúde, os dados apresentados neste capítulo mostram que a doença de Chagas está longe de ser controlada. Na análise epidemiológica, é necessário levar em conta diversos aspectos particulares dessa grande endemia: a introdução de novas espécies de triatomíneos nos ecótopos humanos em diferentes ecossistemas, a expansão da doença em regiões onde até então era desconhecida, inclusive em áreas urbanas, a reinfestação pelo *Triatoma infestans* após o uso do inseticida piretróide,[39] e, particularmente, a manifestação clínica da doença, que só aparece longo período após a aquisição da infecção pelo *T. cruzi*. O reconhecimento da dimensão e do impacto da doença de Chagas no Brasil permitiria que as ações públicas fossem intensificadas, com especial atenção para o fomento à pesquisa. Para tanto, há de se ampliarem os recursos alocados para o controle da doença de Chagas, o que seria possível por meio da redefinição de prioridades por parte do Ministério da Saúde brasileiro, bem como mediante o reconhecimento de que o controle da doença de Chagas é um bem público global, justificando a ampliação da colaboração da comunidade internacional.

Abstract

The chapter presents and discusses data and information showing that Chagas disease has not been controlled, conquered or eradicated in Brazil. This appraisal differs from the opinion set forth by the Brazilian Ministry of Health and by international organizations. Having shown this disposition, it has been demonstrated that the investments for the control of endemic Chagas disease and for fostering fundamental research in this area are not sufficient and, therefore, the ultimate goal to subdue the disease transmission to minimal levels are yet to be determined.

Agradecimentos

À assessora parlamentar da Câmara dos Deputados, economista Luciana S. Teixeira pela ajuda na elaboração do artigo. Aos colegas Antonio Carlos Silveira, Walter Januzzi e Marge Tenório pelo acesso aos dados do Ministério da Saúde, Brasil, e aos investimentos realizados no âmbito da Iniciativa do Cone Sul.

Notas bibliográficas

1. AKAVAM, D. *Análise de custo-efetividade do programa de controle da doença de Chagas no Brasil*. OPAS/OMS, 2000. 271 p.

2. WILLIAMS-BLANGERO, S.; VANDEBERG, J. L.; TEIXEIRA, A. R. Attitudes towards Chagas disease in an endemic Brazilian community. *Cad. Saúde Pública*, 15, p. 7-13, 1999.

3. World Health Organization. Control of Chagas disease. Second report of a WHO Expert Committee. *WHO Technical Report Series*, 905, 2002. 109 p.

4. PRATA, A. Natural history of Chagasic Cardiomyopathy. In America Trypanosomiasis research. *Pan America Health Organization Scientific Publication*, 318, 1975. p. 191-193.

5. DIAS, J. C. O controle da doença de Chagas no Brasil. *O controle da doença de Chagas nos países do Cone Sul da América*: história de uma iniciativa internacional (1991-2001). Uberaba: Faculdade de Medicina do Triângulo Mineiro, 2002.

6. DIAS, J. C.; SILVEIRA, A. C.; SCHOFIELD, C. J. The impact of Chagas disease control in Latin America: a review. *Memórias do Instituto Oswaldo Cruz*, 97, p. 603-612, 2002.

7. SCHMUNIS, G. A. Risk of Chagas disease through transfusions in the Americans. *Medicina*, 59, p. 125-134, Buenos Aires, 1999.

8. SCHMUNIS, G. A.; CRUZ, J. R. Safety of the blood supply in Latin America. *Clinical Microbiology Reviews*, 18, p. 12-29, 2005.

9. REESINK, H. W. European strategies against the parasite transfusion risk. *Transfusion Clinique et Biologique*, 12, p. 1-4, 2005.

10. SILVEIRA, A. C.; ARIAS, A. R.; SEGURA, E.; GUILLEN, G.; RUSSOMANDO, G.; SCHENONE, H.; DIAS, J. C. P.; PADILLA, J. V.; LORCA, M.; SALVATELA, R. *El control de la enfermedad de Chagas en los países del Cono Sur de América*: história de una iniciativa internacional (1991-2001). Uberaba, Brasil: Faculdade de Medicina do Triângulo Mineiro, 2002.

11. NOIREAU, F.; CORTEZ, M. G.; MONTEIRO, F. A.; JANSEN, A. M.; TORRICO, F. Can wild *Triatoma infestans* foci in Bolivia jeopardize Chagas disease control efforts? *Trends in Parasitology*, 21, 7-10, 2005.

12. TEIXEIRA, A. R.; MONTEIRO, P. S.; REBELO, J. M.; ARGANARAZ, E. R.; VIEIRA, D.; LAURIA-PIRES, L.; NASCIMENTO, R. J.; VEXENAT, C. A.; SILVA, A. R.; AULT, S. K.; COSTA, J. M. Emerging Chagas disease: trophic network and cycle of transmission of *Trypanosoma cruzi* from Palm Trees in the Amazon. *Emerging Infectious Diseases*, 7, p. 100-112, 2001.

13. COURA, J. R.; JUNQUEIRA, A. C. V.; FERNANDES, O.; VALENTE, S. A. S.; MILES, M. A. Emerging Chagas disease in Amazonian Brazil. *Trends in Parasitology*, 18, p. 171-176, 2002.

14. NAIFF, M. F.; NAIFF, R. D.; BARRETT, T. V. Wild vectors of Chagas disease in an urban area of Manaus (AM): flying activity during dry and rainy seasons. *Revista da Sociedade Brasileira de Medicina Tropical*, 31, p. 103-105, 1998.

15. VALENTE, A. S.; VALENTE, V. C.; FRAIHA NETO, A. Considerations on the epidemiology and transmission of Chagas disease in the Brazilian Amazon. *Memórias do Instituto Oswaldo Cruz*, 94, p. 395-398, 1999.

16. PINTO, A. Y.; VALENTE, A. S.; VALENTE, V. C. Emerging acute Chagas disease in Amazonian Brazil: case reports with serious cardiac involvement. *Brazilian Journal of Infectious Diseases*, 8, p. 454-460, 2004.

17. RACCURT, C.P. *Trypanosoma cruzi* in French Guinea: review of accumulated data since 1940. *Medicine Tropicale*, 56, p. 79-87, 1996.

18. LAINSON, R.; SHAW, J. J.; FRAIHA, H.; MILES, M. A.; DRAPER, C. C. Chagas disease in the Amazon Basin: *Trypanosoma cruzi* infections in sylvatic mamrnals, triatomine bugs and man in the State of Pará, north Brazil. *Trans Royal Society Tropical Medicine and Hygiene*, 79, p. 193-204, 1979.

19. CORREDOR-ARJONA, A.; MORENO, C. A.; AGUDELO, C. A.; BUENO, M.; LOPEZ, M. C.; CÁCERES, E. et al. Prevalence of *Trypanosoma cruzi* and *Leishmania chagasi* infection and risk factors in a Colombian indigenous population. *Revista do Instituto de Medicina Tropical de São Paulo*, 41, p. 229-234, 1997.

20. SILVA, E. F.; OLIVEIRA, A. L.; SIEFER, M. W.; GAZETTA, M. L.; BERTANI, I. F. Demographic profile and work situation of patients with Chagas disease. *Arquivo Brasileiro de Cardiologia*, 65, p. 43-46, 1995.

21. SILVA, G. R. *Doença de Chagas em famílias de duas áreas restritas da cidade do Salvador, Bahia.* Tese de Doutorado – São Paulo, Faculdade de Medicina da Universidade de São Paulo, 1966. 123 p.

22. CEDILLOS, R. A. Chagas disease in El Salvador. *Bulletin of the Pan American Health Organization*, 9, p. 135-141, 1975.

23. MATURANA, R.; CONTRERAS, M. C.; SALINAS, P.; SANDOVAL, L.; FERNANDEZ, E. et al. Chagas disease in Chile. Urban sectors. XV. Prevalence of Chagas infection in school children of primary level in the first 7 regions of the country, 1983-1985. *Boletín Chileno de Parasitología*, 40, p. 88-91, 1985.

24. CORTES-JIMENEZ, M.; NOGUEDA-TORRES, B.; ALEJANDRE-AGUILAR, R.; ISITA-TORNELL, L.; RAMIREZ-MORENO, E. Frequency of triatomines infected with *Trypanosoma cruzi* collected in Cuernavaca city, Morelos, Mexico. *Revista Latinoamericana de Microbiologia*, 38, p. 115-119, 1996.

25. VALLVE, S. L.; ROJO, H.; WISNIVESKY-COLLI, C. Urban ecology of *Triatoma infestans* in San Juan, Argentina. *Memórias do Instituto Oswaldo Cruz*, 91, p. 405-408, 1996.

26. AGUILAR, V. H. M.; ABAD-FRANCH, F.; RACINES, V. J.; PAUCAR, C. A. Epidemiology of Chagas disease in Ecuador. A brief review. *Memórias do Instituto Oswaldo Cruz*, 94, p. 387-393, 1999.

27. RANGEL-FLORES, H.; SANCHEZ, B.; MENDOZA-DUARTE, J.; BARNABE, C.; BRENIERE, F. S.; RAMOS, C.; ESPINOZA, B. Serologic and parasitologic demonstration of *Trypanosoma cruzi* infections in an urban area of central Mexico: correlation with electrocardiographic alterations. *American Journal of Tropical Medicine and Hygiene*, 65, p. 887-895, 2001.

28. BECERRIL-FLORES, M. A.; VALLE-DE LA CRUZ, A. Description of chagas disease in the Valle de Iguala, Guerrero State, Mexico-Marco. *Gaceta Médica de Mexico*, 139, p. 539-544, 2003.

290

29. Ministerio da Saúde, Secretaria de Vigilância em Saúde. *Doença de Chagas aguda relacionada à ingestão de caldo de cana em Santa Catarina.* Nota Técnica, Brasília, 2005.

30. SHIKANAI-YASUDA, M. A.; MARCONDES, C. B.; GUEDES, L. A.; SIQUIERA, G. S.; BARONE, A. A. et al. Possible oral transmission of acute Chagas disease in Brazil. *Revista do Instituto de Medicina Tropical de São Paulo,* 33, 351-357, 1991.

31. COURA, J. R. Mecanismo de transmissão da infecção chagásica ao homem por via oral. *Revista do Instituto de Medicina Tropical de São Paulo,* 44, p. 159-165, 1997.

32. SHIKANAI-YASUDA, M. A.; LOPES, M. H.; TOLEZANO, J. E.; UMEZAWA, E.; AMATO-NETO, V. et al. Acute Chagas disease: transmission routes, clinical aspects and response to specific therapy in diagnosed cases in an urban center. *Revista do Instituto de Medicina Tropical de São Paulo,* 32, p. 16-27, 1990.

33. Ministério da Saúde. *O perfil da Aids no Brasil e metas de governo para o controle da epidemia.* (www.aids.gov.br/final/biblioteca/metas/metas.pdf), 2003.

34. Ministério da Saúde. *Resposta +*: a experiência do Programa Brasileiro de Aids, 2002.

35. PIOLA, S.; TEIXEIRA, L.; NUNES, J. *Brasil*: contas em Aids. Gasto público federal em 1997 e 1998 e estimativa do gasto nacional em 1998. Ministério da Saúde (Série avaliação, n. 2), 2000.

36. COURA, J. R. Evolutive pattern in Chagas disease and life Span of *Trypanosoma cruzi* in human infection. In America Trypanosomiasis Research. *Pan America Health Organization Scientific Publication,* 318, p. 378-386, 1975.

37. DIAS, J. C. History and findings of Bambui Project. In America Trypanosomiasis Research. *Pan America Health Organization Scientific Publication,* 318, p. 338-339, 1975.

38. WORLD HEALTH ORGANIZACION. MURRAY, C.; LOPEZ, A. (Ed.). *The Global Burden of Disease,* 1996.

39. CECERE, M. C.; VAZQUES-PROKIPEC, G. M.; GURTLER, R. E.; KITRON, U. Reinfestation sources for Chagas disease vector, *Triatoma infestans,* Argentina. *Emerg. Infect. Dis.,* 12, p. 1096-1102, 2006.

Capítulo 20

Aspectos médico-sociais da doença de Chagas

Antonio Teixeira

A doença de Chagas tem causado grande dificuldade à colonização do Brasil e dos demais países da América Latina ao longo de cinco séculos. Tal assertiva requer pensar no significado de uma enfermidade que se propaga no continente, atingindo cerca de 18 milhões de pessoas, um terço das quais sucumbirá à doença nas faixas etárias entre 30 e 45 anos de idade. As famílias que habitavam em áreas rurais há cerca de apenas três gerações sabem o significado dessa enfermidade, porque já tiveram pelo menos um ente que sucumbiu à doença. Orfandade e desolação é o quadro prevalente nos rincões desse continente entristecido pelo medo da morte repentina pela Chagas. Antigamente se dizia que a doença de Chagas era doença de pobre e "fora de moda". Hoje em dia, a doença pode ser encontrada em todas as classes sociais, mas o conceito "fora de moda" persiste porque interessa àqueles que insistem em não cuidar do problema dentro de sua casa. Porém, muitos compreendem a importância da doença que tem trazido sofrimento a muitos. Essa compreensão foi prontamente absorvida pelos cientistas que se dedicam ao estudo da doença de Chagas. Apenas setores com pensamento alienígena sustentam que a doença já foi controlada e emitem certificado geopolítico de isenção de barbeiros vetores da Chagas. A solução do problema depende de mobilização da sociedade visando à mudança dessa realidade secular.

Os primeiros habitantes

No Capítulo 1 foram descritos os diversos elementos da natureza que confluíram em cenas eônicas no sentido de estabelecer no continente americano a grande enzootia, agora denominada tripanossomíase americana. Aqui, o assunto pode ser retomado a partir do momento da chegada do *Homo sapiens* ao continente, há aproximadamente 50 mil anos.[1] Naquela época, já estavam estabelecidos os elementos dos ciclos enzóoticos (Figura 1.1, Capítulo 1), e a transmissão da infecção pelo *Trypanosoma cruzi* restringia-se ao ambiente natural onde triatomíneos predavam os mamíferos silvestres.

Nos tempos pré-Colombo

Aquela situação teve continuidade ao longo de muitos milênios. Graças aos estudos de paleoparasitologia, tem sido possível reescrever a história da tripanossomíase americana com base nos achados de corpos humanos mumificados, enterrados no deserto de Atacama, situado entre o Chile e o Peru. Os dados mais recentes mostram que aqueles corpos datados de 9 mil anos já tinham sinais de doença de Chagas, reconhecida pelas lesões patológicas e pelas provas de marcadores genéticos moleculares, identificadores do DNA do parasito nos tecidos lesados.[2] Uma pesquisa cuidadosa estudou 238 corpos mumificados e mostrou que a prevalência da doença de Chagas alcançava 40,6% daquela população. A cadeia epidemiológica da transmissão da infecção já estava estabelecida naquela população em sintopia com o *Triatoma infestans*, principal transmissor das infecções pelo *T. cruzi*. Em resumo, a tripanossomíase americana já era um agravo sério para os ameríndios, produzindo altos índices de prevalência e mortalidade naquelas populações muito antes da chegada de Colombo às Américas. A alta prevalência da doença em múmias é compatível com aquelas detectadas em populações de áreas rurais da Bolívia, do Chile, da Venezuela e em alguns municípios brasileiros antes de 1985, quando foi descontinuado o programa de desalojamento dos triatomíneos dos domicílios nas áreas rurais mediante a borrifação de inseticidas.[1,3]

Nos tempos pós-Colombo

Já estando estabelecidos os ciclos silvestre e doméstico de transmissão do *T. cruzi* para o homem, certamente não foi preciso mais que a próxima oportunidade de exposição dos colonizadores de origem européia e africana recém-chegados aos ecótopos naturais dos triatomíneos contaminados com o protozoário para que eles adquirissem prontamente a tripanossomíase americana. A literatura tem registrado, desde 1611, riqueza de detalhes sobre os ataques que os triatomíneos faziam e que eram considerados pelas pessoas como contato horrível e inesquecível.[4-6] Nesse contexto encontra-se o relato no diário de Charles Darwin, em 1839.[7] Entretanto, a primeira descrição taxonômica de um desses triatomíneos (*Triatoma rubrofasciata*) é datada de 1773, e outras espécies (*Triatoma dimidiata* e *Panstrongylus genyculatus*) foram descritas em 1811.[8,9]

Existem relatos sugestivos de uma condição clínica conhecida em Pernambuco como "bicho", cujos sintomas intestinais poderiam ser relacionados com o megacólon.[10] No Estado de Minas Gerais, essa condição fora descrita como "corrupção do bicho ou dilatação e distensão do reto".[11] A segunda entidade clínica era conhecida como "mal de engasgo", que resultava em dificuldade de deglutir, reconhecido hoje como queixa típica do megaesôfago chagásico.[12] Chamam a atenção ainda outros relatos na literatura dos jesuítas[13] nos séculos XVIII e XIX; falavam de uma doença que "atacava principalmente os negros recentemente chegados", e "a condição violenta que permite ver a área precordial", ou, ainda, sobre a ocorrência de morte súbita nos novos colonizadores. Por isso a pessoa indagava "se achava que ele iria sobreviver". Até então, inexistia dado que comprovasse uma nova entidade mórbida, e nenhum fato fundamental sobre a doença de Chagas ou seu agente causal fora documentado até a data da sua descoberta por Carlos Chagas, em 1909.

A descoberta do *Trypanosoma cruzi* e a doença de Chagas

A grande descoberta de Carlos Chagas é considerada única porque ele achou o agente (*Trypanosoma cruzi*) no inseto vetor (*Panstrongylus megistus*) antes da descoberta da infecção em animais silvestres e da doença clínica nos humanos. Além disso, jamais uma doença havia sido reconhecida em seus vários aspectos, em curto intervalo de tempo, pelo esforço de um só pesquisador.[14] Inicialmente, Carlos Chagas recebeu aclamação nacional e internacional pela sua descoberta. Por tudo isso, ele foi agraciado com o título de Membro da Academia Brasileira de Medicina, e com o Prêmio Schaudinn, de grande prestígio internacional. Chagas foi indicado duas vezes para receber o Prêmio Nobel: em 1913 o prêmio foi concedido a Richet pelo seu trabalho sobre anafilaxia, e, em 1921, não houve vencedor.[15]

Infelizmente, Chagas incluiu o bócio endêmico como parte do quadro clínico da doença de Chagas. Esse engano parece ter contribuído para a controvérsia que gerou uma discussão rancorosa, que negava o valor intrínseco de seu trabalho pioneiro. Parte da discussão pode ter sido motivada pelas dificuldades inerentes à biologia da infecção: o *T. cruzi* mutliplicando-se dentro da célula era raramente encontrado, e, em grande número de casos, era impossível fazer o diagnóstico dos casos com base na associação dos sintomas da doença crônica, porém sem a confirmação parasitológica. Adicionalmente, havia também sinais de ciúmes e rivalidade política, decorrentes das novas funções que Carlos Chagas assumira como Diretor do Instituto de Manguinhos e, em seguida, como Diretor do Departamento de Saúde Pública. As hostilidades cresceram e culminaram no desafio dentro da Academia de Medicina, onde suas descobertas foram questionadas asperamente, e de forma incorreta,[15] como propagaram seus detratores:

> Você pode ter achado alguns mosquitos, pode ter inventado uma doença rara e desconhecida, sobre a qual muito já foi dito, mas cujas vítimas quase ninguém conhece, escondidas em tocas no interior de sua província, uma doença que você queria distribuir magnanimamente entre seus compatriotas, acusados de cretinismo.

Uma comissão criada para investigar o assunto absolveu Carlos Chagas um ano depois. Entretanto, as agressões dos seus detratores e a investigação da comissão influenciaram negativamente na sua nomeação para receber o Prêmio Nobel de 1921.[15, 16] Dr. Carlos Chagas faleceu aos 55 anos de idade, em 1934, antes de conhecer a verdadeira extensão da distribuição da doença de Chagas na América Latina. Esse conhecimento emergiu lentamente a partir dos trabalhos de Salvador Mazza e Cecílio Romaña, na Argentina.[17] Hoje, sabe-se que cerca de 300 milhões de pessoas vivem sob risco de adquirir a infecção pelo *T. cruzi* e que pelo menos 18 milhões de pessoas estão infectados com o agente da doença de Chagas, responsável por algo como 100,8 mil mortes por ano nos países latino-americanos. É por tudo isso que se tem dito que a história da doença de Chagas deve ser contada aos jovens nas escolas de primeiro e segundo graus, porque ela tem o dom mágico de criar nas pessoas o amor pelo conhecimento. Além disso, somente a difusão das idéias que acompanharam o trabalho pioneiro de Carlos Chagas (foto) poderá vencer a má vontade das elites que ainda hoje a consideram uma "doença fora de moda". Porém, os jovens precisam saber que a doença pode ser evitada pela conquista de novos conhecimentos: Só o saber salva!

Figura 20.1 Dr. Carlos Chagas (1879-1934). Gênio sem prêmio. Os historiadores sugerem que "houve trama contra a indicação do dr. Chagas ao Prêmio Nobel de Medicina, em 1921, por parte daqueles que estavam corroídos pela inveja". Naquele ano não houve premiação
Fonte: *Gazeta Mercantil*, p. 3, 18.8.2001

Nos dias de hoje

A doença de Chagas é a doença infecciosa mais letal do hemisfério ocidental. Esta doença causa enorme ônus social: 6 bilhões de dólares/ano contabilizam os anos de vida ceifados, as despesas hospitalares e com medicamentos. Mas essa é apenas a perda material.

O principal ônus da doença de Chagas é aquele quadro triste que avassala famílias cujos chefes (pai e/ou mãe) foram vitimados (geralmente entre 30 e 45 anos de idade) precocemente. Orfandade e desolação é o panorama sombrio encontrado nas áreas rurais da América Latina; famílias inteiras ficaram sem perspectiva de educação e de produção de riqueza. Particularmente, é possível que a doença de Chagas seja uma das causas do subdesenvolvimento deste continente. Muitos acham que parece necessário levar esse assunto para uma discussão ampla na sociedade, com possibilidade de gerar esclarecimento e benefício para todos. A perpetuação desse silêncio secular é desumana. Não é justo continuar a esconder o problema debaixo do tapete, evitando-se discuti-lo publicamente. O preconceito propicia dor e sofrimentos recônditos.

O estigma e o preconceito

À medida que a mídia tem noticiado aspectos socialmente relevantes concernentes à doença, algumas pessoas chagásicas têm procurado romper a barreira do silêncio e às vezes buscam aconchego em conversas com o médico pesquisador. Em uma ocasião, profissional liberal de alto escalão do governo mostrou-se versado sobre as últimas conquistas da ciência que esclarecem aspectos da doença de Chagas. O conhecimento sobre alguns detalhes da pesquisa levou o pesquisador a questionar a razão daquele interesse. Nesse ponto da conversa, o interessado mudou de assunto e jamais voltou àquele tema da discussão em múltiplos encontros sociais. Meses depois o pesquisador foi informado que seu interlocutor estava em estado grave. À medida que avançava a exploração clínica, o paciente negava ser portador de megacólon chagásico. A história era reveladora, pois sua obstipação fazia com que ele tomasse laxativo quase uma vez por semana. O laxativo produzia ulcerações da mucosa intestinal, repetidas periodicamente, propiciando invasão de bactérias na corrente circulatória. O paciente faleceu em choque por causa de septicemia grave. Esse caso mostra o significado do estigma na vida do chagásico, envergonhado, preferindo negar sua doença até seu estágio final. Se ele tivesse informado corretamente seu médico, ele teria sido submetido à remoção cirúrgica da parte lesada do intestino e teria continuado a cuidar de sua esposa e de seus filhos, deixados na orfandade.

A desinformação

A doença de Chagas era mais estigmatizada até há 40-50 anos, quando 75% da população brasileira era rural e se dizia que esta era uma "doença de pobre e fora de moda!" Porém, o preconceito que começou a ruir com o êxodo rural ainda persiste. Hoje, a doença de Chagas está urbanizada e presente em todas as classes sociais; empresários, executivos, professores, advogados, economistas, cientistas, políticos e nos escalões da República. Pode-se dizer que inexiste família de brasileiros, residindo aqui há três ou mais gerações, que não tenha perdido pelo menos um ente vitimado pela doença de Chagas. Não obstante, o assunto ainda não foi cuidadosamente posto numa perspectiva de relevância social e de educação para a saúde. O melhor agente de saúde é o cidadão bem informado.

Cartas anônimas são enviadas por pacientes chagásicos para o pesquisador. Uma delas trazia informação importante sobre o caráter e o significado da doença na vida de uma paciente com educação superior. Ela dizia o seguinte:

> Sou portadora da doença de Chagas no coração, adquirida há mais de trinta anos, e sei que é incurável. Não lhe dei mais importância porque sei que tenho que conviver com ela. Contudo, os sintomas da doença me incomodam e vão se agravando a cada dia que passa. Sinto fraqueza, como se algo estivesse sugando minhas energias; sinto dores nas pernas, como se estivesse com profunda anemia; raciocino lentamente e me falta concentração; o sono é incontrolável, mas desperto com facilidade e me sinto mais cansada que antes de dormir; meu intestino é preguiçoso, não tendo estímulo natural para evacuar; preciso ingerir muita fibra, muito líquido e, mesmo assim, tenho que estimulá-lo com massagem.
>
> Não sei em que parte do meu corpo encontra-se alojado o *Trypanosoma*. Depois que tomei a decisão de sair do anonimato, resolvi pesquisar junto a outras pessoas que sofrem da doença, sem comentar meus sintomas. Todas as pessoas com as quais falei relataram queixas idênticas às minhas, às vezes até com maior intensidade. Com o meu depoimento, espero poder colaborar com as pesquisas, uma vez que ainda existem profissionais da área que desconsideram muitos dos sintomas da minha doença. Confesso que não foi fácil tomar a decisão de expor-me, pois, infelizmente, há uma gama de discriminação com as pessoas que sofrem desse mal. Digo isso pois já passei por situações constrangedoras ao longo da minha vida.

A paciente chagásica explica:

> O próprio sistema de saúde comete as maiores injustiças e o INSS admite a doença como incurável. Porém, só reconhece para fins de aposentadoria quando a pessoa já está totalmente desenganada. Também em relação à Receita Federal, só concede a isenção do Imposto de Renda para o portador da doença de Chagas se apresentar cardiopatia grave. Será que não está na hora de ser apresentado um relatório ou abaixo-assinado aos parlamentares para se inteirarem sobre o assunto?

O preconceito de Estado

O Estado brasileiro transforma os trabalhadores chagásicos em párias.[18]

Vários estudos[19-24] revelam que a positividade dos testes sorológicos para o diagnóstico de tripanossomíase americana não deve impedir, pura e simplesmente, a admissão ao trabalho do candidato, assim como não deve motivar o afastamento de suas atividades. Pacientes sem cardiopatias ou apenas com manifestações digestivas podem ser considerados normais do ponto de vista médico-trabalhista. E mesmo quando o eletrocardiograma do paciente chagásico apresenta alterações leves, ele ainda está apto para exercer trabalhos burocráticos, devendo ser poupado apenas de trabalhos que exijam esforço físico. A incapacidade para o trabalho apenas deve ser considerada quando forem registradas alterações relevantes no eletrocardiograma.

O que se vê na prática confirma o preconceito estigmatizante do chagásico. Até mesmo os concursos para carreiras que não exigem esforço físico – como procurador, promotor e juiz – continuam exigindo os testes sorológicos para a Chagas. Vários concursos públicos recentes fizeram essa exigência descabida.[18] O chagásico não tem cidadania plena, pois lhe tem sido vedada a posse em cargo público por aprovação em concurso. Ele também tem acesso limitado ao emprego nas empresas privadas. O Conselho Federal de Medicina já fez pronunciamento contrário à exigência desses exames:

> Em relação às doenças infecciosas, cujos agentes etiológicos podem ser transmitidos através de relações sexuais ou através de contaminação pelo sangue (doença de Chagas, sífilis, Aids, hepatite), não existe justificativa técnica plausível para que as pessoas portadoras de tais agentes sejam discriminadas, já que não oferecem qualquer tipo de risco para seus companheiros de trabalho.

Não obstante, o edital do concurso para oficiais da Polícia Militar e do Corpo de Bombeiros do Paraná diz claramente que "a doença de Chagas é incapacitante", mas nada diz a respeito da Aids.[18]

A estigmatização do chagásico é assunto para reflexão na sociedade. O Estado discrimina os 6 milhões de chagásicos brasileiros, ao invés de recompensá-los por serem vítimas da injustiça social. Nesse ponto, pode-se considerar a possibilidade de uma representação social visando à normatização de benefícios aos chagásicos:

a) aprovar uma lei impedindo a discriminação dos chagásicos no emprego, público ou privado;
b) normalizar acessos a benefícios no atendimento na rede pública de saúde;
c) organizar grupos de ajuda mútua (chagásicos anônimos) nas cidades e no campo, visando a assegurar voz e visibilidade aos portadores da infecção.

Chagas e Aids: estratégias de combate

A doença de Chagas pode ser prevenida mediante uma campanha de educação/informação/comunicação semelhante àquela que é feita para o combate ao vírus da Aids. Para levar adiante essa idéia, é necessário que cada cidadão ajude a levantar o clamor público, visando a iniciar uma campanha de combate à transmissão do *T. cruzi* pelo inseto vetor (barbeiro) ou por transfusão de sangue. Ainda hoje, mais de metade dos bancos de sangue nas cidades de médio e pequeno portes não fazem triagem dos candidatos à doação de sangue. Estimam-se 20 mil casos de Chagas por transfusão de sangue a cada ano.[25]

É necessário universalizar o controle de qualidade do sangue nos hemocentros permanentemente, pois aqueles que se descuidam dessa medida de proteção ao paciente que recebe transfusão de sangue estão sujeitos às penas da lei. Na primeira metade da década de 1980, ocorreram três casos de Aids por transfusão de sangue na França. Esse escândalo ganhou a reprovação da sociedade, e os responsáveis foram levados à Justiça. O Ministro da Saúde foi demitido.

Atingimos um estágio no conhecimento sobre a doença que não permite que ela seja mais negada. Entretanto, os dados sobre os investimentos públicos ou privados destinados ao combate à doença de Chagas são exíguos. Assim, verifica-se que a Chagas situa-se na categoria de doença negligenciada. Seria lamentável continuar fingindo que o problema não existe, tentando desmerecê-lo ou escondê-lo como uma vergonha debaixo do tapete. Todos devem estar conscientes de que a doença de Chagas atinge todas as classes sociais. Não obstante, persistem os focos de barbeiros contaminados nas grandes metrópoles do continente, onde ocorre transmissão ativa da doença.[26-32] Ainda há pouco, vimos atônitos a calamidade abatendo turistas classe A, supostamente contaminados pelo *T. cruzi* no triturado de barbeiros no caldo de cana. Muitos episódios idênticos de contaminação oral das pessoas têm sido registrados em vários ecossistemas brasileiros, particularmente na Região Amazônica.[33-37] Nesse ínterim, setores do Estado e organizações de saúde emitem certificados de isenção geopolítica de triatomíneos. Esse capítulo da globalização merece estudos aprofundados.

Enquanto isso, aqui no Brasil os milhares de casos de Chagas por transfusão de sangue não são reconhecidos e tratados sequer como violação da ética pelo Conselho Federal de Medicina. Infelizmente, as providências só são tomadas quando há clamor público. Por isso, é necessário observarmos o exemplo bem-sucedido da Aids. Uma campanha nacional com as mesmas características levaria solidariedade e compreensão a centenas de milhares de chagásicos que sofrem a solidão do esquecimento. As organizações sociais podem conduzir corretamente o assunto ao seu objetivo. Talvez seja necessária aqui uma palavra de cautela, pois não podemos nos deixar abater pelos incrédulos, que vêem dificuldade em quase tudo. A sociedade sabe que nós precisamos fazer aqui algo que já teria sido feito no começo do século passado se a doença fosse endêmica no hemisfério norte. É fundamental que as organizações sociais incluam na sua agenda essa questão de saúde pública em destaque, visando a uma mobilização e a uma ação efetiva no combate a esta doença endêmica exclusiva do continente sul-americano.

Abstract

Endemic Chagas disease has been considered an important barrier preventing Latin America colonization and social development for five centuries. This assertive requires thinking about the spread of a meaningful chronic consumptive disease, affecting 18 million people; one third of this population cohort will succumb to Chagas disease usually between 30 to 45 years of age. The inhabitants after three generations know how threatening Chagas disease is, as some family members died and others are affected by this ailment. Orphaned, desolated people in remote regions of Latin America know how scaring sudden death and ominous heart insufficiency are, frequent causes of death due to Chagas disease. In the decades after Chagas disease was discovered and during near half the nineteenth century, it was a current upper class saying a disease reportedly affecting the poor is 'out of fashion'. Therefore, the disease was at large neglected because during the last century fifties 85% of the Brazilian population lived in endemic country side rural areas. The following decade's rural exodus brought diseased people to metropolis all throughout continent and now 82.7% of the Brazilian population is urban. Nowadays, around one million chagasics live in major São Paulo, Rio de Janeiro and Belo Horizonte cities in Brazil, regardless of Chagas continuing a neglected disease.

Fortunately, it now appears people understand the importance of Chagas disease imposing tremendous morbidity, mortality and suffering to affected patients and families. This understanding has motivated young scientists to engage in scientific research devoted to the specific aim of producing basic knowledge that creates opportunity for an effective treatment and prevention in a foreseeable future. Only a few retrograde thoughts remain to usher information saying "Chagas disease has been controlled' while issuing certificates on 'triatomine-free geopolitical areas". There is a hope that mobilization of public opinion could create the grounds for a change towards an effective prevention of Chagas disease in Latin America.

Notas bibliográficas

1. BAHN, P. G. 50 000 year old Americans of Pedra Furada. *Nature*, 362, p. 114, 1993.
2. AUFDERHEIDE, A. C.; SALO, W.; MADDEN, M.; STREITZ, J.; BUIKSTRA, J.; GUHL, F.; ARRIAZA, B.; RENIER, C.; WITMERS JR, L. E.; FORNACIARI, G.; ALLISON, M. A 9,000 – year record of Chagas disease. *Proc. Natl. Acad. Sci. USA*, 101, p. 2034-2039, 2004.
3. WORLD HEALTH ORGANIZATION. Control of Chagas disease. Second report of the WHO Expert Committee. *WHO Technical Report Series*, 905, p. 1-108, 2002.
4. COBO, B. *História del Nuevo Mundo*. Publicada por vez primera com notas de Marcos Jimenez de la Espada, vol. I Seville. Spain: Rasco, 1890-1895.
5. GUMILLA, J. *El Orinoco Ilustrado*. Historia natural, civil y geográfica, de este gran rio. Madrid, Spain: M. Fernandez, 1741.
6. LIZARRAGA, R. Descripcion breve de toda la Tierra del Peru. Tucuman. Rio de la Plata y Chile. *Historiadores de Indias*. Vol. 2. Madrid, Spain: Nueva Biblioteca de Autores Espanoles, p. 544-645, 1909.
7. DARWIN, C. *Journal of researches into the geology and natural history of the various countries visited by HMS Beagle, under the command of Capitain Fitzroy, R.N. from 1832 to 1836*. London: H. Colburn, p. 1839.

8. LENT, H.; WYGODZINSKY, P. Revision of the Triatominae (Hemiptera: Reduviidae), and their significance as vectors fo Chagas disease. *Bull. Am. Mus. Nat. Hist.*, 163, p. 1-520, 1979.

9. MILES, M. A. The discovery of Chagas disease: progress and prejudice. *Infect. Dis. Clin. N. Am.*, 18, p. 247-260, 2004.

10. PIMENTA, M. D. *Noticias do que he o achaque do bicho definição do seu crestamento, subimento, corrupção sinaes cura ate, o quinto grado ou intensão delle, suas differenças, e complicações com que se ajunta.* Lisboa, Portugal: M. Manescal, 1707.

11. FERREIRA, L. G. *Erário mineral dividido em doze tratados.* Lisboa, Portugal: M. Rodrigues, 1735.

12. KIDDER, D. P.; FLETCHER, J. C. *Brazil and the Brazilians.* Philadelphia: Childs and Petersen, 1857.

13. GUERRA, F. American trypanosomiasis: an historical and a human lesson. *J. Trop. Med. Hyg.*, 72, p. 83-118, 1970.

14. LEWINSOHN, R. The discovery of *Trypanosoma cruzi* and of American trypanosomiasis (foot-notes to the history of Chagas disease). *Trans. R. Soc. Trop. Med. Hyg.*, 73, p. 513-523, 1979.

15. COUTINHO, M.; FREIRE, O, JR.; DIAS, J. C. P. The noble enigma. Chagas nominations for the Nobel Prize. *Mem. Inst. Oswaldo Cruz* 94 (Supl. 1), p. 123-129, 1999.

16. LEWINHSON, R. Prophet in his own country: Carlos Chagas and the Nobel Prize. *Perspect. Biol. Med.*, 46, p. 532-549, 2003.

17. DIAS, J. C. P. Cecilio Romaña. Romana's sign and Chagas disease. *Rev. Soc. Bras. Med. Trop.*, 30, p. 407-413, 1997.

18. SILVA, J. M. B. Doentes de Chagas continuam sendo discriminados em concursos públicos. *Jornal Opção de Goiás*, Goiás, www.jornalopcao.com.br, 3 abril de 2005.

19. RASSI, A. JR..; RASSI, S. G.; RASSI, A. Morte súbita na doença de Chagas. *Arquivo Brasileiro de Cardiologia*, 76, p. 75-85, 2001.

20. JUNQUEIRA JR., L. F. Sobre o possível papel da disfunção autonômica cardíaca na morte súbita associada a doença de Chagas. *Arq. Bras. Cardiol.*, 56, p. 429-434, 1996.

21. PRATA, A.; LOPES, E. R.; CHAPADEIRO, E. Características da morte súbita tida como não esperada na doença de Chagas. *Rev. Soc. Bras. Med. Trop.*, 19, p. 9-12, 1986.

22. LOPES, E. R. Sudden death in patients with Chagas disease. *Mem. Inst. Oswaldo Cruz*, 94, p. 321-324, 1999.

23. MACEDO, V. Indeterminate form of Chagas disease. *Mem. Inst. Oswaldo Cruz*, 94 (Suppl. 1), p. 311-316, 1999.

24. PEREIRA, J. B.; WILCOX, H. P.; COURA, J. R. The evolution of chronic chagasic cardiopathy. I - The influence of parasitemia. *Rev. Soc. Bras. Med. Trop.*, 25, p. 101-108, 1992.

25. DIAS, J. C.; SILVEIRA, A. C.; SCHOFIELD, C. J. The impact of Chagas

disease control in Latin America: a review. *Mem. Inst. Oswaldo Cruz*, 97, p. 603-612, 2002.

26. CEDILLOS, R. A. Chagas disease in El Salvador. *Bull. Pan. Am. Health Org.*, 9, p.135-141, 1975.

27. MATURANA, R.; CONTRERAS, M. C.; SALINAS, P.; SANDOVAL, L.; FERNANDEZ, E.; RIVERA, F.; ARAYA, G.; VARGAS, L.; HENINGS, M. P.; MENDOZA, J.; BERTOGLIA, J.; ROZAS, H.; CANO, G.; JOFRÉ, A.; COLVIN, A.; ÑANCUVILU, M. E.; RODRÍGUEZ, A.; LEIVA, H.; HIROSSE, A.; SCHENONE, H. Chagas disease in Chile. Urban sectors. XV - Prevalence of Chagas infection in school children of primary level in the first 7 regions of the country, 1983-1985. *Bol. Chil. Parasitol.*, 40, p. 88-91, 1985.

28. CORTES-JIMENEZ, M.; NOGUEDA-TORRES, B.; ALEJANDRE-AGUILAR, R.; ISITA-TORNELL, L.; RAMIREZ-MORENO, E. Frequency of triatomines infected with *Trypanosoma cruzi* collected in Cuernavaca city, Morelos, Mexico. *Rev. Latinoamer. Microbiol.*, 38, p. 115-119, 1996.

29. VALLVE, S. L.; ROJO, H.; WISNIVESKY-COLLI, C. Urban ecology of *Triatoma infestans* in San Juan, Argentina. *Mem. Inst. Oswaldo Cruz*, 91, p. 405-408, 1996.

30. AGUILAR, V. H. M.; ABAD-FRANCH, F.; RACINES, V. J.; PAUCAR, C. A. Epidemiology of Chagas disease in Ecuador. A brief review. *Mem. Inst. Oswaldo Cruz*, 94, p. 387-393, 1999.

31. RANGEL-FLORES, H.; SANCHEZ, B.; MENDOZA-DUARTE, J.; BARNABE, C.; BRENIERE, F. S.; RAMOS, C.; ESPINOZA, B. Serologic and parasitologic demonstration of *Trypanosoma cruzi* infections in an urban area of central Mexico: correlation with electrocardiographic alterations. *Am. J. Trop. Med. Hyg.*, 65, p. 887-895, 2001.

32. GUZMAN-BRACHO, C. Epidemiology of Chagas disease in Mexico: an update. *Trends in Parasitol.*, 17, p. 372-376, 2003.

33. SHIKANAI-YASUDA, M. A.; LOPES, M. H.; TOLEZANO, J. E.; UME-ZAWA, E.; AMATO-NETO, V.; BARRETO, A. C.; HIGAKI, Y.; MOREI-RA, A. A.; FUNAYAMA, G.; BARONE, A. A.; DUARTE, A.; ODONE, V.; CERRI, G. C.; SATO, M.; POSSI, D.; SHIROMA, M. Acute Chagas disease: transmission routes, clinical aspects and response to specific therapy in diagnosed cases in an urban center. *Rev. Inst. Med. Trop. São Paulo*, 32, p. 16-27, 1990.

34. COURA, J. R. Mecanismo de transmissão da infecção chagásica ao homem por via oral. *Rev. Inst. Med. Trop. São Paulo*, 44, p. 159-165, 1997.

35. NAIFF, M. F.; NAIFF, R. D.; BARRETT, T. V. Wild vectors of Chagas disease in an urban area of Manaus (AM): flying activity during dry and rainy seasons. *Rev. Soc. Bras. Med. Trop.*, 31, p. 103-105, 1998.

36. VALENTE, A. S.; VALENTE, V. C.; FRAIHA NETO, A. Considerations on the epidemiology and transmission of Chagas disease in the Brazilian Amazon. *Mem. Inst. Oswaldo Cruz*, 94, p. 395-398, 1999.

37. TEIXEIRA, A. R. L.; MONTEIRO, P. S.; REBELO, J. M.; ARGANARAZ, E. R.; VIEIRA, D.; LAURIA-PIRES, L.; NASCIMENTO, R.; VEXENAT, A. C.; SILVA, A. R.; AULT, S. K.; COSTA, J. M. Emerging Chagas disease: trophic network and cycle of transmission of *Trypanosoma cruzi* from palm tress in the Amazon. *Emerging Infec. Dis.,* 7, p. 110-112, 2001.

Glossário

Acetilcolinesterase: Enzima que catalisa a clivagem da acetilcolina em colina e acetatos. No sistema nervoso esta enzima desempenha uma função na junção neuromuscular periférica.

Agente etiológico: Micróbio causador ou responsável pela origem da doença. Pode ser vírus, bactéria, fungo, protozoário ou helminto.

Aldosterona: Hormônio da glândula supra-renal. Promove a reabsorção do sódio no túbulo distal do rim e controla o volume circulante de sangue.

Alogênico: Refere-se a indivíduos possuidores de diferenças gênicas.

Amastigota: Forma do *Trypanosoma cruzi* que se multiplica no interior da célula do hospedeiro mamífero.

Aneuploidia: Qualquer número cromossômico que não seja um múltiplo exato do número haplóide ou uma pessoa com um número cromossômico aneuplóide.

Angiotensina: Oligopeptídeo com efeito vasoconstritor.

Aquisição primária: Aquela que passou diretamente, p. ex., do barbeiro para os primeiros hospedeiros mamíferos.

Aquisição secundária: Aquela que sucede o primeiro estágio, p. ex., secundária no homem porque existia primariamente nos mamíferos silvestres.

Autóctone: Indígena nascido na própria terra em que vive.

Axênica: Com um único tipo de célula em crescimento, sem contaminante.

Berenice: Nome que se deu ao *Trypanosoma cruzi* isolado pelo dr. Carlos Chagas do sangue de uma criancinha com este nome.

Betabloqueador: Droga que bloqueia receptor beta na membrana das células do coração.

Bodonida: Protozoário cinetoplastida parasita de peixes e anfíbios, p. ex., *Boldo saltans*, o mais provável ancestral do *Trypanosoma cruzi*.

Bomba cibarial: Estrutura reguladora da sucção no ato alimentar do inseto.

Cardiovagal: Reflexo do coração dependente do nervo vago parassimpático.

Catecolaminas: Bioaminas com efeitos excitatórios e inibitórios dos sistemas nervoso central e periférico. As principais catecolaminas são a norepinefrina, a epinefrina e a dopamina.

Cisteíno-protease: Ver protease.

Colinérgico: Estímulo transmitido pela acetilcolina na placa que liga o nervo à membrana muscular.

Criptobiida: Protozoário flagelado ancestral dos cinetoplastidas.

Diaforase dinucleotídica nicotinamida adenina: Enzima que faz a síntese do óxido nítrico.

Digitálico: Droga usada no tratamento de doença do coração, tipos arritmia e insuficiência cardíaca. O digitálico inibe a bomba de sódio na membrana das células.

Disfagia: Dificuldade na deglutição.

Ecótopo: Determinado tipo de *habitat* dentro de uma área geográfica ampla, meio ambiente de um ecossistema ou conjunto de *habitats* em que uma determinada espécie vive.

Endemia: Doença particular a um povo ou a uma região por motivo de uma causa local.

Endossoma: Organela ou vesícula celular que acumula proteínas de pH ácido.

Enzootia: Epidemia periódica nos animais em certos países ou regiões.

Epicárdio: A lâmina que reveste o coração.

Epigastralgia: Dor no epigástrio, região do abdome logo abaixo do esterno.

Epimastigota: Forma replicativa do *Trypanosoma cruzi* encontrada na porção anterior do intestino do triatomíneo.

Epítopo: Local da molécula do antígeno reconhecido pelo anticorpo, também denominado determinante antigênico.

Estercoraria: Refere-se aos tripanossomos que completam o ciclo de vida no intestino posterior do inseto, p. ex., *Trypanosoma cruzi*.

Estímulo colinérgico: Estímulo transmitido de uma célula a outra através do neurotransmissor acetilcolina.

Extensor digitorum brevis: Músculo no dorso do pé.

Falossoma: Órgão genital.

Feixe de His: Pequeno feixe de fibras especializadas da musculatura cardíaca que se origina no nódulo atrioventricular e estende-se pela porção membranácea do septo interventricular.

Hibridização *in situ*: Técnica que identifica um DNA complementar em sua nova localização. A identificação é feita por uma sonda (fita simples de RNA ou DNA) marcada com fluorocromo.

Hipocinesia: Movimento diminuído ou lento da musculatura do corpo.

Hipoestesia sensorial: Diminuição dos reflexos de sensibilidade.

Hipotênar: Conjunto de pequenos músculos cujos ventres formam a eminência hipotênar na região antero-interna da mão. Os movimentos do 5º dedo, nomeadamente a adução, tendem a fazer aumentar o volume destes músculos.

ICAM-1: Molécula de adesão intercelular.

Imino: Grupamento (-NH-) que substitui um grupo amino ($-NH_2$) no aminoácido prolina. Os demais aminoácidos apresentam na sua molécula um grupo amino e um grupo carboxila (-COOH).

Integrina: Molécula de adesão dependente de cálcio que permite a interação de células com a matriz extracelular.

Intramural: O que se encontra dentro da parede, por exemplo, do ventrículo no coração.

LINE: Sigla em inglês (**L**ong **I**nterspersed **N**uclear **E**lements) para designar elementos móveis (retrotransposons) presentes no genoma de animais e plantas.

Macrófago ED1+ e ED2+: Marcadores que identificam moléculas específicas na membrana da célula.

Marcador genotípico: Identifica um *locus* característico do genoma.

Maxicírculo: Seqüência de DNA do cinetoplasto que se parece à corda de puxar a rede de minicírculos.

Metaloprotease: Ver protease.

Mimetismo molecular: Propriedade da estrutura de uma molécula imitando ou simulando o que lhe parece similar.

Minicírculo: Estrutura de DNA circular que forma uma rede (cinetoplasto) na mitocôndria do T. cruzi.

Miocitólise: Lise da célula muscular rejeitada pelo sistema imune.

ORF: Sigla em inglês (**O**pen **R**eading **F**rame) traduzida como fase aberta de leitura de um gene codificador de proteína.

Ortólogo: Gene ou cromossomo de diferentes espécies que evoluíram de um ancestral comum, apresentando seqüência e função similar.

Parestesia: Desordem nervosa caracterizada por sensações anormais e alucinações sensoriais.

PCR: Sigla em inglês (**P**olymerase **C**hain **R**eaction) para a reação em cadeia da polimerase. A técnica consiste em ciclos de desnaturação, anelamento de *primers* iniciadores e extensão da fita que se quer amplificar pela enzima DNA polimerase.

Piretróide: Inseticida usado no combate aos triatomíneos no domicílio e no peridomicílio.

Proteases: Enzimas que hidrolisam as ligações peptídicas entre aminoácidos. Podem ser classificadas de acordo com a presença do aminoácido (cisteíno, aspártico ou serino-protease) ou de um metal no sítio catalítico (metaloprotease).

QRS: Uma onda típica no registro eletrocardiográfico.

5'-RACE: Sigla originada do inglês (**R**apid **A**mplification of **c**DNA **E**nd) que significa uma estratégia de PCR para amplificação de DNA com ajuda de seqüências aneladoras características.

Simbiose: Associação íntima entre dois seres vivos com proveito mútuo.

Simbioticismo: Relacionamento ecológico e físico entre dois tipos de organismos, constituindo a mais íntima das associações entre seres vivos.

Sinal de Romaña: Inchaço ocular endurecido, bipalpebral e unilateral, indicativo da infecção aguda pelo *Trypanosoma cruzi.*

SINE: Sigla em inglês para os elementos curtos repetidos no genoma de animais e plantas.

Singênico: Refere-se a indivíduos geneticamente idênticos.

Sintopia: Convivência no mesmo nicho ecológico.

Sinusal: Nódulo sinusal onde nascem os estímulos elétricos nas aurículas.

Sistema biológico limpo: Aquele que não deixa possibilidade de contaminação.

SN parassimpático: Sistema nervoso antagonista do SN simpático.

SN simpático: Sistema nervoso simpático que regula os estímulos da vida vegetativa ou inconsciente.

Soleus: Músculo formador da panturrilha juntamente com o gastrocnêmio.

SSUrRNA: Pequena subunidade de RNA ribossomal usada em análise filogenética.

T e ST: Ondas que identificam aspectos da condução elétrica no coração.

Taxa: Plural de taxon, forma abreviada de taxonomia (ciência da classificação dos seres vivos).

Tênar: Conjunto de pequenos músculos cujos ventres formam a eminência tênar na região antero-externa da mão. Os movimentos do polegar, nomeadamente a adução, tendem a fazer aumentar o volume destes músculos.

Testes NAT: Teste de ácidos nucléicos que identifica marcador molecular.

Transferência passiva: Consiste na reprodução de uma situação pela simples passagem de células de um indivíduo imune para outro não imune.

Tripomastigota: Forma infectante (metacíclica), não replicativa do *Trypanosoma cruzi* que se diferencia da epimastigota ou da amastigota intracelular. As formas tripomastigotas são encontradas no sangue ou no fluido intersticial do mamífero hospedador.

Tulahuén: Nome que se deu ao *Trypanosoma cruzi* isolado na localidade.

Unidade mínima de rejeição: Identifica o ataque de células do sistema imune levando à rejeição da fibra muscular não parasitada no chagásico.

Xenodiagnóstico: Diagnóstico feito mediante utilização de um elemento estranho (xeno), como aquele que emprega o barbeiro para isolar e identificar o *Trypanosoma cruzi* no sangue do indivíduo suspeito de ter a doença de Chagas.

Zimodema: Padrão de bandas de proteínas (enzimas) separadas pela eletroforese de uma célula ou indivíduo.

Zoomastigophorea: Classe de protozoários que inclui a ordem Cinetoplastida; família Trypanosomatidae; gênero Trypanosoma; espécie *Trypanosoma cruzi*.

Este livro foi composto em Adobe Caslon Pro 10,5/13,5
no formato 170 x 240 mm e impresso no sistema off-set sobre
papel AP 75 g/m², com capa em papel
Cartão Supremo 250 g/m², na Dupligráfica